정신현상학 강독 1

정신현상학 강독 1

게오르그 빌헬름 프리드리히 헤겔

전대호 옮기고 씀

부북스

정신현상학 강독 1

1판 1쇄 발행 2024년 7월 25일

지은이 | 게오르그 빌헬름 프리드리히 헤겔
옮긴이 | 전대호
발행인 | 신현부

발행처 | 부북스
주　소 | 04613 서울시 중구 다산로29길 52-15(신당동), 301호
전　화 | 02-2235-6041

이메일 | boobooks@naver.com

ISBN 979-11-91758-27-6 03100

목차

들어가는 말 강독(앎)

1장 감각적 확신 강독(순간 대 언어)

2장 지각 강독(착각)

3장 힘과 지성 강독(본질)

재판 들어가는 말

절판된 책을 다시 살리게 된 것은 일단 책과 저자에게 큰 행운이다. 아무리 부족한 책이라도 이 넓은 세계의 한구석에 꽂힐 자격이 있고, 아무리 어리석은 저자라도 조그맣게 목소리를 낼 권리가 있다고 믿는다. 재판 발행을 반기는 독자도 더러 있기를 진심으로 바란다.

『정신현상학』을 함께 읽는 모임을 꾸려 나름대로 순항하면서 우리가 주고받은 생각을 정리하여 『정신현상학 강독 1』의 초판을 낸 것이 어느덧 5년 전이다. 강독 연작을 다섯 권으로 완결하겠다는 푸른 희망으로 출발했으나, 모임은 옛 추억이 되었고, 강독 출판도 둘째 권을 끝으로 중단되었다. 하지만 의기소침할 일은 전혀 아니라고 본다. 우리가 내디딘 작은 두 걸음은 미래의 젊은이들에게 요긴한 디딤돌이 될 것이다.

바야흐로 우리를 단순화하려는 시도들이 판친다. 한편에는 유전자와 진화가, 다른 한편에는 데이터와 인공지능이 매혹적인 암초로 도사리며 우리의 인간다운 삶을 위협한다. 생물학이나 컴퓨터과학을 통해 인간을 완전히 이해하고 예측할 수 있다고 호언장담하는 지식인들이 미디어에서 귀하게 대접받는다. 그러나 유한한 인간이 인간 자신을 비롯한 무릇 실재를 완전히 이해할 수 있을까? 이 중대한 철학적 질문을 되새기는 일은 단순한 기계와 단순한 동물 사이로 난 복잡한 인간의 길을 지혜롭게 따라가려는 모든 이에게 필수적인 과제다.

무한히 복잡한 진실 앞에서 아픔을 무릅쓰고 겸허히 배우려는 태도야말로 시대를 막론하고 모든 철학자가 주는 공통의 교훈일 것이다. 약간 축약된 형태로 되살아난 『정신현상학 강독 1』이 우리 사회에 신중함과 겸허함이 튼튼히 뿌리내리는 데 기여하는 밑거름이 되면 좋겠다.

2024년 6월 살구골에서

전대호

일러두기

고딕체 강조는 다음 문헌에 따름. G.W.H. Hegel, Werke in zwanzig Bänden Bd.3, *Phänomenologie des Geistes,* 1986.

1부

『정신현상학』 번역

서문

1 ‖ 책에 앞선 서문에서 관례적으로 내놓는 설명 — 그러니까 저자가 설정한 목적, 책을 쓴 동기, 동일한 대상에 관한 과거나 현재의 논의들과 자신의 책이 저자 스스로 보기에 어떤 관계인지에 대한 설명은 철학책에서는 불필요할뿐더러 사안의 본성을 감안할 때 심지어 부적합하고 목적에 반하는 듯하다. 왜냐하면 서문에서 철학에 관하여 무엇을 어떻게 적절히 말하든 간에 — 이를테면 역사적 경향을 말하고, 관점, 일반적 내용, 결론들, 참된 것에 관한 엇갈리는 주장들과 호언장담들과의 관련성을 말하더라도, 그런 말은 철학적 진실을 서술하는 방식으로 유효할 수 없기 때문이다. 또한 철학은 본질적으로 특수를 제 안에 품은 일반의 터전 안에 있으므로, 철학에서는 목적이나 최종 결론들에서 사태 자체가, 그것도 심지어 사태 자체의 완전한 본질대로, 표현되며 상세한 논의는 비본질적인 듯한 가상이 다른 학문들에서보다 더 많이 발생한다. 반면에 일반적인 표상, 예컨대 해부학이란 무엇인가에 대한 일반적인 표상, 이를테면 해부학이란 몸의 부분들을 생명 없는 현존재로서 고찰하여 얻은 식견이라는 표상을 얻더라도 사람들은 사태 자체, 곧 이 학문의 내용을 아직 소유하지 못했으며 그 표상 외에 특수한 것을 얻으려 애써야 한다고 확신한다. 게다가 학문이라는 이름을 부당하게 단 그런 식견들의 집합체에서는 목적과 그 비슷한 일반적인 것들에 관한 이야기가가, 내용 자체를, 곧 이 신경들, 근육들 등을 거론하는 역사 서술 식의 개념 없는 이야기와 구별되지

않는다. 반면에 철학에서는 그런 일반적인 것들을 이야기하는 방식이 사용되면 그 구별이 발생할 테지만, 그 방식은 진실을 담을 수 없음을 스스로 드러낼 것이다.

2 ‖ 또한 저자가 보기에 자신의 철학 작품이 동일한 대상을 다루는 다른 시도들과 어떤 관계인지 규정하면, 낯선 구경꾼의 관심은 끌어들이더라도 정작 진실을 아는 데 관건이 되는 무언가는 어둠 속에 묻히게 된다. 참과 거짓이 맞선다는 속생각을 확고히 품은 사람은 기존 철학 시스템에 대한 찬성이나 반박을 기대하고 그런 시스템에 대한 설명에서 찬성과 반박 중에 오직 하나만 보는 경향이 있다. 그런 사람은 철학 시스템들의 차이를 진실이 진보하여 펼쳐지는 과정으로 개념화하기보다는 그 차이에서 오직 모순만 본다. 꽃봉오리는 꽃이 필 때 사라진다. 이를 두고 꽃봉오리가 꽃에 의해 반박된다고 말할 수도 있을 것이다. 마찬가지로 열매는 꽃이 식물의 거짓된 현존재라고 선언하면서 꽃을 밀어내고 그 자리를 식물의 진실로서 차지한다고 할 수 있을 것이다. 이 형태들은 서로 다를뿐더러 서로를 공존할 수 없는 것들로서 밀어낸다. 그러나 그것들의 유동적인 본성은 또한 그것들을 유기적 통일성의 계기들로 만든다. 그 통일성 안에서 그것들은 싸우지 않을뿐더러 동등하게 필연적이다. 그리고 이 동등한 필연성이 비로소 전체의 삶을 이룬다. 그러나 한 철학 시스템에 맞선 모순은 한편으로 스스로를 이런 식으로 개념화하지 않는 경향이 있고, 다른 한편으로 파악하는 의식은 대개 그 모순을 일면성에서 해방시키고, 혹은 자유롭게 유지하고, 외견상 싸우고 어긋나는 모습에서 서로에게 필수적인 계기들을 알아볼 줄 모른다.

3 ‖ 그런 설명들을 요구하고 또 그 요구를 충족시키는 작업은 어쩌면

본질적인 일처럼 보인다. 철학책의 목적과 결론들에서가 아니라면 대체 어디에서 철학책의 속알맹이가 발설될 수 있을 것이며, 당대가 동일한 분야에서 산출한 바와 철학책의 차이를 통해서가 아니라면 무엇을 통해서 철학책을 더 분명하게 알 수 있겠는가? 그러나 만일 그런 작업이 앎의 시작 이상으로, 진정한 앎으로 여겨진다면, 그런 작업은 사태 자체를 피해가면서 사태 자체를 위한 진지한 노력 없이 그런 노력의 외관을 갖추려는 술수로 보아야 한다. — 왜냐하면 사태는 그것의 목적이 아니라 실행에서 완전히 드러나고, 진정한 전체는 결과가 아니라 결과와 그것의 되어감이니까 말이다. 경향이 아직 현실성을 결여한 운동에 불과하듯이, 따로 떼어놓은 목적은 생명 없는 일반이며, 벌거벗은 결론은 사태가 뒤에 남긴 시체다. — 마찬가지로 차이는 오히려 사태의 경계다. 경계는 사태가 끝나는 곳에 있다. 바꿔 말해 경계는 사태가 아닌 놈이다. 따라서 목적이나 결론들, 아울러 차이들과 이것저것에 대한 평가를 제시하는 작업은 겉보기보다 더 쉬운 일이다. 왜냐하면 그런 작업은 사태를 다루는 대신에 항상 사태를 넘어서 있으며, 그런 앎은 사태 안에 오래 머물며 자신을 잊는 대신에 항상 다른 놈을 향해 손을 뻗는다. 그런 앎은 사태 곁에서 자신을 사태에 내주는 대신에 오히려 자기 곁에 머문다. — 가장 쉬운 일은 내용과 견실성을 갖춘 놈을 평가하는 것이요, 더 어려운 일은 그놈을 파악하는 것이요, 가장 어려운 일은 이 둘을 결합하여 그놈의 표현을 끌어내는 것이다.

4 ‖ 교양의 시작, 그리고 실체적 삶의 단박(그냥)에서 빠져나오는 일의 시작은 항상 일반적 원리들과 관점들에 대한 식견을 얻기에서, 일단 무릇 사태에 대한 생각으로 올라가기에서, 또한 그 생각을 근거들로 뒷받침하거나 반박하기, 구체적이며 풍부한 풍요를 규정들에 따라 파악하기, 그 풍요에 대해서 깔끔한 정보와 진지한 판단을 제시할 줄 알기에서 이루어

질 수밖에 없다. 그러나 이 같은 교양의 시작은 충만한 삶의 진지함에게 자리를 내주고, 이 진지함은 우리를 사태의 경험으로 이끌 것이며, 또한 추가로 개념의 진지함이 그런 식견과 평가 속으로 바닥까지 뚫고들어가면, 그것들은 피상적인 대화 안에서 그것들에 적합한 자리를 얻을 것이다.

5 ‖ 진실이 실존하는 참된 모습은 진실을 다루는 학문 시스템일 수밖에 없다. 철학이 학문의 형태에 — 앎을 향한 사랑이라는 이름을 버리고 진정한 앎으로 되는 목표 — 더 접근하는 데 기여하는 것, 이것이 내가 추구하는 바다. 앎이 학문이어야 할 내적 필연성은 앎의 본성에 있고, 이에 대한 만족스러운 설명은 오로지 철학 자체의 서술뿐이다. 한편, 앎이 학문이어야 할 외적 필연성은, 역할 담당자와 개별 동기들의 우연성을 제쳐놓고 그 필연성을 일반적으로 파악한다면, 내적 필연성과 동일한데, 다만 그 모습은 그 내적 필연성의 계기들의 현존재를 시대가 제시할 때의 모습이다. 따라서 지금은 철학이 학문으로 격상할 때임을 보여주는 것은 그 격상을 목적으로 가진 시도들을 정당화하는 유일하게 참된 길일 터이다. 왜냐하면 그런 방식의 정당화는 그 목적의 필연성을 밝힐뿐더러 또한 그 목적을 실현할 터이기 때문이다.

6 ‖ 진실의 참된 모습을 학문성에 놓으면서 — 바꿔 말해, 진실은 오직 개념의 터전에서 실존한다고 주장하면서 — 나는 이렇게 하는 것이, 시대의 확신으로서 널리 퍼져있을뿐더러 심하게 월권 행사를 하는 한 표상과 그 귀결들과 모순되는 것처럼 보인다는 점을 안다. 그러므로 이 모순에 대한 설명은 불필요하지 않을 듯하다. 비록 여기에서 그 설명은 그것이 반박하는 입장과 마찬가지로 호언장담으로 머물 수밖에 없지만 말이다. 무슨 말이냐면, 만약에 진실이, 때로는 직관으로, 때로는 절대자에 대

한 단박 앎으로, 종교로, 존재로 — 신의 사랑의 중심에 있는 존재가 아니라 신 자체의 존재로 — 불리는 그것 안에만, 혹은 더 정확히 말하면 그것으로서만 실존한다면, 철학의 서술을 위해서도 오히려 개념 형태의 반대가 필요할 것이다. 절대자는 개념화되지 않고 오히려 느껴지고 직관되어야 할 테고, 절대자의 개념이 아니라 절대자의 느낌과 직관이 진술되고 논의를 주도해야 할 터이다.

7 ‖ 이런 요구의 나타남을 일반적인 맥락 안에서 파악하고 자기를 의식한 정신이 현재 서있는 단계와 관련지어 바라보자. 오늘날 정신은 과거에 정신이 사유의 터전 안에서 영위했던 실체적인 삶을 벗어났다. — 정신과 본질의 화해를 의식하고 본질의 보편적 — 내면과 외부를 가리지 않는 — 현전을 의식함으로써 소유했던 만족과 안전을, 이 같은 정신의 단박 믿음을 벗어났다. 정신은 그렇게 실체적인 삶을 벗어나 실체 없는 자기회귀라는 반대편 극단으로 갔을 뿐 아니라 이 극단도 벗어났다. 정신은 본질적인 삶을 상실했을 뿐더러 이 상실을, 또한 자신의 내용인 유한성을 의식한다. 찌꺼기들에 등을 돌리고 자신의 처지가 끔찍함을 고백하고 욕하면서 이제 정신은 철학으로부터 자신이 무엇인지에 대한 앎을 요구하지도 않고, 철학을 통해 저 실체성과 존재의 견실성의 복원에 비로소 다시 도달할 것을 요구하지도 않는다. 이 욕구 앞에서 철학은, 폐쇄된 실체를 열어젖히고 자기의식으로 격상시키기보다는 — 철학 자신의 혼란스러운 의식을 사유된 질서와 개념의 단순성으로 되돌리기보다는, 도리어 사유가 분리해놓은 것들을 한데 뒤섞고, 구별된 개념을 억누르고, 본질의 느낌을 생산하며, 통찰도, 감격도 제공하지 못한다고 한다. 아름다움, 신성함, 영원, 종교, 사랑은 입질을 유도하기 위해 필요한 미끼다. 개념이 아니라 황홀이, 차갑게 나아가는 사태의 필연성이 아니라 부글거리는 감동이 실체

의 풍요를 유지하고 앞으로 이끌며 펼친다고 한다.

8‖ 이 요구에 부응하는 것으로, 감각적인 것과 속된 것과 개별적인 것 속에 깊이 빠진 사람들을 힘껏 뽑아내 별들로 눈을 향하게 하겠다는, 열성적이며 심지어 거의 격앙되고 신경질적인 노력도 있다. 마치 사람들이 신적인 것을 완전히 망각하고 마치 지렁이처럼 여기 진흙탕에서 만족하고 있는 것처럼 여기는 그 노력 말이다. 과거에 사람들은 장황한 생각들과 이미지들로 하늘을 장식했다. 존재하는 모든 것의 의미는 그것과 하늘을 연결하는 빛 실에 달려있었다. 시선은 이 현재에 오래 머무는 대신에 그 빛 실에 기대어 이 현재 너머로 미끄러져 나가 신적인 본질을 향해, 이렇게 표현해도 된다면, 저편의 현재를 향해 올라갔다. 정신의 눈은 강제로 지상을 향하게 되고 지상에 고정되어야 했다. 그리고 오직 천상의 것만 가졌던 청명함이 이편 감각의 둔중함과 혼란스러움 안으로 들어오고, 경험으로 명명된 현전하는 것 자체를 주목하는 일이 흥미롭고 유의미하게 되기까지 오랜 세월이 필요했다. ― 이제 반대의 일이 절박하게 필요한 듯하다. 감각이 지상에 아주 확고하게 뿌리내렸기 때문에, 감각을 그 위로 들어 올리려면, 과거처럼 강제력이 필요한 듯하다. 마치 사막에서 한 모금의 물을 찾아 헤매는 사람처럼 정신은 생기를 되찾기 위해 고작 신적인 것에 대한 궁핍한 느낌만이라도 갈망하는 듯하다. 정신이 무엇으로 만족하는가에서 정신의 상실이 얼마나 큰지 가늠할 수 있다.

9‖ 하지만 이처럼 받는 것으로 만족하는, 혹은 주는 것에 인색한 태도는 학문에 어울리지 않는다. 오직 감격을 추구하는 사람, 자신의 현존재와 사유의 세속적 잡다함을 안개 속에 감추고 이 불특정한 신성함을 불특정하게 누리기를 열망하는 사람은 어디에 그것이 있는지 보고 있을지

도 모른다. 그는 자신을 향해 열변을 토하면서 활개를 펼 수단을 스스로 쉽게 발견할 것이다. 그러나 철학은 감격스러워 하기를 경계해야 한다.

10‖ 더구나 이렇게 학문을 포기하고 만족하는 사람이 그런 감동과 혼탁이 학문보다 더 높은 무언가라고 주장하는 것은 더욱 해서는 안 되는 일이다. 이런 예언자적 연설가는 자신이 바로 지금 중심과 깊은 곳에 정확히 머무른다고 여기면서 규정(호로스)을 경멸적으로 바라보고 의도적으로 개념과 필연을, 또한 반성은 유한성에만 머무른다면서 반성을 멀리한다. 그러나 공허한 너비가 있듯이, 공허한 깊이도 있고, 유한한 잡다를 한데 모을 힘은 없이 유한한 잡다 안으로 쏟아져 들어가는 실체의 확장이 있듯이 — 이것은 내용 없는 강렬함이다. 확산 없이 존속하는 순수한 힘으로서 이 강렬함은 피상성과 동일하다. 정신의 힘은 표출되는 만큼만 크고, 정신의 깊이는 정신이 펼쳐지면서 확산하고 길을 잃을 자신이 있는 만큼만 깊다. — 또한 이 같은 개념 없고 실체적인 앎을 가진 사람이 자아의 고유성을 본질 속에 침몰시킨 연후에 참되고 신성하게 철학한다고 자처한다면, 그는 자신이 신에게 충실하기는커녕 분수와 규정을 경멸함으로써 도리어 때로는 내용의 우연성을 자신 안에, 때로는 자신의 재량을 내용 안에 방치한다는 것을 숨기는 것이다. — 실체의 거침없는 부글거림에 자신을 내맡기면서 그들은, 자기의식을 은폐하고 지성을 포기함으로써, 자신들이 잠들었을 때 신으로부터 지혜를 받는 신의 사람들이라고 여긴다. 바로 그렇기 때문에 실제로 그들이 잠 속에서 받아 낳는 것은 역시나 꿈이다.

11‖ 한편, 우리 시대가 새로운 시대로의 이행과 탄생의 때라는 것을 어렵지 않게 알아볼 수 있다. 정신은 이제껏 자신이 현존하고 표상해온 세계와 결별했으며 이제 막 그 현존과 표상을 과거 속으로 침몰시키려는

참이며 자신을 변형하는 중이다. 물론 정신은 한순간도 쉬지 않으며 항상 앞으로 나아간다. 그러나 아이가 태어날 때, 고요하고 오랜 영양섭취 후에 첫 호흡이 그렇게 양만 증가하는 점진적 과정을 끝내고 — 질적인 도약 — 이제 아이가 태어나 있듯이, 자신을 형성하는 정신도 그렇게 천천히 또 고요히 새로운 모습을 향해 성숙하면서, 앞선 세계가 지은 건축물의 작은 부분을 하나씩 해체한다. 그 세계의 흔들림은 개별 증상들을 통해서만 암시된다. 경박함, 그리고 기존의 것에 균열을 내는 지루함, 미지의 것에 대한 막연한 짐작은 무언가 다른 것이 다가오는 조짐들이다. 전체의 외관을 바꾸지 못한 이 점진적 부스러짐은, 번개처럼 단 한번에 새로운 세계의 뼈대를 세우는 해돋이에 의해 종결될 것이다.

12 ‖ 그러나 이 새로움은 갓 태어난 아이와 마찬가지로 완성된 현실성을 갖추지 않았다. 이를 간과하지 않는 것이 중요하다. 첫 등장은 단박의 새로움, 혹은 새로움의 개념이다. 터를 닦았다고 건물이 완성된 것이 아니듯이, 도달된 전체의 개념은 전체 자체가 아니다. 우리가 참나무의 힘찬 줄기와 무성한 가지들과 수많은 잎들을 보고 싶을 때, 누가 우리에게 그런 참나무 대신에 도토리 한 알을 보여주면, 우리는 만족하지 않는다. 마찬가지로, 정신 세계의 수관(樹冠)인 학문은 그 시작에서 완성되지 않는다. 새로운 정신의 시작은 다양한 형성 형태들의 광범위한 반전의 산물이요, 여러 겹으로 얽히고설킨 길들을 그만큼 많은 노력과 애씀으로 거친 대가로 받는 상이다. 그 시작은 계열과 펼쳐짐으로부터 자기회귀한 전체, 되어진 단순한 정신 개념이다. 그러나 이 단순한 전체의 현실성은, 계기들이 되어버린 저 모습들이 다시 새롭게, 이번에는 그것들의 새로운 터전 안에서, 되어진 의미 안에서 스스로 전개되고 모습을 얻는 것에 있다.

13‖ 한편으로 새로운 세계의 첫 나타남은 고작 자신의 단순성 안으로 숨은 전체 혹은 전체의 일반적 기반에 불과하지만, 반면에 의식에게는 앞선 현존재의 풍요가 여전히 기억 속에 현전한다. 의식은 새로 나타난 모습에서 내용의 확장과 특수화의 결여를 아쉬워한다. 하지만 더욱 아쉬워하는 것은, 형식이 완성되지 않았다는 것이다. 그 형식을 통해서 차이들을 확실히 규정하고 관계 설정을 확고히 해야 할 텐데 말이다. 그런 형식의 완성이 없으면, 학문은 보편적 이해 가능성을 결여하고 몇몇 개별자들의 비밀스러운 소유물인 듯한 가상을 띤다. 비밀스러운 소유물이라 함은, 학문이 고작 학문의 개념 혹은 속알맹이로만 있다는 뜻이다. 몇몇 개별자들이라 함은, 학문이 널리 확산되지 않은 채 나타나서 학문의 현존재가 개별적인 것이 된다는 뜻이다. 완전히 규정된 것이 비로소 공개적이고 개념적이며, 학습되어 모두의 소유물이 될 수 있다. 학문의 지성적 형태는 모두에게 제공된 또한 모두에게 평등한, 학문에 이르는 길이며, 지성을 통해 이성적 앎에 도달하겠다는 것은 학문에 접근하는 의식의 정당한 요구다. 왜냐하면 지성은 사유, 무릇 순수한 나니까 말이다. 또한 지성적인 것은 이미 익숙한 것이요, 학문과 비학문적 의식이 공유하는 바여서, 비학문적 의식은 지성적인 것을 통해 단박에 학문에 진입할 수 있다.

14‖ 비로소 시작하는 학문, 따라서 세부 사항들의 완성에도 형식의 완성에도 이르지 못한 학문은 바로 그렇다는 이유로 비난을 받는다. 그러나 그 비난이 학문의 본질을 겨냥한 것이라면, 저 완성의 요구를 받아들이지 않으려는 것이 부당함과 마찬가지로, 그 비난 역시 부당할 터이다. 요구를 받아들이지 않는 무리와 본질을 비난하는 무리의 이 같은 맞섬은 현재 학문적 교양이 풀고자 안간힘을 쓰지만 아직 제대로 이해하지 못한 가장 중요한 매듭인 듯하다. 한 진영은 자료의 풍부함과 지성적 이해 가능성

을 고집하고, 반대 진영은 적어도 이것들만큼은 업신여기면서 '단박'의 이성성과 신성을 고집한다. 비록 첫째 진영이, 오직 진실의 힘 때문인지 혹은 또한 둘째 진영의 격렬함 때문인지 몰라도, 침묵하게 되었고 사태의 기반과 관련해서 자신들이 압도당했다고 느꼈지만, 그렇다 하더라도 저 요구들과 관련해서 첫째 진영은 만족하지 못한 상태다. 그 요구들은 정당한데도 충족되지 않았으니까 말이다. 첫째 진영의 침묵은 반만 승리에서 유래하고, 나머지 반은 끊임없이 일으켜지는 기대와 뒤따르지 않는 약속 실행이 자아내곤 하는 지루함과 무관심에서 유래한다.

15 ‖ 내용과 관련해서는, 둘째 진영이 커다란 외연을 때때로 충분히 쉽게 확보할 만하다. 그들은 다량의 자료를, 즉 이미 익숙하고 정리된 것을 자기들의 마당에 끌어들인다. 또한 그들은 유별난 것들과 기이한 것들을 특히 중점적으로 다루기 때문에, 지식이 나름의 방식으로 이미 처리해 놓은 나머지는 그만큼 더 많이 소유하고 있으면서 또한 아직 규칙화되지 않은 것까지 다스리는 것처럼, 그리하여 모든 것을 절대적 이념 아래 종속시키는 것처럼 보인다. 이로써 절대적 이념이 모든 것에서 알려진 것처럼, 절대적 이념이 폭넓게 펼쳐진 학문으로 번성한 것처럼 보인다. 그러나 이 펼쳐진 폭을 자세히 들여다보면, 동일한 놈이 자신을 다양한 모습으로 빚어냄으로써 그 폭이 생겨난 것이 아니라, 그 폭은 동일한 놈의 모습 빚기 없는 반복임이 드러난다. 단지 그 동일한 놈이 다양한 자료에 외적으로 적용되면서 다양성의 따분한 허울을 얻을 뿐이다. 전개가 이런 식으로 동일한 공식을 반복하는 것일 따름이라면, 그 자체만 놓고 보면 충분히 참된 이념이 실은 항상 시작에 머물러있는 것이다. 인식하는 주체의 지도로 단 하나의 고정된 형식이 현전하는 놈 주위를 돌고, 자료는 바깥에 있다가 이 고요한 매체 속으로 잠긴다. 이것은 요구되는 바의 실현이

아니다. 곧, 자기로부터 솟아나는 풍요와 자기규정을 통해 모습들의 차이를 실현함이 아니다. 이는 내용에 대한 임의적인 착상들이 그 실현이 아닌 것과 마찬가지다. 오히려 이것은 단색의 형식주의다. 이 단색의 형식주의는 고작 재료의 차이에만, 그것도 재료가 이미 준비되어있고 잘 알려져 있는 덕분에, 도달한다.

16 ‖ 그런데도 그 형식주의는 이 단조로움과 절대적 보편성을 절대자로 주장한다. 이것들로 만족하지 못하는 사람은 절대적 관점에 올라서서 그 관점을 고수할 능력이 없는 사람이라고 호언장담한다. 과거 한때 무언가를 다른 식으로 표상할 수 있다는 공허한 가능성만으로도 한 표상을 반박하기에 충분했으며 바로 그 한낱 가능성, 곧 일반적 사유가 실현된 인식의 긍정적 가치 전부를 보유했던 때가 있었던 것처럼, 여기에서도 우리는 이런 비현실적 형태의 보편적 이념에 모든 가치가 부여되고 차이 나는 특정한 놈이 녹아 없어지는 것을 본다. 혹은 더 정확히 말하면, 그런 놈을 공허의 심연으로 내던지는 방식이, 추가로 전개되지도 않았으며 자체적으로 정당화되지도 않는 그 방식이 통찰적 고찰 방식으로 통하는 것을 본다. 여기에서, 어떤 정해진 놈을 절대자 안에 있는 놈으로서 고찰한다고 할 때 그 핵심은 다름 아니라, 비록 지금은 그놈이 무언가로서 거론되지만, 절대자 곧 A = A 안에는 그런 놈이 전혀 없고 거기에서는 모든 것이 하나라고 말하는 것이다. 절대자 안에서는 모든 것이 같다는 이 앎 달랑 하나를, 구별되고 채워진 놈들을 혹은 채우기를 추구하고 요구하는 인식에 맞세우는 것 — 혹은 자신의 절대자는, 흔히 하는 말마따나, 모든 소가 검게 보이는 밤이라고 공언하는 것은 인식이 없는 사람의 순진한 행동이다. — 근대 철학이 비난하고 업신여겼지만 근대 철학 안에서조차 다시 발생한 형식주의는, 비록 그 미흡함이 익숙히 알려지고 느껴졌다 하더라도, 절대적

현실에 대한 인식이 자신의 본성을 완전히 깨닫기까지는 학문에서 사라지지 않을 것이다. — 일반적 표상을 상세히 전개하는 시도에 앞서 그 표상을 제시하면 그 전개를 파악하기 쉬워진다는 점을 감안할 때, 그 일반적 표상의 줄거리를 여기에서 넌지시 제시하는 것이 유익하다. 이 작업을 하는 또 하나의 의도는, 관례로 굳어져 철학적 인식을 방해하는 몇몇 형식들을 이 기회에 떨어내는 것이다.

17 ‖ 이것은 시스템 자체를 서술함으로써 정당화해야 할 이야기지만, 내가 깨달은 바로는, 모든 것이 걸린 관건은 진실을 실체로서뿐 아니라 또한 마찬가지로 주체로서 파악하고 표현하는 것이다. 또한 실체성은 앎이 마주한 단박성, 곧 존재뿐 아니라 또한 앎의 단박성, 곧 일반도 아우른다는 점을 주의해야 한다. — 신을 유일한 실체로 파악하고 규정하는 사상이 당대를 격분시켰다면, 그 이유는 첫째, 그렇게 규정하면 자기의식이 보존되지 않고 몰락하기만 한다는 직감에 있었고, 둘째, 사유가 사유로서 붙드는 맞짝GEGENTEIL, 곧 일반성이 똑같은 단순성 혹은 구별 없고 운동 없는 실체성이라는 것에 있었고, 셋째, 사유가 실체 자체의 존재와 하나가 되고 단박성 곧 직관이 사유로 취급된다면, 여전히 관건은, 이 지적 직관이 또 다시 운동 없는 단순성으로 되떨어지지 않는가, 그리고 현실이 비현실적인 방식으로 서술되지 않는가 하는 것이다.

18 ‖ 또한 생동하는 실체는 실은 주체인 존재다. 바꿔 말하면, 오직 자기-정립의 운동, 혹은 자기 자신과 자기-달라짐의 매개인 한에서 참으로 현실적인 그런 존재다. 생동하는 실체는 주체로서 순수하고 단순한 부정성이며, 따라서 단순한 놈의 양분, 혹은 맞세우는 이중화다. — 이 이중화는 다시 이 아랑곳없는 별개임과 이것의 맞섬의 부정이다. 오직 이렇

게 자신을 재건하는 같음, 혹은 다름에서 자기로 회귀하기만이 진실이다. 근원적인 놈으로서 근원적인 통일성 혹은 단박인 놈으로서 단박인 통일성은 진실이 아니다. 진실은 진실 자신의 되어감, 자신의 끝을 자신의 목적으로서 전제하고 시작으로 삼으며 오직 실행과 종결을 통해서 현실화되는 원운동이다.

19‖ 그러므로 신의 삶과 신적인 앎을 자기 사랑의 놀이로 부를 수도 있겠지만, 그 놀이 안에 부정의 진지함과 고통, 인내, 노동이 없다면, 이 생각은 그저 감격스러움으로, 심지어 진부함으로 주저앉는다. 신의 삶 그 자체는 물론 청명한 자기와 같음이요 하나임일 것이며, 그 삶에는 다름과 소외에 대한 진지함과 이 소외의 극복에 대한 진지함이 없을 것이다. 그러나 이런 그-자체는 추상적 일반이며, 이 추상적 일반에서는 신의 자기를 마주함이라는 본성을 비롯해서 형식의 자기운동 전체가 간과된다. 이 때문에 형식이 본질과 같다는 말을, 앎은 그-자체 혹은 본질로 만족하고 형식은 건너뛸 수 있다는 뜻으로 — 절대적 원리 혹은 절대적 직관이 전자의 실행이나 후자의 전개를 불필요하게 만든다는 뜻으로 여기는 것은 오해다. 형식은 본질이 본질에게 본질적인 만큼 본질에게 본질적이다. 바로 그렇기 때문에 본질을 단지 본질로서, 곧 단박인 실체로서 혹은 신적인 놈의 순수 자기직관으로서 파악하고 표현할 뿐 아니라 또한 마찬가지로 형식으로서, 또한 전개된 형식의 풍요 전체에서 파악하고 표현해야 한다. 이를 통해 비로소 본질은 현실적인 놈으로서 파악되고 표현된다.

20‖ 진실은 전체다. 그런데 전체는 다름 아니라 펼침을 통해 자기를 완성하는 본질이다. 절대자에 대해서 말한다면, 절대자는 본질적으로 결과라고, 절대자는 끝에서 비로소 참된 절대자라고, 바로 이것이 절대자의

본성 — 현실적인 놈, 주체, 자기가-되어감이라는 본성 — 이라고 말할 수 있다. 절대자를 본질적으로 결과로서 이해해야 한다는 말이 몹시 모순적으로 들릴 수도 있겠지만, 조금만 숙고하면 그 외견상의 모순은 바로잡힌다. 처음에 또한 단박에 발설되는 대로의 시작, 원리, 절대자는 단지 일반적인 놈이다. 내가 '모든 동물들'이라고 말할 때, 이 말을 동물학으로 간주할 수 없는 것과 마찬가지로, 신적인 놈, 절대자, 영원한 놈 따위의 단어들도 그것들 안에 들어있는 바를 다 말하지 못한다. 그리고 실제로 오직 그런 단어들만이 직관을 단박인 놈으로서 표현한다. 그런 단어에 머물지 않고 한 문장으로라도 넘어감은 되찾아야 할 달라짐, 곧 매개다. 그런데 바로 이 매개가 혐오당하고 있다. 매개는 절대자가 아니며 절대자 안에는 매개가 전혀 없다는 말 이상의 무언가를 매개를 가지고 하면 절대적 인식이 포기되기라도 하는 것처럼 말이다.

21 ‖ 그러나 이 혐오는 실은 매개의 본성과 절대적 앎 자체를 아예 모르기 때문에 생겨난다. 매개는 다름 아니라 운동하는 자기와같음이니까 말이다. 바꿔 말해 매개는 자기로의 회귀, 자기를 마주한 나라는 계기, 순수 부정성, 단순한 되어감이다. 나, 혹은 무릇 되어감, 이 매개하기는 그 자체로 단순하기 때문에 다름 아니라 되어가는 '단박'이요 단박인 놈 자체다. — 따라서 만일 반성이 진실에서 배제되고 절대자의 긍정적 계기로 파악되지 않는다면, 이는 이성의 오해다. 반성은 진실을 결과로 만드는 놈이요, 또한 진실의 되어감과 맞선 이 결과를 거두는 놈이다. 왜냐하면 이 되어감은 역시 마찬가지로 단순하고 따라서 결과에서 자신을 단순한 놈으로서 드러냄이라는 진실의 형식과 다르지 않으니까 말이다. 이 되어감은 오히려 바로 이 같은 단순함으로 돌아가 있음이다. — 태아는 그 자체로는 충분히 사람이지만 태아 자신에게는 그렇지 않다. 태아는 오직 교양된 이

성으로서만, 자신을 그 자체로 자신인 놈으로 만든 이성으로서만 태아 자신에게 인간이다. 이것이 비로소 현실적인 이성이다. 그러나 이 결과 역시 단순한 '단박'이다. 왜냐하면 이 결과는 자기를 의식한 자유, 자기 안에 고요히 머무는 자유, 맞섬을 옆으로 치워 방치하지 않고 맞섬과 화해한 자유니까 말이다.

22 ‖ 바꿔 말해, 이성은 합목적적 활동이다. 이른바 자연이 오해된 사유보다 더 격상되고 우선 외적 합목적성이 추방되면서, 무릇 목적이라는 형식은 불신에 빠졌다. 그러나 아리스토텔레스도 자연을 합목적적 활동으로 규정하듯이, 목적은 단박인 놈, 머무는 놈이면서 또한 운동하는 놈 혹은 주체다. 목적의 추상적 운동력은 자기를 마주함 혹은 순수 부정성이다. 결과가 시작과 동일한 것은 오로지 시작이 목적이기 때문이다. ― 혹은 현실적인 놈이 그놈의 개념과 동일한 것은 오로지 단박인 놈이 목적으로서, 자아 혹은 순수 현실성을 제 안에 지녔기 때문이다. 실행되는 목적 혹은 현존하는 현실적인 놈은 운동이요 펼쳐지는 되어감이다. 그런데 이 머물지 않음이 바로 자아다. 그리고 자아는 시작의 단박임 및 단순함과 같다. 왜냐하면 자아는 결과요 자기로 되돌아간 놈인데, 자기로 되돌아간 놈은 다름 아니라 자아이며, 자아는 자기와 관련 맺는 같음이요 단순함이기 때문이다.

23 ‖ 절대자를 주체로 표상하려는 욕구 때문에 사람들은 이런 문장들을 사용했다. 신은 영원이다, 혹은 도덕적 세계질서다, 혹은 사랑이다, 등등. 이런 문장들에서는 진실이 곧장 주체(주어)로 설정될 뿐, 자기반성의 운동으로 표현되지 않는다. 이런 유형의 문장은 '신'이라는 단어로 시작된다. 따로 떼어놓고 보면 이 단어는 무의미한 소리, 한낱 이름이다. 신

이 무엇인지는 술어가 비로소 말한다. 술어가 신의 완성이자 의미다. 공허한 시작은 오직 이 끝에서 현실적인 앎이다. 그렇다면 왜 영원, 도덕적 세계질서 등만, 혹은 고대인들처럼 존재, 하나 등의 순수 개념들만, 즉 의미인 것만 말하지 않고 무의미한 소리를 덧붙이는지 납득할 수 없다. 그러나 이 단어가 표시하는 바는 다름 아니라, 무릇 존재나 본질이나 일반이 아니라 자기회귀하는 놈, 곧 주체가 정립되어있다는 것이다. 그러나 또한 이것은 단지 예상되어있을 뿐이다. 주어는 고정된 점으로 간주되고, 어떤 운동을 통해 술어들이 그 점에 붙어서 머무른다고 간주된다. 그 운동은 주어를 아는 놈에게 귀속하고 그 점 자체에는 귀속하지 않는다고 여겨진다. 그 점 자체에 귀속하는 운동을 통해서만 내용이 주체로서 표현될 텐데 말이다. 그러나 그 운동의 유형을 볼 때, 그 운동은 그 점에 귀속할 수 없다. 또한 그 점을 전제하고 나면, 그 운동은 다른 유형일 수 없고 오직 외적인 운동일 수밖에 없다. 따라서 저 예상, 절대자는 주체라는 예상은 이 개념의 현실성이 아닐뿐더러 그 현실성을 불가능하게 만든다. 왜냐하면 저 예상은 이 개념을 멈춘 점으로 정립하는데, 이 개념의 현실성은 자기운동이니까 말이다.

24‖ 이제껏 말한 바에서 나오는 여러 귀결들 가운데 이것을 강조할 만하다. 즉, 앎은 오직 학문으로서만, 혹은 시스템으로서만 현실적이며 그렇게만 표현될 수 있다. 더 나아가 이른바 철학의 원칙 혹은 원리는 설령 참이라 하더라도 원칙 혹은 원리라는 그 이유만으로도 벌써 거짓이다. — 그렇기 때문에 철학의 원칙을 반박하기는 쉽다. 그 반박은 다름 아니라 그 원칙의 결함을 드러내는 것이다. 그런데 원칙은 단지 일반 혹은 원리, 시작이기 때문에 결함이 있다. 근본적인 반박은 원칙 자체로부터 도출되고 전개된다. — 맞선 호언장담과 외부에서 유래한 착상을 통해 성취되

지 않는다. 따라서 근본적인 반박이 자신의 부정적 측면만 주목하고 자신의 진행과 결과의 긍정적 측면을 알아채지 못하는 방식으로 자신을 오인하지 않는다면, 근본적인 반박은 실은 원칙의 전개요 원칙이 가진 결함의 보완일 것이다. — 시작의 진정한 긍정적 완성은 또한 거꾸로 시작에 대한 부정적 태도이기도 하다. 즉, 일단 단박이라는 혹은 목적이라는, 시작의 일면적 형태에 대한 부정적 태도이기도 하다. 따라서 시작의 진정한 긍정적 완성은 또한 시스템의 기반을 이루는 놈에 대한 반박으로도 간주될 수 있다. 물론 더 정확히 말하면, 시스템의 기반 혹은 원리가 실은 단지 시작일 뿐임을 보여주는 작업으로도 간주될 수 있다고 해야 하지만 말이다.

25 ‖ 진실은 오직 시스템으로서만 현실적이라는 것, 혹은 실체는 본질적으로 주체라는 것은, 절대자는 정신이라는 말이 표현하는 바다. 가장 숭고한 개념이며 근대와 근대의 종교에 속한 개념인 정신. 오직 정신적인 놈만이 현실적인 놈이다. 정신적인 놈은 본질 혹은 그-자체-태도를 취하는 놈 혹은 규정된 놈, 다름 그리고 자기를-마주함 — 그리고 이 규정되어있음 혹은 자기를-벗어나-있음 안에서 제자리에 머무는 놈이다. 바꿔 말해 정신적인 놈은 그 자체로 자기를 마주한다. 그러나 정신적인 놈은 일단 우리에게만 혹은 그 자체로만 이 같은 그-자체로-자기를-마주함이다. 즉, 정신적 실체다. 정신적인 놈은 그놈 자신에게도 그-자체로-자기를-마주함이어야 한다. — 정신적인 놈을 앎이어야 하고 자신을 정신적인 놈으로서 앎이어야 한다. 다시 말해 정신적인 놈은 자신에게 대상으로서 있어야 한다. 그것도, 단박인 동시에 또한 매개된, 곧 거둬진 대상, 자기회귀한 대상으로서 있어야 한다. 정신적인 놈은, 그놈의 정신적 내용이 그놈 자신을 통해 산출된 한에서, 우리에게만 자기를 마주한 놈이다. 그러나 그놈이 그놈 자신에게도 자기를 마주한 놈이라면, 이 자기산출, 곧 순수한 개념은 그

놈에게 또한 대상적 터전이며, 그 터전에서 그놈은 자신의 현존재를 가진다. 그리고 이런 방식으로 그놈은 자신의 현존재 안에서 그놈 자신이 보기에, 자기회귀한 대상이다. — 그렇게 자기를 정신으로서 아는 정신이 바로 학문이다. 학문은 정신의 현실성이며 정신이 자기를 위해 자기 고유의 터전에서 짓는 나라다.

26‖ 절대적 다름에서 순수하게 자기를 알아채기, 바로 이 에테르 자체가 학문 혹은 앎 일반의 터전이다. 철학의 시작은 의식이 이 터전 안에 있을 것을 전제하거나 요구한다. 그런데 이 터전은 오직 이 터전 자신이 되어가는 운동을 통해서만 완성과 투명성에 이른다. 이 터전은 순수한 정신성, 혹은 단순한 단박의 양상을 띤 일반자다. 그런데 이 일반자는 — 무릇 실체는 정신이므로 — 정신의 단박이기 때문에, 이 단박은 변모한 놈, 그 자체로 단순한 혹은 단박인 회귀, 자기회귀인 존재다. 학문은 자기의식에게 이 에테르 안에 올라와있을 것을, 이 에테르 안에서 이 에테르와 더불어 살 수 있고 또한 살 것을 요구한다. 거꾸로 개인은 학문이 그에게 최소한 이 관점에 이르는 사다리를 제공할 것을 요구할 권리가 있다. 이 권리는 개인이 모든 형태의 앎에서 보유할 줄 아는 절대적 독립성에 근거를 둔다. 왜냐하면 학문이 인정하건 말건, 내용이 무엇이건 상관없이 모든 형태의 앎에서 개인은 또한 절대적 형식이며 — 바꿔 말해, 단박의 자기 확실성을 가지며 — 이 표현이 더 좋다면, 따라서 무제약적 존재니까 말이다. 의식의 관점, 곧 대상적 사물들을 자기에 맞선 놈들로 알고 자기를 그놈들에 맞선 놈으로 아는 관점이 학문에게 타자로 — 의식의 자리인 거기가 오히려 정신의 상실로 — 간주된다면, 거꾸로 의식에게 학문의 터전은 머나먼 저편, 의식이 자기를 상실하는 자리다. 이 양 진영 각각은 서로에게 진실의 물구나무서기로 보인다. 자연적 의식이 자신을 단박에 학문에 위탁하

는 것은 그래야 할 이유도 모르는 채로 한번 물구나무서서 걷기를 시도하는 것과 같다. 익숙치 않은 물구나무서기 자세를 취하고 그 자세로 움직이라고 강요하는 것은, 전혀 대비되지 않았을뿐더러 불필요하게 보이기까지 하는 폭력을 스스로에게 가하라고 의식에게 요구하는 것이다. — 학문이 그 자체로 무엇이건 간에, 단박 자기의식과의 관계에서 학문은 거꾸로 뒤집힌 놈으로 나타난다. 바꿔 말하면, 단박 자기의식은 현실성의 원리이기 때문에, 학문은 — 단박 자기의식이 보기에 자기는 학문 바깥에 있으므로 — 비현실성의 꼴을 띤다. 그렇기 때문에 학문은 저 터전을 현실성의 원리[단박 자기의식]와 통일해야 한다. 혹은 더 정확히 말하면, 저 터전이 현실성의 원리에 이미 속해 있음을, 그리고 어떻게 속해 있는지를 보여주어야 한다. 현실성을 결여한 학문은 단지 그-자체, 목적, 아직 내적인 놈이며 정신으로서가 아니라 고작 정신적 실체로서 존재한다. 학문은 자신을 표출하고 마주해야 한다. 이는 다름 아니라, 학문이 자기의식과 학문 자신을 통일해야 한다는 것이다.

27 ‖ 이 정신의 현상학은 학문 시스템의 첫 부분으로서 이 같은 학문 혹은 앎의 되어감을 서술한다. 처음에 있는 대로의 앎 혹은 단박 정신은 정신없는 놈 혹은 감각적 의식이다. 진정한 앎으로 되기 위하여, 혹은 학문의 터전 — 곧 학문의 순수 개념 — 을 산출하기 위하여, 단박 정신은 먼 길을 완주하면서 자신을 만들어야 한다. — 이 되어감의 과정에서 나타나는 내용들과 모습들로 제시된 이 되어감은 비학문적 의식을 학문으로 이끄는 과정이 아니라 무언가 다른 것으로, 또한 학문의 정당화가 아니라 무언가 다른 것으로 나타난다. — 또한 따로 말할 필요도 없겠지만, 권총을 발사하듯이 단박에 절대적 앎에서 시작하는, 또한 다른 관점들은 무시하겠다는 선언으로 그것들을 다 처리해버리는 그런 감동이 아니라 무언가 다

른 것으로 나타난다.

28‖ 그러나 개인을 교양되지 않은 관점에서 앎으로 이끄는 과제를 일반적인 의미로 이해해야 했고, 일반적 개인 곧 세계정신의 교양 과정을 고찰해야 했다. — 일반적 개인과 특수한 개인 사이의 관계는 이러하다. 일반적 개인에서는 모든 각각의 계기가, 그것이 획득하는 구체적 형태와 고유한 모습 그대로 나타난다. 반면에 특수한 개인은 불완전한 정신, 구체적인 모습, 그것의 현존재 전체가 한 규정 안에 갇혀있으며 그 규정 안에서 다른 규정들은 단지 뒤섞인 특징들로만 현전하는 그런 구체적인 모습이다. 다른 정신보다 더 상위에 있는 정신 안에서 하위의 구체적 현존재는 눈에 띄지 않는 계기로 가라앉는다. 과거에 사태 자체였던 놈이 이제는 고작 흔적이다. 그놈의 모습은 싸개로 감싸여 단순한 음영이 되었다. 개인은 — 개인의 실체는 상위의 정신이다 — 이 과거를 통과하는데, 상위의 정신이 상위의 학문을 수행하면서 오래전부터 보유해온 예비 식견들을 — 그것들의 내용을 떠올리기 위해 — 훑어보는 방식으로 이 과거를 통과한다. 상위의 정신은 자신의 기억을 불러내지만 그 기억에 관심을 두고 오래 머물지 않는다. 그렇게 모든 각각의 개별 정신도 일반적인 정신의 교양 단계들을 거치지만, 그 단계들을 일반적 정신이 이미 벗어버린 모습들로서, 완성되고 잘 닦인 길의 단계들로서 거친다. 식견의 차원에서 과거에 성숙한 남자들의 정신이 다루던 것이 아이들의 식견, 연습, 심지어 놀이로 주저앉은 것을 우리가 보듯이, 또한 피교육자의 진보에서 마치 그림자의 윤곽처럼 나타나는 세계 교양의 역사를 우리가 알아보듯이 말이다. 이 같은 과거의 현존재는 일반적 정신이 이미 획득한 소유물이며, 개인의 실체 혹은 비유기적 자연을 이룬다. — 이런 관점에서 개인의 교양은, 개인의 편에서 고찰하면, 개인이 이 현전하는 놈을 획득하는 과정, 자신의

비유기적 자연을 섭취하여 자신의 소유로 만드는 과정이다. 하지만 이것은 또한 다름 아니라 일반적 정신 혹은 실체가 자기에게 자기의식을 주는 과정, 혹은 실체의 되어감과 자기회귀다.

29‖ 학문은 이 같은 교양 운동을 완전하게 또한 필연적 운동으로서 서술할뿐더러, 이미 정신의 계기이자 소유물로 가라앉은 놈을 정신의 모습짓기 과정 안에서 서술한다. 목표는, 앎이란 무엇인가를 정신이 통찰하는 것이다. 조급함은 불가능한 것을, 중간 없이 목표에 도달할 것을 요구한다. 한편으로 이 길의 거리를 견뎌내야 한다. 왜냐하면 모든 각각의 계기가 필연적이니까 말이다. — 다른 한편으로, 모든 각각의 계기에서 오래 머물러야 한다. 왜냐하면 모든 각각의 계기가 그 자체로 전체의 개별적인 모습이니까 말이다. 또한 계기의 규정성을 전체 혹은 구체적인 놈으로서 고찰해야만, 바꿔 말해 전체를 이 규정의 독특성 안에서 고찰해야만, 모든 각각의 계기를 절대적으로 고찰하는 것이니까 말이다. — 개인의 실체가, 곧 세계정신이 인내심을 발휘하여 오랜 시간 동안 이 형태들을 거치면서 세계사의 엄청난 노동을 떠맡아왔으므로, 또한 세계정신이 자기의식에 도달하려면 그만큼의 노동이 필요했으므로, 개인이 더 적은 노동으로 자신의 실체를 파악할 수는 없다. 그러나 이제 개인은 고생을 덜 한다. 왜냐하면 그 자체로 보면 이것[세계사의 자기의식 도달]은 이미 완료되었기 때문이다. — 이미 내용이, 청산되어 가능성으로 격하된 현실성이요 극복된 단박이기 때문이다. 이미 사유의 대상이므로, 그 내용은 개인의 소유물이다. 이제 더는 현존재를 그-자체임으로 뒤집어야 하는 것이 아니라, 단지 그-자체를 자기를-마주함의 형태로 뒤집고 자기를-마주함의 방식을 더 자세히 규정해야 한다.

30 ‖ 이 운동에서 개인은 현존재를 거두는 일을 하지 않아도 된다. 그러나 형태들에 대한 표상과 익숙함을 거두는 일은 여전히 남아있다. 실체 안으로 회수된 현존재는 저 첫째 부정을 통해 단지 일단 단박에 자기의 터전으로 옮겨졌다. 따라서 이 현존재는 여전히 현존재 자체와 마찬가지로, 파악되지 않은 단박 혹은 부동(不動)의 아랑곳없음의 성격을 띤다. 바꿔 말해, 이 현존재는 단지 표상으로 넘어갔다. ― 또한 그리하여 다른 한편으로 이 현존재는 익숙한 놈이다. 즉, 정신이 관련 용무를 마쳤고 따라서 더는 관심을 두고 손을 대지 않는 그런 놈이다. 현존재에 관한 용무를 마치는 활동을 단박 매개 혹은 현존재적인 매개요 따라서 단지 자신을 파악하지 못하는 특수한 정신의 운동이라고 한다면, 반대로 이 활동을 통해 발생한 표상에 맞서는 앎, 이 익숙함에 맞서는 앎은 일반적인 자기의 활동이며 사유의 관심사다.

31 ‖ 무릇 익숙한 놈은 바로 익숙한 놈이기 때문에 인식된 놈이 아니다. 인식 과정에서 무언가를 익숙한 놈으로 전제하고 받아들이는 것은 자기와 타인들을 속이는 가장 통상적인 방식이다. 온갖 말이 오가더라도, 그렇게 전제된 앎은 자기에게 무슨 일이 일어나는지 모르는 채로 제자리를 지킨다. 주체와 객체 등등, 신, 자연, 지성, 감성 등등이 아무런 검토 없이 익숙하고 타당한 놈으로서 바탕에 놓여 확고한 출발점과 회귀점을 이룬다. 운동은 고정된 그 점들 사이를 오가고 따라서 단지 그 점들의 표면에서만 일어난다. 그리하여 이해하기와 검사하기도, 말해진 바를 각자가 자신의 표상 안에서 발견하는지 여부, 말해진 바가 각자에게 그럴싸하고 익숙한지 여부를 보는 작업으로 된다.

32 ‖ 표상을 분석한다 함은 이미 과거에도 다름 아니라 표상의 익숙함

을 거둔다는 것이었다. 표상을 표상의 원래 요소들로 분해한다는 것은 표상의 계기들로 돌아간다는 것이다. 적어도 외부에서 발견된 표상의 형식을 띠지 않은, '자기'의 단박 소유물인 그런 계기들로 말이다. 물론 이 분석은 단지 생각들 — 그 자신들 역시 익숙하고 고정되고 머무는 규정들인 그런 생각들 — 에만 귀속한다. 그러나 이 분리된 놈, 비현실적인 놈이 바로 본질적인 계기다. 왜냐하면 구체적인 놈은 자신을 분리하여 비현실적인 놈으로 만들고, 오직 그렇기 때문에 운동하는 놈이니까 말이다. 분리 활동은 지성의 힘이자 노동, 가장 경이롭고 큰, 아니 절대적인 권능이다. 닫힌 채로 고요히 머물며 실체로서 자신의 계기들을 품은 원은 단박인 사태이며 그래서 경이롭지 않다. 그러나 그 원의 범위에서 분리된 덧붙은 놈 — 속박되어있으며 오직 다른 놈과 결합해야만 현실적인 놈 — 이 고유한 현존재와 분리된 자유를 획득하는 것은 부정의 엄청난 권능이다. 그것은 사유의 에너지, 순수한 나의 에너지다. 저 비현실적인 놈을 죽음이라고 칭한다면, 죽음은 가장 끔찍한 일이며 죽은 놈을 단단히 붙드는 것은 가장 큰 힘이 드는 일이다. 힘없는 아름다움은 지성을 증오한다. 왜냐하면 지성은 그런 아름다움이 해낼 수 없는 것을 그런 아름다움에게서 기대하기 때문이다. 그러나 죽음을 꺼리고 황폐화를 피해 자신을 순수하게 보존하는 삶이 아니라 죽음을 견뎌내고 죽음 안에서 자신을 보존하는 삶이 정신의 삶이다. 오직 절대적 파열에서 자기를 발견할 때만 정신은 진실성을 획득한다. 정신은 이런 권능이지만, 우리가 무언가에 대하여 이것은 아무것도 아니라거나 거짓이라고 말하면서 용무를 마치고 그것을 떠나 다른 무언가로 넘어가듯이, 부정적인 놈을 외면하는 긍정적인 놈으로서 그러하지는 않다. 오히려 정신은 부정적인 놈을 똑바로 바라보면서 그놈의 곁에 오래 머무름으로써만 이런 권능이다. 이 오래 머무름이 부정적인 놈을 존재로 뒤집는 마법의 힘이다. — 이 마법의 힘은 앞서 언급한 주체와 동일하다. 주체 자신의 터전 안에서 규정성에게 현존재를 줌으로써 추상적 단박 — 아무튼 존재할 뿐인 단박 — 을 거두는 주체, 그리하여 참된 실체인 주체와 말이다. 참된 실체인 주체는 매개를 자기 바깥에 가지는 것이 아니라 오히려 매개 자체인 그런 존재 혹은 단박이다.

33‖ 표상된 놈이 순수한 자기의식의 소유물로 되는 것, 이 같은 무릇 일반으로의 상승은 교양의 한 측면일 뿐, 아직 완성된 교양이 아니다. — 고대의 공부 방식은 자연적 의식이 정말로 일일이 형성되어 완성에 이르는 것이었다는 점에서 근대의 공부와 다르다. 고대의 자연적 의식은 자기 현존재의 모든 부분 각각에서 특수하게 경험을 쌓고 마주치는 모든 것에 대하여 철학하면서 자신을 철저히 활동적인[개별자들을 일일이 어루만지는] 일반으로 만들어갔다. 반면에 근대에 개인은 이미 마련된 추상적 형식을 발견한다. 그 형식을 파악하고 자기 것으로 만드는 고된 작업은, 구체적인 놈과 현존재의 다양성으로부터 일반이 발생하는 과정이라기보다는, 속알맹이를 단박에 밖으로 밀어내기, 그리고 단절된 채로 일반을 산출하기에 더 가깝다. 그렇기 때문에 지금 할 일의 핵심은, 개인을 단박이며 감각적인 방식으로부터 정화하여 생각되는 놈이자 생각하는 놈인 실체로 만드는 것이라기보다 오히려 정반대의 것, 즉 단단하고 특정한 생각들을 거둠으로써 일반을 실현하고 정신화하는 것이다. 그런데 단단한 생각을 유동화하는 일은 감각적 현존재를 유동화하는 일보다 훨씬 더 어렵다. 그 이유는 방금 말한 대로, 저 [생각의] 규정들은 나, 부정의 권능, 곧 순수한 현실성을 자기 현존재의 실체요 터전으로 가진다는 점에 있다. 반면에 감각적 규정들은 단지 권능 없는 추상적 단박, 곧 존재로서의 존재만 가진다. 생각들이 유동화되려면, 순수한 생각하기가, 이 내적인 단박이 자신은 계기라는 점을 깨달아야 한다. 혹은 순수한 자기확실성이 자신을 도외시해야

한다. — 자신을 치워버리라는 것, 제쳐놓으라는 것이 아니다. 오히려 자기확실성의 자기정립의 고정성을 포기하라는 것이다. 구별된 내용에 맞선 나 자신, 곧 순수한 구체적인 놈의 고정성도 포기하고, 순수한 생각하기의 터전 안에 정립되어 나의 무제약성을 나눠가진 구별된 놈들의 고정성도 포기하라는 것이다. 이 운동을 통하여, 순수한 생각들은 개념들이 된다. 이때 비로소 그 생각들은 그것들의 진실인 자기운동들, 원들, 그것들의 실체, 정신적인 놈들이다.

34 ‖ 그 순수한 놈들의 이 같은 운동이 무릇 학문의 본성을 이룬다. 그 놈들의 내용의 맥락으로서 고찰하면, 이 운동은 그 맥락의 필연성이며 유기적 전체로의 확장이다. 앎의 개념에 이르는 길도 마찬가지로 이 운동을 통하여 필연적이며 완전한 되어감이 된다. 그리하여 이 예비 작업은, 우연이 가져다주는 불완전한 의식의 이런저런 대상들, 관계들, 생각들을 단서로 삼는 우연적인 철학하기이기를 그친다. 혹은 갈팡질팡하는 탁상공론, 추론, 특정 생각들로부터의 도출을 통해 진실을 정당화하려 하는 우연적인 철학하기이기를 그친다. 오히려 이 길은 개념의 운동을 통하여 의식의 완전한 세계성을 그것의 필연적인 모습대로 포괄할 것이다.

35 ‖ 더 나아가, 그런 서술은 [단지] 학문의 첫 부분을 이룬다. 왜냐하면 정신의 현존재는 최초인 놈으로서 다름 아니라 단박인 놈 혹은 시작이요, 시작은 아직 정신의 자기회귀가 아니기 때문이다. 따라서 이 학문 부분을 다른 부분들로부터 구별해주는 규정은 단박 현존재라는 터전이다. — 이 구별을 제시하고 나니, 이와 관련해서 등장하곤 하는 몇몇 굳어진 생각들을 논할 필요가 있다.

36 ‖ 정신의 단박 현존재, 곧 의식은 두 가지 계기를 가진다. 즉, 앎이라는 계기와 앎에 대해 부정적인 대상이라는 계기를 가진다. 정신이 이 터전에서 자신을 펼치고 자신의 계기들을 늘어놓으면, 이 맞섬이 그 계기들에 귀속하고, 그 계기들은 모두 의식의 모습들로 등장한다. 이 길의 학문은 의식이 하는 경험을 다루는 학문이다. 실체가 고찰되는데, 실체와 실체의 운동을 의식의 대상으로서 고찰하는 방식으로 고찰된다. 의식은 자신의 경험 안에 있는 것만 알고 파악한다. 의식의 경험 안에 있는 것은 단지 정신적 실체일 뿐이고, 그것도 정신적 실체의 자기의 대상으로서의 정신적 실체일 뿐이니까 말이다. 그러나 정신은 대상으로 된다. 왜냐하면 정신은, 다른 놈 곧 정신의 자기의 대상으로 되고 이 다름을 거두는 운동이니까 말이다. 그리고 경험이란 바로 이 운동을 말한다. 단박인 놈, 경험되지 않은 놈, 곧 추상적인 놈이 — 감각적 존재의 추상성이건, 생각된 단순한 놈의 추상성이건 간에 — 자기로부터 소외되고 이 소외로부터 자기로 돌아오는 운동 말이다. 이 운동을 통해 그놈은 이제 자신의 현실성과 진실대로 표현되며 또한 의식의 소유물이다.

37 ‖ 의식 안에서 발생하는, 나와 나의 대상인 실체 사이의 같지 않음은 실체의 어긋남, 무릇 부정적인 놈이다. 그 같지 않음을 그 양자의 결함으로 볼 수도 있겠지만, 그 같지 않음은 그 양자의 영혼 혹은 그 양자를 움직이는 놈이다. 이 때문에 몇몇 고대 사람들은 허공을 운동을 일으키는 놈으로 파악했다. 그들은 운동을 일으키는 놈을 부정적인 놈으로 파악하기는 했지만 부정적인 놈을 자기로 파악하지는 못했던 것이다. — 이 부정적인 놈은 일단 나가 대상과 같지 않음으로 나타나지만, 또한 마찬가지로 이 부정적인 놈은 실체와 실체 자신의 같지 않음이기도 하다. 실체 바깥에서 일어나는 일처럼, 실체에 맞선 활동처럼 보이는 것이 실은 실체 자

신의 활동이며, 실체는 자신이 본질적으로 주체임을 드러낸다. 실체가 이를 완전히 드러내면, 정신은 자신의 현존재와 자신의 본질을 같게 만든 것이다. 정신은 자신의 진실대로 자신에게 대상이며, 추상적 터전인, 단박성 그리고 앎과 진실의 분리는 극복되었다. 존재는 절대적으로 매개되었다 — 존재는 실체적 내용이면서 또한 나의 단박 소유물로서 자기의 성격을 띤다. 혹은 개념이다. 여기에서 정신의 현상학이 종결된다. 정신이 정신의 현상학에서 준비하는 것은 앎의 터전이다. 이제 이 터전에서 정신의 계기들이, 자신의 대상이 자신임을 아는 단순성의 형식 안에서 펼쳐진다. 이제 그것들은 존재와 앎의 맞섬에 빠져 분열하지 않고 앎의 단순성 안에 머물며, 진실의 형식을 띤 진실이다. 그것들의 구별됨은 단지 내용의 구별됨일 뿐이다. 그것들의 운동, 이 터전에서 전체로 조직화하는 그 운동은 논리학 혹은 통찰 철학이다.

38 ‖ 그런데 저러한 정신의 경험의 시스템은 단지 정신의 현상을 다루기 때문에, 그 시스템으로부터 진실의 모습을 띤 진실의 학문으로 향한 진행은 단지 부정적인 듯하다. 그래서 사람들은 그릇된 놈으로서의 부정적인 놈을 성가시게 다룰 것 없이 곧장 진실로 이끌어달라고 요구할 법하다. 무엇을 하려고 그릇된 놈을 다루는가? — 곧바로 학문에서 시작해야 한다는 주장에 대해서는 이미 언급한 바 있으나, 여기에서는 무릇 그릇된 놈으로서의 부정적인 놈이 어떤 성질을 가졌는가라는 측면에서 그 주장에 대꾸하려 한다. 무엇보다도 그놈에 관한 통념들이 진실에 입문하는 것을 방해하니까 말이다. 그렇게 대꾸하다 보면 수학적 인식에 대해서 언급할 기회가 있을 것이다. 비철학적인 앎은 수학적 인식을 이상으로 간주하면서 철학은 그 이상에 도달하려 애써야 한다고, 하지만 이제껏 헛되이 써왔다고 여긴다.

39 ‖ 참과 거짓은 독자적인 놈들이며 운동이 없다고 여겨지는 특정 관념들, 다른 놈과 관련 없이 하나는 이쪽에, 또 하나는 저쪽에 고립된 채 고정된 관념들로 분류된다. 이에 맞서서 이렇게 주장해야 한다. 진실은 주화가 아니어서 완성품으로 주어지지도 않고 갈퀴로 그러모을 수도 없다. 또한 거짓은 존재하지 않는다. 이는 악이 존재하지 않는 것과 마찬가지다. 악과 거짓은 악마처럼 나쁘지 않다. 악마로서의 악과 거짓은 아예 특수한 주체로 상정된 것이다. 악과 거짓은 단지 일반자들인데 그럼에도 서로 대비되는 독자적 본질을 가진다. — 여기에서는 거짓만 다루려 하므로 거짓에 대해서 말하면, 거짓은, 앎의 내용으로서 진실인 실체의 타자, 부정적인 놈일 것이다. 그런데 실체는 그 자체로 본질적으로 부정적인 놈이다. 한편으로 내용의 구별 및 규정으로서, 다른 한편으로 단순한 구별하기로서, 곧 무릇 자기요 알기로서 실체는 부정적인 놈이다. 사람은 얼마든지 거짓되게 알 수 있다. 무언가를 거짓되게 안다 함은, 앎이 앎의 실체와 같지 않다는 뜻이다. 그러나 바로 이 같지 않음이 무릇 구별하기이며, 이 구별하기가 본질적 계기다. 이 구별이 얼마든지 그것들[앎의 과정과 앎의 실체]의 같음으로 되고, 이 되어진 같음이 진실이다. 그러나 이 진실은, 순수한 금속을 제련할 때 찌꺼기를 제거하듯이 저 같지 않음을 내던져버리고 남은 진실이 아니며, 심지어 공구가 완성된 그릇으로부터 떨어져 있듯이 저 같지 않음과 떨어져 있는 진실도 아니다. 오히려 그 같지 않음은 부정적인 놈으로서, 자기로서 진실로서의[진정한] 진실 안에 여전히 단박에 현전한다. 하지만 그렇다고 해서, 거짓이 참의 계기이거나 심지어 성분이라고 말할 수는 없다. 모든 거짓 안에 일말의 진실이 있다는 말 — 이 표현에서 양자는, 섞일 수 없으며 단지 외적으로만 연결되어있는 물과 기름처럼 간주된다. 완전한 다름이라는 계기를 나타내는 일의 중요성을 위해서, 양자의 다름이 거둬져있을 경우에는 양자를 가리키는 표현들을 더는 사용하지 말

아야 한다. 주체와 객체의 통일, 유한과 무한의 통일, 존재와 사유의 통일 등의 표현은 부적절한 구석이 있다. 즉, 객체와 주체 등은 그 양자의 통일 바깥에서의 그 양자를 의미하고, 따라서 그 통일 안에서의 주체와 객체는 그 양자를 가리키는 표현이 의미하는 바를 의미하지 않는다. 이와 마찬가지로 거짓은 거짓으로서 참의 계기가 아니다.

40 ‖ 앎과 철학 공부에서 독단론이라는 사유 양식은 다름 아니라, 진실은 확고한 결론이거나 단박에 알려지는 한 문장이라는 견해를 뜻한다. 카이사르는 언제 태어났는가, 1 스타디움 등은 몇 트와즈였는가, 같은 질문들에는 깔끔한 대답이 제시되어야 한다. 이와 마찬가지로, 직각감각형의 빗변의 제곱은 나머지 두 변 각각의 제곱의 합과 같다는 것은 틀림없이 참이다. 그러나 그런 이른바 진실의 본성은 철학적 진실들의 본성과 다르다.

41 ‖ 역사적 진실에 대해서 간단히 언급하겠다. 역사적 진실들의 순수한 역사적 측면이 고찰될 때는, 그 진실들이 개별 현존재, 곧 한 내용을 그것의 우연성과 임의성의 측면에서 다루고 그것의 필연적이지 않은 규정들을 다룬다는 점이 쉽게 시인된다. — 그러나 심지어 방금 예로 든 것과 같은 벌거벗은 진실들도 자기의식의 운동을 결여하고 있지 않다. 그런 진실 하나를 알려면, 많은 것을 비교해야 하고, 또한 책들을 뒤져보거나 그 밖에 방식으로 탐구를 해야 한다. 단박 직관에서도, 단박 직관과 그 근거들에 대한 식견이 비로소 참된 가치를 지닌 무언가로 간주된다. 비록 원래 단박 직관은 오직 벌거벗은 결과만 다뤄야 하지만 말이다.

42 ‖ 다음으로 수학적 진실에 대해서 말하면, 유클리드의 정리들을 그

증명들을 빼놓고 외운 사람을, 또는 '외운다auswendig wissen'는 말에 맞서게 표현하자면, 그 증명들을 내재적으로inwendig 알지 못하고 외운 사람을 기하학자로 간주하는 것은 더욱더 부적절할 것이다. 마찬가지로, 많은 직각삼각형들을 측정해보고서 직각삼각형의 변들 사이에서 그 잘 알려진 관계가 성립한다는 식견을 누가 얻었다면, 그 식견은 미흡하다고 여겨질 것이다. 하지만 수학적 앎에서도 증명의 본질은 결과 자체의 계기라는 의미와 본성을 아직 가지지 않는다. 오히려 결과에서 증명은 이미 지나갔고 사라졌다. 물론 결과로서의 정리는 진실임이 통찰된 놈이다. 그러나 이 추가적인 사정은 결과의 내용과 무관하고 단지 주체와의 관계일 뿐이다. 수학적 증명의 운동은 대상에 귀속하지 않으며 오히려 사태 바깥의 활동이다. 예컨대 직각삼각형의 변들의 관계를 진술하는 문장의 증명에 필요한 작도에서는 직각삼각형이 분할되지만, 직각삼각형의 본성 자체가 그렇게 분할되지는 않는다. 결과를 산출하는 과정 전체는 앎의 통로요 수단이다. — 철학적 앎에서도 현존재로서 현존재의 되어감은 사태의 본질 곧 내적 본성의 되어감과 다르다. 그러나 첫째, 철학적 앎은 그 양쪽 되어감을 모두 포함하는 반면, 수학적 앎은 오직 현존재의 되어감만, 곧 앎의 과정 안에서 사태의 본성의 존재의 되어감만 서술한다. 둘째, 철학적 앎은 또한 이 두 가지 특수한 운동들을 통일한다. 실체의 내적 발생 혹은 되어감은 외적인 놈(곧 현존재, 다른-놈을-마주함)으로 넘어감과 분리되어있지 않다. 거꾸로 현존재의 되어감은 자기를 본질 안으로 철회하기다. 그 운동은 이중 과정이요 전체의 되어감이며, 따라서 동시에 각각이 상대를 정립하며, 그렇기 때문에 각각이 양자를 두 측면으로서 자기 안에 가진다. 양자는 자신들을 해체하여 전체의 계기들로 만듦으로써 함께 전체를 만든다.

43 ‖ 수학적 앎에서 들여다보기는 사태 바깥의 활동이다. 따라서 참

된 사태는 들여다보기를 통해 변화한다. 그러므로 수단, 작도, 증명은 물론 참된 문장들을 포함하겠지만, 그럼에도 그 내용은 거짓이라고 말할 수밖에 없다. 앞선 예에서 삼각형은 분할되고 그 부분들은 작도 과정에서 등장하는 다른 도형들로 바뀐다. 끝에 이르러서야 비로소 본래 주제인 삼각형이 복구된다. 작도 과정에서 그 삼각형은 사라졌고 다른 전체들에 속한 조각들로만 등장했다. — 요컨대 여기에서도 우리는 내용의 부정성이 등장하는 것을 본다. 우리는 그 부정성을 내용의 거짓임이라고 칭해야 할 것이다. 개념의 운동에서 확고하다고 여겨진 생각들의 사라짐을 그것들의 거짓임이라고 칭해야 하는 것과 마찬가지로 말이다.

44 ‖ 그러나 이 앎의 진정한 결함은 앎의 과정 자체와 앎의 재료 일반, 양쪽 모두와 관련이 있다. — 앎의 과정과 관련해서는, 우선 작도의 필연성이 통찰되지 않는다. 작도가 정리의 개념에서 나오는 것이 아니라 명령되고, 우리는 이 지시, 다른 선들을 무한히 많이 그을 수 있는데도 바로 이 선들을 그으라는 지시를 맹목적으로 따라야 한다. 단지 그렇게 하면 증명에 합목적적이리라는 좋은 믿음을 가지는 것 외에 어떤 추가적인 앎도 없이 말이다. 그 합목적성은 나중에야 드러나며, 그렇게 나중에 증명에서야 드러나기 때문에 단지 외적 합목적성에 불과하다. — 또한 이 증명은 한 길을 거치고, 그 길은 어딘가에서 시작되는데, 우리는 그 길이 나중에 나올 결과와 무슨 관계인지 아직 모른다. 증명이 진행되면, 이러이러한 규정들과 관계들이 선택되고 다른 것들은 방치되는데, 어떤 필연성에 따라서 그렇게 되는지 우리는 단박에 통찰하지 못한다. 외적인 목적이 이 운동을 지배한다.

45 ‖ 수학이 자랑하는 이 부실한 앎, 철학 앞에서 수학이 어깨를 으쓱

거릴 때 내세우는 이 부실한 앎의 명백함은 오로지 그 목적의 빈곤함과 그 재료의 부실함에서 나오며, 따라서 철학이 업신여겨야 마땅한 유형의 명백함이다. — 그 앎의 목적 혹은 개념은 양(量)이다. 그런데 양은 다름 아니라 비본질적인, 개념 없는 관계다. 따라서 [수학적] 앎의 운동은 표면에서 진행되고 사태 자체, 본질, 개념을 건드리지 못하며 그렇기 때문에 파악하기[개념화하기]가 아니다. — 수학은 유쾌한 진실들을 풍부하게 제공하는데, 그 진실들이 다루는 재료는 공간과 수학적 하나다. 공간은 개념이 자신의 차이들을 그 안에 써넣는 그런 현존재다. 공허하며 죽어있는 터전으로서의 공간 안에 개념은 자신의 차이들을 써넣고, 그런 공간 안에서는 그 차이들도 운동하지 않으며 생명이 없다. 현실적인 놈은 수학에서 고찰되는 것과 같은 공간적인 놈이 아니다. 수학의 대상들과 같은 비현실적인 놈은 구체적 감각적 직관에서도 다뤄지지 않고 철학에서도 다뤄지지 않는다. 그런 비현실적인 터전 안에는 단지 비현실적인 진실, 곧 고정된 죽은 문장들만 있으니까 말이다. 그 문장들 중 어느 것에서라도 중지할 수 있다. 다음 문장은 독자적으로 새롭게 시작한다. 첫째 문장이 스스로 다음 문장으로 나아가는 일, 이런 식으로 사태의 본성을 통해 필연적 연관성이 발생하는 일은 없다. — 또한 저 원리와 터전 때문에 — 수학적 명확성의 형식성이 바로 여기에 존립하는데 — 앎은 같음의 선을 따라 나아간다. 죽은 놈은 스스로 운동하지 않기 때문에, 본질의 차이들에, 맞선 놈이 맞선 놈으로 넘어감에, 질적 내재적 운동에, 자기운동에 이르지 못한다. 왜냐하면 수학은 오로지 양, 곧 비본질적인 차이를 고찰하기 때문이다. 공간을 공간의 차원들로 갈라지게 하고 그 차원들 안에서 그 차원들의 연결을 규정하는 놈이 바로 개념이라는 점을 수학은 도외시한다. 예컨대 수학은 직선과 평면의 관계를 고찰하지 않는다. 또한 원의 지름과 둘레를 비교할 때, 수학은 양자의 통약불가능성과 맞닥뜨린다. 개념의 관계, 무한한 놈,

수학의 규정을 빠져나가는 놈과 말이다.

46 ‖ 내재적 수학, 이른바 순수수학도 시간을 시간으로서, 수학적 고찰의 둘째 재료로서, 공간에 맞세우지 않는다. 응용수학은 물론 시간을 다루지만, 운동이나 기타 현실적인 놈들을 다룰 때와 마찬가지로 다뤄서, 시간의 개념을 통해 규정된 종합적 명제들, 곧 시간 관계들에 관한 명제들을 경험으로부터 받아들이고, 단지 이 〔경험적〕 전제들에 시간의 형식들을 적용할 따름이다. 그런 명제들, 예컨대 지렛대의 균형에 관한 명제, 낙하운동에서 공간과 시간의 관계에 관한 명제 등에 대하여 수학이 흔히 제시하는 이른바 증명들이 증명으로 제시되고 받아들여진다는 점은 그 자체로 단지, 알기를 실행하는 놈에게 증명의 욕구가 얼마나 큰지를 증명할 따름이다. 왜냐하면 그놈은 증명이 없을 경우 공허한 증명의 허울이라도 존중하고 그 허울을 통해 만족을 얻으니까 말이다. 저 증명들에 대한 비판은, 한편으로 수학에서 이 거짓된 회칠을 걷어내기 위해서, 다른 한편으로 수학의 한계를 지적하고 다른 앎의 필수성을 보여주기 위해서, 주목할 만할 뿐더러 유익할 것이다. — 시간에 대해서 말하면, 사람들은 시간이 공간에 맞선 반대 짝으로서 순수수학의 또 다른 부분의 재료를 이룬다고 여길지 모르겠는데, 실은 시간은 현존하는 개념 그 자체다. 양이라는 원리, 곧 개념 없는 차이라는 원리, 그리고 같음이라는 원리, 곧 추상적이며 생명 없는 하나임이라는 원리는 저 삶의 순수한 동요와 절대적인 구별하기를 다룰 능력이 없다. 그래서 이 부정성은 고작 마비된 놈으로서, 다시 말해 하나로서 이 앎의 둘째 재료가 된다. 외적인 활동인 이 앎은 자기운동하는 놈을 재료로 강등시킨 다음에 그 재료에 관하여, 아랑곳없고 외적이며 생명 없는 내용을 보유한다.

47 ‖ 반면에 철학은 비본질적 규정을 고찰하지 않으며 규정이 본질적인 규정인 한에서만 규정을 고찰한다. 추상적인 놈이나 비현실적인 놈이 아니라 현실적인 놈, 자기 정립하는 놈, 자기 안에서 사는 놈, 자기 개념 안의 현존재가 철학의 터전이요 내용이다. 현실적인 놈은 자신의 계기들을 산출하고 두루 거치는 과정이며, 이 과정 전체가 긍정적인 놈을, 그리고 그놈의 진실을 이룬다. 따라서 이 진실 역시 자기 안에 부정적인 놈을 품는다. 부정적인 놈을 도외시해야 할 놈으로 간주할 수 있다면, 부정적인 놈은 거짓으로 불리게 될 터이다. 그러나 사라지는 놈은 오히려 그 자체로 본질적인 놈으로 간주되어야 한다. 물론 진실로부터 단절된 채로 진실 바깥 어딘가에 놔둬야 할 단단한 놈으로 규정해야 한다는 뜻은 아니다. 이는 진실을 그 맞은편에 고요히 머무는, 죽어있는 긍정적인 놈으로 규정하면 안 되는 것과 마찬가지다. 현상은 생성과 소멸인데, 생성과 소멸 자체는 생성하고 소멸하지 않는다. 오히려 생성과 소멸은 제자리에 있으면서 진실의 삶의 현실성과 운동을 이룬다. 이처럼 진실은 바쿠스의 비틀거림이다. 그 비틀거림에서, 모든 부분은 예외 없이 취해있다. 또한 각각의 부분이 분리되면서 단박에 용해되므로, 그 비틀거림은 투명하고 단순한 고요이기도 하다. 저 운동의 법정에서 정신의 개별 모습들은 특정한 생각[관념]들과 마찬가지로 존속하지 못하지만, 그럼에도 그 모습들은 부정적이며 사라지는 놈들인 것에 못지않게 또한 긍정적이며 필수적인 계기들이다. — 고요로 간주된 그 운동 전체 안에서, 그 운동의 와중에 자기를 구별하고 자기에게 특수한 현존재를 부여하는 그놈은 기억하는 놈, 자기를 보관하는 놈, 그놈의 현존재가 자기를 앎이고 자기를 앎이 단박에 현존재인 그런 놈으로서 있다.

48 ‖ 이 운동의 방법 곧 학문의 방법에 관해서 미리 여러 가지를 말할

필요가 있다고 느껴질 만하다. 그러나 그 운동의 개념은 이미 이야기되었고, 그 방법을 제대로 서술하는 작업은 논리학에 속한다. 아니, 더 정확히 말하면, 그 작업이 바로 논리학이다. 왜냐하면 전체의 구조를 그것의 순수한 본질만 추려서 세워놓은 것이 바로 그 방법이니까 말이다. 이와 관련해서 이제껏 회자되어온 바에 대해서 말하면, 우리는 철학적 방법에 관한 [제대로 된 개념들의 시스템은 말할 것도 없고] 표상들의 시스템조차도 실종된 교양에 속한다는 점을 의식해야 한다. — 이런 말이 허풍이나 선동으로 들릴지 몰라도, 그리고 내가 알기에 나 자신은 그런 어조에서 멀리 떨어져 있지만, 수학이 제공한 학문적 국가 — 설명들, 구별들, 공리들, 일련의 정리들, 정리들의 증명들, 원리들, 원리들로부터의 도출들과 추론들 — 는, 이미 통상적인 견해에 따르더라도 최소한 낡아버렸음을 유념해야 한다. 비록 그 국가의 무능함이 명확히 통찰되지는 않더라도, 그 국가는 이제 전혀 혹은 거의 사용되지 않으며, 그 국가는 그 자체로 배척당하지는 않더라도 사랑받지 못한다. 그런데 우리는 뛰어난 놈은 사용되고 사랑받는다고 전제해야 한다. 또한 한 문장을 세워놓고 그 근거들을 대고 거기에 맞선 문장을 역시 근거들을 통해 반박하는 방식은 진실이 등장할 수 있는 형식이 아님을 어렵지 않게 통찰할 수 있다. 진실은 진실 자체에 내재하는 진실 자신의 운동인 반면, 저 방법은 재료에 외적인 앎의 과정이다. 그렇기 때문에 저 방법은 — 방금 말한 대로, 개념 없는 양의 관계를 원리로 가지고 죽은 공간과 죽은 하나를 재료로 가진 — 수학에 고유한 것이며 수학에서나 사용하라고 놔둬야 한다. 또한 더 자유로운 방식에서, 곧 임의성과 우연이 더 많이 섞인 통속적인 삶에서, — 대체로 책의 서문이 그러하듯 — 앎보다 호기심이 중심인 대화나 역사 교설에서는 저 방법이 유지될 수도 있겠다. 통속적인 삶에서 의식은 식견, 경험, 감각적 구체 사례, 관념, 원리, 한마디로 무릇 앞에 놓인 놈, 혹은 확고히 멈춘 존재나 본질로 간주되는 놈을 내용으로 가진다. 한편으로 의식은 그 내용에 붙어서 나아가지만, 다른 한편으로 의식은 그런 내용에 대한 자유로운 재량을 통해 그 관련성을 끊고 내용을 외적으로 규정하고 다룬다. 의식은 내용을 무언가 확실한 것으로 — 그것이 순간의 감각에 불과하더라도 — 환원하고, 확신은 익숙한 고정점에 도달하면 만족한다.

49 ‖ 그러나 개념의 필연성이 학문적 허세의 빽빽한 진행을 쫓아내는 것과 마찬가지로 탁상공론 하는 대화의 느슨한 진행을 쫓아냈을 때, 앞서 이미 언급한 대로, 그 자리가 어렴풋한 느낌과 감동의 무방법과 예언자 연설의 자유재량으로 대체되어서는 안 된다. 예언자 연설은 저 허세적 학문성뿐 아니라 무릇 학문성을 경멸한다.

50 ‖ 마찬가지로 — 일단 본능을 통해 재발견되어 아직은 죽어있고 개념화되지 않은 칸트의 삼원성Triplizität이 절대적 의미로 격상되고, 그럼으로써 또한 그 삼원성의 참된 내용에 깃든 참된 형식이 부각되고 학문의 개념이 발생한 뒤인 지금 — 그 형식을 생명 없는 도식으로, 실은 겉모습으로 격하시키고 학문적 조직구조를 표로 격하시키는 방식으로 그 형식을 사용하는 것은 학문적이라고 할 수 없다. — 앞서 이미 일반적으로 언급한 바 있는 이 형식주의의 행태를 여기에서 더 자세히 논하려 하는데, 이 형식주의는 한 모습[의식 모습]에 대해서 한 도식 규정을 술어로서 진술하고 나면 그 모습을 파악했고 다 말했다고 여긴다. 이를테면 주체성이다, 객체성이다, 자기(磁氣)다, 전기다, 수축이다, 팽창이다, 동(東)이다, 서(西)다 등을 진술하고 나면 말이다. 이런 진술은 무한히 늘릴 수 있다. 왜냐하면 이런 식이라면 모든 각각의 규정 혹은 모습을 다른 규정이나 모습에서 다시 형식이나 도식의 계기로 사용할 수 있고 모든 각각이 다른 놈 덕분에

동일한 구실을 할 수 있기 때문이다. ― 이는 상호성의 순환이며, 이 순환을 통해서는 사태 자체가 무엇인지 경험되지 않는다. 한쪽 규정 혹은 모습이 무엇인지도, 반대쪽 규정 혹은 모습이 무엇인지도 경험되지 않는다. 이때 한편으로는 통속적 직관에서 유래한 감각적 규정들이 채택되는데, 당연히 그것들은 그것들 자신이 말하는 바와 다른 무언가를 의미해야 한다. 다른 한편으로는 그 자체로는 중요한 놈, 곧 주체, 객체, 실체, 원인, 일반을 비롯한 사유의 순수 규정들이 통속적인 삶에서와 똑같이, 또한 강함과 약함, 팽창과 수축과 똑같이 분별없고 무비판적인 방식으로 사용된다. 그리하여 저 형이상학은 이 감각적 표상들과 마찬가지로 비학문적이다.

51 ‖ 내재적 삶과 그것의 현존재의 자기운동 대신에, 여기에서는 직관(이 대목에서는, 곧 감각적 앎)의 그러한 단순한 규정성이 피상적인 유비에 따라 발설되고, 이 외적이며 공허한 공식 적용이 구성으로 불린다. ― 그런 형식주의도 다른 모든 형식주의와 마찬가지다. 약함으로 인한 질병과 강함으로 인한 질병, 간접적 약함으로 인한 질병이 있으며 그만큼의 치료 계획이 있다는 이론을 15분 안에 배워서 ― 최근까지도 그런 교습만 받으면 충분했으니까 ― 숙련된 치료사에서 이론적 의사로 변신할 수 없으려면 머리가 얼마나 멍청해야 하겠는가? 자연철학적 형식주의가 예컨대 지성은 전기다, 동물은 황(黃)이다, 혹은 동물은 남(南)이나 북(北)과 같다고 가르칠 때, 그 가르침이 이 표현들처럼 노골적이건 아니면 더 많은 용어를 동원하든 간에, 멀리 떨어진 듯한 놈들을 한꺼번에 쥐는 그런 힘 앞에서, 또한 이 결합 과정에서 멈춰 있는 감각적인 놈이 당하는 폭력, 그놈에게 개념의 외관을 부여하는 그 폭력 앞에서 ― 그러나 이 힘과 폭력의 주요 관심사는 개념 자체 혹은 감각적 표상의 의미를 끝까지 말하는 일을 모면하는 것인데 ― 경험 없는 사람은 깜짝 놀라며 경탄에 빠지고 심오한 천재

성을 숭배할 수도 있을 것이다. 마찬가지로 그런 규정들은 추상적 개념을 직관적인 놈으로 대체하고 더 유쾌하게 만들므로, 경험 없는 사람은 그것들을 즐기면서 자신이 그런 멋진 활동과의 영혼근친성을 어렴풋하게나마 느끼는 행운을 누리기를 바랄 수도 있을 것이다. 그런 지혜의 휘파람은 불기도 쉽고 그만큼 신속하게 배울 수 있다. 익숙해지고 나면, 그 휘파람의 반복은 들통난 마술의 반복만큼 참을 수 없게 된다. 이 단조로운 형식주의의 악기를 다루는 것은 팔레트에 단 두 가지 색, 이를테면 빨간색과 녹색만 짜놓고서 역사적인 작품이 필요하면 빨간색으로 화면을 다 칠하고 풍경화가 필요하면 녹색으로 화면을 다 칠하는 그런 화가가 팔레트를 다루는 것만큼이나 쉽다. — 하늘과 땅과 지하에 있는 모든 것을 그런 물감 죽으로 발라버리는 안락함이 더 위대한지, 이 보편적 수단이 탁월하다는 상상이 더 위대한지 판정하기 어려울 지경이다. 이 양자는 서로를 뒷받침한다. 천상과 지상의 모든 것, 모든 자연적 모습들과 정신적 모습들에 보편도식의 규정 쌍들을 갖다 붙이고 그런 식으로 모든 것을 정리하는 이 같은 방법이 산출하는 것은, 무려 우주라는 유기체에 대한 태양처럼 환한 보고서다. 이 보고서는 바꿔 말해, 쪽지들이 붙은 골격이나, 조미료 장수의 노점 안에 표찰을 달고 잠긴 채로 늘어서있는 통들과도 같은 표다. 그 표는 전자와 후자에 못지않게 명백하며, 그 뼈들로부터 살과 피가 제거되어있고 그 통들 안에 생동하지 않는 놈이 숨어있는 것과 마찬가지로, 그 표 역시 사태의 생동하는 본질을 배제했거나 은폐한 것이다. — 또한 이 행태가 도식의 차이들을 부끄럽게 여기면서 반성[자기회귀]에 귀속하는 것들로 간주하여 절대자의 공허함 속에 침몰시킴으로써 자신을 단색의 절대적 회화로 완성한다는 것, 그리하여 순수한 동일성, 곧 형식 없는 흰색이 산출된다는 것에 대해서는 앞서 이미 언급한 바 있다. 저 도식의 단색성과 생명 없는 규정들, 그리고 이 절대적 동일성, 그리고 전자에서 후자로의 이행은 하나같이 죽은 지성이며 외적인 앎의 과정이다.

52 ‖ 그러나 탁월한 놈은 그렇게 생명과 정신을 박탈당하는 운명, 그렇게 살껍질이 벗겨지고 그 살껍질을 생명 없는 앎과 그 앎의 허영심이 둘러 걸치는 꼴을 보는 운명을 피하지 못한다. 더 나아가 오히려 바로 이 운명에서, 탁월한 놈이 — 정신들에는 아니더라도 — 마음들에 가하는 강제력을 알아볼 수 있다. 또한 형식의 보편성과 규정성을 향한 발전을 알아볼 수 있다. 바로 그 발전이 탁월한 놈의 완성이며, 오직 그 발전만이 이 보편성이 피상적으로 사용되는 것을 가능하게 한다.

53 ‖ 학문은 오직 개념의 고유한 삶을 통해 조직되어야 한다. 학문에서 규정은 도식에 기초하여 외적으로 현존재에 붙여지는 것이 아니라 충만한 내용의 스스로 운동하는 영혼이다. 존재하는 놈의 운동은 한편으로 자기와 다른 놈으로 되기이며 그렇게 자신의 내재적 내용으로 되기다. 다른 한편으로, 존재하는 놈은 이 펼침 혹은 자신의 현존재를 자기 안으로 회수한다. 바꿔 말해, 자기를 계기로 만들고 규정으로 단순화한다. 전자의 운동에서 부정성은 현존재를 구별하고 정립하기다. 후자의 자기회귀에서 부정성은 규정된 단순성으로 되기다. 이런 식으로 내용은 자신의 규정을 다른 놈으로부터 받거나 자기에게 붙어있는 것으로서 드러내지 않는다. 오히려 내용은 자신의 규정성을 스스로 자기에게 부여하고 스스로 자기를 전체의 계기이자 한 장소로 편성한다. 표를 만드는 지성은 내용의 필연성과 개념을, 자기가 정돈하는 사태의 현실성과 생동하는 운동과 구체성을 이루는 그것을 혼자만 간직한다. 아니, 오히려 그 지성은 그것을 혼자만 간직하는 것이 아니라 전혀 모른다. 그 지성이 이 통찰을 보유했다면 틀림없이 내보였을 테니까 말이다. 그 지성은 이 통찰의 필요성조차 모른

다. 만약에 안다면, 그 지성은 도식화를 그만두거나 최소한 도식을 단지 목차로 간주할 것이다. 그 지성은 목차만 제시하고 내용 자체는 내놓지 않는다. — 예컨대 자기(磁氣) 같은 규정이 그 자체로 구체적인 혹은 현실적인 규정이라면, 그 규정은 [표를 만드는 지성의 활동을 통해] 죽은 놈으로 주저앉은 셈이다. 왜냐하면 그 규정은 다른 현존재에 단지 술어로 붙을 뿐, 이 현존재의 내재적 삶으로서 — 혹은 이 현존재에서 그 규정이 자신의 토착적이고 고유한 방식으로 자기를 산출하고 표현하는 대로 — 인식되지 않으니까 말이다. 이 관건을 추가하는 일을 형식적 지성은 남에게 떠넘긴다. — 사태의 내재적 내용으로 들어가는 대신에, 형식적 지성은 항상 전체를 굽어보고, 자기가 거론하는 개별 현존재 위에 선다. 바꿔 말해, 형식적 지성은 그 현존재를 전혀 보지 않는다. 그러나 학문적 앎의 과정이 요구하는 바는 오히려 자기를 대상의 삶에 넘겨주는 것, 혹은 똑같은 말이지만, 대상의 내적 필연성을 마주하고 끝까지 말하는 것이다. 그렇게 자신의 대상 속으로 깊이 들어가면서, 학문적 앎은 저 굽어봄을 잊는다. 저 굽어봄은 앎이 내용을 벗어나 자기에게로 회귀하는 것에 불과하다. 반면에 학문적 앎은 질료 속으로 침몰하고 질료의 운동을 따르면서 자기에게로 회귀한다. 이 자기회귀는, 내실 혹은 내용이 자기를 자기 안으로 회수하여 규정성으로 단순화하고, 자기를 현존재의 한 측면으로 격하하면서 자신의 더 높은 진실로 이행할 때 비로소 이루어진다. 그리하여 단순하며 자신을 굽어보는 전체의 자기회귀가 사라진 듯했던 풍요로부터 그 전체가 출현한다.

54 ‖ 앞서 말한 대로 실체는 그 자체로 주체이므로, 모든 내용은 내용 자신의 고유한 자기회귀다. 한 현존재의 존속 혹은 실체는 자기와같음이다. 그 현존재의 자기와다름은 그것의 용해[녹아 없어짐]일 테니까 말이다.

그런데 자기와같음은 순수한 추상이며, 순수한 추상은 사유다. 내가 질을 말할 때, 나는 단순한 규정을 말하는 것이다. 한 현존재는 질을 통해 다른 현존재와 구별된다. 바꿔 말해, 한 현존재는 질을 통해서 한 현존재다. 한 현존재는 자기를 마주한다. 바꿔 말해, 한 현존재는 이 같은 자기와의 단순성[단순한 자기관계]을 통해 존속한다. 그런데 그렇기 때문에 한 현존재는 본질적으로 생각이다. — 여기에서 존재가 사유라는 것이 파악된다. 사유와 존재가 동일하다는 통속적이며 개념 없는 말로 표현되곤 하는 통찰이 바로 여기에 담겨 있다. — 현존재의 존속은 자기와같음 혹은 순수한 추상이므로, 현존재는 자기로부터 자기를 추상하기, 혹은 자기의 자기와 같지 않음이요 자기의 용해 — 자기의 고유한 내면성이자 자기 안으로의 회수 — 자기의 되어감이다. — 존재하는 놈이 이런 본성을 가지므로, 또한 존재하는 놈이 이런 본성을 앎 앞에서 가지는 한에서, 앎은 내용을 낯선 놈으로 간주하면서 다루는 활동이 아니며 내용을 벗어나 자기로 회귀하기가 아니다. 학문은, 확언하는 독단론을 밀어내고 호언장담하는 독단론 혹은 자기확신의 독단론으로서 그 자리를 차지한 그런 관념론이 아니다. — 오히려 앎은 내용이 자신의 고유한 내면으로 회귀하는 것을 지켜보며, 그럼으로써 앎의 활동은 오히려 그 내용 속으로 침몰해있을 뿐 아니라 (왜냐하면 그 활동은 내용의 내재적 '자기'이므로) 또한 동시에 자기에게로 회귀해있다(왜냐하면 그 활동은 다름 안에서의 순수한 자기와같음이므로). 요컨대 앎의 활동은 겉보기에 활동을 억제하는 듯하면서, 어떻게 특정성과 그것의 구체적 삶이 자신의 자기유지와 특수한 이해관심을 추구한다고 여기는 가운데 정반대로 자기를 용해하여 전체의 계기로 만드는 활동으로 되는지 지켜보는 묘수다.

55 ‖ 저 앞에서 지성의 의미를 실체의 자기의식의 측면에서 제시했다

면, 방금 말한 바에서는 실체의 존재하는 놈으로서의 규정에 따른 지성의 의미가 밝혀진다. — 현존재는 질, 자기와 같은 규정 혹은 규정된 단순성, 규정된 생각이다. 이것이 현존재의 지성이다. 그러므로 현존재는 누스, 아낙사고라스가 본질이란 누스임을 최초로 알아챘을 때의 그 누스다. 그후 사람들은 더 특정적으로, 현존재의 본성을 에이도스 혹은 이데아로 파악했다. 바꿔 말해, 규정된 일반, 곧 종(種)으로 파악했다. '종'이라는 표현은 이념들을 담기에는, 이 시대에 무성한 아름다움과 성스러움과 영원함을 담기에는 왠지 너무 천박하고 왜소하게 느껴진다. 그러나 실제로 이데아는 더도 덜도 아니라 종을 뜻한다. 다만, 오늘날 한 개념을 특정해서 가리키는 표현이 업신여김 당하고, 그 개념을 안개로 감싸고 그래서 더 감격스럽게 들리는 표현이 (단지 그 표현이 외국어이기 때문에 그러하다 하더라도) 선호되는 것을 우리가 자주 볼 따름이다. — 현존재가 종으로 규정되었다는 것은, 현존재가 단순한 생각이라는 것이다. 누스, 곧 단순성은 실체다. 실체의 단순성 혹은 자기와 — 같음 때문에, 실체는 단단하고 고정된 놈으로 나타난다. 그러나 이 자기 — 같음은 또한 부정성이다. 그렇기 때문에 저 단단한 현존재는 그 자신의 용해로 넘어간다. 규정은 처음에 오직 다른 놈과 관계맺음을 통해서 그런 단단한 현존재인 것처럼 보이며, 규정의 운동은 낯선 폭력을 통해 규정에 가해지는 것처럼 보인다. 그러나 규정이 자신의 다름마저도 자기 안에 지녔으며 자기운동이라는 점이 바로 저 사유의 단순성 안에 들어있다. 왜냐하면 이 단순성은 자기운동하며 자기를 구별하는 생각이요 고유한 내면성이요 순수한 개념이니까 말이다. 요컨대 지성적임은 되어감이며, 이런 되어감으로서의 지성적임은 이성적임이다.

56 ‖ 존재하는 놈의 이 같은 본성, 곧 '그놈의 존재가 그놈의 개념이다'라는 본성에 무릇 논리적 필연성이 존립한다. 이 본성만이 이성적인 놈

이며 유기적 전체의 리듬이다. 이 본성은 내용을 아는 과정이며, 내용은 개념이요 본질이다 — 바꿔 말해 이 본성만이 통찰적인 놈이다. — 구체적인 모습은 자기운동하면서 자기를 단순한 규정으로 만들고, 그럼으로써 자기를 논리적 형식으로 격상시켜 자신의 본질성 안에 있다. 구체적인 모습의 구체적 현존재는 단지 이 운동이며 단박에 논리적 현존재다. 그렇기 때문에 구체적 내용에 외적으로 형식을 가하는 것은 불필요하다. 왜냐하면 구체적 내용 자체가 형식으로 넘어감이며, 이 형식은 구체적 내용의 토착적인 되어감이기 때문에 외적인 형식이기를 그치니까 말이다.

57‖ 학문적 방법의 이 같은 본성, 곧 방법이 내용으로부터 분리되어 있지 않을 뿐더러 스스로 자신의 리듬을 정한다는 본성은, 이미 언급한 대로 통찰적 철학에서 제대로 서술된다. — 여기에서 말한 바는 물론 개념을 표현하지만 미리 내놓은 호언장담 이상의 가치를 가질 수 없다. 이 호언장담의 진실은 이러한 약간 이야기 같은 설명 안에 들어있지 않다. 또한 그렇기 때문에, 설령 누군가가 반발하면서 그것은 그렇지 않고 이러이러하다고 호언장담하더라도, 익숙한 통념들을 확실하고 잘 알려진 진실들이라면서 상기시키고 들이대더라도, 혹은 내면적인 신적 직관의 성물함들에서 새로운 것을 꺼내놓고 호언장담하더라도, 그 진실은 반박되지 않는다. — 무언가를 모르던 사람은 그 무언가 앞에서 그렇게 반발하는 수용 태도를 보이는 경향이 있다. 이는 자신의 자유와 고유한 통찰, 고유한 권위를 낯선 권위에 맞서 — 이제 막 수용된 것은 그런 낯선 모습으로 나타나므로 — 지키기 위해서다. — 또한 무언가를 배웠다는 것에서 느껴진다고들 하는 일종의 외견상의 부끄러움을 없애기 위해서다. 한편, 모르는 것을 박수 치며 채택하는 식의 반응은 그 핵심이 다른[정치] 분야에서 극단 혁명적 연설과 행위였던 바와 같다.

58‖ 그러므로 학문을 공부할 때에 관건은 개념을 다루는 고된 일을 짊어지는 것이다. 학문은 개념으로서의 개념에 집중할 것을, 단순한 규정들 — 예컨대 그자체임, 자기를마주함, 자기와같음 등 — 에 집중할 것을 요구한다. 왜냐하면 이것들은 영혼들이라고 부를 만한 순수한 자기운동들이기 때문이다. 물론 영혼의 개념이 자기운동들보다 더 고귀한 무언가를 가리키지는 않지만 말이다. 개념을 통한 표상 차단은 비현실적인 관념들을 오가며 탁상공론하는 형식적 사유에게 성가신 것과 마찬가지로 표상들을 따라 죽 달려가는 습관에게도 성가시다. 이 습관을 질료적 사유라고 부를 수 있다. 우연적인 의식이라고, 단지 재료 속에 침몰해있으며 그래서 또한 질료로부터 자신의 '자기'를 순수하게 꺼내 올려 자기 곁에 있기를 불쾌하게 느끼는 그런 우연적인 의식이라고 부를 수 있다. 반면에 탁상공론은 내용으로부터 해방된 자유이며 내용 위에 군림하는 허영이다. 탁상공론은, 그 자유를 포기할 것을, 내용을 임의로 운동시키는 원리이기를 그치고 그 자유를 내용 속으로 침몰시킬 것을, 내용을 내용 자신의 본성에 따라 (곧 내용 자신의 '자기'를 통해) 운동하게 하고 이 운동을 관찰할 것을 요구받는다. 개념들의 내재적 리듬에 개입하는 것을 단념하기, 재량이나 다른 곳에서 얻은 지혜를 통해 그 리듬에 끼어들지 않기 — 이 절제는 개념에 집중하기의 본질적 계기다.

59‖ 탁상공론의 두 측면을 더 명확히 할 필요가 있다. 그 측면들 때문에 탁상공론은 개념화하는 사유와 대비된다. — 한편으로 탁상공론은 파악된 내용에 맞서 부정적으로 행동한다. 내용을 반박하고 없앨 줄 안다. 그것은 그러하지 않다는 것 — 이 통찰은 한낱 부정적인 놈이요 마지막 놈이다. 이 통찰은 스스로 자기를 넘어서 새로운 내용으로 나아가지 못한다. 오히려 다시 내용을 가지려면, 어딘가로부터 온 다른 무언가에 손을 대야

한다. 이는 공허한 나로의 회귀, 공허한 나의 앎의 허영이다. — 그런데 이 허영은 이 [반박된] 내용이 공허하다는 점뿐 아니라 이 통찰 자체가 공허하다는 것을 표현한다. 왜냐하면 이 통찰은 자기 안에서 긍정적인 놈을 보지 못하는 부정적인 놈이니까 말이다. 이 회귀는 자신의 부정성 자체를 내용으로 얻지 못하기 때문에, 아예 사태 안에 있지 않고 항상 사태 너머에 있다. 그렇기 때문에 이 통찰은 공허한 주장을 하면서, 내용이 풍부한 통찰보다 자신이 항상 더 나아가 있다고 상상한다. 반면에 앞서 보여주었듯이, 개념화하는 사유에서는 부정적인 놈이 내용 자체에 귀속하며, 부정적인 놈이 내용의 내재적 운동 및 규정으로서뿐 아니라 이 운동 및 규정의 전체로서 긍정적인 놈이다. 결과로서 파악될 경우, 그 긍정적인 놈은 이 운동으로부터 나온 놈, 규정된 부정, 따라서 또한 긍정적 내용이다.

60 ‖ 그런 [탁상공론하는] 사유가 내용을 — 표상들의 내용이건 생각들의 내용이건 양자의 혼합이건 간에 — 가진다는 점과 관련해서 지닌 또 다른 측면은, 그런 사유가 개념화에 이르는 것을 어렵게 만든다. 그 측면의 주목할 만한 본성은 앞서 언급한 이념의 본질과 밀접한 관련이 있다. 아니, 더 정확히 말하면, 그 측면은 어떻게 이념이 (사유하는 파악하기의) 운동으로 나타나는지 표현한다. — 방금 논한 탁상공론하는 사유의 부정적 행동에서, 그 사유는 자기이고, 내용은 그 자기 안으로 회귀한다면, 반면에 그 사유의 긍정적 인식하기에서 자기는 표상된 주체[주어]이며 내용은 덧붙은 놈이자 술어로서 그 주체와 관련 맺는다. 이 주체가 토대를 이루고, 내용이 거기에 연결되며, 그 토대 위에서 왔다 갔다 하는 운동이 일어난다. 반면에 개념화하는 사유에서는 사정이 다르다. 개념은 대상의 고유한 (자신을 대상의 되어감으로서 펼쳐놓는) 자기이므로, 그 자기는 멈춰 있는 주체, 덧붙은 놈들을 운동 없이 싣고 있는 주체가 아니라 자기운동하며

자신의 규정들을 자기 안으로 회수하는 개념이다. 이 운동의 과정에서 저 멈춰 있는 주체 자체가 몰락한다. 그 주체가 (내용의 운동의 건너편에 머물러 있는 것이 아니라) 구별들과 내용 속으로 들어가서 오히려 규정을, 다시 말해 구별된 내용과 그것의 운동을 이룬다. 요컨대 탁상공론이 멈춰 있는 주체에서 보유하는 확고한 기반이 [개념화하는 사유에서는] 흔들리고, 오직 이 운동 자체가 대상으로 된다. 주체는 자신의 내용을 실행하며, 내용을 넘어서기를 그치며, 다른 술어들이나 덧붙은 놈들을 가질 수 없다. 이를 통해 거꾸로 내용의 산만함은 자기 아래 결속된다. 이제 내용은 주체로부터 풀려나 여러 놈에게 귀속할 수 있는 일반자가 아니다. 따라서 내용은 실제로 이제 더는 주체의 술어가 아니다. 오히려 내용은 실체요, 언급되는 놈의 본질이자 개념이다. 표상하는 사유의 본성은 덧붙은 놈들 혹은 술어들을 따라 쭉 달려가고 (그것들은 단지 술어들이요 덧붙은 놈들이므로) 정당하게 그것들을 넘어서는 것이기 때문에, 문장에서 술어의 꼴을 띤 놈이 실체 자체일 경우, 표상하는 사유의 쭉 달려가기는 저지된다. 표상하는 사유는 그렇게 표상하다가 역습을 당한다. 주체가 기반에 머물러 있는 양, 주체에서 출발하는 그 사유는, 술어가 오히려 실체이므로, 주체가 술어로 넘어가있고 따라서 거둬져있음을 발견한다. 그리고 그렇게 술어인 듯한 놈이 온전하고 독립적인 덩어리로 되어버렸으므로, 그 사유는 자유롭게 돌아다니지 못하고 이 묵직한 덩어리에 의해 속박된다. — 다른 경우에는, 우선 주체가 대상적이며 고정된 자기로서 기반에 놓인다. 그리고 그 주체로부터, 규정들 혹은 술어들의 다양성을 향한 필연적 운동이 진행된다. 반면에 여기에서는 저 주체의 자리에 앎을 실행하는 나 자체가 들어서며, 그 나가 술어들을 연결하는 과정이며 술어들을 붙드는 주체다. 그런데 저 첫째 주체가 규정들 자체 속으로 들어가고 그것들의 영혼이므로, 둘째 주체 곧 앎을 실행하는 주체는 자기가 이미 볼일 다 본 저 주체,

그것을 넘어서 자기회귀하고자 하는 저 주체를 여전히 술어 안에서 발견한다. 그리하여 앎을 실행하는 주체는 술어의 운동 과정에서, 마치 첫째 주체에 이런저런 술어를 갖다 붙여야 하는 양, 탁상공론하는 활동자일 수 없다. 오히려 앎을 실행하는 주체는 여전히 내용의 자기를 상대해야 하며, 홀로 있는 것이 아니라 이 자기와 함께 있어야 한다.

61‖ 이제껏 이야기한 바를 형식의 측면에서 다음과 같이 표현할 수 있다. 무릇 판단 혹은 문장의 본성은 주어와 술어의 차이[구별]를 포함하는데, 그 본성은 통찰 문장을 통해 파괴되며, 통찰 문장은 동일성 문장으로 되는데, 그 동일성 문장은 저 차이 관계에 대한 반발을 포함한다. — 무릇 문장의 형식과 이를 파괴하는 개념의 통일성 사이의 이 같은 갈등은 리듬에서 박자와 악센트 사이에서 발생하는 갈등과 유사하다. 리듬은 양자의 떠도는 중간과 통일의 결과다. 이처럼 철학적 문장에서도 주어와 술어의 동일성은 문장의 형식이 표현하는 그 양자의 차이를 없애지 말아야 하며, 그 양자의 통일은 조화로서 출현해야 한다. 문장의 형식은 특정한 의미의 나타남, 혹은 문장의 내실을 구별해주는 악센트다. 그러나 술어가 실체를 표현하고 주어 자체가 일반자 속으로 떨어진다는 점은 통일이며, 그 통일 안에서 저 악센트는 잦아든다.

62‖ 같은 이야기를 예들을 통해 설명하겠다. '신은 존재다'라는 문장에서 술어는 존재다. 이 술어는 실체적 의미를 가지며, 주어는 그 의미 안에서 녹아 없어진다. 여기에서 존재는 술어가 아니라 본질이어야 한다. 따라서 신은 문장 안에서의 위치가 말해주는 그것 곧 확고한 주어이기를 그치는 듯하다. — 사유는 주어에서 술어로 넘어감을 계속하는 대신에, 주어가 사라지기 때문에, 오히려 자기가 저지되고 주어의 관념으로 (사유는

주어가 없음을 아쉬워하기 때문에) 되던져진다고 느낀다. 바꿔 말해 사유는, 술어 자체가 주어로서, 존재로서, 주어의 본성을 온전히 담아내는 본질로서 발설되어있으므로, 주어를 단박에 술어에서도 발견한다. 그리하여 사유는 술어에서 사유 자신에게로 이동하여 자유로운 탁상공론자의 지위를 얻는 대신에 내용 속으로 더 깊이 빠져든다. 혹은 최소한 사유가 내용 속으로 더 깊이 빠져들어야 한다는 요구가 현전한다. ― 마찬가지로 '현실적인 놈은 일반적인 놈이다'라는 문장에서, 주어로서의 현실적인 놈은 자신의 술어에서 소멸한다. 일반적인 놈은 술어의 의미 그 이상을 가져야 한다. 만약에 술어의 의미만 가진다면, 저 문장은 현실적인 놈은 일반적이라는 말일 테지만, 일반적인 놈은 현실적인 놈의 본질을 표현해야 한다. ― 따라서 사유는 주어에서 보유했던 확고한 대상적 기반을 잃을 뿐더러 술어에서 그 기반으로 되던져지고, 술어에서 자기로 회귀하는 것이 아니라 내용의 주어[주체]로 회귀한다.

63 ‖ 학적인 글이 난해하다는 불평의 대부분은, 불평하는 개인이 철학적인 글을 이해하기 위한 여타의 교양 조건들을 갖춘 경우라면, 이 같은 낯선 저지(沮止)에서 비롯된다. 방금 이야기한 바에서 우리는 철학적인 글에 대해서 흔히 제기되는 정형화된 비난, 곧 다수의 철학적인 글들은 반복해서 읽어야 비로소 이해할 수 있다는 비난의 이유를 알게 된다. ― 사람들은 이 비난을 제기하면서 무언가 부적절하고 최종적인 것을 지적한다고 여긴다. 따라서 이 비난이 정당하다면, 더 이상의 반론은 허용되지 않는다고 말이다. ― 그러나 이 비난이 어떤 사정과 얽혀있는지가 위의 이야기에서 환히 드러난다. 철학적 문장은, 문장이기 때문에, 통상적인 주어-술어 관계와 통상적인 앎의 행태에 관한 통념을 불러일으킨다. 그런데 그 문장의 내용은 이 행태와 그것에 관한 통념을 파괴한다. 그 통

념을 품은 사람은 철학적 문장의 취지가 자신의 견해와 다름을 경험하고, 이에 자신의 견해를 수정하려면, 앎의 과정은 그 문장으로 되돌아가서 그것을 다르게 파악해야 한다.

64 ‖ 때로는 주어에 대해서 말해진 바가 주어의 개념의 의미를 가지고 때로는 단지 주어의 술어 혹은 악센트의 의미를 가질 경우, 그렇게 통찰적인 방식과 탁상공론적인 방식이 섞여있을 경우, 피하는 것이 바람직한 난해함이 발생한다. — 이 두 방식은 서로를 방해한다. 문장 부분들 사이의 통상적인 관계를 엄격히 배제하는 철학적 서술만이 비로소 형상을 빚듯 명확한 수준에 도달할 것이다.

65 ‖ 실제로는 통찰적이지 않은 사유도 나름의 권리를 가진다. 그 권리는 유효하지만 통찰 문장의 방식에서는 무시된다. 문장 형식의 거둬짐은 단지 단박의 방식으로만, 한낱 문장의 내용을 통해서만 이루어지면 안 된다. 오히려 이 맞선 운동이 발설되어야 한다. 이 운동은 저 내적인 저지에 머물지 말아야 한다. 오히려 이 같은 개념의 자기회귀가 서술되어야 한다. 과거에 증명이 제공하던 바인 이 운동은 문장 자체의 변증법적 운동이다. 오직 변증법적 운동만이 현실적인 통찰이며, 오직 변증법적 운동의 발설만이 통찰적인 서술이다. 문장으로서의 통찰은 단지 내적인 저지요 본질의 현존하지 않는 자기회귀다. 그렇기 때문에 흔히 철학적 서술들은 이 내적인 직관에 의지하라고 지시하면서 문장의 변증법적 운동을 서술하는 일을 (이것이 우리가 요구한 일인데도) 모면한다. — 문장은 진실을 발설해야 하는데, 본질적으로 진실은 주체다. 주체로서의 진실은 오로지 변증법적 운동, 이렇게 자기를 산출하고 앞으로 이끌고 자기회귀하는 과정이다. — 다른 유형의 앎에서는 증명이 이러한 발설된 속알맹이의 측면을 이

룬다. 그러나 변증법과 증명이 분리된 이후, 사실상 철학적 증명의 개념은 사라져버렸다.

66‖ 이와 관련해서, 변증법적 운동 역시 문장들을 자신의 부분들 혹은 요소들로 가진다는 점을 지적할 수 있다. 따라서 방금 지적한 난점은 항상 발생하는, 사태 자체의 난점인 것처럼 보인다. — 이는 통상적인 증명에서 등장하는, 증명이 사용하는 근거들 자체도 다시 정당화를 필요로 하고 이런 식으로 무한히 정당화들이 필요하다는 문제와 유사하다. 그러나 이 같은 정당화 및 제약의 형식은 변증법적 운동과 구별되는 저 증명에 귀속하며 따라서 외적인 앎에 귀속한다. 변증법적 운동에 대해서 말하면, 이 운동의 터전은 순수한 개념이고, 따라서 변증법적 운동의 내용은 그 자체로 전적으로 주체다. 따라서 바탕에 깔린 주체의 노릇을 할 내용, 자신의 의미를 술어로서 가질 내용은 등장하지 않는다. 문장은 일단 공허한 형식에 지나지 않는다. — 감각적으로 직관되거나 표상된 자기 이외의 주체는 무엇보다도 이름으로서의 이름, 순수한 주체를, 공허하며 개념 없는 하나를 가리키는 이름이다. 이런 이유 때문에, 예컨대 '신'이라는 이름은 피하는 것이 이로울 수 있다. 왜냐하면 이 단어는 단박에 개념이기도 하지 않으며, 오히려 바탕에 깔린 주체의 확고한 고요, 진정한 이름이기 때문이다. 반면에 예컨대 존재, 하나, 개별성, 주체 등은 단박에 개념들을 암시한다. — 설령 저 주체[신]에 대해서 통찰적인 진실들이 말해진다 하더라도, 그 진실들의 내용은 내재적 개념을 결여하기 마련이다. 왜냐하면 그 내용은 단지 고요한 주체로서 현전하기 때문이다. 이런 사정 때문에 그 진실들은 그저 감격스러울 뿐인 형태를 띠기 쉽다. — 이런 측면에서 보면, 통찰적인 술어를 개념 및 본질로 파악하는 것이 아니라 문장 형식에 따라 파악하는 습관에서 비롯되는 장애 역시 철학적 서술 자체 때문

에 가중될 수도 있고 경감될 수도 있다. 통찰의 본성에 충실하게, 서술은 변증법적 형식을 띠어야 하며 개념화된 것과 개념인 것 외에는 어떤 것도 끌어들이지 말아야 한다.

67‖ 철학 공부를 위해서는, 탁상공론이 해로운 것에 못지않게 확정된 진실들에 대한 탁상공론하지 않는 상상도 해롭다. 그런 진실들을 소유한 사람은 그것들로 되돌아갈 필요가 없다고 여기면서 오히려 그것들을 기반에 놓으며, 그것들을 발설할 수 있을 뿐더러 그것들을 통해 방향을 잡고 합의에 이를 수 있다고 믿는다. 이런 측면에서 보면, 철학을 다시 진지한 일로 만드는 것이 절실히 필요하다. 모든 학문, 예술, 솜씨, 재주, 손기술에 대해서는, 그것들을 소유하려면 그것들을 배우고 익히기 위한 다양한 노력이 필요하다고 사람들은 확신한다. 누구나 눈과 손가락을 가졌지만 가죽과 공구를 제공 받으면 구두를 만들 수 있는 것은 아니다. 반면에 오늘날 철학에 대해서는, 누구나 자신의 자연적 이성을 철학하기와 철학 평가하기를 위한 잣대로 가졌으므로 단박에 철학하고 철학을 평가할 수 있다는 선입견이 지배하는 듯하다. — 그런 식이라면, 누구나 자신의 발을 구두의 잣대로 가졌다는 것도 사실일 텐데, 이는 사실이 아닌 양 하면서 말이다. — 다름 아니라 식견과 공부의 결여가 철학의 소유와 동일시되고, 식견과 공부가 시작되는 곳에서 철학의 소유가 끝나는 듯하다. 철학은 흔히 형식적이며 내용이 공허한 앎으로 간주되며, 이러저러한 식견과 학문에서 내용상으로도 진실인 것은 오직 그것이 철학에 의해 산출된 놈일 때만 진실이라는 명칭을 얻을 수 있다는 깨달음, 다른 학문들이 철학 없는 탁상공론으로 아무리 애쓰더라도 철학 없이는 자기 안에, 삶, 정신, 진실을 가질 수 없다는 깨달음은 몹시 결여되어있다.

68 ‖ 본격적인 철학이 처한 상황에 대해서 말하면, 신적인 놈의 단박 계시와 (진정한 철학이나 기타 앎을 교육받지 않았으며 그것들을 붙들고 애쓰지 않는) 건강한 상식이 긴 교양의 길의 (또한 정신이 앎에 도달하기까지 거치는 풍부하고도 심오한 운동의) 완벽한 등가물이자 (이를테면 치커리가 커피의 대용물로 칭찬받는 것처럼) 좋은 대용물로 단박에 자처하는 꼴을 우리는 본다. 자신의 생각을 추상적인 문장 하나에 담을 능력이 없는 (추상적인 문장들의 결합 안에 담을 능력은 더욱더 없는) 무지와 조야하고 상스러운 야만이 때로는 사유의 자유와 관용으로, 때로는 천재성으로 단언되는 꼴을 보는 것은 유쾌한 일이 아니다. 알다시피 천재성은 지금 철학에서 번창하는 것처럼 한때 시에서 번창했다. 그러나 이 천재성의 생산 활동은, 그 활동이 아무튼 유의미했다면, 시가 아니라 하찮은 산문을, 혹은 이 수준을 넘어설 경우에는 미친 잡담을 생산했다. 마찬가지로 지금 자연적인 철학은 개념을 상대하기에는 자신이 너무 훌륭하다고 자부하고, 개념의 결함을 감안하여, 직관하는 시적인 사유로 자처하면서, 사유를 통해서는 단지 해체될 뿐인 상상력의 자의적인 조합들을 들고 장에 나온다. — 물고기도 아니고 짐승고기도 아닌 것들, 시도 아니고 철학도 아닌 것들을 들고 말이다.

69 ‖ 한편, 건강한 상식의 고요한 침상에서 흘러나오는 자연적인 철학은 하찮은 진실들을 담은 수사법을 가장 좋은 것으로 내놓는다. 그 진실들의 하찮음을 지적하면, 이에 맞서 그 자연적인 철학은 의미와 내실은 자신의 가슴 속에 현전한다고, 또한 타인들에서도 그렇게 현전해야 한다고 호언장담한다. 그러면서 그 자연적인 철학은 가슴의 순결함과 양심의 순수함 등에서 나온 자신의 최종적인 말들에 대해서는 이의 제기도 추가적인 요구도 있을 수 없다고 여긴다. 그러나 애당초 관건은 가장 좋은 것

이 낙오된 채로 내면에 머물지 않고 이 상자[내면] 밖으로 나오도록 만드는 것이었다. 저런 유형의 최종 진실들을 제시하는 수고는 이미 오래 전에 불필요하게 되었다. 왜냐하면 그 진실들은 오래 전부터 예컨대 교리문답, 민중의 속담들 등에서 발견할 수 있으니까 말이다. — 그런 진실들을 그것들의 애매하고 기우뚱한 모습 그대로 알아채는 것은 어렵지 않다. 그런 진실들을 품은 의식 안에 그 의식의 정반대가 들어있음을 지적하는 것도 어렵지 않을 때가 많다. 그 의식은 자기 안에서 일어나는 혼란에서 벗어나려 애쓰다가 새로운 혼란에 빠지고, 아마도 다음과 같은 말을 탈출구로 삼을 것이다. '마지막으로 확실히 말하는데, 그것은 이러이러해. 반면에 저것은 궤변이야.' — '궤변'은 통속적인 상식이 교양된 이성에 맞서서 내놓는 열쇳말이다. 이는 철학에 대한 무지가 철학을 가리키는 표현으로 '몽상'을 최종적으로 새겨놓은 것과 마찬가지다. — 건강한 상식은 느낌에, 자신의 내적 신탁에 호소함으로써, 의견이 다른 타인에 대한 대응을 종결한다. 건강한 상식에 의지하는 사람은, 자기 안에서 똑같은 것을 발견하고 느끼지 않는 타인에게는 더 할 말이 없다고 선언할 수밖에 없다. — 바꿔 말해, 그는 사람다움의 뿌리를 짓밟는다. 왜냐하면 사람다움의 본성은 타인들과의 일치를 완강하게 추구하는 것이며, 사람다움의 실존은 오직 의식들의 공통성의 성취에 있으니까 말이다. 반(反)인간성, 동물성의 핵심은 느낌에 머물러있기, 그리고 오직 느낌을 통해서만 자신을 전달할 수 있기다.

70 ‖ 학문에 이르는 왕도를 묻는다면, 이것보다 더 안락한 길을 알려줄 수는 없다. 즉, 건강한 상식에 의지하라. 또한 추가로 시대 및 철학과 함께 전진하기 위하여 철학 문헌에 관한 평론을, 심지어 철학 문헌의 서문과 첫 절을 읽어라. 왜냐하면 첫 절은 모든 것이 걸린 관건인 일반 원리들을 제시하고, 서문은 역사적 언급과 더불어 평가를 제공하니까 말이다.

심지어 그 평가는 (평가이기 때문에) 평가되는 대상을 넘어서 있다. 이 통속적인 길은 일상복 차림이지만, 영원, 신성함, 무한의 감격이 고위성직자의 예복을 입고 성큼성큼 그 길에 들어선다. 오히려 이미 그 자체로 중심에 놓인 단박 존재요 심오하고 독창적인 이념들과 드높은 사유섬광들의 천재성인 그 길에 말이다. 그러나 그런 심오함은 본질의 원천을 드러내지 못하며, 이 로켓들은 아직 최고천(最高天)이 아니다. 참된 사유와 학문적 통찰은 오로지 개념의 노동 안에서만 얻을 수 있다. 오직 개념만이 앎의 일반성을 산출할 수 있다. 통속적 상식의 통속적 애매함과 궁핍함이 아니라 교양된 완전한 앎인 그런 일반성, 천재의 게으름과 자만으로 부패해 가는 이성의 싹이 산출하는 진귀한 애매함이 아니라, 자신의 토착적 형태에 이르기까지 번성하여 모든 자기의식 있는 이성의 소유물이 될 능력을 갖춘 진실인 그런 일반성을 말이다.

71 ‖ 학문은 개념의 자기운동을 통하여 실존한다고 나는 말하지만, 우리 시대가 진실의 본성 및 모습에 대해서 가진 표상들의 (앞서 언급한 것을 비롯한) 외적 측면들이 내 말과 어긋날 뿐더러 심지어 정반대라는 점은 학문 시스템을 저 규정대로 서술하는 시도가 호의적으로 수용되리라는 기대를 할 수 없게 만드는 듯하다. 하지만 나는 곰곰이 숙고할 수 있다. 예컨대 때로는 플라톤 철학의 탁월성이 학문적으로 무가치한 신화들에 있다고 이야기되지만, 아리스토텔레스 철학이 통찰적 깊이 때문에 존중받고 아마도 고대 변증법의 가장 위대한 예술작품인 플라톤의 『파르메니데스』 편이 신적인 삶의 참된 드러냄이요 긍정적 표현으로 여겨졌던 (오늘날에는 심지어 열광의 시대로 불리는) 시대도 있었다. 그 시대에 몰아를 산출한 놈의 많은 혼탁함에도 불구하고, 이 오해된 몰아는 실은 다름 아니라 순수한 개념일 터이다. — 그뿐만 아니라 우리 시대의 철학의 탁월성은 자신의

가치를 학문성에 두며, 설령 타인들은 다르게 받아들이더라도, 오로지 학문성을 통해 실제로 힘을 발휘한다. 그러므로 나는 또한 다음과 같이 희망할 수 있다. 개념이 학문의 소유권자임을 주장하고 학문을 이 본래 터전[개념] 안에서 서술하는 이 시도는 사태의 내재적 진실을 통해 진입로를 확보해낼 것이다. 때가 되면 뚫고 들어가는 것이 진실의 본성임을, 그리고 진실은 때가 되어야만 나타남을, 그렇기 때문에 진실이 너무 일찍 나타나는 일도, 미성숙한 독자들과 만나는 일도 결코 없음을 우리는 확신해야 한다. 또한 개인은 아직 자신의 외로운 사안인 것을 입증 받고 일단 특수한 것에 불과한 확신을 일반적인 것으로서 경험하기 위하여 이 효과[출판]를 필요로 한다. 그런데 이때 독자들은 그들의 대표요 대변자로 나서는 사람들과 구별될 때가 많다. 몇몇 측면에서 독자들은 이 사람들[평론가들]과 다르게, 심지어 정반대로 행동한다. 독자들은 철학 문헌이 자신과 맞지 않으면 호의적으로 그 탓을 자신에게 돌리는 반면, 이 사람들은 자신의 능력을 확신하므로 모든 잘못을 작가에게 돌린다. 독자층에서 일어나는 작용은 이 죽은 사람들이 죽은 사람들을 매장하는 활동보다 더 조용하다. 오늘날 무릇 일반적 통찰은 더 교양되었고, 그들의 호기심은 더 예민하고, 그들의 판단은 더 신속하게 내려져서, 너를 메고 나갈 자들의 발이 벌써 문 앞에 이르렀다 하더라도, 이런 상황과 더 느린 작용을 구별해야 할 때가 많다. 그 작용은 당당한 호언장담을 통해 강제되었던 주의집중과 내팽개치는 비난을 바로잡아 일부에게는 얼마 후에야 비로소 동시대의 세계를 제공한다. 반면에 다른 일부는 이 세계 다음의 후대를 더는 가지지 못한다.

72 ‖ 더구나 정신의 일반성은 매우 강해졌고 개별성은 (마땅히 그러해야 하는 대로) 그만큼 더 중요하지 않게 되었으며 또한 저 일반성은 자신의 완전한 범위와 교양된 풍요를 고수하고 요구하는 이 시대에, 정신의

일 전체에서 개인의 활동이 차지하는 몫은 미미할 수밖에 없으므로, 학문의 본성에서 이미 귀결되는 대로, 개인은 자신을 그만큼 더 많이 잊고 자신이 될 수 있는 것으로 되어야 하고 할 수 있는 것을 해야 한다. 그러나 개인이 자신에게 기대해도 되는 바와 자기 몫으로 요구해도 되는 바가 더 적은 것과 마찬가지로, 개인에게 요구되는 바도 그만큼 더 적어야 한다.

들어가는 말

73 ‖ 철학에서 실질적인 내용 자체에 앞서, 그러니까 진실로 있는 것에 대한 실제 앎에 앞서, 먼저 앎 자체를 이해할 필요가 있다는 생각은 자연스럽다. 이때 앎은 절대자를 정복하기 위한 도구로, 또는 절대자를 바라보기 위한 수단으로 여겨진다. 이 근심 어린 생각이 정당해 보이는 이유는, 다양한 유형의 앎이 존재하며 그 중에는 방금 언급한 최종 목적을 이루는 데 더 적합한 앎이 (따라서 앎의 유형을 잘못 선택하는 경우도) 존재하리라는 염려 때문이기도 하고, 앎은 그 유형과 범위가 정해진 능력이므로 그 본성과 한계를 정확히 규정하지 않으면 진실의 하늘 대신에 오류의 구름을 움켜쥐게 되리라는 염려 때문이기도 하다. 심지어 이 염려는, 의식이 앎을 통해 그-자체인[있는 그대로인] 그놈을 얻는다는 애초의 발상 자체가 개념상 부조리하며 앎과 절대자를 단적으로 갈라놓는 경계가 존재한다는 확신으로 바뀔 수밖에 없을 것이다. 요컨대 앎이 절대적인 놈을 정복하기 위한 도구라면, 금세 알 수 있듯이, 사태에 도구를 적용할 경우 사태는 독자적으로 있는[자기를 마주한] 대로 유지되는 게 아니라 모양을 얻고 변하게 된다. 혹은 앎이 우리 활동의 도구가 아니라 말하자면 수동적인 매체이고 진실의 빛이 그 매체를 통해 우리에게 도달하는 것이라고 해도, 역시 우리는 있는 그대로의 진실이 아니라 그 매체를 통해 그 매체 안에 있는 대로의 진실을 얻게 된다. 이 두 경우 모두에 우리는 단박에 제 목적의 반대를 산출하는 수단을 사용하는 셈이다. 아니 오히려 부조리

는 우리가 아무튼 수단을 사용한다는 점이다. 물론 도구의 작동 방식을 알면 이 난국을 타개할 수 있을 것처럼 보이기도 한다. 그러면 우리가 도구를 통하여 절대자에 관해서 얻은 표상 중에서 도구에서 비롯된 부분을 결과에서 떼어낼 수 있을 테고 따라서 참된 놈을 순수하게 얻을 수 있을 테니까 말이다. 그러나 사실상 이 개선책은 우리를 원래의 난국으로 다시 데려다 놓을 뿐이다. 만일 우리가 형상화된 사물에서 도구가 해놓은 바를 다시 제거한다면, 사물 — 현재의 논의에서 절대자 — 은 결국 부질없게 된 그 형상화의 노력이 있기 전과 다를 바 없게 될 터이다. 마치 덫을 통해 새를 끌어들이듯이, 도구를 통하여 절대자를 우리에게 끌어들이되 절대자를 조금도 변화시키지 않고 끌어들여야 한다면, 절대자가 그 자체로 또한 자기가 보기에 이미 우리 곁에 있고 또 있으려 하지 않는 한, 절대자는 우리의 묘수를 비웃을 것이다. 왜냐하면 이 경우에 앎은 묘수일 텐데, 그 묘수란 실은 단박에 힘들이지 않고 관계를 만들어내려 할 뿐이면서도 그렇지 않은 척하려고 갖은 애를 쓰기이기 때문이다. 혹은 우리가 매체라고 여기는 앎을 검사하여 광선의 굴절법칙을 알아내어 결과에서 그 굴절을 제거하려는 노력 역시 아무 소용이 없다. 왜냐하면 앎은 광선의 굴절이 아니라 광선 그 자체이며 진실은 그 광선을 통해 우리와 접촉하는데, 그 광선을 제거한다면, 우리에게는 다만 순수한 방향 혹은 공허한 장소만 표시될 것이기 때문이다.

74 ‖ 다른 한편, 오류에 빠질 것이라는 염려가 그런 염려 없이 작업에 뛰어들어 실제로 앎을 얻는 학문을 불신하게 만든다면, 다음의 질문을 던지지 않을 수 없다. 왜 거꾸로 그 불신을 불신하지 못하는가? 왜 그런 오류에 대한 공포가 이미 그 자체로 오류라는 염려는 못하는가? 실제로 그 공포는 무언가 여러 가지를 진실로서 전제하고 거기에서 염려와 귀결들

을 끌어내는데, 과연 그 전제가 진실인지를 먼저 검사해야 한다. 요컨대 그 공포는 앎이 도구요 매체라는 통념을 전제하며 또한 이 앎과 우리 자신의 구별을 전제한다. 하지만 가장 중요한 전제는, 절대자가 한편에 놓여있고 앎은 절대자로부터 분리되어 다른 편에 실재한다는 것, 다시 말해 앎은 절대자의 바깥에 (또한 아마도 진실의 바깥에) 있는데도 참되다는 것이다. 이 전제를 보면, 이른바 오류에 대한 공포가 실은 진실에 대한 공포라는 것을 깨닫게 된다.

75‖ 이 결론은 오로지 절대자만 참되다는 것, 혹은 오로지 참된 놈만 절대적이라는 것에서 비롯된다. 이 결론을 거부하려면, 비록 학문이 의도하는 바처럼 절대자를 알지는 못하지만 그럼에도 참된, 그런 앎이 있을 수 있으며 무릇 앎은 비록 절대자를 파악할 능력이 없지만 다른 진실을 파악할 능력이 있을 수 있다는 구별 짓기를 해야 할 것이다. 그러나 금세 알 수 있듯이, 그런 종잡을 수 없는 얘기는 절대적인 참과 그렇지 않은 참을 나누는 모호한 구별로 귀결되며, 절대자와 앎 등의 단어들을 운운하는 그 얘기가 먼저 해야 할 일은 그 단어들이 전제하는 의미를 확보하는 것이다.

76‖ 앎이 절대자를 소유하기 위한 도구이거나 진실을 바라보기 위한 매체라는 등의 쓸모없는 통념과 이야기(앎이 절대자로부터, 절대자가 앎으로부터 분리되어 있다는 식의 온갖 통념들은 아마도 결국 이 생각으로 귀결될 것이다)를 놓고 골치를 썩이고, 앎이 그러하다는 핑계로 학문의 무능력을 변명함으로써 학문의 노고에서 해방됨과 동시에 또한 진지하고 열정적인 노고의 겉모습을 흉내 내는 짓거리를 놓고 골치를 썩이는 대신에, 그런 것들은 우연적이고 자의적인 통념이라고 대번에 비난할 수 있을 것이다. 더구나 그런 맥락에서 절대자, 앎, 객관, 주관 등의 단어를 그것들의

의미가 일반적으로 익숙하다는 전제하에 사용하는 것은 심지어 사기행위로 볼 수 있을 것이다. 왜냐하면 그 단어들의 의미가 일반적으로 익숙하며 사람들이 그것들의 개념까지 지녔다는 주장은 오히려 핵심적인 일, 곧 그 개념들을 제시하는 일을 면하려는 수작으로 보이기 때문이다. 이에 맞서 더 정당하게 우리는, 학문 자체를 거부해야 한다는 결론으로 이어지는 그런 통념과 이야기에 조금이라도 관심을 기울이는 노고를 절약할 수 있을 것이다. 왜냐하면 그것들은 앎의 공허한 현상일 뿐이며, 등장하는 학문 앞에서 단박에 사라지기 때문이다. 그러나 등장하는 단계에서 학문은 그 자체로 하나의 현상이다. 학문의 등장은 아직 완성되고 완전히 펼쳐진 참된 학문이 아니다. 이때 학문이 다른 것과 나란히 등장하기 때문에 현상이라고 생각하건, 아니면 그 참되지 않은 다른 앎이 학문의 현상이라고 말하건 마찬가지다. 그러나 학문은 이 허울[가상]에서 벗어나야 한다. 그리고 학문은 허울에 맞섬으로써만 허울에서 벗어날 수 있다. 학문은 참되지 않은 앎을 속된 식견으로 비난하기만 하면서 자기는 전혀 다른 앎이며 자신에게 저 앎은 아무것도 아니라고 다짐[호언장담]할 수 없다. 또한 저 앎 자체에 내재한 더 나은 앎에 대한 짐작에 호소할 수도 없다. 그렇게 다짐한다면, 학문이 자신의 존재를 자신의 힘이라고 공표하는 셈일 텐데, 참되지 않은 앎도 똑같이 자신이 존재한다는 점을 내세우면서 자신에게 학문은 아무것도 아니라고 다짐한다. 메마른 다짐은 이 다짐이나 저 다짐이나 동등하다. 학문이, 참되지 않은 앎이 지녔으며 심지어 학문을 암시하는 그런 더 나은 짐작에 호소할 수는 더욱더 없다. 왜냐하면 그렇게 호소한다면, 한편으로 학문이 다시금 존재에 호소하는 꼴일 것이고, 다른 한편으로 참되지 않은 앎에 내재하는 방식대로의 자신을, 다시 말해 자신의 나쁜 존재방식을, 그 자체로 자기를 마주한 대로의 자신이 아니라 오히려 자신의 현상을 내세우는 꼴일 것이기 때문이다. 그러므로 여기에서 현상하는 앎을 서술하는 일을 수행해야 한다.

77 ‖ 그런데 이 서술은 현상하는 앎만을 대상으로 삼으므로, 진정한 본래 모습으로 운동하는 자유로운 학문이 아닌 것처럼 보인다. 그런 관점에서 이 서술은 오히려 참된 앎을 향해 밀고 나아가는 자연적인 의식의 길로 여겨질 수 있다. 다시 말해 영혼이, 본성적으로 자기 앞에 놓인 정거장들과도 같은 자신의 모습들을 두루 거치는 길로 말이다. 영혼은 자기에 대한 완전한 경험을 통하여 자기가 그 자체로 무엇인가를 알게 되고 그럼으로써 맑아져 정신이 된다.

78 ‖ 자연적인 의식은 앎의 개념일 뿐이라는 점, 다시 말해 진짜 앎이 아니라는 점이 드러날 것이다. 그럼에도 자연적인 의식은 단박에 자기를 진짜 앎으로 여기므로, 이 길은 그 의식에게 부정적인 의미를 가지며, 개념의 실현은 그 의식에게 도리어 자기상실에 해당한다. 자연적인 의식은 이 길에서 자신의 진실을 잃으니까 말이다. 그러므로 이 길은 의심의 길, 혹은 더 적절히 표현하자면 절망의 길로 간주될 수 있다. 이 길에서 일어나는 일은 사람들이 말하곤 하는 의심이 아니다. 다시 말해, 사람들이 믿는 이런 저런 진실이 흔들리고 이어서 그 의심이 다시 적당히 사라지고 원래의 진실이 복귀하여 결국 사태가 예전처럼 받아들여지는 일이 일어나지 않는다. 오히려 이 길에서 일어나는 일은 현상하는 앎이 진실이 아니라는 의식적 통찰이다. 현상하는 앎에게 가장 실재적인 놈은 실은 실현되지 않은 개념에 불과하다. 그러므로 이 끝까지 가는 회의주의는 진실과 학문을 향한 진지한 열정이 진실과 학문을 위하여 이미 준비했고 마련했다고 여기는 바, 곧 학문에서 권위에 눌려 남들의 생각에 순응하지 않고 모든 것을 스스로 검사하면서 오로지 자신의 확신만을 따르겠다는 결심, 더 정

확히 말해서 모든 것을 스스로 만들어내고 오로지 자기가 실행한 것만 참된 것으로 여기겠다는 결심이 아니다. 오히려 의식이 이 길에서 거치는 자신의 모습들의 계열은 의식 자신이 학문에까지 이르는 교양의 상세한 역사다. 저 결심은 간단한 결심의 방식으로, 교양은 이미 이루어졌고 마무리되었다고 여긴다. 반면에 이 길은 그런 거짓에 맞선 실행이다. 자신의 확신을 따르는 것은 물론 권위에 순응하는 것 그 이상이다. 그러나 권위에 의거한 견해를 자기 확신에 의거한 견해로 뒤집는다고 해서 반드시 견해의 내용이 달라지고 진실이 오류를 밀어내지는 않는다. 남들의 권위에 눌려 선입견과 의견의 시스템에 매달리는 태도와 자기 확신에 의거하여 그렇게 하는 태도는 단지 후자에 동반되는 허영심에 의해서만 구별된다. 반면에 현상하는 의식의 전 영역을 겨냥한 회의주의는 먼저 정신이 이른바 자연적인 표상, 생각, 의견에 절망함으로써 진실이 무엇인지를 검사할 솜씨를 갖추도록 만든다. 곧장 검사에 나서는 의식은 자신의 것이라고 부르든 남의 것이라고 부르든 상관없는 그 표상, 생각, 의견에 얽매여 있으며 따라서 의도하는 바를 실행할 능력이 없다.

79 ‖ 진실하지 않은[현상하는] 의식의 형태들의 완결성은 진행과 연관의 필연성을 통해 드러날 것이다. 이를 설명하기 위해서 미리 다음과 같은 일반적인 언급을 해두겠다. 참되지 않은 의식의 참되지 않음을 서술하는 과정은 한낱 부정적인 운동이 아니다. 무릇 자연적인 의식은 그 운동에 대하여 그런[한낱 부정적인 운동이라는] 치우친 견해를 가지며, 그 치우침을 본질로 삼는 앎은 완성되지 않은 의식의 모습[형태]들 가운데 하나다. 그 의식 형태 역시 이 길에 속하며 이 길에서 등장할 것이다. 요컨대 그 의식 형태는 회의주의인데, 그 입장은 언제나 결과에서 순수한 아님만을 보고, 그 아님이 애초의 무언가가 아님으로 특정되었다는 점을 도외시한다. 그

러나 원래의 무언가가 아님으로 간주된 아님은 실은 참된 결과다. 따라서 그 아님은 특정한 아님이며 내용을 갖는다. 추상적인 아님 혹은 공허에서 끝을 내는 회의주의는 그 추상에서 더 나아가지 못하며, 오히려 어떤 새로운 것이 제공되기를 기다릴 수밖에 없다. 그 새로운 것 역시 똑같은 공허한 심연에 던져버리려고 말이다. 반면에 결과를 그것의 진실대로 특정한 부정으로 파악하면, 단박에 새로운 의식 형태가 튀어나오고, 부정 안에서 넘어감[이행]이 일어난다. 그런 넘어감을 통하여 형태들의 계열을 빠짐없이 거치는 진행이 저절로 발생한다.

80 ‖ 그러나 앎에게는 진행 계열이 필연적인 것과 마찬가지로 목표도 필연적이다. 그 목표는 앎이 더는 자기 바깥으로 나갈 필요가 없는 곳, 앎이 자기를 발견하는 곳, 개념이 대상과 일치하는 곳이다. 그러므로 이 목표를 향한 진행은 멈출 수 없으며, 앞선 정거장 어디에서도 만족할 수 없다. 자연적인 삶에 국한된 놈은 스스로 자신의 단박 현존재 바깥으로 나갈 수 없고 다른 놈을 통하여 그 바깥으로 내몰리며, 이 뜯겨 나감은 그의 죽음이다. 그러나 의식은 그 자신이 보기에 자신의 개념이며, 따라서 단박에 국한된 놈의 바깥으로 나감이고, 이 국한된 놈이 의식에 속하므로, 자기 바깥으로 나감이다. 의식에게는 개별과 함께 또한 저편이 정립된다. 비록 공간적인 직관에서처럼, 그 저편이 국한된 놈과 나란히 놓인다 하더라도 말이다. 그리하여 의식은 국한된 만족을 망쳐버리는 자기 자신의 폭력에 시달린다. 이 폭력을 느끼는 가운데 진실에 대한 두려움이 되살아나, 곧 상실될 위험에 처한 것을 보존하려 애쓸 수도 있을 것이다. 그러나 그 두려움은 안식에 이를 수 없다. 그 두려움이 생각 없는 타성에 머물고자 할 수도 있겠지만, 생각은 생각 없음을 위축시키고 생각의 동요는 타성을 뒤흔든다. 혹은 그 두려움이 모든 각각을 나름대로 좋게 보는 감수

성으로서 자기를 공고히 하려 할 수도 있겠지만, 그 감수성 역시 이성의 폭력에 시달린다. 모든 각각이 그 나름이라는 바로 그 점을 좋게 보지 않는 이성의 폭력에 말이다. 혹은 진실에 대한 공포가 자기 자신과 타자들을 피해 [진지한 회의의] 허울 뒤에 숨을 수도 있겠다. 그 공포가 스스로 고집하는 유일한 진실 이외의 다른 진실을 발견하기가 매우 힘들고 심지어 불가능한 이유는, 사람들이 스스로 혹은 남들에게서 얻은 그 어떤 생각보다 그 공포가 갈수록 더 조심스러워지는 이유는, 다름 아니라 바로 진실을 향한 뜨거운 열정 때문이라는 투로 말이다. 이 허영심은 모든 각각의 진실을 짓밟고 자기에게로 돌아오는 재주를 지녔으며, 언제나 모든 생각을 파괴하고 온갖 내용을 제외한 채 오로지 메마른 나만 발견할 줄 아는 자기 고유의 지성을 즐긴다. 그렇게 만족하는 허영심은 그냥 내버려둬야 한다. 그 허영심은 일반자를 피해 달아나면서 자기를-마주함[홀로있음]만을 추구하니까 말이다.

81 ‖ 진행의 방식과 필연성에 관한 잠정적이고 일반적인 언급은 이것으로 마치고, 이제부터 상세한 서술의 방법에 관하여 몇 마디 일러두는 게 좋을 듯하다. 현상하는 앎을 대하는 학문의 행동으로서, 또한 앎의 실재성[진실성]에 대한 탐구 및 검사로서 기획된 이 서술은 기반에 잣대로 놓을 어떤 전제가 없으면 이루어질 수 없을 것처럼 보인다. 검사란 어떤 잣대를 대보는 일이요, 검사되는 놈이 옳은가 그른가를 판단하려면 그놈이 그 잣대와 같은지 다른지를 보아야 하니까 말이다. 그런데 무릇 잣대는, 또한 학문이 잣대라면 학문도, 본질로 혹은 그-자체인-놈[본래적인 놈]으로 간주된다. 그러나 지금 학문이 비로소 등장하는 이 마당에서는, 학문을 비롯하여 그 어떤 놈도 본질 혹은 그-자체인-놈으로서 자기를 정당화하지 않았다. 하지만 그런 본질 혹은 그-자체인-놈이 없다면 검사를 할 수 없을 것

처럼 보인다.

82 ‖ 이 모순과 그것의 제거를 더 명확히 드러내기 위하여 먼저 의식과 관련해서 등장하는, 앎과 진실에 관한 추상적 규정들을 상기하자. 의식은 어떤 놈을 자기와 구별함과 동시에 그놈과 관련을 맺는다. 혹은 흔히 말하듯이, 어떤 놈이 의식에게 있다. 그리고 앎은 이 관련 맺음의 특정 측면, 곧 어떤 놈이 의식에게 있음의 특정 측면이다. 그런데 우리는 이 같은 다른 놈에게 있음과 그-자체로-있음을 구별한다. 그리하여 앎과 관련 맺은 놈은 또한 앎과 구별되며 이 관련 바깥에 있다고 정립되는데, 바로 이러한 그-자체인-놈의 측면을 일컬어 진실이라고 한다. 이런 규정들의 진면목이 무엇인가는 지금 우리에게 중요치 않다. 우리의 대상은 현상하는 앎이므로, 우리는 일단 현상하는 앎의 규정들이 스스로를 단박에 내보이는 대로 그 규정들을 받아들일 것이다. 그리고 우리가 파악한 대로, 그것들은 스스로를 내보이는 듯하다.

83 ‖ 앎의 진실[진면목]을 탐구한다 함은 앎은 그 자체로 무엇인가를 탐구한다는 것처럼 보인다. 그러나 이 탐구에서 앎은 우리의 대상이다. 다시 말해 앎은 우리에 대하여 있으며, 설령 앎 그-자체가 드러난다 하더라도 그것은 우리에 대하여 있는 앎일 것이다. 우리가 무언가를 앎의 본질로 주장한다면, 그 무언가는 오히려 앎의 진실이 아니라 단지 앎에 대한 우리의 앎일 뿐이다. 본질 혹은 잣대는 우리에게 귀속하고, 그 잣대와 비교되고 그럼으로써 판정 받을 놈은 그 잣대를 인정하지 않을 수도 있을 것이다.

84 ‖ 그러나 우리가 탐구하는 대상의 본성은 이 [우리와 앎의, 주체와 객체의] 분리를, 혹은 분리와 전제의 허울을 제거한다. 의식은 자기에게 자

기의 잣대를 대며, 따라서 탐구는 의식이 자기를 자기와 비교하는 일이 된다. 다시 말해 방금 언급한 [앎과 진실을] 구별하기는 의식에게 귀속한다. 의식 안에서 한 놈[앎]은 다른 놈[진실]에 대하여 있다. 즉, 의식은 앎으로서의 계기를 가진다. 또한 동시에 이 다른 놈은 의식이 보기에 의식에 대하여 (의식에게) 있을 뿐 아니라 이 관련 바깥에 그 자체로도 있다. 이것이 진실의 계기다. 요컨대 의식이 제 안에서 그-자체인-놈 혹은 진실로 선언하는 그놈은 의식이 자신의 앎을 재기 위해 스스로 설정하는 잣대다. 앎을 개념이라고 부르고, 본질 혹은 진실을 존재자 혹은 대상이라고 부른다면, 검사는 개념이 대상에 일치하는지 여부를 확인하는 일일 것이다. 반대로 대상의 본질 혹은 그-자체임을 개념이라고 부르고, 대상을 대상으로서의 대상 즉 다른 놈[의식]에 대하여 있는 대로의 대상으로 이해한다면, 검사는 대상이 개념에 일치하는지 여부를 확인하는 일일 것이다. 쉽게 알 수 있겠지만, 이 두 검사는 동일하다. 오히려 이 탐구 전체와 관련해서 다음을 확실히 해두는 것이 근본적으로 중요하다. 언급한 두 계기 곧 개념과 대상, 다른-놈에-대하여-있음과 그-자체로-있음은 우리가 탐구하는 앎 자체에 귀속하고, 따라서 우리는 탐구를 위하여 잣대를 들여오고 우리의 착상과 생각을 적용할 필요가 없다. 그런 잣대를 내버림으로써 우리는 사태를 그 자체로 자기에게 있는 대로 고찰할 수 있게 된다.

85 ‖ 요컨대 개념과 대상, 잣대와 검사될 놈이 의식 안에 있으므로 우리가 무언가를 더 보탤 필요는 없다. 더 나아가 우리가 양자[개념과 대상]를 비교하고 진정한 검사를 할 필요도 없다. 왜냐하면 의식이 스스로 자기를 검사하기 때문이다. 그러므로 우리에게는 단지 지켜보는 일만 남는다. 의식은 한편으로 대상을 의식함이며 다른 한편으로 자기를 의식함이다. 바꿔 말해 의식 자신에게 진실인 놈을 의식함이며, 또한 그놈에 대한 의

식 자신의 앎을 의식함이다. 동일한 의식에게 그 양자[진실과 앎]가 있으므로, 의식은 그 자체로 그 양자를 비교하기다. 의식이 대상에 대하여 가진 앎이 대상과 일치하는지 여부는 의식이 판정할 몫이 된다. 물론 얼핏 보기에, 의식에게 대상은 의식이 그 대상을 아는 대로만 존재하는 것 같으며, 말하자면 의식은 의식에게 있는 대로가 아니라 그 자체로 있는 대로의 대상에 도달할 수 없는 것 같고 따라서 자신의 앎을 스스로 검사할 수 없는 것 같다. 그러나 의식이 아무튼 대상을 안다는 바로 그 사실은, 의식에게 무언가가 그-자체인-놈으로서 존재하고 또 다른 계기가 앎으로서 혹은 의식에게 있는 대상으로서 존재한다는 점을, 이 구별[그-자체임과 의식에게-있음의 구별]을 함축한다. 검사는 이미 있는 이 구별로부터 유래한다. 비교[검사] 결과 그 양자[예컨대 그-자체와 앎]가 일치하지 않으면, 의식은 자신의 앎을 변경할 수밖에 없는 것처럼 보인다. 자신의 앎을 대상에 맞추기 위해서 말이다. 그러나 그렇게 앎이 달라질 때, 실은 의식에게 대상 자체도 달라진다. 왜냐하면 기존의 앎은 본질적으로 대상에 대한[대상과 연계된] 앎이었기 때문이다. 대상은 본질적으로 앎에 속했으므로, 앎이 다른 앎으로 될 때 대상도 함께 다른 대상으로 된다. 이로써 의식은 과거에 의식에게 그-자체였던 놈이 그 자체가 아님을, 혹은 단지 의식에게 그-자체였음을 의식한다. 요컨대 의식이 대상에 대한 자신의 앎이 대상에 일치하지 않음을 발견하면, 대상 역시 견디지 못한다. 바꿔 말해서, 검사되는 놈이 검사를 통과하지 못하면, 검사의 잣대가 달라진다. 검사는 앎에 대한 검사일 뿐 아니라 검사의 잣대에 대한 검사이기도 하다.

86 ‖ 이처럼 의식은 자기 자신에게, 자신의 앎과 자신의 대상 둘 다에 변증법적 운동을 가하며, 거기에서 새로운 참된 대상이 솟아나는 한에서, 그 변증법적 운동이야말로 진정한 의미의 경험이다. 이제부터 지금까지의 논

의에 포함된 한 계기를 더 부각하여 향후 서술의 학문적 측면을 새롭게 조명하려 한다. 의식은 무언가를 알고, 이 대상[무언가]은 본질 혹은 그-자체인-놈이다. 그러나 이 대상은 또한 의식에게 그-자체인-놈이며, 여기에서 이 진실[대상]의 이중성이 등장한다. 보다시피 이제 의식은 두 대상을 가진다. 한 대상은 첫 번째 그-자체인-놈이며, 또 다른 대상은 그 그-자체인-놈의 의식에게-있음이다. 얼핏 보기에 후자는 의식의 자기 회귀에 불과한 것처럼, 대상을 표상하기가 아니라 단지 대상에 대한 의식의 앎을 표상하기인 것처럼 보인다. 그러나 위에서 지적했듯이, 그 자기 회귀와 더불어 첫 번째 대상이 달라진다. 그 대상은 그-자체인-놈이기를 그치고, 의식에게 단지 의식에게만 그-자체인-놈으로 된다. 그리하여 그 다음에는 이 사태, 즉 이 그-자체인-놈의 의식에 대하여 있음이 진실로 된다. 다시 말해 본질 혹은 의식의 대상으로 된다. 이 새로운 대상은 첫 번째 대상이 헛됨을 함축한다. 새로운 대상은 의식이 첫 번째 대상을 마주하며 경험한 바다.

87 ‖ 경험의 과정에 관한 이러한 서술에는 한 계기[면모]가 있는데, 그 계기 때문에 이 서술은 사람들이 보통 이해하는 경험에 부합하지 않는 것처럼 보인다. 무슨 말이냐면, 이 서술은 첫 번째 대상과 그것에 대한 앎으로부터 또 다른 대상으로의 이행(그 또 다른 대상에 이르렀을 때, 경험이 이루어졌다고 한다)을 이야기하면서, 첫 번째 대상에 대한 앎이, 다시 말해 첫 번째 그-자체인-놈의 의식에게-있음이 두 번째 대상이 된다고 말했다. 반면에 통상적으로 [이야기되는 경험에서] 우리는 우연히 외적으로 발견한 또 다른 대상에 이르러 우리의 첫 번째 개념이 참되지 않음을 경험하고, 따라서 우리에게 귀속하는 것은 단지 그 자체이며 자기를 마주한 놈에 대한 순수한 파악뿐인 것처럼 보인다. 그러나 저 견해에서는 새 대상이 의식 자체의 반전을 통해 되어진 놈으로서 등장한다. 사태에 대한 이 같은

고찰은 우리가 첨가한 것이며, 의식의 경험들의 계열은 이 고찰을 통하여 학문의 길로 승격한다. 이 고찰은 우리가 고찰하는 의식의 몫이 아니다. 하지만 사실 이 사정은 앞에서 이 서술과 회의주의의 관계를 논하면서 언급한 사정과 동일하다. 요컨대 참되지 않은 앎에서 나오는 매번의 결과는 공허한 아님으로 쪼그라들어서는 안 되고 반드시 그 결과를 일으킨 놈의 아님으로 파악되어야 한다. 그 결과는 앞선 앎이 보유한 진실을 포함하고 있다. 이 사정이 여기에서는 다음과 같이 나타난다. 처음에 대상으로 나타난 놈은 의식이 보기에 의식의 앎으로 격하되고, 그-자체인-놈은 그-자체인-놈의 의식에게-있음으로 되는데, 이 그-자체인-놈의 의식에게-있음이 새로운 대상이며, 그 대상과 함께 새로운 의식 형태가 등장하고, 그 의식 형태에게는 앞선 형태에게 본질이었던 것과 다른 무언가가 본질이다. 이 사정이 의식 형태들의 필연적인 잇따름 전체를 이끈다. 단, 그 필연적인 잇따름 혹은 새로운 대상의 발생(의식은 영문도 모르는 채 새로운 대상을 제공받는다)은 우리가 보기에 말하자면 의식의 등 뒤에서 일어난다. 그러므로 그-자체로-있음 혹은 우리에게-있음이라는 계기가 의식의 운동에 첨가되는데, 경험에 휩쓸려 있는 의식에게는 그 계기가 드러나지 않는다. 그러나 우리에게 발생한 놈의 내용은 의식 역시 마주하는 바다. 우리는 단지 그놈의 형식적 측면 혹은 그놈의 순수한 발생만을 [추가로] 파악할 뿐이다. 이 발생한 놈은 의식에게 단지 대상이지만, 우리에게는 대상인 동시에 운동이요 되어감이다.

88‖ 이 같은 필연성으로 인하여 학문을 향한 이 길은 그 자체로 이미 학문이며, 내용 면에서는 의식의 경험을 다루는 학문이다.

89‖ 의식의 자기 경험은 그 개념상으로 따질 때 의식의 시스템 전체

혹은 정신의 진실의 나라 전체를 포괄할 수밖에 없으므로, 그 경험의 계기들은 다음과 같이 독특하게 규정된 상태로 나타난다. 즉, 추상적이고 순수한 계기들로서가 아니라, 그것들이 의식에게 있는 대로, 바꿔 말하면, 의식 자신이 그것들과 관련 맺고 등장하는 대로 나타난다. 따라서 전체의 계기들은 의식의 형태들이다. 의식은 자신의 참된 실존을 향해 길을 재촉하다가 어떤 지점에 도달할 것인데, 그 지점에서 의식은 — 단지 의식에게만 있고 다른 놈으로서 있는 — 이질적인 놈이 자신에게 붙어있다는 허상을 벗는다. 그 지점에서 현상은 본질과 같아지고, 바로 그 지점에서 의식에 대한 서술은 정신을 다루는 진정한 학문과 합치한다. 그리고 마침내 의식 자신이 이 같은 자신의 본질을 파악함으로써, 의식은 절대적인 앎의 본성을 나타내게 될 것이다.

1장

감각적 확신

이것 그리고 속으로 가리키기 •

90 ‖ 처음으로 혹은 단박에 우리의 대상인 앎은 그 자신이 단박인 앎, 단박인 놈 혹은 있는 놈에 대한 앎일 수밖에 없다. 그 대상에 걸맞게 우리는 단박의 방식으로, 곧 수용적으로 처신해야 한다. 요컨대 그 앎이 스스로 드러내는 모습에서 아무것도 바꾸지 말아야 하고, 개념화를 멀리하면서 받들어 쥐어야 한다.

91 ‖ 감각적 확신의 구체적 내용은 단박에 그 확신을 가장 풍부한 앎으로 심지어 무한한 풍요에 대한 앎으로 보이게 만든다. 그 무한한 풍요는 한계가 없다. 그 풍요가 펼쳐지는 바탕인 공간과 시간에서 우리가 바깥쪽으로 나아가든, 아니면 그 풍요의 한 조각을 택하여 분할을 통해 안쪽으로 나아가든, 어느 쪽이건 간에 그놈의 한계를 발견할 수 없다. 그뿐만 아니라 감각적 확신은 가장 참된 앎인 것처럼 보인다. 대상에서 아직 아무것도 제거하지 않았고 오히려 대상을 온전히 앞에 둔 앎이니까 말이다. 그러나 실제로 이 확신이 내놓는 그 자신은 가장 추상적이고 빈곤한 진실이다. 이 확신은 자기가 아는 바에 대하여 다만 "있다"라고 말한다. 이 확신의[이 아는] 진실은 오로지 사태의 있음이다. 다른 한편 이 확신에서 의식은 단지 순수한 나로서 존재한다. 요컨대 여기에서 나는 다만 순수한 이놈으로 존재하며, 대상도 순수한 이것으로 존재한다. 이때 나, 이놈은 의식으

로서 자기를 펼쳐 이리저리 생각을 움직였기 때문에 확신하는 게 아니다. 또한 나가 확신하는 그 사태가 그 자체로 다양한 사정에 따른 풍부한 관련이요 다른 놈들과의 다양한 관계이기 때문에 확신하는 것도 아니다. 양자[생각의 운동과 관계로서의 사태] 모두 감각적 확신과 무관하다. 여기에서는 나도 사태도 다양한 매개의 의미를 갖지 않는다. 나는 다양한 표상들이나 생각들을 의미하지 않으며, 사태는 다양한 사정들을 의미하지 않는다. 오히려 사태는 있을 따름이다. 사태는 그저 있기 때문에 있다. 사태가 있다는 것, 감각적인 앎에게는 이 점이 본질적이며, 이 순수한 있음 혹은 단순한 단박이 사태의 진실이다. 마찬가지로 관련으로서 감각적 확신은 단박의 순수한 관련이다. 의식은 나, 순수한 이놈일 따름이다. 개별인 이놈이 순수한 개별인 이것을 안다.

92‖ 그러나 이 확신의 본질이며 이 확신이 발설하는 진실인 순수한 있음을 우리가 들여다보면, 다른 많은 것들이 그 순수한 있음 곁에 모여 논다beiherspielen. 현실적인 감각적 확신은 순수한 단박일 뿐 아니라 순수한 단박의 한 예Beispiel이기도 하다. 이런 맥락에서 등장하는 무수한 구별들을 살펴보면 도처에서 다음과 같은 주요 차이가 발견된다. 즉 감각적으로 확신할 때, 순수한 있음으로부터 방금 언급한 이놈과 이것, 즉 나인 이놈과 대상인 이것이 떨어져 나온다. 이 구별을 곰곰이 되새겨보면 다음이 드러난다. 이놈과 이것은 감각적 확신 속에 단박에 있을 뿐 아니라 또한 동시에 매개된 놈들로서 있다. 나는 다른 놈 곧 사태를 통하여 확신을 가지며, 사태는 다른 놈 곧 나를 통하여 확신 안에 있다.

93‖ 이 같은 본질과 예의 구별, 단박과 매개의 구별은 우리에 의해서만 이루어지는 것이 아니다. 오히려 우리는 감각적 확신 그 자체에서 그

구별을 발견한다. 그리고 우리는 그 구별을 우리가 방금 규정한 대로가 아니라 그 구별이 감각적 확신 안에 존재하는 대로 받아들여야 한다. 감각적 확신에서 한 놈은 단순한 단박 존재자로 혹은 본질로 정립된다. 그놈은 대상이다. 반면에 또 다른 놈은 비본질적이며 매개된 놈으로, 따라서 그 자체로가 아니라 다른 놈을 통해 있는 놈으로 정립된다. 이놈은 나 혹은 앎인데, 나는 오로지 대상이 있기 때문에 대상을 알며, 존재할 수도 있고 존재하지 않을 수도 있다. 반면에 대상은 존재하며, 진실이며 본질이다. 대상은 알려지느냐 마느냐에 아랑곳없이 존재한다. 설령 알려지지 않더라도 대상은 존속한다. 그러나 대상이 없으면, 앎은 없다.

94 ‖ 그러므로 우리는 대상을 살펴보아야 한다. 감각적 확신이 본질이라고 제시하는 대상이 과연 감각적 확신 자체 안에서 정말로 그런 본질로서 존재하는지 따져보아야 한다. 과연 이 같은 대상의 개념, 곧 대상이 본질이라는 개념이 감각적 확신 안에 있는 대로의 대상과 일치하는지 따져보아야 한다. 이를 위해 우리가 대상에 대하여 숙고하고 대상의 진면목은 무엇일까 궁리할 필요는 없다. 우리는 다만 감각적 확신이 자체적으로 지닌 대로의 대상을 살펴보기만 하면 된다.

95 ‖ 요컨대 감각적 확신이 스스로 이렇게 물어야 한다. 이것은 무엇인가? 이때 이것은 이중의 형태로 존재하는데, 우리가 그 이중의 형태에 맞게 이것을 지금과 여기로 간주하면, 이것이 자체적으로 지닌 변증법은 이것 자체만큼 이해하기 쉬운 꼴을 얻는다. 요컨대 '지금은 무엇인가?'라는 질문에 우리는 이를테면 이렇게 대답한다. '지금은 밤이다' 감각적 확신이 제시하는 이 진실을 간단한 실험으로 검사할 수 있다. 이 진실을 적어놓자. 적어놓는다고 해서 진실이 없어질 리는 없다. 또한 적어놓고 보존한

다고 해서 진실이 없어지는 것도 아니다. 그리고 지금 이 한낮에 그 적어 놓은 진실을 다시 보자. 그러면 우리는 그 진실이 퇴락했다고 말할 수밖에 없을 것이다.

96 ‖ [다시 살펴보자면, 우선] 밤인 지금이 보존된다. 즉, 그 지금은 감각적 확신이 제시한 대로, 곧 존재하는 놈으로 다뤄진다. 그런데 그 지금이 도리어 존재하지 않는 놈으로 드러난다. 물론 지금 자체는 유지되겠지만, 밤이 아닌 놈으로서 유지된다. 마찬가지로 지금이 낮이라면, 그 지금은 낮에 맞서서 낮이 아니기도 한 지금으로서, 바꿔 말해 아무튼 부정적인 놈으로서 유지된다. 따라서 이 유지되는 지금은 단박인 놈이 아니라 매개된 놈이다. 왜냐하면 그 지금은 다른 놈, 곧 낮과 밤이 존재하지 않음을 통하여, 존속하는 놈이자 유지되는 놈으로서 규정되니까 말이다. 그러면서도 그 지금은 아까와 마찬가지로 단순한 지금이며, 이 단순함의 측면에서 그 지금은 무엇이 제 곁에서 노는가에 아랑곳하지 않는다. 그 지금의 존재는 밤도 낮도 아닌데, 또한 그 지금은 낮이고 밤이다. 이 같은 그 지금의 다름[낮임, 밤임]은 그 지금을 전혀 건드리지 못한다. 이렇게 부정을 통하여 존재하는 단순한 놈, 이것도 저것도 아닌 놈, 이것-아닌-놈, 또한 마찬가지로 이것임과 저것임에 아랑곳하지 않는 놈을 일컬어 우리는 일반자라고 부른다. 요컨대 감각적 확신이 제시하는 진실은 실은 일반자다.

97 ‖ 우리는 감각적인 놈조차도 일반적인 놈으로서 발설한다. 우리가 [감각적인 놈을 발설할 때] 말하는 바는 이것, 곧 일반적인 이것이거나 '있다', 곧 무릇 존재다. 이때 당연히 우리는 일반적인 이것 혹은 무릇 존재를 떠올리지 않지만, 우리가 발설하는 바는 일반자다. 바꿔 말해 우리는 감각적으로 확신하면서 속으로 가리키는 대로의 이것을 결코 말하지 못한다. 그러나

주지하다시피 더 진실한 것은 말이다. 말함으로써 우리는 우리의 속-가리킴Meinung을 스스로 단박에 반박한다. 감각적 확신이 제시하는 진실은 일반자고, 말은 오직 이 진실만을 표현하므로, 우리가 속으로 가리키는 감각적인 존재를 말한다는 것은 영원히 절대로 불가능하다.

98 ‖ 이것의 또 다른 형식인 여기와 관련해서도 사정은 동일하다. 예컨대 여기는 나무다. 그런데 내가 뒤로 도니, 이 진실은 사라졌고 맞선 진실로 뒤집혔다. 여기는 나무가 아니라 오히려 집이다. 여기 자체는 사라지지 않는다. 여기는 집과 나무 등이 사라지는 와중에 존속하면서 [자기가] 집임, 나무임에 아랑곳하지 않는다. 요컨대 이번에도 이것은 매개된 단순자로, 혹은 일반자로 드러난다.

99 ‖ 위와 같이 감각적 확신 자체가 자기 대상의 진실이 일반자임을 드러내므로, 감각적 확신에게는 여전히 순수한 있음[존재]이 그 자신의 본질이지만, 그 순수한 있음은 단박인 놈이 아니라 부정과 매개를 본질로 지닌 그런 순수한 있음이다. 따라서 그 순수한 있음은 우리가 속으로 가리키는 있음이 아니라 추상 혹은 순수한 일반자로 특정된 있음이며, 이 공허한 혹은 구애받음 없는 지금과 여기의 맞은편에, 감각적 확신의 진실은 일반자가 아니라는 우리의 속-가리킴만 남는다.

100 ‖ 애초에 앎과 대상이 등장했을 때 양자의 관계와 이 결과에서 양자가 도달한 관계를 비교해보면, 뒤집힘이 일어났다. 본질적인 놈이어야 할 대상은 이제 감각적 확신에게 비본질적인 놈이다. 왜냐하면 이제 대상은 일반자가 되어버렸는데, 일반자는 감각적 확신에게 본질적인 대상이어야 할 개별자가 아니니까 말이다. 오히려 이제 감각적 확신은 [대상

과] 맞선 놈에, 즉 예전에 비본질적인 놈이었던 앎에 놓인다. 감각적 확신의 진실은 나의mein 대상으로서의 대상에 혹은 속으로 가리키기meinen에 있다. 나의 대상은 나가 알기 때문에 있다. 요컨대 감각적 확신은 대상에서 내쫓겼으나 아직 거둬지지 않고 다만 나 안으로 움츠러들었다. 이제부터 감각적 확신의 이 같은 실재Realität에 대한 경험이 우리에게 무엇을 알려주는지 살펴보자.

101 ‖ 요컨대 감각적 확신의 진실이 지닌 힘은 이제 나에 있다. 나의 보기, 듣기 등의 단박성에 있다. 우리가 속으로 가리키는 개별적인 지금과 여기의 사라짐은 나가 지금과 여기를 꽉 붙듦을 통하여 배제된다. 지금이 낮인 것은 나가 낮을 보기 때문이다. 여기가 나무인 것도 마찬가지다. 그러나 감각적 확신은 앞에서와 마찬가지로 이 대목에서도 자신에게 내재하는 변증법을 똑같이 경험한다. 나, 이놈이 나무를 보면서 나무를 여기로 주장한다. 하지만 '다른 나'는 집을 보고, 여기는 나무가 아니라 집이라고 주장한다. 이 두 진실은 똑같이 보증된다. 즉, 보기의 단박성, 그리고 두 나가 각자 자신의 앎을 확신하고 장담한다는 점이 이 두 진실을 보증한다. 그러나 한 진실은 다른 진실 안에서 사라진다.

102 ‖ 이때[두 진실이 사라질 때] 사라지지 않는 놈은 나, 일반자로서 나다. 그 나의 보기는 나무를 보기도 아니고 집을 보기도 아니며 오히려 이 집 따위에 대한 부정을 거친 단순한 보기이다. 이 보기는 단순하며, 그 곁에서 노는 놈인 집이나 나무에 구애받지 않는다. 나는 무릇 지금, 여기, 이것과 마찬가지로 단지 일반자다. 물론 나는 개별적인 나를 속으로 가리키겠지만, 나는 스스로 지금이나 여기라면서 속으로 가리키는 놈을 말할 수 없는 것과 마찬가지로 나라면서 속으로 가리키는 놈도 말할 수 없다. 나가

'이 여기, 이 지금, 혹은 한 개별자'라고 말할 때, 나는 모든 이것, 모든 여기, 지금들, 개별자들을말하는 것이다. 마찬가지로 나가 '나, 이 개별적인 나'라고 말할 때, 나는 모든 나를 말하는 것이다. 모든 각자가 나가 말하는 바, 곧 '나, 이 개별적인 나'다. 학문은 이른바 이 사물 또는 이 한 사람을 연역하라, 구성하라, 선험적으로 발견하라 따위의 (표현은 어떠해도 상관없다) 시험 과제를 결코 해결할 수 없을 텐데, 만일 그런 시험 과제를 학문에게 부여하려면, 시험관이 어떤 이 사물 또는 어떤 이 나를 속으로 가리키고 있는지 말해야 마땅하다. 그러나 그것을 말하기는 불가능하다.

103 ‖ 이처럼 감각적 확신은 자신의 본질이 대상에 있는 것도 아니고 나에 있는 것도 아님을, 단박성이 전자의 단박성도 아니고 후자의 단박성도 아님을 경험한다. 그 양자에서 나가 속으로 가리키는 바는 도리어 비본질적이며, 대상과 나는 일반자고, 나가 속으로 가리키는 바로 그 지금, 여기, 나는 그 일반자 안에 존속 혹은 존재하지 않는다. 그리하여 우리는 나에 맞선 대상이 감각적 확신의 실재라고 여겼던 위의 첫째 논의나 나가 그러하다고 여겼던 둘째 논의에서처럼 감각적 확신의 한 계기를 그 본질로 삼는 것이 아니라 감각적 확신 전체를 그 본질로 삼게 된다. 이제 감각적 확신에서 단박인 놈으로서 굳건히 머무는 놈은 오로지 감각적 확신 전체뿐이며, 그 전체는 그렇게 굳건히 머무름으로써 앞서 발생한 모든 맞섬을 배척한다.

104 ‖ 다시 말해, 이 순수한 단박인 놈[감각적 확신 전체]은, 나무인 여기가 나무 아닌 여기로 넘어가는 것에서 드러나는 나무로서 여기의 다름에, 낮인 지금이 밤인 지금으로 넘어가는 것에서 드러나는 낮으로서 지금의 다름에, 다른 무언가를 대상으로 가진 다른 나에 더는 침해당하지 않는

다. 그 단박인 놈의 진실은 자기와 같게 머무는 관련으로서 존속한다. 그 관련은 나와 대상을 본질과 비본질로 구별하지 않으며, 따라서 어떤 구별도 그 관련 속으로 침입할 수 없다. 요컨대 나, 이놈은 여기가 나무라고 주장하면서 나에게 여기가 나무-아닌-놈이 되지 않도록 고개를 돌리지 않는다. 또 나는 다른 나가 여기를 나무-아닌-놈으로 본다는 점을, 혹은 나 자신이 다른 때에는 여기를 나무-아닌-놈으로 여기고 지금을 낮-아닌-때로 여긴다는 점을 무시한다. 오히려 나는 순수한 직관하기다. 나는 여기가 밤이라는 것, 혹은 여기가 나무라는 것을 홀로[für mich] 고수한다. 나는 여기와 지금을 서로 비교하지조차 않으면서 이를테면 '지금은 낮이다'라는 하나의 단박 관련에 매달린다.

105‖ 이처럼 이 확신은 우리가 밤인 지금이나 밤을 마주한 나를 일깨울 때 가까이 다가오려 하지 않으므로, 우리가 그 확신에게로 가서 그가 주장하는 지금을 그로 하여금 우리에게 보여주게 하자. 우리는 그렇게 해야 한다. 왜냐하면 이 단박 관련의 진실은, 자신을 하나의 지금 혹은 하나의 여기로 국한하는 이 나의 진실이기 때문이다. 우리가 나중에 이 진실을 앞에 놓는다면, 혹은 이 진실로부터 거리를 둔다면, 이 진실은 아무 의미가 없을 것이다. 왜냐하면 그럴 경우에 우리는 이 진실의 본질적인 단박성을 거둬버리는 셈일 테니까 말이다. 따라서 우리는, 바로 그 동일한 시점 혹은 지점에 발을 딛고 이 나로 하여금 우리에게 이 진실을 보여주게 해야 한다. 다시 말해 우리를, 확실히 아는 놈인 바로 이 나로 만들게 해야 한다. 자, 이제 이 나가 우리에게 보여주는 그 단박인 놈이 어떤 상황에 처하는지 살펴보자.

106‖ 지금이 가리켜진다. 이 지금. 지금. [아뿔싸] 지금은 가리켜지는

동안에 이미 있기를 그쳤다. 있는 지금은 가리켜진 지금이 아닌 다른 지금이다. 우리는 지금이, 있음으로써 이미 더는 있지 않은 그런 놈이라는 것을 깨닫는다. 우리에게 가리켜진 대로의 지금은 있었던 지금이다. 이것이 지금의 진실이다. 지금이 가진 진실은 있음이 아니다. '지금이 있었다'는 물론 참이다. 그러나 있었던gewesen 놈은 엄연히 본질Wesen이 아니다. 그놈은 있지 않으며, 애당초 관건은 있음이었다.

107 ‖ 요컨대 우리는 이 가리키기[보여주기]에서 단지 다음과 같이 진행하는 운동을 볼 따름이다. 1) 나가 지금을 가리키면서 지금이 진실이라고 주장한다. 그러나 나는 그 지금을 있었던 놈으로서 혹은 거둬진 놈으로서 가리키면서 첫 번째 진실을 거둔다. 2) 이제 나는 지금이 있었고 거둬졌다는 것을 두 번째 진실로 주장한다. 3) 그러나 있었던 놈은 있지 않다. 하여 나는 있었음 혹은 거둬졌음을, 곧 두 번째 진실을 거두고, 지금의 부정을 부정하면서 '지금이다[지금이 있다]'라는 첫 번째 주장으로 되돌아간다. 그러므로 지금과 지금을 가리키기는 다음과 같은 상황에 처한다. 지금도 지금을 가리키기도 단박인 단순한 놈이 아니라 다양한 계기들을 지닌[거치는] 운동이다. [다시 설명하자면, 우선] 이놈이 정립된다. 그러나 도리어 다른 놈이 정립된다. 다시 말해 이놈이 거둬진다. 그리고 이 다름 혹은 첫 번째 놈의 거둬짐도 다시 거둬지면서 첫 번째 놈으로 되돌아간다. 그러나 자기회귀한 이 첫 번째 놈은 애초의 단박이었던 놈과 완전히 똑같지는 않다. 오히려 이놈은 자기회귀한 놈, 다름 안에서 자기로 머무는 놈, 절대적으로 여러 지금인 하나의 지금이다. 그리고 이놈이 참된 지금이다. 자기 안에 여러 지금들 곧 시간들을 지닌 단순한 하루로서의 지금. 또 그런 지금 곧 시간 역시 여러분들이며, 이 지금[분]도 또한 여러 지금들이다. ― 요컨대 이 가리키기가 그 자체로 운동이며, 그 운동이 지금이란 진

실로 무엇인지를 발설한다. 다시 말해, 지금은 결과라는 것을, 뭉뚱그린 여러 지금들이라는 것을 발설한다. 또한 이 가리키기는 지금이 일반자라는 것을 경험하기다.

108‖ 가리켜진 여기, 나가 꽉 붙든 여기 역시 실은 이 여기가 아닌 이 여기다. 이 여기는 이 여기가 아니라 오히려 앞쪽과 뒤쪽, 위쪽과 아래쪽, 오른쪽과 왼쪽이다. 또한 위쪽도 다시금 위쪽, 아래쪽 등에 위치한 다양한 다름이다. 가리켜져야 할 여기는 다른 여기들 안에서 사라지고, 그 사라짐 또한 사라진다. 가리켜진 놈, 붙잡힌 놈, 머무는 놈은 부정적인 이것이며, 부정적인 이것은 오로지 여기들이 (마땅히 그러해야 하는 대로) 수용되지만 그러면서 거둬짐을 통해서만 존재한다. 부정적인 이것은 많은 여기들의 단순한 복합체다. 속으로 가리켜진 여기는 점일 텐데, 그 점은 있지 않다. 오히려 그 점을 있는 놈으로서 가리킬 때, 그 가리킴에서 드러나는 것은 단박 앎이 아니라 운동이다. 즉, 속으로 가리켜진 여기에서 출발하여 여러 여기들을 거쳐 일반적인 여기로 있음[여기에 도달함]이라는 운동이다. 하루가 지금들의 단순한 여럿임Vielheit인 것과 마찬가지로, 일반적인 여기는 여기들의 단순한 여럿임이다.

109‖ [이제] 분명히 알 수 있듯이, 감각적 확신의 변증법은 다름 아니라 그 확신의 운동 혹은 경험의[이 거치는] 단순한 역사이며, 감각적 확신 자체가 다름 아니라 이 역사일 따름이다. 그러므로 자연적인 의식도 항상 스스로 그 역사의 진실인 이 결과에 도달하며, 이 결과를 경험한다. 그러나 자연적인 의식은 이 경험을 매번 망각하고 다시 처음부터 운동을 시작한다. 그러므로 (이것들 혹은 감각적인 것들로서) 외적인 사물들의 실재성 혹은 존재가 의식에게 절대적 진실이라는 것이 위 경험에 맞선 일반적인

경험으로서, 또한 철학적 주장으로서, 심지어 회의주의의 결론으로서 제기된다면, 이는 깜짝 놀랄 일이다. 그런 주장은 자기가 무슨 말을 하고 있는지 모를 뿐더러 자기가 말하고자 하는 바와 정반대를 말하고 있다는 것조차 모른다. [그런 주장은] 감각적인 이것이 의식에게 진실이라는 점이 일반적인 경험이라고 하지만, 도리어 그 정반대가 일반적인 경험이다. 모든 각각의 의식은 예컨대 '여기는 나무다' 또는 '지금은 한낮이다'와 같은 진실을 스스로 다시 거두고 정반대로 '여기는 나무가 아니라 집이다'라고 발설하며, 첫 번째 주장을 거두는 이 주장 안에도 똑같이 들어있는 감각적인 이것에 대한 주장 역시 곧바로 거둔다. 그리고 의식은 모든 감각적 확신에서 실은 오로지 우리가 확인한 바, 곧 일반자로서의 이것을, 저 주장이 일반적인 경험이라고 장담하는 바의 정반대를 경험한다. — 일반적인 경험을 들먹인 김에, 실천적인 사안을 미리 논하겠다. [우리는] 감각적 대상들의 실재성이 확실하고 진실하다고 주장하는 자들에게 이렇게 말해줄 수 있다. 당신들은 지혜의 가장 저급한 학교, 곧 고대 엘레우시스의 케레스 바쿠스 밀교 학교로 돌아가 빵 먹기와 포도주 마시기의 비밀을 먼저 배워야 한다. 이 비밀들에 입문한 자는 감각적 사물들의 존재에 대한 의심에 이를 뿐 아니라 절망에까지 이르러 감각적 사물들의 헛됨[아무것도 아님]을 스스로 완성하기도 하고 그 헛됨이 완성되는 것을 보기도 하니까 말이다. 심지어 동물들도 이 지혜에서 배제되기는커녕 도리어 거기에 가장 깊이 입문했음을 드러낸다. 동물들은 감각적 사물을 그 자체인 놈으로 여겨 그 앞에서 멈춰있지 않고, 그놈의 실재성에 대하여 절망하고 그놈의 헛됨[아무것도 아님]을 완전히 확신하면서 다짜고짜 다가가 남김없이 씹어 먹는다. 그런 동물들처럼 자연 전체가 이 공공연한 비밀을, 감각적 사물들의 진실이 무엇인지 가르쳐주는 이 비밀을 기리는 축제를 벌인다.

110‖ 그러나 이미 언급한 대로 저 위의 주장을 제기하는 자들은 심지어 자기네가 속으로 가리키는 바의 정반대를 말한다. 이 현상은 감각적 확신의 본성에 대한 숙고를 유발하는 힘이 어쩌면 가장 강할 것이다. 그들은 외적인 대상들의 현존재[거기-있음]를 거론한다. 더 정확히 말하면, 외적인 대상들을, 제각각 자신과 절대적으로 같은 놈을 가지지 않은, 현실적이고 절대적으로 개별적이며 전적으로 개체적이며 공유 불가능한 사물들로서 특정할 수 있다고 그들은 말한다. 이 현존재는 절대적으로 확실하고 진실하다고 말이다. 그들은 내가 이 문장을 적는 종이를 속으로 가리킨다. 아니 더 정확히 말해서 이 문장을 적어놓은 종이를 속으로 가리킨다. 그러나 그들은 자기네가 속으로 가리키는 바를 말하지 못한다. 만일 그들이 정말로 자기네가 속으로 가리키는 이 종이를 말하고자 했다면(그리고 실제로 그들은 말하고자 했다), 그 말하기는 불가능하다. 왜냐하면 속으로 가리켜진 감각적인 이것은 그 자체로 일반자인 의식에 속한 언어로는 도달할 수 없기 때문이다. 따라서 정말로 그것을 말하려고 노력한다면, 의식은 그 노력 중에 썩어버릴 것이다. 그것을 서술하기 시작한 자들은 서술을 끝내지 못한 채 다른 자들에게 넘겨주어야 할 것이고, 그 다른 자들은 결국 자기네가 있지 않은 사물을 말하고자 한다는 점을 인정할 것이다. 요컨대 그들은 아마도 방금 언급한 종이와 전혀 다른 여기 이 종이를 속으로 가리킨다. 그러나 그들은 현실적인 사물들, 외적인 혹은 감각적인 대상들, 절대적으로 개별적인 놈들 따위를 말한다. 한마디로 그들은 그것들에 대하여 일반적인 말만 한다. 따라서 발설할 수 없는 놈이라고 불리는 그놈은 다름 아니라 참되지 않은 놈, 이성적이지 않은 놈, 한낱 속으로 가리켜진 놈일 따름이다. — 무언가에 대하여 그것이 현실적인 사물, 외적인 대상이라는 점 외에 아무것도 말해지지 않았다면, 그 무언가는 단지 최고로 일반적인 놈으로서 존재할 뿐이며, 그놈이 모든 것과 다름이 발설된 것이 아니라 오히

려 같음이 발설된 것이다. 내가 '개별 사물'이라고 말하면, 나는 그 사물을 오히려 완전히 일반적인 놈으로서 말하는 것이기도 하다. 모든 것이 개별 사물이니까 말이다. 마찬가지로 아무것이나 다 이 사물이다. 더 정확히 '이 종이'라고 표현한다면, 모든 각각의 종이가 다 '이 종이'다. 결국 나는 항상 단지 일반적인 놈을 말했을 따름이다. 다른 한편 내가, 속으로 가리켜진 놈을 단박에 뒤집고 다른 것으로 만들어 그놈이 발설되는 것을 막는 신적인 본성을 지닌 말하기를 보조하기 위하여 이 종이를 [손가락으로] 가리킨다면, 나는 감각적 확신의 참된 진실을 경험한다. 나는 종이를 여기로서 가리킨다. 그 여기는 다른 여기들의 여기, 혹은 그 자체로 여러 여기들의 '단순한 함께einfaches Zusammen', 곧 일반자다. 나는 그 여기를 그 진실대로 받아들이고, 단박인 놈을 아는 대신에 지각한다[참되게 받는다].

2장

지각

사물 그리고 착각

111 ‖ 감각적 확신은 진실을 받지 못한다. 왜냐하면 감각적 확신의 진실은 일반자인데, 감각적 확신은 이것을 받으려 하니까 말이다. 반면에 지각[참되게 받기]은 자기에게 존재자인 놈을 일반자로서 받아들인다. 지각의 원리는 아무튼 일반성이므로, 지각 안에서 단박에 구별되는 계기들인 나와 대상도 일반적이다. 나는 일반적인 놈, 대상은 일반적인 대상이다. 우리에게 저 원리는 발생했다[우리는 저 원리가 발생했음을 안다]. 따라서 우리가 이제 지각을 받아들이는 것은 감각적 확신을 받아들일 때처럼 현상하는[현상 차원의] 받아들이기가 아니라 필연적인 받아들이기다. 그 원리가 발생하는 과정에서 그 원리의 두 계기들도 되어졌다. 현상에서는 그것들이 단지 떨어져 나오지만 말이다. 한 계기는 가리키기 운동이고, 다른 계기는 단순한 놈으로서 그 운동이다. 전자는 지각하기, 후자는 대상이다. 본질적으로 대상은 가리키기 운동과 동일하다. 그 운동은 계기들의 펼쳐짐과 구별됨이요, 대상은 계기들의 싸잡혀 있음이다. 우리의 관점에서 (혹은 그 자체로) 보면, 원리로서의 일반자가 지각의 본질이며, 이 추상[일반자]에 맞선 구별된 양자, 곧 지각하는 놈과 지각되는 놈은 비본질적이다. 그러니 실제로는 이 양자도 일반자 혹은 본질이고 따라서 본질적이다. 그런데 이 양자는 서로 맞선 놈으로서 관련을 맺으므로, 그 관련 안에서 오직 한 놈만 본질적일 수 있다. 바꿔 말해, 본질적인 놈과 비본질적인 놈의 구

별이 그 양자에 분배될[부여될] 수밖에 없다. 단순한 놈으로 규정된 한 놈, 곧 대상은 본질이다. 그놈이 지각되느냐 마느냐에 상관없이 말이다. 반면에 운동으로서 지각하기는 있을 수도 있고 없을 수도 있는 불안정한 놈이며 비본질적인 놈이다.

112‖ 이제 이 대상을 더 자세히 규정하고, 산출되는 결과들에 의거하여 그 규정을 간략하게 풀어놓자. 더 본격적인 풀어놓기는 이 대목에 적합하지 않다. 이 대상의 원리, 곧 일반자는 단순하면서도 매개된[발생사를 거친] 놈이므로, 이 대상은 그 자체에서 이를[자기가 매개된 놈임을] 자신의 본성으로서 표현할 수밖에 없다. 그리하여 이 대상은 여러 속성들로 이루어진 사물로 나타난다. 감각적 앎의 풍요는 단박 확신이 아니라 지각에 귀속한다(단박 확신에서 그 풍요는 단지 곁에서 노는 놈에 불과했다). 왜냐하면 오직 지각만 자신의 본질 안에 부정, 구별, 혹은 다양성을 지녔기 때문이다.

113‖ [되짚어보면] 이것은 '이것 아닌 놈'으로, 즉 거둬진 놈으로 정립되었다. 따라서 [막연한] 아닌 놈이 아니라 특정한 아닌 놈으로, 다시 말해 한 내용의 아닌 놈으로, 곧 이것의 아닌 놈으로 정립되었다. 그러므로 감각적인 놈은 여전히 앞에 있지만, 감각적 확신에서 그놈이 있어야 하는 대로, 즉 속으로 가리켜진 개별자로서가 아니라 일반자로서 앞에 있다. 혹은 속성으로 규정될 놈으로서 앞에 있다. 우리가 부정적인 놈에서 보았던 거두기의 참된 이중 의미가 여기에서 드러난다. 거두기는 부정하기인 동시에 보존하기다. 아닌 놈은 이것의 아닌 놈으로서 단박성을 보존하며 [이것과 마찬가지로] 역시 감각적이지만, 일반적 단박성을 보존한다. — 그런데 존재는 매개 혹은 부정을 그 자체에 지님으로써 일반자이며, [일반자인 존재가] 이 점을 단박에 표현할 때, [일반자인 존재는] 구별된, 특정한 속성이다.

이로써 그런 (하나가 다른 하나의 부정인) 속성들이 동시에 여럿 정립되었다. [그런데] 이 규정성들이 일반자의 단박성 안에서 [무턱대고 일반적인 놈들로서] 표현되어있기 때문에, 이 규정성들은(이것들은 실은 한 규정[매체]이 추가되어야 비로소 속성들이다) [각각] 자기와 관련 맺고 서로에게 구애받지 않으며 각각이 독립적이며 다른 규정성들로부터 자유롭다. 다른 한편, 단순하며 자기와 같은 일반성도 이 규정성들로부터 구별되며 자유롭다. 그 일반성은 순수한 자기관련맺기 혹은 이 모든 규정성들이 있는 장소로서의 매체다. 바꿔 말해 규정성들은 단순한 통일인 그 일반성 안에서 서로를 건드리지 않으면서 서로에게 스며든다. 왜냐하면 그 규정성들은 다름 아니라 그 일반성에 참여함으로써[참여한 덕분에] 서로에게 구애받지 않으니까 말이다. — 이 추상적이고 일반적인 매체는 (이 매체를 무릇 사물성Dingheit 혹은 순수한 본질이라고 부를 수 있는데) 다름 아니라 앞에서 밝혀진 바대로의 지금-여기, 즉 여럿의 단순한 '함께'로서의 지금-여기다. 그런데 이 대목에서 여럿은 규정성을 지녔음에도 단순한 일반자들[서로를 배제하지 않는 놈들]이다. 이 소금은 단순한 여기인 동시에 여럿[다면적]이다. 소금은 희고, 또한 짜고, 또한 사각이며, 또한 특정한 무게가 있고, 등등이다. 이 같은 여러 속성들 모두가 하나의 단순한 여기에 있다. 따라서 속성들은 그 여기에서 서로에게 스며든다. 어떤 속성도 다른 속성이 가진[점유한] 여기와 다른 여기를 가지지 않으며, 모든 각각의 속성이 모든 곳에, 바꿔 말해 다른 속성이 있는 여기와 똑같은 여기에 있다. 또한 다른 한편으로, 그 속성들은 별개의 여기들을 통해 갈라지지 않았음에도 이처럼 서로에게 스며들면서도 서로를 침범하지affect 않는다. 흼은 정육면체임을 침범하거나 바꾸지 않고, 이 둘은 짬을 건드리거나 바꾸지 않고, 등등이다. 오히려 각각의 속성은 단순한 자기관련맺기이므로 다른 속성들을 가만히 놔두며 단지 구애받음 없는 '또한Auch'을 통해서만 그것들과 관련 맺는다. 따라서 이 또한이 바로 그 단순한 일반자, 매체, 속성들을 싸잡는 사물성이다.

114‖ 지금까지 드러난 사정에서 우리는 우선 긍정적 일반성만 관찰하고 풀어놓았[해설했]다. 그러나 추가로 받아들여야[고려해야] 할 측면이 하나 더 있다. 무슨 말이냐면, 만일 여러 특정한[규정된] 속성들이 단적으로 서로에게 구애받지 않고 철저히 자기와만 관련을 맺는다면, 그것들은 특정한 속성들이 아닐 것이다. 속성들은 서로 구별되고 맞선 놈들로서 관련을 맺는 한에서만 특정한 속성들이니까 말이다. 그런데 이 맞섬의 측면에서 속성들은 매체의 단순한 통일성 안에 함께 있을 수 없다. 하지만 그 통일성은 속성들에게 부정 못지않게 본질적이다. 그리하여 구애받음 없는 구별이 아니라 배제하는 구별, 다른 놈을 부정하는 구별인 한에서의 구별은 이 단순한 매체 바깥에 놓인다. 따라서 이 단순한 매체는 또한이요 구애받음 없는 통일성일 뿐 아니라, 또한 하나요 배제하는 통일성이다. ― 하나는 단순하게 자기와 관련 맺으면서 다른 놈을 배제하는 그런 방식의 부정의 계기이며, 이 계기를 통해 사물성은 사물로 규정된다. 속성에서, 부정은 존재의 단박성과 단박에 하나인 규정성으로서 있으며, 존재의 단박성은 이렇게 부정과 하나임을 통하여 일반성이다. 반면에 하나로서의 부정은 이 같은 맞선 놈과의 통일로부터 풀려난 부정이며 그 자체로 자기를 마주한다.

115‖ 이 계기들을 종합하면, 지각의 진실로서의 사물은 이 대목에서 풀어놓을 필요가 있는 만큼은 완성되었다. 사물은 α) 구애받음 없는 수동적 일반성, 바꿔 말해 여러 속성들(더 정확히 말하면, 물질들)의 또한이며, β) 또한 마찬가지로 단순한 놈으로서의 부정, 다시 말해 하나, 곧 맞선 속성들을 배제하기이며, γ) 여러 속성들 자체, 다시 말해 위의 두 계기들의

관련, 곧 구애받지 않는 터전과 관련 맺으면서 자기 자신을 구별되는 놈들의 집합으로서 펼치는 부정, 존속의 매체 안에서 여럿을 향해 뻗어나가는 개별성의 점이다. 이 구별들[구별되는 속성들]이 구애받음 없는 매체에 속한다는 측면에서 따지면, 이 구별들 역시 일반적이고 오직 자기와 관련을 맺으며 서로를 침범하지 않는다. 그러나 이 구별들이 부정적인 통일성에 속한다는 측면에서 따지면, 이 구별들은 또한 서로를 배제한다. 하지만 이 구별들은 이 같은 [첫째 관련에] 맞선 관련을 반드시 그 자신들의 또한으로부터 분리된entfernt 속성들에서[사물로부터 분리된 속성들을 고려할 때] 가진다. 감각적 일반성, 곧 있음과 부정의 단박 통일성은, 그 통일성에서 하나와 순수한 일반성이 풀려나와 서로 구별되고 그 통일성이 이것들[하나와 순수한 일반성]을 [다시] 합칠 때 비로소 속성이다. 그렇게 그 통일이 순수하고 본질적인 계기들과 관련 맺을 때 비로소 사물이 완성된다.

116‖ 지금까지 지각의 사물을 살펴보았다. [다른 한편] 이 사물을 대상으로 마주한 의식은 지각하는 놈으로 규정된다. 그 의식은 대상을 단지 받아야 하며 순수한 받들어 쥐기로서 행동해야 한다. 이를 통해 그 의식에게 산출되는 것이 진실이다. 만약 의식이 이 받기 과정에서 무언가를 한다면, 그런 첨가나 삭제를 통하여 진실을 바꾸게 될 것이다. 대상은 진실이요 일반자요 자기와 같은 놈인 반면에 의식은 자기가 보기에 가변적인 놈이요 비본질적인 놈이므로, 의식이 대상을 그릇되게 받들어 쥐고 착각하는 일이 생길 수 있다. 지각하는 놈은 착각의 가능성을 의식한다. 왜냐하면 그놈은 원리인 일반성 안에서 다름을 단박에 의식하되 헛된 놈으로서, 거둬진 놈으로서 의식하니까 말이다. 그러므로 지각하는 놈의 진실 기준은 자기와 같음이며, 그놈의 행동은 [대상을] 자기와 같은 놈으로서 받들어 쥐기다. 그런데 지각하는 놈은 별개임도 의식하므로, 그놈은 받들어

쥐기의 서로 별개인 계기들을 서로 관련짓는다. 하지만 그렇게 같게 만드는 과정에서 같지 않음이 튀어나오면, 이는 대상의 비진실성이[을 뜻하는 것이] 아니라 (왜냐하면 대상은 자기와 같은 놈이니까) 지각하기의 비진실성이다.

117‖ 이제 의식이 실제로 지각할 때 무엇을 경험하는지 살펴보자. 우리가 보기에 그 경험은, 의식의 대상과 그것을 대하는 의식의 행동에 관하여 방금 풀어놓은[서술한] 바에 이미 들어있으며, 단지 거기에 들어있는 모순들의 전개일 따름일 것이다. — 나가 받아들이는 대상은 자기를 순수한 하나로 제시한다. 또한 나는 대상에 있는 속성을 알아챈다. 그 속성은 일반적이며[매개된 놈, 여러 개별자에 적용 가능한 놈이며], 따라서 나는 개별성 너머로 나간다. 따라서 대상적 본질[대상]의 첫 존재, 곧 하나로서의 존재는 대상적 본질의 참된 존재가 아니었다. 그런데 대상은 진실이므로, 비진실성은 나에게 귀속한다. [나의] 받들어 쥐기가 옳지 않았던 것이다. 오히려 속성의 일반성을 감안하여 나는 대상적 본질을 무릇 연합으로 받아들여야 한다. 그런데 더 나아가 나는 속성을 특정한 속성으로, 다른 속성에 맞선 놈, 다른 속성을 배제하는 놈으로 지각한다. 따라서 나가 대상적 본질을 다른 놈들과의 연합으로 혹은 연속으로 규정했을 때, 나는 실은 대상적 본질을 그릇되게 받들어 쥐었던 것이다. 오히려 나는 속성의 특정성을 감안하여 연속을 끊고, 대상적 본질을, 배제하는 하나로 정립해야 한다. 그런데 그 분리된 하나에서 나는 서로를 침범하지 않고 서로 구애받음 없이 존재하는 여러 속성들을 발견한다. 따라서 대상을 배제하는 놈으로 받들어 쥐었을 때 나는 대상을 옳게 지각하지 않았던 것이다. 오히려 대상은, 앞에서는 다만 무릇 연속이었던 반면, 이제 일반적이며 연합적인 매체이며, 그 안에 여러 속성들이 감각적 일반들로서 존재한다. 그 감각적 일

반 각각은 독자적이며, 특정한 일반으로서 다른 일반들을 배제한다. 따라서 나가 지각하는 단순한 진실은 일반적인 매체도 아니며 오히려 독자적인 개별 속성인데, 그런 속성은 속성도 아니고 특정한 존재도 아니다. 왜냐하면 그런 속성은 하나에 붙어있지도 않고 다른 속성과 관련을 맺지도 않으니까 말이다. 속성은 하나에 붙어있어야만 속성이고 다른 속성과 관련을 맺어야만 특정한 속성이다. 그렇게 순수한 자기관련맺기로 남은 속성은 무릇 감각적 존재에 불과하다. 왜냐하면 그런 속성은 이제 더는 부정의 성격을 지니지 않았기 때문이다. 그리고 이제 감각적 존재를 마주한 의식은 속으로 가리키기에 불과하다. 다시 말해 의식은 지각하기를 완전히 벗어나 자기 안으로 되돌아갔다. 그러나 감각적 존재와 속으로 가리키기는 저절로 지각하기로 넘어간다. 나는 시작으로 되던져졌고, 모든 각각의 계기에서 (또한 전체로서) 자기를 거두는 [이제껏 이야기한 순환과] 똑같은 순환에 다시 휩쓸려 들었다.

118‖ 그리하여 의식은 그 순환을 다시 거치지만, 처음과 똑같은 방식으로 거치지는 않는다. 요컨대 의식은 지각하기의 진실이자 결과가 자기의 해체 혹은 진실을 벗어나 자기에게로 돌아감이라는 것을 경험했다. 이로써 의식이 보기에 지각하기는, 의식의 지각하기가 본질적으로 처한 사정대로, 즉 단순하고 순수한 받들어 쥐기가 아니라 받들어 쥠과 동시에 진실을 벗어나 자기에게로 돌아와 있음으로 규정되었다. 이처럼 순수한 받들어 쥐기에 단박에 섞여드는 의식의 자기회귀 — 의식의 자기회귀는 지각하기에 본질적임이 드러났다 — 는 진실을 변화시킨다. 또한 의식은 그 자기회귀의 측면을 자신의 것으로 알고 떠맡음으로써 참된 대상을 순수하게 보존할 것이다. — 그러하여 이제 감각적 확신에서 그랬던 것과 마찬가지로 지각하기에서도 의식은 어떤 면에서 자기 안으로 움츠러든다. 그러나 일

단 감각적 확신에서와 같은 의미에서, 그러니까 지각하기의 진실이 의식에 귀속한다는 의미에서 그렇게 움츠러드는 것은 아니다. 오히려 의식은 지각하기에서 등장하는 비진실이 자기에게 귀속함을 안다. 하지만 이 앎을 통하여 의식은 또한 동시에 그 비진실을 거둘 능력이 있다. 의식은 진실을 받들어 쥐기를 지각의 비진실로부터 구별하고, 그 비진실을 수정한다. 그리고 의식이 이 수정을 스스로 행하는 한에서, 진실은 (지각하기의 진실로서) 확실히 의식에게 귀속한다. 요컨대 이제부터 고찰할 의식의 행동은 다음과 같다. 의식은 이제 더는 단지 지각하지 않는다. 오히려 의식은 지각하면서 또한 동시에 자신의 자기회귀를 의식하며, 이 자기회귀를 단순한 받들어 쥐기로부터 분리한다.

119‖ [구체적으로 말해서] 나는 우선 사물을 하나로서 알아채며, 사물을 이 참된 규정 안에 붙들어놓아야 한다. 지각하기의 운동 중에 그 규정에 모순된 무언가가 등장하면, 나는 그 무언가를 나의 자기회귀로 알아야 한다. 그런데 지각에서 또한 서로 별개인 속성들이 등장하고, 그것들은 사물의 속성들인 것처럼 보인다. 그러나 사물은 하나이고, 사물이 하나지 못하게 만들 법한 이 다양성은 우리에게 귀속한다고 우리는 의식한다. 요컨대 이 사물은 실은 우리의 눈에 들이댈 때만 희고, 또한 우리의 혀에 들이댈 때만 짜고, 또한 우리의 촉각에 들이댈 때만 직사각형이고, 등이다. 우리는 이런 측면들의 다양성 전체를 사물로부터가 아니라 우리로부터 얻는다. 그 측면들은 우리에게 귀속한다. 혀와 완전히 구별되는 우리의 눈 등에 각각 별개로 귀속한다. 따라서 우리는 일반적인 매체이며, 그런 계기[측면]들은 그 매체 안에서 각각 분리된 채로 독자적이다. 이로써, 즉 일반적인 매체라는 규정을 우리의 자기회귀로 간주함으로써 우리는 사물의 자기와 같음을, 그리고 하나임이라는 진실을 보존한다.

120‖ 그러나 의식이 떠맡은 그 별개의 측면들은 — 일반적인 매체 안에 있는 놈들로서 고찰할 수 있는 것과 마찬가지로 각각 독자적으로 고찰할 수도 있는데 — 각각 독자적으로 고찰하면 특정한 놈들이다. 예컨대 흰은 검음에 맞서서만 존재한다. 또 사물은 다름 아니라 다른 놈들에 맞섬으로써 하나다. 그런데 하나인 한에서의 사물은 다른 놈들을 배제하지 않는다. 하나임은 일반적인 자기관련이며, 따라서 사물은 하나임으로써 도리어 모든 놈들과 같으니까 말이다. 오히려 사물은 특정함을 통하여 다른 놈들을 배제한다. 그러므로 사물들 자체가 그 자체로 자기들에게 특정한 놈들이다. 사물들은 속성들을 지녔고, 그 속성들을 통하여 서로 구별된다. 그런데 속성은 사물의 고유한 속성 혹은 사물 자체에 붙어있는 규정이므로, 사물은 여러 속성들을 지닌다. 왜냐하면 첫째, 사물은 진실, 그 자체인 놈이다. 사물에 붙어있는 놈은 사물의 고유한 본질로서 붙어있지, 다른 놈들을 위해 붙어있지 않다. 따라서 둘째, 특정한 속성들은 다른 사물들을 위해서 또한 다른 사물들에 대하여 있을 뿐만 아니라 사물 자체에 붙어있다. 그런데 그것들이 사물 자체에 붙어있는 특정한 속성들이려면, 그것들은 서로 구별되는 여러 속성들이어야 한다. 그리고 셋째, 그 속성들은 그렇게 사물성 안에 있음으로써 그 자체로 자기를 마주하며 서로에게 구애받지 않는다. 그러므로 희면서 또한 사각이고 또한 짠 놈은 실은 사물 자신이다. 다시 말해 사물은 또한이다. 사물은 일반적인 매체이며, 그 안에서 여러 속성들은 서로를 건드리고 거둠 없이 따로따로 존속한다. 그리고 이렇게 받아들여진 사물이 진실로서 받아들여진다.

121‖ 그런데 이와 같이 지각할 때 의식은 자기가 또한 자기회귀하는 것과 지각하기에서 또한에 맞선 계기가 등장하는 것을 의식한다. 그 계기는 사물의 사물 자신과의 통일성, 차이를 배제하는 통일성이다. 따라서 이

통일성은 의식이 떠맡아야 할 통일성이다. 왜냐하면 사물 자체는, 별개이며 독립적인 여러 속성들의 존립이니까 말이다. 그리하여 사물에 대하여 이렇게 말해진다. 사물은 희고 또한 사각이고 또한 짜지만, 짠 한에서는 사각이지 않고, 사각이고 또한 흰 한에서는 짜지 않다. 이 속성들을 하나로-정립하기[제각각 배제하는 하나로 간주하기]는 오로지 의식의 몫이다. 따라서 의식은 그것들이 사물에서 하나에 귀속하지 않도록 해야 한다. 이를 위해 의식은 한에서Insofern를 동원한다. 의식은 한에서를 통하여 속성들을 별개로 보존하고 사물을 또한으로 보존한다. 그렇게 속성으로 불렸던 놈이 자유로운 물질로 표상됨으로써, 의식은 하나임 제대로 참되게 떠맡는다. 이로써 사물은 참다운 또한으로 격상한다. 사물은 물질들의 꾸러미가 된다. 하나가 아니라, 단지 둘러싸는 표면이 된다.

122 ‖ 의식이 아까[9번 문단에서] 떠맡았던 것과 지금 떠맡은 것, 아까 사물에게 귀속시켰던 것과 지금 사물에게 귀속시키는 것을 돌이켜보자. 그러면 의식이 자기와 사물 모두를 번갈아 가면서 이중적인 놈으로 만든다는 것이 드러난다. 요컨대 의식은 자기와 사물을 순수하며 여럿임이 없는 하나로 만들기도 하고 독립적인 재료들로 해체된 또한으로 만들기도 한다. 바꿔 말해 의식은 이 비교를 통하여 그 자신의 진실 받기[지각하기]만 받들어 쥐기와 자기회귀의 별개성[분열성]을 그 자체에 가진 것이 아니라 진실 자체 곧 사물도 이처럼 이중적으로 자신을 드러낸다는 것을 발견한다. 이로써 사물 자체가 받들어 쥐는 의식에게 특정한 방식으로 자기를 드러내면서 또한 동시에 그 (자기를 내놓는) 방식을 벗어나 자기에게 돌아가 있다는, 혹은 [그 특정 방식의 드러냄에] 맞선 진실을 본래적으로 지녔다는 경험이 이루어진다.

123‖ 그리하여 의식은 지각하기에서의 이 같은 둘째 행동 유형, 즉 사물을 참되며 자기와 같은 놈으로 받아들이고 의식 자신을 같지 않은 놈으로, 같음을 벗어나 자기회귀하는 놈으로 받아들이는 행동에서도 벗어난다. 이제 의식에게 대상은 이 운동 전체다. 아까 이 운동은 대상과 의식에 분배되어 있었지만 말이다. 사물은 하나다, 자기에게 돌아와 있다, 자기를 마주한다. 그러나 사물은 또한 다른 놈을 마주한다. 더 정확히 말하면, 사물이 다른 놈을 마주한 만큼, 사물은 자기에게 다른 놈이다. 그러므로 사물은 자기를 마주하며 또한 다른 놈을 마주한 이중적이고 분열적인존재다. 하지만 사물은 또한 하나다. 그런데 하나임은 사물의 이 같은 분열성에 모순된다. 따라서 의식은 다시금 이 하나로-정립하기를 자기가 떠맡고 사물에서 멀찌감치 떼어놓아야 할지도 모른다. 다시 말해 의식은, 자기를 마주한 한에서의 사물은 다른 놈을 마주하지 않는다, 라고 말해야 할지도 모른다. 그러나 의식이 이미 경험했듯이, 하나임도 사물에 귀속한다. 사물은 본질적으로 자기회귀해 있다. 따라서 하나임이 사물에 귀속하는 것과 마찬가지로, 또한 혹은 구애받음 없는 구별도 사물에 귀속한다. 그런데 양자는 별개이므로, 동일한 사물이 아니라 별개의 사물들에 귀속한다. 이로써 무릇 대상적 본질에 있는 모순이 두 대상에 분배된다. 요컨대 사물은 그 자체인 놈이자 자기를 마주한 놈이며 자기와 같을 텐데, 이 같은 자기와의 통일성이 다른 사물들에 의해 교란된다. 그리하여 사물의 통일성은 보존되고, 이와 동시에 다름은 사물 바깥에 또한 의식 바깥에 보존된다.

124‖ 그렇게 대상적 본질의 모순이 별개의 사물들에 분배되었다 하더라도, 오히려 바로 그렇기 때문에, 분리된 개별 사물 자체에 구별이 귀속하게 된다. 무슨 말이냐면, 별개의 사물들은 자기를 마주한[독자적인] 놈들로 정립되었다. 그리고 싸움은 상호적으로, 즉 각각이 자기로부터 별개인

[분열된] 것이 아니라 단지 다른 놈으로부터 별개인 방식으로 사물들에 귀속한다. 하지만 이로써 각각의 사물은 구별된 놈으로 규정되었고, 다른 놈들과의 본질적 구별을 그 자체에 지닌다.그러나 이것[본질적 구별]이 사물 자체에 있는[내재하는] 맞섬이라는 얘기는 아니다. 오히려 자기를 마주한 사물은 단순한 규정이며, 그 규정이 사물을 다른 놈들로부터 구별해주는 본질적인 성격이다. 하지만 실제로는, 별개임이 사물 자체에 붙어있으므로, 필연적으로 그 규정은 다양한 양상의 현실적 구별[차이]로서 사물 자체에 붙어있다. 그러나 그 규정은 사물의 본질을 이루고 사물은 그 규정을 통해 다른 사물들로부터 구별되며 자기를 마주하므로[독자적이므로], 나머지 다양한 양상은 비본질적이다. 그리하여 사물은 자신의 통일성 안에 이중적인 한에서를 내재적으로 지니지만, 그 한에서들의 가치는 동등하지 않다. 그리하여 이 맞서있음[다양한 양상의 현실적 구별]은 사물 자체의[사물에 내재하는] 현실적인 맞섬으로 되지 않는다. 오히려 사물이 자신의 절대적 구별[본질적 규정]을 통해 맞서는 한에서, 사물은 그 맞섬을 자기 바깥의 다른 사물에 맞서서 가진다. 그 나머지 다양성 또한 필연적으로 사물에 붙어있어서 사물로부터 떨어질 수 없기는 하지만, 그 다양한 사정은 사물에게 비본질적이다.

125‖ 이제 이 규정, 사물의 본질적 성격을 이루며 사물을 다른 모든 놈들로부터 구별해주는 이 규정은 다음과 같이 규정되었다. 즉, 사물은 이 규정을 통하여 다른 놈들에 맞서지만 그러면서도 자기를 마주한 놈으로서 자기를 보존해야 한다. 그러나 사물은 다른 놈들과 그렇게 관련 맺지 않은 한에서만 사물, 곧 자기를 마주한[독자적으로 있는] 하나다. 이 관련에서 도리어 다른 놈과의 연관이 정립되고, 다른 놈과의 연관은 자기를 마주함의 마감이니까 말이다. 사물은 다름 아니라 바로 절대적 성격과 그것의

맞섬을 통해서 다른 놈들과 관계하며, 본질적으로 이 이 관계하기일 따름이다. 그런데 관계는 사물의 독립성에 대한 부정이고, 사물은 자신의 본질적 속성을 통해서 도리어 몰락한다.

126‖ 사물이 자신의 본질과 자기를-마주함[독자성]을 이루는 바로 그 규정을 통해서 몰락한다는 경험이 의식에게 필연적이라는 점을 개념적으로 간략하게 고찰하면 이러하다. 사물은 자기를-마주함으로 혹은 모든 다름의 절대적 부정으로, 따라서 절대적이며 오로지 자기와 관련 맺는 부정으로 정립되었다. 그러나 자기와 관련 맺는 부정은 자기를 거두기, 혹은 자신의 본질을 다른 놈에서[다른 놈을 자신의 본질로] 가지기다.

127‖ 제로 (이제껏 발생한 대로의) 대상의 규정은 다름 아니라 다음을 포함한다. 대상은 자신의 자기를-마주함을 이루는 본질적 속성을 가져야 하며, 또한 이 단순성과 더불어 별개임[분열성]을 그 자체에 가져야 한다. 그런데 이 별개임은 필연적이긴 하면서도 본질적 규정을 이루지는 않아야 한다. 그러나 이 구별하기[필연적-본질적 구별]는 단지 말뿐인 구별하기다. 비본질적인 놈이 또한 필연적어야 한다면, 그놈은 자기를 거둔다. 다시 말해 그놈은 방금 자기 부정[자기와 관련 맺는 부정]이라고 부른 바로 그것이다.

128‖ 이로써 자기를-마주함과 다른-놈을-마주함을 분리했던 마지막 한에서가 떨어져나간다. 오히려 대상은 동일한 관점에서 자기의 맞짝이며, 다른 놈을 마주한 한에서 자기를 마주하고 자기를 마주한 한에서 다른 놈을 마주한다. 대상은 자기를 마주하며, 자기회귀했으며, 하나다. 그러나 이 자기를 마주함, 자기회귀했음, 하나임은 자신의 맞짝, 곧 다른 놈을 마주함과 통일된 채로 정립되어있으며, 따라서 단지 거둬진 놈으로서 정립되어있

다. 바꿔 말해 다른 놈과의 관계만 비본질적이어야 할 텐데, 이 자기를-마주함도 그 관계와 마찬가지로 비본질적이다.

129‖ 이로써 대상은 그것의 순수한 규정들 곧 그것의 본질측면을 이루어야 할 규정들에서도 거둬졌다. 감각적 존재로서의 대상이 거둬졌던 것과 마찬가지로 말이다. 대상은 감각적 존재로부터 일반자로 된다. 그러나 이 일반자는 감각적인 놈에서 유래했으므로 본질적으로 그놈을 통해 제약되고, 따라서 참답게 자기와 같은 일반성이 결코 아니다. 오히려 이 일반자는 맞섬에 감염된 일반성이며, 따라서 양극단인 개별성과 일반성, 바꿔 말해 속성들의 하나와 자유로운 물질들의 또한으로 분열한다. 이 순수한 규정들[개별성, 일반성, 하나, 또한]은 [대상의] 본질측면 그 자체를 표현하는 듯하지만, 다른-놈을-마주함이 붙어있는 자기를-마주함일 따름이다. 그러나 그 둘[다른-놈을-마주함, 자기를-마주함]이 본질적으로 통일되어 있으므로, 이제 무제약적 절대적 일반성이 앞에 놓여있다. 이 대목에서 의식은 비로소 참답게 지성의 나라에 들어선다.

130‖ 요컨대 감각적 개별성은 단박 확신의 변증법적 운동 중에 사라져 일반성으로 되기는 하지만 단지 감각적 일반성으로 된다. 속으로 가리키기는 사라졌고, 지각하기는 대상을 그 자체대로, 곧 무릇 일반자로서 받는다. 따라서 지각하기에서 개별성은 참된 개별성으로서, 하나의 그-자체임으로서, 혹은 자기회귀해있음으로서 튀어나온다. 그런데 이 개별성은 아직 제약된 자기를-마주함이며, 그 곁에서 다른 자기를-마주함이 등장한다. 즉, 이 개별성에 맞서며 이 개별성을 통해 제약된 일반성이 등장한다. 그러나 이 모순된 양극단은 서로 나란히 있을 뿐 아니라 통일되어있기도 하다. 바꿔 말해 이 양극단의 공통점, 곧 자기를-마주함에는 무릇 맞섬이 들

러붙어있다. 즉, 그 자기를-마주함은 또한 자기를-마주함이 아니다. 지각하기의 궤변은 이 계기들을 그것들의 모순으로부터 구제하려 애쓰고, 관점의 구별을 통하여, 또한과 '한에서'를 통하여 그것들을 꽉 붙들려 애쓰며, 마지막에는 비본질적인 놈과 그에 맞선 본질의 구별을 통하여 진실을 움켜쥐려 애쓴다. 그러나 이 탈출 수단들은 받들어 쥐기에서 일어나는 착각을 막기는커녕 도리어 부질없음이 드러나고, 지각하기의 논리를 통해 획득되어야 할 진실은 동일한 관점에서 자기의 맞짝임이, 따라서 구별 없고 규정 없는 일반성을 본질로 가짐이 드러난다.

131 ‖ 지금까지 살펴본 공허한 추상들, 그러니까 개별성과 그에 맞선 일반성, 비본질과 결합한 본질, 비본질이지만 필연적인 놈은 지각하는 인간지성(이른바 건강한 인간지성[상식])을 작동시키는 힘들이다. 건강한 인간지성은 탄탄하고 실한 의식으로 자처하지만, 지각할 때 단지 이 추상들의 놀이에 불과하다. 건강한 인간지성은 항상 자기가 가장 풍부하다고 여기는 그 지점에서 가장 빈약하다. 지각하는 인간지성[상식]은 이 헛된 놈들에게 휘둘리며 한 놈의 품에서 다른 놈의 품으로 던져지고, 궤변을 통하여 지금은 이것을 그 다음에는 정반대의 것을 번갈아 꽉 붙들고 주장하려 애쓰면서 진실에 저항한다. 그러면서 철학에 대해서는, 철학은 단지 생각사물들Gendankending을 다룰 뿐이라고 여긴다. 실제로 철학은 생각사물들을 다루며, 그것들을 순수한 놈들로, 절대적 요소들이자 힘들로 인식한다. 하지만 이때 철학은 또한 그 생각사물들을 규정된 놈들로 알며 따라서 그것들을 지배하는 반면, 저 지각하는 지성은 그것들을 진실로 받아들이면서 그것들에 의해 하나의 오류에서 다른 오류로 내던져진다. 지각하는 지성은 그런 단순한 놈들이 자기를 지배한다는 것을 의식하지 못하며 오히려 자기가 항상 더없이 탄탄한 실질과 내용을 다룬다고 여긴다. 이는 감

각적 확신이 순수한 있음이라는 공허한 추상이 자신의 본질임을 모르는 것과 마찬가지다. 그러나 지각하는 지성이 온갖 실질과 내용을 거치며 이리저리 달릴 때, 사실 그 지성은 그런 단순한 놈들에 붙어있는 것이다. 그 놈들이 그 지성을 응집하고 지배한다. 그놈들이야말로 본질로서의 감각적인 놈이 의식에게 무엇인 바 그 무엇, 감각적인 놈을 상대할 때 의식의 처지를 규정하는 그 무엇, 지각하기의 그리고 지각하기가 마주한 진실의 운동이 거기에 붙어서 진행하는 그 무엇이다. 바로 이 진행, 곧 부단히 번갈아 진실을 규정하기와 그 규정을 거두기가 실은, 지각하면서 자기가 진실 안에서 움직인다고 여기는 의식의 일상적이며 꾸준한 삶과 활동이다. 이 진행에서 의식은 이 모든 본질적인 놈들 혹은 규정들이 똑같이 거둬지는 결과에 불가피하게 도달하지만, 각각의 개별적 계기에서 이 하나의 규정만을 진실로 의식하고 그 다음 계기에서는 다시 거기에 맞선 규정만을 진실로 의식한다. 의식은 그 규정들의 비본질성을 충분히 눈치 챈다. 그 규정들을 임박한 위험으로부터 구제하기 위하여 의식은 자기가 방금 참이 아니라고 주장했던 바를 지금 참이라고 주장하는 궤변으로 옮겨간다. 이 참되지 않은 놈들의 본성은 실은 지성을 이끌어 저 일반성과 개별성에 대한 생각, 또한과 하나에 대한 생각, 비본질성과 필연적으로 결합되어있는 저 본질성에 대한 생각, 비본질적이지만 필연적인 놈에 대한 생각 — 이 모든 비본질들[괴물들]Unwesen에 대한 생각들을 그러모으고 그럼으로써 거두게 하려 하는데, 지성은 '한에서'와 다양한 관점들이라는 지팡이에 기댐으로써, 혹은 한 생각을 자기가 떠맡고 다른 생각을 분리하여 참된 생각으로 보존함으로써 그 이끎에 저항한다. 그러나 이 추상들의 본성은 이 추상들이 그 자체로 또한 독자적으로 모이게 만들고, 건강한 지성은 그것들의 포로가 되어 그것들의 소용돌이에 휩쓸린다. 건강한 지성은 때로는 그것들의 비진실성을 자기가 떠맡고, 또 때로는 그 착각을 미덥지 않은 사물들의 가상이라 칭하고 본질적인 놈을 사물들에 필연적이지만 비본질적이어야 하는 그런 놈과 분리하면서 후자에 맞서 전자를 사물들의 진실로서 꽉 붙든다. 그럼으로써 건강한 지성은 이 추상들에 진실성을 부여하려 하지만, 이 추상들의 진실성을 확보해주지 못하며 자기에게는 비진실성을 부여한다.

3장

힘과 지성

현상 그리고 감각너머 세계

132 ‖ 듣기와 보기 등은 의식이 보기에 감각적 확신의 변증법 속에서 지나가버렸고, 의식은 지각하기로서 어떤 생각들에 도달했다. 그러나 의식은 우선 그 생각들을 무제약적 일반자 안에 뭉뚱그린다. 그런데 이 무제약자가 고요하고 단순한 본질로 간주된다면, 그놈은 다시금 다름 아니라 한편으로 치우친 자기를-마주함이라는 극단일 것이다. 왜냐하면 그놈의 건너편에 비본질이 들어설 테니까 말이다. 그리하여 비본질과 관련 맺은 본질도 비본질적일 터이고, 결국 의식은 지각하기의 착각에서 벗어나지 못한 셈일 것이다. 그러나 의식은 그런 제약된 자기를-마주함으로부터 자기회귀해 있는 놈으로 [이미] 밝혀졌다. — 이 무제약적 일반자, 이제 의식의 참된 대상인 그 일반자는 아직 의식의 대상으로서 있다. 의식은 아직 그 대상의 개념을 개념으로서 파악하지 못했다. 양자[의식과 대상]는 본질적으로 구별되어야 한다. 의식이 보기에 대상은 다른 놈과의 관계를 벗어나 자기회귀했으며 따라서 그 자체로 개념이 되었다. 그러나 의식은 아직 자기가 보기에 개념이 아니며 따라서 저 자기회귀한 대상에서 자기를 알아보지 못한다. 우리가 보기에 이 대상은 의식의 운동을 통해 되어졌고[산출되었고], 따라서 의식은 이 대상의 되어감에 엮여 들어가 있으며, 양편[대상과 의식]의 자기회귀는 동일하다. 바꿔 말해 단 하나의 자기회귀다. 그러나 이 운동[자기회귀] 중에 의식은 오로지 대상적 본질만 내용으로 삼고

의식으로서의 의식을 내용으로 삼지 않았으므로, 의식이 보기에 [이 운동의] 결과는 대상적 의미로 정립되어야 하고, 의식은 그 되어진 바[결과]로부터 아직 물러나야 한다. 그리하여 의식이 보기에 그 되어진 바는 대상적인 놈으로서 본질이다.

133‖ 이로써 지성은 자신의 비진실성과 대상의 비진실성을 거두었지만, 이를 통하여 의식에게 되어진 바는 진실의 개념이긴 한데 그 자체로 있는 진실로서 진실의 개념이다. 이놈[그 자체로 있는 진실]은 아직 개념이 아니다. 즉, 의식의 자기를-마주함을 아직 갖추지 못했다. 그리고 지성은 그놈에서 자기를 알아보지 못하는 채로 그놈을 용인(容認)한다. 그놈은 제가 할 일을 독자적으로 한다. 따라서 의식은 그놈의 자유로운 실현에 관여하지 않으면서 단지 그 실현을 지켜보고 순전히 받들어 쥔다. 그리하여 우리는 이번에도 잠시 의식을 대신해야 한다. 우리는 [지금까지의 과정에서 산출된] 결과에 들어있는 바를 끌어내어 짓는[완성하는]ausbilden 개념이어야 한다. 그렇게 완성된 대상은 존재하는 놈으로서 의식에게 나타날 텐데, 의식은 그 대상에 이르러 비로소 자기가 보기에 개념화하는begreifen 의식이 될 것이다[비로소 자기가 개념화하는 의식임을 자각할 것이다].

134‖ [지각하기에서 나온] 결과는 무제약적 일반자였는데, 우선 부정적이며 추상적인 의미에서 그러했다. 즉, 의식은 그 일반자의 일면적인 개념들을 부정하고 떼어냈다. 요컨대 포기했다. 그러나 그 결과는 그 자체로 긍정적인 의미도 지녔다. 즉, 자기를-마주함과 다른-놈을-마주함의 통일 혹은 절대적 맞섬이 그 결과에서 단박에 동일한 본질로 정립되었다는 의미도 지녔다. 처음에는 그 계기들의 상호형식만 [그 부정에] 연루된 것처럼 보인다. 그러나 자기를-마주함과 다른-놈을-마주함은 내용이기도 하다.

왜냐하면 그 맞섬[자기를-마주함과 다른-놈을-마주함의 맞섬]의 진실을 따지면, 그 맞섬은 결과에서 나온 본성, 곧 '지각에서 진실로 간주된 내용은 실은 형식에 귀속할 따름이며 형식의 통일 속으로 녹아 없어진다'라는 본성 외에 다른 본성을 가질 수 없기 때문이다. 또한 이 내용은 일반적이다. 특수한 사정을 통하여 이 무제약적 일반자로 돌아가는 것을 면할 만한 다른 내용은 있을 수 없다. 그런 내용이 있다면, 그것은 자기를 마주하면서 다른 놈과 관계하는 어떤 특정한 방식일 터이다. 그러나 그런 내용의 본성이자 본질은 무릇 자기를 마주하며 다른 놈과 관계하기인데, 바로 이것의 진실이 무제약적 일반자임이다. 요컨대 그 결과는 단적으로 일반적이다.

135 ‖ 그러나 이 무제약적 일반자는 의식이 마주한 대상이기 때문에, 그 일반자에서 형식과 내용의 구별이 불거지며, 내용의 모습[측면]에서 그 계기들은 처음에 드러냈던 외관을 가진다. 즉, 한편으로는 존속하는 여러 물질들의 일반적 매체라는 외관, 다른 한편으로는 자기회귀한 하나(이 하나 안에서 물질들의 독립성은 말살된다)라는 외관을 가진다. 전자[일반적 매체]는 사물의 독립성의 해소 혹은 수동성(다른 놈을 마주함)이요, 후자[자기회귀한 하나]는 자기를-마주함이다.

이제 이 계기들이 그것들의 본질인 무제약적 일반자 안에서 어떻게 표출되는지 살펴보자. 먼저 눈에 띄는 것은, 그 계기들이 오로지 무제약적 일반자 안에 있기 때문에 이제는 전혀 따로따로가 아니며 오히려 (그것들 자체의 내재적 본성상) 본질적으로 서로를 거두는 측면들이라는 점, 그리고 오직 그 계기들이 서로의 맞짝으로 넘어감만 정립되어있다는 점이다.

136 ‖ 이제 살펴보면, 한 계기는 한쪽으로 치우친 본질로서, 그러니까 일반적 매체로서 또는 독립적 물질들의 존속으로서 나타난다. 그런데

이 물질들의 독립성이 바로 이 매체다. 바꿔 말해 이 일반자[매체]는 전적으로 그런 별개인 일반자들의 여럿임이다. 이 일반자는 그 자체로 이 여럿임과 뗄 수 없게 통일되어 있다. 즉, 이 물질들 각각은 다른 물질이 있는 곳에 있다. 이 물질들은 서로에게 스며든다. 하지만 거꾸로 그 구별된 여럿은 또한 독립적이므로, 이 물질들은 서로를 건드리지 않는다. 이로써 또한 이 물질들의 순수한 구멍투성이임 혹은 거둬졌음이 정립되었다. 그런데 이 거둬졌음, 곧 이 [물질들의] 별개임이 순수한 자기를-마주함으로 환원되었음은 다시금 다름 아니라 바로 매체이며, 매체는 구별들의[구별된 놈들의] 독립성이다. 바꿔 말해 독립적이라고 정립된 놈들은 단박에 그것들의 통일[매체]로 넘어가고, 그것들의 통일은 단박에 펼침으로 넘어가며, 펼침은 다시금 환원[움츠림]으로 되넘어간다. 그런데 이 운동은 힘이라고 불리는 바로 그것이다. 힘의 한 계기, 그러니까 독립적인 물질들의 펼쳐짐으로서의 힘은 힘의 표출이다. 반면에 그런 물질들이 사라졌음으로서의 힘은 자신의 표출로부터 자기 안으로 움츠러든 힘, 곧 본래의 힘이다. 그러나 첫째, 자기 안으로 움츠러든 힘은 자기를 표출해야 한다. 둘째, 표출 중인 힘은 또한 자기 안에 있는 힘이며, 힘은 이 같은 자기-안에-있음에서 곧 표출이다. 이처럼 단박에 통일된 두 계기들을 우리가 보존하므로, 힘의 개념이 귀속하는 장소로서의 지성은 실은 개념이다. 그 지성, 곧 개념이 구별된 계기들을 구별된 놈들로서 보유한다. 힘 자체에서는 그 계기들이 구별되지 말아야 한다. 구별은 오로지 생각 속에만 있다. — 달리 말하자면, 위에서는 우선 힘의 개념만 정립되었을 뿐, 힘의 실재성[실재하는 힘]은 정립되지 않았다. 하지만 실제로 힘이란, 다른 놈에게 무엇인 대로 그 자체로도 무엇인 그런 무제약적 일반자다. 혹은 그 자체에 구별을 지닌 — 구별이란 다름 아니라 다른-놈을-마주함이니까 — 무제약적 일반자다. 따라서 힘이 그 진면목대로 존재하려면, 힘은 생각에서 완전히 풀려나 이 구별들[구별된 놈들]의 실체로 정립되어야 한다. 즉, 힘은 이 온전한 힘으로서 본질적으로 그 자체이며 또한 자기를 마주한 방식으로 머무는 놈으로서 정립되고, 힘의 구별들은 실체적인 놈들로서, 곧 독자적으로 존속하는 계기들로서 정립되어야 한다. 따라서 힘으로서의 힘, 곧 자기 안으로 움츠러든 힘은 배제하는 하나로서 독자적으로 정립된다. 그런 힘에게 물질들의 펼쳐짐은 또 다른 존속하는 본질이다. 이로써 서로 구별되며 각각 독립적인 두 측면이 정립되었다. 그러나 힘은 또한 전체다. 바꿔 말해 힘은 그 자신의 개념에 맞게 머무른다. 즉, 이 구별들은 순수한 형식들로, 피상적이며 덧없는 계기들로 머무른다. 그러나 만약에 독립적인 물질들이 존속하지 않는다면, 자기 안으로 움츠러든 본래의 힘과 독립적인 물질들의 펼쳐짐 사이의 구별은 전혀 존재하지 않을 것이다. 달리 말하자면, 만약에 힘이 이 맞섬의 방식으로[독립적인 물질들의 펼쳐짐과 자기 안으로 움츠러든 본래의 힘의 맞섬으로] 실존하지 않는다면, 힘은 존재하지 않을 것이다. 그런데 힘이 이 맞섬의 방식으로 실존한다 함은, 다름 아니라 양 계기들[본래적인 힘과 물질들의 펼쳐짐]이 각각 독립적이라는 뜻이다. — 이제부터 고찰할 것은 이 운동, 양 계기들이 부단히 자기를 독립화하고 다시 거두는 운동이다. — 일반적으로 명백한 것은, 이 운동이 다름 아니라 지각하기의 운동이라는 점이다. 지각하기의 운동에서 양 측면, 곧 지각하는 놈과 지각되는 놈은 한편으로 진실을 받들어 쥐기로서 하나요 구별되지[분리되지] 않지만, 또한 다른 한편으로 각각의 측면이 자기회귀해 있다(즉, 독자적이다). 여기에서는 그 양 측면이 힘의 계기들이다. 그 계기들은 통일되어 있지만, 또한 (독자적으로 존재하는 극단들에 맞선 중간으로 나타나는) 그 통일은 항상 이 극단들로 쪼개지고, 그 쪼개짐을 통해 비로소 이 극단들이 존재한다. — 요컨대 앞에서[지각하기에서] 모순적인 개념들의 자기 파괴로 등장했던 운동이 여기에서는 대상적인 형태를 띤다. 이제 그 운동은 힘의 운동이며, 힘의 운동의 결과로 무제약적 일반자가 대상적이지 않은 놈으로서, 곧 사물들의 내면으로서 출현할 것이다.

137 ‖ 힘이 힘으로서 혹은 자기 안으로 움츠러든 놈으로서 표상될 때 규정된 대로의 힘은 힘의 개념의 한 측면이지만, 그러면서도 실체화된 극단이며, 더 나아가 하나라는 규정 아래 정립된 놈이다. 따라서 펼쳐진 물질들의 존속은 그 힘에서 배제되며 그 힘과 다른 놈이다. 그런데 힘 자체가 이 존속이라는 것, 바꿔 말해 힘이 자기를 표출한다는 것은 필연적이므로, 힘은 그 다른 놈이 다가와 꼬드겨서 자기가 표출된다고 표상한다. 그러나 실제로 힘은 필연적으로 자기를 표출하므로, 힘은 다른 본질로 정립되었던 그놈을 자체적으로 지녔다. [그러므로] 힘이 하나로 정립되고 힘의 본질인 자기 표출이 바깥에서 힘에게 다가오는 다른 놈으로 정립되었던 것을 철회해야 한다. 오히려 힘 자체가 물질들로서의 계기들이 존속할 수 있게 해주는 일반적 매체다. 바꿔 말해 힘이 자기를 표출했고, 꼬드기는 다른 놈이어야 할 것은 도리어 힘 자신이다. 요컨대 이제 힘은 펼쳐진 물질들의 매체로서 실존한다. 그런데 또한 마찬가지로 본질적으로 힘은 존속하는 물질들이 거둬져있음이라는 형식을 띤다. 즉, 힘은 본질적으로 하나다. 그리하여 이제 이 하나임은 — 방금 힘은 물질들의 매체로 정립되었으므로 — 힘이 아닌 다른 놈이며, 힘은 자신의 본질인 이놈을 자기 바깥에 지닌다.

그런데 힘은 필연적으로 이놈[하나임]이어야 하고 아직 이놈으로 정립되지 않았으므로, 이 다른 놈이 다가와 힘이 자기회귀하도록 꼬드긴다. 바꿔 말해 이 다른 놈이 힘의 표출을 거둔다.

그러나 실제로는 힘 자체가 바로 이러한 자기회귀해있음 혹은 표출의 거둬져있음이다. 이로써 방금 나타난 대로의 하나임 곧 다른 놈으로서의 하나임은 사라진다. 힘은 이 '다른 놈' 자체이다. 힘은 자기 안으로 움츠러든 힘이다.

138‖ 다른 놈으로서 등장하여 힘을 표출로도 꼬드기고 자기회귀로도 꼬드기는 그놈은, 단박에 드러나듯이, 그 자체로 힘이다. 왜냐하면 그 다른 놈은 일반적인 매체로도 나타나고 하나로도 나타나며, 이 모습들 각각은 단지 덧없는 계기로서 등장하니까 말이다. 이로써 힘이 다른 놈을 마주하고 다른 놈이 힘을 마주하는데, 이를 통해서 힘이 자신의 개념 바깥으로 나온 것은 아직 전혀 아니다. 하지만 이제 두 개의 힘이 앞에 놓여있다. 그 두 힘의 개념은 동일하지만, 그 개념은 자신의 하나임 바깥으로 나와 둘임에 도달했다. [이로써] 맞섬은 본질적으로 철저히 계기로만 머무는 대신에, 방금 언급한 완전히 독립적인 힘들로의 갈라짐을 통하여, 하나임의 지배를 벗어난 것처럼 보인다. 이제 이 독립성이 과연 어떠한지를 더 자세히 살펴보자. 우선 둘째 힘이 꼬드기는 놈으로서, 그러니까 내용 면에서 일반적인 매체로서, 꼬드겨지는 놈으로 규정된 힘[첫째 힘]에 맞서 등장한다. 그런데 둘째 힘은 본질적으로 이 두 계기들[펼쳐짐, 자기 안으로 움츠러듦]의 교체요 그 자체로 힘이므로, 실은 [첫째 힘과] 마찬가지로 그렇게 되도록 꼬드겨짐으로써만 비로소 일반적인 매체이며 또한 꼬드겨짐으로써만 힘을 회귀로 꼬드기는 놈 곧 부정적인 하나임이다. 이로써 양자[첫째 힘과 둘째 힘] 사이에 존재했던 구별, 즉 한 놈은 꼬드기는 놈이요 다른 놈은 꼬드겨지는 놈이라는 구별도 위와 똑같은 규정 교환하기로 바뀐다.

139‖ 이제 두 힘의 놀이는, 양자가 맞서게 규정되어 있음, 그렇게 규정된 양자가 서로를-마주함[맞물림], 그리고 그 규정들이 절대적으로 또 단박에 뒤바뀜이다. 힘들은 규정된 채로 각각 독자적으로 등장하는 것처럼 보이지만, 그 규정들은 오로지 저 뒤바뀜 곧 넘어감을 통해서만 존재한다.

예컨대 꼬드기는 놈은 일반적인 매체로, 꼬드겨지는 놈은 움츠러든 힘으로 정립된다. 그러나 전자는 오로지 다른 놈이 움츠러든 힘임을 통하여 일반적인 매체이다. 다시 말해 움츠러든 힘은 전자에게 도리어 꼬드기는 놈이며 전자를 비로소 매체로 만든다. 전자는 오로지 다른 놈을 통하여 자신의 규정을 지니며, 오로지 꼬드기도록 꼬드겨지는 한에서 꼬드기는 놈이다. 그리하여 전자는 이 주어진 규정을 단박에 잃는다. 이 규정이 다른 놈에게 넘어가니까, 아니 오히려 이미 넘어갔으니까 말이다. 힘을 꼬드기는 낯선 놈은 일반적인 매체로서 등장하지만, 오로지 힘에 의해 그런 매체로서 등장하도록 꼬드겨졌음을 통해서만 그렇게 등장한다. 이는 힘이 그놈을 그렇게 정립한다는 것, 도리어 힘 자신이 본질적으로 일반적인 매체라는 것을 뜻한다. 힘은 그 다른 규정[일반적인 매체라는 규정]이 자신에게 본질적이기 때문에, 다시 말해 오히려 힘 자신이 그 규정이기 때문에, 꼬드기는 놈을 그렇게[그 규정으로] 정립한다.

140 ‖ 이 운동의 개념에 대한 통찰을 완성하기 위하여 다음을 지적할 수 있다. 저 구별[꼬드기는 놈과 꼬드겨지는 놈의 구별]은 이중적으로 나타난다. 한번은 내용의 구별로 나타나는데, 이때 한 극단은 자기회귀한 힘이며 다른 극단은 물질들의 매체다. 다른 한번은 형식의 구별로 나타나는데, 이때 한 극단은 꼬드기는 놈이며 다른 극단은 꼬드겨지는 놈이다. 전자는 능동적이요 후자는 수동적이다. 내용 구별의 측면에서 양극단은 아무튼 혹은 우리가 보기에 구별된다. 반면에 형식 구별의 측면에서 양극단은 각각 독립적이며 서로 관련 맺으면서 자기를 상대로부터 떼어내고 상대와 맞선다. 이처럼 극단들이 이 양 측면[내용과 형식]에서 그 자체로는 아무것도 아니라는 점, 오히려 극단들의 구별된 본질이 존속할 터전인 그 측면들이 덧없는 계기들에 불과하다는 점, 그 측면들은 각 측면이 맞선 측면으로

단박에 넘어감일 뿐이라는 점을 의식은 힘의 운동을 지각하면서 깨닫는다. 하지만 위에서 언급했듯이 우리는, 내용과 형식의 구별로서의 구별이 사라졌다는 점, 형식의 측면에서 본질상 능동적인 놈, 꼬드기는 놈, 혹은 자기를-마주한-놈이 내용의 측면에서 움츠러든 힘으로 나타났던 놈과 동일하다는 점, 형식의 측면에서 수동적인 놈, 꼬드겨지는 놈, 혹은 다른-놈을-마주한-놈이 내용의 측면에서 여러 물질들의 일반적인 매체로 나타났던 놈과 동일하다는 점을 [원래부터] 알고 있었다.

141 ‖ 이로부터 힘의 개념이 두 힘으로 이중화됨으로써 현실적으로 된다는 것과 어떻게 그렇게 되는지가 명백해진다. 이 두 힘은 독자적인 본질들로서 실존한다. 하지만 이 힘들의 실존은 '이 힘들의 있음은 오히려 순전히 다른 놈을 통해 정립되어있음이다'라는, 바꿔 말해 '이 힘들의 있음은 오히려 순전히 사라짐의 의미를 지닌다'라는 그러한 상호 운동이다. 이 힘들은 고정된 무언가를 독자적으로 보유한 채로 단지 외적인 속성을 중간으로 보내 서로 접촉하는 그런 극단들로서 있지 않다. 오히려 이 힘들이 무언가라면 오로지 그 중간과 접촉에서만 그 무언가다. 그 중간에서 그 무언가는 단박에 힘의 움츠러들었음(혹은 자기를-마주함)인 동시에 표출이요, 꼬드기기인 동시에 꼬드겨지기다. 따라서 이 계기들[움츠러들었음, 표출]은, 단지 맞선 봉우리들처럼 있는 두 개의 독자적인 극단들에 분배되지 않는다. 오히려 그 극단들의 본질은 단적으로 이러하다. 각각은 오로지 다른 놈을 통하여 무언가이면서 단박에 더는 그 무언가가 아니다. 따라서 그 극단들은 고유한 실체를, 자기를 지탱하고 보존할 만한 실체를 실은 지니지 않았다. 오히려 힘의 개념은 실현된 상태에서도 본질로서 존속한다. 현실적인[실재하는] 힘으로서의 힘은 단적으로 오로지 표출될 때만[표출로서만] 존재하는데, 표출은 다시금 다름 아니라 자기를-거두기이다. 현

실적인 힘이 표출로부터 풀려나 독자적으로 있다고 표상될 경우, 그런 현실적인 힘은 움츠러든 힘인데, 이미 드러났듯이 이 규정은 실은 표출의 한 계기일 따름이다. 결론적으로 힘의 진실은 여전히 힘에 대한 생각일 뿐이며, 힘의 현실성의 계기들, 힘의 실체들, 힘의 운동은 구별 없는 통일로 거침없이 붕괴한다. 이 구별 없는 통일은 움츠러든 힘이 아니다. 왜냐하면 움츠러든 힘 자체가 하나의 붕괴하는 계기에 불과하기 때문이다. 오히려 이 통일은 힘의 개념, 개념으로서의 개념이다. 요컨대 힘의 실재화는 또한 동시에 실재성의 상실이다. 힘은 실재화 과정에서 도리어 전혀 다른 놈으로 되었다. 즉, 다음과 같은 일반성으로 되었다. 지성은 일단 혹은 단박에 그 일반성을 힘의 본질로 알아챈다. 또한 그 일반성은, 있어야 할 힘의 실재성과 관련해서[을 기준으로 삼을 때], 현실적인 실체들과 관련해서 힘의 본질로 판명된다.

142 ‖ 우리가 첫째 일반자[지성이 단박에 알아채는 힘의 본질]를 지성의 개념으로, 거기에서 힘이 아직 자기를 마주하지[독자적이지] 않은 그런 개념으로 간주하는 한에서, 이제 둘째 일반자[힘의 실재성과 관련 맺은 힘의 본질]는 힘의 본질이되, 그 자체이며 자기를 마주한 방식으로 나타나는 본질이다. 혹은 거꾸로, 우리가 첫째 일반자를 단박인 놈으로, 의식에게 현실적인 대상이어야 할 놈으로 간주한다면, 둘째 일반자는 감각적으로 대상적인 힘의 부정으로 규정된다. 이 둘째 일반자는 힘의 참된 본질 안에서 오로지 지성의 대상으로서 있는 대로의 힘이다. 첫째 일반자는 자기 안으로 움츠러든 힘 혹은 실체로서 힘일 텐데, 반면에 이 둘째 일반자는 사물들의 내면, 내면으로서의 내면이다. 이 내면은 개념으로서 개념과 동일하다.

143 ‖ 이 같은 사물들의 참된 본질[사물들의 내면]은 이제 다음과 같이

규정되었다. 즉, 그 본질은 단박에 의식 앞에 있지 않다. 오히려 의식은 중간을 거쳐서 그 내면과 관계를 맺는다. 의식은 지성으로서 그 중간 곧 힘들의 놀이를 통하여 사물들의 참된 배후를 들여다본다. 이때 양극단 곧 지성과 내면을 이어주는 그 중간은 힘의 펼쳐져 있음[펼쳐진 존재]인데, 이 펼쳐져 있음은 이제 지성이 보기에도 사라짐[덧없음]이다. 그래서 그 중간을 일컬어 현상이라고 한다. 가상[허울]이란 존재이되 단박에 그 자체로 비존재인 그런 존재다. 그런데 그 중간은 단지 하나의 가상이 아니라 현상, 곧 가상의 전체다. 이 전체, 전체로서 혹은 일반자로서의 전체는 내면을 구성하는 그것, 곧 힘들의 놀이, 자기회귀한 힘들의 놀이로서의 힘들의 놀이다. 의식이 보기에 이 전체 안에는 지각의 본질들이, 그것들이 그 자체로 그러한 대로, 곧 고요함도 있음도 없이 단박에 맞짝으로 변신하는 계기들로서 정립되어있다. 하나는 단박에 일반자로, 본질적인 놈은 단박에 비본질적인 놈으로, 또 거꾸로 변신한다. 따라서 이 힘들의 놀이는 펼쳐진 부정적인 놈이지만, 그 부정적인 놈의 진실은 긍정적인 놈, 곧 일반자, 그 자체로 있는 대상이다. — 의식이 보기에 이 대상의 있음Sein은 현상의 운동을 통해 매개된 놈인데, 그 운동 안에서 지각이 마주한 있음과 무릇 감각 대상은 단지 부정적인 의미만 지니므로, 의식은 그 운동을 벗어나 자기에게로, 진실로서의 자기에게로 돌아오지만, 의식으로서[이기 때문에] 다시금 이 진실을 대상적인 내면으로 만들고, 이 같은 사물들의 자기회귀를 의식 자신의 자기회귀와 구별한다. 마찬가지로 의식이 보기에 그 매개 운동은 여전히 대상적인 운동이다.그리하여 의식에게 이 내면은 의식 자신에 맞선 한 극단이다. 그러나 이 내면은 의식에게 진실이다. 왜냐하면 의식은 그-자체인-놈으로서의 이 내면에서 또한 의식 자신의 확실성[의식의 자기 확신]을 혹은 의식의 자기를-마주함의 계기를 가지기 때문이다. 그러나 이 근거Grund를 의식은 아직 알아채지 못한다. 왜냐하면 내면이 그 자체에 지녀야 할 자기를-마주함[독자성]은 다름 아니라 부정적 운동일 텐데, 의식이 보기에 이 운동은 아직 대상적이며 덧없는 현상이요, 아직 의식 자신의 자기를-마주함이 아니기 때문이다. 따라서 의식이 보기에 내면은 개념이기는 한데, 의식은 그 개념의 본성을 아직 모른다.

144 ‖ 이 내면적인 진실, 일반자와 개별자의 맞섬을 씻어내고 지성 앞에 놓인 절대적 일반자로서의 이 내면적인 진실에서 처음으로, 현상하는 세계로서의 감각 세계를 넘어선 감각너머 세계가 참된 세계로서 열린다. 덧없는 이편 너머 지속하는 저편, 그-자체, 최초이며 따라서 불완전한 이성의 현상인, 혹은 진실의 본질이 위치한 순수 터전일 뿐인 그-자체가 열린다.

145 ‖ 그리하여 이제 우리의 대상은 맺음관계[추론]Schluß, 사물들의 내면과 지성을 양극단으로, 현상을 중간으로 지닌 맺음관계다. 지성이 그 중간을 관통하여 내면에서 무엇을 보는가에 대한 추가 규정, 그리고 지성이 이 같은 함께-맺어져있음 관계에서 무엇을 경험하는가는 이 맺음구조의 운동이 알려줄 것이다.

146 ‖ 내면은 의식이 보기에 아직 순수한 저편이다. 의식은 내면에서 아직 자기를 발견하지 못하니까 말이다. 내면은 공허하다. 단지 현상 아님이요, 긍정적인 측면에서는 단순한 일반자일 뿐이니까 말이다. 내면의 이 같은 존재 방식은 사물들의 내면을 알 수 없다고 말하는 자들의 견해에 단박에 부합한다. 하지만 그렇게 알 수 없는 이유는 달리[그들의 견해와 다르게] 이해되어야 할 것이다. 이 대목에 단박에 있는 대로의 내면에 대해서는 당연히 어떤 앎도 없다. 하지만 그 이유는 이성이 너무 근시안이거나 제한되었거나 하는 따위에 있지 않다. (우리는 아직 충분히 깊이 들어

가지 않았으므로, 이 문제[이성의 능력]에 대해서는 이 대목에서 우리가 아는 바가 없다.) 오히려 그 이유는 사태 자체의 단순한 본성에 있다. 요컨대 공허에서는 아무것도 알려지지 않기 때문이다. 다른 측면에서 말하면, 내면이 다름 아니라 의식의 저편으로 규정되었기 때문이다. — 맹인을 감각너머 세계의 풍요 속에 (그 풍요가 감각너머 세계의 고유한 내용인지 아니면 의식 자신이 이 내용인지는 제쳐두고 아무튼 감각너머 세계가 풍요롭다면) 세워놓든지 아니면 비맹인을 순수한 어둠 속에, 혹은 (순수한 어둠이란 순수한 빛과 다름없다고 전제하고 표현을 바꾸면) 순수한 빛 속에 세워놓든지, 결과는 당연히 똑같다. 비맹인은 순수한 어둠 속에서 보지 못하는 것과 똑같이 순수한 빛 속에서도 보지 못한다. 이는 맹인이 그의 앞에 넘쳐난다고들 하는 풍요 속에서 아무것도 보지 못하는 것과 똑같다. 만일 내면에 대하여, 그리고 현상을 통하여 내면과 함께-맺어져있음에 대하여 더 이상 이야기할 것이 없다면, 현상에 매달리는 길밖에 남지 않는다. 바꿔 말해 참된 놈이 아님을 우리가 아는 무언가를 참된 놈으로 받아들이는 길밖에 없다. 혹은 공허에 머무는 길밖에 없다. 그 공허는 원래 대상적인 사물들의 공허함로서 산출되었지만 이제 공허함 그 자체로, 또한 모든 정신적 관계들과 의식으로서 의식의 구별들의 공허함으로 간주되어야 한다. 그리하여 이 철저한 공허 안에, 신성하다고도 하는 이 공허 안에 무언가 있게 하기 위하여 그 공허를 의식이 스스로 낳은 몽상으로, 현상으로 채워야 한다. 그 공허는 이처럼 홀대받는 것을 감수해야 할 것이다. 그 공허는 더 나은 대접을 받을 자격이 없을 것이다. 몽상조차도 그 공허의 공허함보다 훨씬 나으니까 말이다.

147 ‖ 그러나 내면 혹은 감각너머 저편은 발생했다. 내면은 현상에서 유래하며, 현상은 내면의 매개운동이다. 다시 말해 현상은 내면의 본질이요

실은 내면의 실현이다. 지각된 감각적인 놈을 그놈의 진실대로 정립해놓은 것이 곧 감각너머[의 놈]다. 그런데 지각된 감각적인 놈의 진실은, 그놈이 현상이라는 것이다. 그러므로 감각너머는 현상으로서의 현상이다. — 하지만 따라서 감각너머는 감각적 세계라고 혹은 단박의 감각적 확신과 지각이 마주한 대로의 세계라고 생각한다면, 이는 뒤집힌 이해다. 왜냐하면 현상은 존재하는 세계로서 정립된 감각적 앎과 지각의 세계가 아니라 오히려 거둬진 세계로서 혹은 실은 내면적 세계로서 정립된 그 세계[감각적 앎과 지각의 세계]이기 때문이다. — 흔히 감각너머는 현상이 아니라고들 한다. 하지만 이때 언급되는 현상은 현상이 아니라 오히려 감각적인 세계, 그 자체로 진짜인 현실로서의 감각적인 세계이다.

148 ‖ 우리가 고찰하는 대상인 지성이 서있는 자리는 다음과 같다. 지성에게 내면은 일단 일반적이며 아직 실현되지 않은 그-자체로서 되어졌을 뿐이다. 힘들의 놀이는 단지 그 자체가 아니라는 부정적 의미와 (그나마 지성 바깥에서) 매개하는 놈이라는 긍정적 의미만 지녔다. 그런데 지성이 매개를 통해 내면과 관련 맺음은 지성의 운동이다. 그 운동을 통하여 내면은 지성이 보기에 채워질 것이다. — 지성이 단박에 마주한 놈은 힘들의 놀이다. 그러나 지성이 보기에 진실은 단순한 내면이다. 따라서 힘의 운동도 어쨌거나 단순한 놈으로서만 진실이다. 그런데 우리가 보았듯이, 힘들의 놀이는 이러하다. 다른 힘에 의해 꼬드겨지는 힘은 마찬가지로 그 다른 힘을 꼬드기는 놈이며, 그 다른 힘은 이 꼬드김을 통하여 비로소 꼬드기는 힘이 된다. 여기에서 앞에 놓여있는 바는 오직 규정의 단박 바뀜 혹은 절대적 맞바꾸기다. 이때 규정이란 등장하는 놈의 유일한 내용을 이루는 규정, 곧 일반적 매체냐 아니면 부정적 통일성이냐 하는 것이다. 등장하는 놈은 특정한 놈으로서 등장함과 동시에 그놈이기를 그친다. 등장하는 놈은 특

정한 등장을 통하여 다른 측면을 꼬드기고, 이 꼬드김을 통하여 그 측면[꼬드기기]이 표출된다. 바꿔 말해 첫째 측면[등장하는 놈]이 꼬드겨지는 놈이어야 할 텐데, 이제 이 측면[다른 측면]이 단박에 꼬드겨지는 놈이다. 이 양 측면, 곧 꼬드기기 관계와 맞서게 규정된 내용의 관계는 제각각 절대적 뒤집힘이요 바뀜이다. 그런데 이 두 관계들은 다시금 동일하다. 꼬드겨지는 놈과 꼬드기는 놈이라는 형식적 구별은 내용적 구별과 동일하다. 꼬드겨지는 놈은 수동적 매체요, 꼬드기는 놈은 능동적인 놈, 부정적 통일성 혹은 하나다. 이로써 이 운동 안에 놓여있어야 할 모든 특수한 힘들의 구별이 모조리 상쇄된다. 특수한 힘들은 오로지 저 구별들에서 유래했으니까 말이다. 힘들의 구별도 저 구별들과 함께 단 하나의 구별로 붕괴한다. 그리하여 이 일반적 구별로서의 구별은 힘의 놀이 자체에 내재하는 단순한 놈, 그 놀이의 진실이다. 그 구별은 힘의 법칙이다.

149‖ 절대적으로 바뀌는 현상은 내면의 단순함 혹은 지성의 단순함과 관련 맺음을 통하여 위와 같은 단순한 구별로 된다. 내면은 우선 그 자체로 일반적인 놈일 따름이다. 그런데 그 자체로 단순한 이 일반자는 본질적으로 또한 절대적으로 일반적인 구별이다. 이 일반자는 바뀜의 결과이니까, 혹은 바뀜이 이 일반자의 본질이니까 말이다. 그러나 이 바뀜은 그 진면목대로 내면에 정립된 바뀜, 따라서 절대적으로 일반적이며 고요하며 불변적인 구별로서 내면에 받아들여진 바뀜이다. 바꿔 말해 부정은 저 일반자의 본질적 계기이며, 그렇게 일반자 안에 있는 부정 혹은 매개가 바로 일반적 구별이다. 이 구별은 변덕스러운 현상의 한결같은 그림인 법칙으로 표현된다. 그리하여 감각너머 세계는 고요한 법칙들의 나라, 지각된 세계의 (지각된 세계는 끊임없는 변화를 통해서만 법칙을 실연하므로darstellen) 저편에 있기는 하지만 또한 그 세계에 임해있는 나라, 지각된 세계의 고요

한 단박 모상이다.

150 ‖ 이 같은 법칙들의 나라가 지성의 진실이며, 이 진실은 법칙 안에 있는 구별[차이]을 내용으로 가진다. 하지만 이 나라는 지성의 첫째 진실에 불과하며 현상을 완전히 채우지 못한다. 법칙은 현상에 임해있지만, 현상의 온전한 지금-있음이 곧 법칙인 것은 아니다. 법칙은 그때그때 상황에 따라서 항상 다르게 실현된다. 따라서 자기를 마주한 현상은 여전히 내면 안에 있지 않은 측면을 가진다. 바꿔 말해서 현상은 아직 현상으로서, 거둬진 자기를-마주함으로서 정립되지 않았다. 이 같은 법칙의 결함은 법칙 자체에서도 불거질 수밖에 없다. 법칙의 결함은, 법칙이 그 자체로 구별을 지니긴 했지만 일반적인 구별로서, 불특정한 구별로서 지녔다는 점에 있는 듯하다. 하지만 법칙이 무릇 법칙이 아니라 하나의 법칙인 한에서, 법칙은 그 자체로 규정을 지니며, 따라서 불특정 다수의 법칙들이 [우리] 앞에 놓여있다. 그런데 이 다수성은 도리어 결함이다. 다수성은 지성의 원리에 모순되니까 말이다. 단순한 내면을 마주한 의식으로서의 지성에게 진실은 그 자체로 일반적인 하나임[통일성]이다. 그러므로 지성은 오히려 여러 법칙들을 하나의 법칙으로 뭉뚱그려야[붕괴시켜야] 한다. 예컨대 돌의 낙하를 지배하는 법칙과 천구들의 운동을 지배하는 법칙이 하나의 법칙으로 개념화된 것처럼 말이다. 그러나 이렇게 서로에게로 붕괴하면서 법칙들은 자신의 특정성을 상실한다. 법칙은 갈수록 피상적으로 되고, 따라서 실은 이 특정한 법칙들의 하나임이 아니라 오히려 이 법칙들의 특정성을 제쳐놓는 하나의 법칙이 발견된다. 실제로 지상에서 물체의 낙하를 지배하는 법칙과 천상의 운동을 지배하는 법칙을 아우르는 하나의 법칙은 그 두 법칙들을 표현하지 못한다. 모든 법칙들을 통합한 만유인력이 표현하는 내용은 단지 법칙의 개념 그 자체일 따름이다(만유인력에서 법

칙의 개념은 존재하는 놈으로 정립되어있다). 만유인력이 말하는 바는 모든 놈이 항상 다른 놈과 구별된다는 것뿐이다. 만유인력을 마주한 지성은 일반적인 현실을 곧이곧대로 표현하는 일반적인 법칙을 발견했다고 속으로 믿지만, 실은 단지 법칙의 개념 그 자체를 발견했을 뿐이다. 하지만 이로써 또한 동시에 지성은 모든 현실이 그 자체로 합법칙적이라고 말하는 셈이다. 그렇기 때문에 만유인력이 표현하는 바는 (생각 없는 표상하기에 맞서는 한에서) 큰 중요성을 갖는다(생각 없는 표상하기에게 만물은 우연의 모습으로 나타나며 규정성은 감각적 독립성의 형태를 띤다).

151 ‖ 그리하여 규정된 법칙들의 건너편에 만유인력, 곧 순수한 법칙의 개념이 놓여있다. 이 순수한 개념이 본질로 혹은 참된 내면으로 간주되는 한에서, 규정된[특정한] 법칙의 규정성은 아직 현상에 혹은 심지어 감각적 존재에 귀속한다. 그러나 순수한 법칙의 개념은, 그 자체로 규정되어 있으며 다른 규정된 법칙들의 건너편에 놓여있는 그런 법칙을 벗어날 뿐 아니라 법칙으로서의 법칙도 벗어난다. 방금 언급한 규정성은 본래 덧없는 계기에 불과하므로 여기에서 더는 본질성[본질적인 놈]으로서 등장할 수 없다. 여기에서는 오로지 법칙만 진실로서 앞에 놓여있으니까 말이다. 그러나 법칙의 개념이 법칙 자체에 등을 돌렸다. 무슨 말이냐면, 법칙에서는 구별 자체가 단박에 받들어 쥐어졌고 일반자 안으로 수용되었으며, 따라서 (법칙이 그것들의 상호 관련을 표현하는) 계기들의 존속이 구애받음 없이 그 자체로 있는 본질성들의 존속으로서 수용되었다. 그런데 법칙에 내재하는 이 구별의 부분들[계기들]은 규정된 측면들이기도 하다. 그러므로 만유인력 곧 법칙의 개념의 참된 의미는 다음과 같이 파악되어야 한다. 즉, 법칙 그 자체에 내재하는 구별들은 절대적으로 단순한 놈인 법칙의 개념에서 다시금 단순한 하나임으로서의 내면 안으로 되돌아간다. 이 단순한 하

나임은 법칙의 내적 필연성이다.

152‖ 그리하여 법칙은 우리 앞에 이중의 방식으로 놓여있다. 한편으로 법칙으로서 놓여있는데, 법칙에서는 구별들이 독립적인 계기들로서 표현된다. 다른 한편으로 단순한 자기회귀해있음의 형태로 놓여있는데, 이 형태를 다시금 힘이라고 부를 수 있다. 그러나 이 힘은 움츠러든 힘이 아니라 오히려 무릇 힘 혹은 힘의 개념으로서의 힘, 끌어당기는 놈과 끌어당겨지는 놈의 구별마저 자기 안으로 끌어당기는 추상이다. 예컨대 단순한 전기는 힘이다. 반면에 구별의 표현은 법칙에 귀속한다. 이 구별이 양전기와 음전기다. 낙하운동에서 힘은 단순한 놈 곧 중력인 반면, 힘의 법칙은, 서로 구별되는 운동의 계기들 곧 경과 시간과 이동 거리가 제곱근과 제곱의 관계를 이룬다는 것이다. 전기는 그 자체로 구별이 아니다. 바꿔 말해 양전기와 음전기의 이중성은 전기의 본질이 아니다. 그래서 사람들은 전기가 그런[이중] 존재의 법칙을 지녔다고, 또는 그런 자기 표출의 속성을 지녔다고 말하곤 한다. 물론 이 속성은 이 힘의 본질적이며 유일한 속성이다. 바꿔 말해 이 속성은 이 힘에게 필연적이다. 그러나 이때 필연은 공허한 단어다. 힘이 그렇게 이중화해야 하는 것은 다름 아니라 그렇게 이중화해야 하기 때문이다[이중화의 필연적 이유는 실질적으로 제시되지 않았다]. 물론 양전기가 정립되면, 음전기도 그 자체로 필연적이다. 양(陽)은 오로지 음(陰)과의 관련으로서 존재하니까 말이다. 바꿔 말해, 양은 그 자체로 자기 구별[자기로부터의 구별]이며, 음도 마찬가지다. 그러나 전기로서의 전기가 그렇게[양전기와 음전기로] 분할된다는 것, 이것은 그 자체로 필연이 아니다. 단순한 힘으로서의 전기는 양전기와 음전기로 존재함이라는 자신의 법칙에 구애받지 않는다. 그리고 우리가 전자[단순한 힘으로서의 전기]를 전기의 개념으로, 후자를 전기의 존재로 명명한다면, 전기의 개념은 전기의 존재에 구

애받지 않는다. 전기는 이 속성[이중성]을 지녔을 뿐이다. 다시 말해 이것[이중성을 지녔음]은 전기에게 그 자체로 필연이 아니다. — 이 구애받지 않음은 다른 모습으로도 나타난다. 즉, 양전기와 음전기로 존재함은 전기의 정의에 속한다고, 또는 그런 이중 존재가 단적으로 전기의 개념이요 본질이라고 사람들이 말할 때 그러하다. 이 경우에 전기의 존재란 전기의 실존일 텐데, 저 정의 안에는 전기의 실존의 필연성이 들어있지 않다. 전기의 실존은, 사람들이 그 실존을 발견하기 때문에, 존재한다. 즉, 전혀 필연적이지 않다. 혹은 전기의 실존은 다른 힘들을 통해서 존재한다. 즉, 전기의 실존의 필연성은 외적인 필연성이다. 그러나 필연성이 다른 놈을 통하여 존재의 규정에 부여된다면, 우리는 다시금 규정된 법칙들의 다수성을 마주한 단계로 되떨어질 것이다. 우리는 법칙으로서의 법칙을 고찰하기 위해 그 단계를 방금 벗어났는데 말이다. 법칙의 (개념으로서의) 개념 혹은 법칙의 필연성은 오로지 법칙으로서의 법칙과만 비교될 수 있다. 그러나 법칙의 필연성은 이 모든 형태들[이제까지의 논의]에서 아직 공허한 단어로 드러났다.

153 ‖ 법칙과 힘, 또는 개념과 존재가 서로 구애받지 않는다는 점은 방금 보여준 방식 말고 다른 방식으로도 나타난다. 예컨대 운동의 법칙에서는 운동이 시간과 공간으로, 더 나아가 거리와 속도로 분할되는 것이 필연적이다. 운동은 이런 계기들의 관계일 뿐이므로, 운동 곧 일반자는 여기에서 틀림없이 그 자체로 분할된 놈일 터이다. 그러나 이 부분들 곧 시간과 공간 혹은 거리와 속도는 그렇게 하나[운동]로부터 기원했음을 그것들 자체에서 표현하지 않는다. 그것들은 서로에게 구애받지 않는다. 공간은 시간 없이, 시간은 공간 없이, 거리는 적어도 속도 없이 존재할 수 있다고 표상된다. — 마찬가지로 이것들의 크기도 서로에게 구애받지 않는다. 이것들은 양과 음처럼 서로 관계하지 않으며 따라서 각각의 본질을 통해 서로

관련 맺지 않는다. 요컨대 이 대목에서 분할의 필연성은 틀림없이 앞에 놓여있지만, 부분들 자체의 서로에 대한 필연성은 그렇지 않다. 그렇기 때문에 저 첫째 필연성[분할의 필연성]도 위조된 가짜 필연성에 불과하다. 무슨 말이냐면, 이 대목에서는 운동 자체가 단순한 본질 혹은 순순한 본질로 표상되지 않고 오히려 이미 분할된 놈으로 표상된다. 시간과 공간은 그 자체로 운동의 독립적인 부분들 혹은 본질들이다. 거리와 속도는 존재 혹은 표상의 방식들이다. 이것들 중 하나는 다른 하나가 없어도 얼마든지 존재할 수 있을 터이므로, 운동은 이것들의 본질이 아니라 이것들의 피상적인 관련이다. 단순한 본질로 혹은 힘으로 표상된 운동은 중력일 테지만, 중력은 이 구별들[시간과 공간, 거리와 속도]을 결코 품지 못한다.

154‖ 그러므로 두 경우[21과 22]에서 구별은 그 자체로 있는 구별이 아니다. 일반자 곧 힘이 법칙 안에 있는 분할에 구애받지 않거나[21], 아니면 구별들, 곧 법칙의 부분들이 서로에게 구애받지 않는다. 그러나 지성은 이런 구별 그 자체의 개념을 지니고 있다. 법칙은 한편으로 내면 곧 그 자체로 있는 놈An-sich-seiende이면서 또한 그 자체로 구별된 놈이니까 말이다. 이때 이 구별은 내적인 구별인데, 이는 법칙이 단순한 힘이라는 것, 혹은 법칙의 개념으로서 있다는 것, 요컨대 법칙이 개념의 구별이라는 것과 같다. 그러나 이 내적인 구별은 일단 지성에게만 귀속하고 사태 자체에는 아직 정립되지 않았다. 따라서 지성이 발설하는 것은 지성 자신의 필연성일 뿐이다. 지성이 발설하는 것은 다음과 같은 구별이다. 즉, 지성은 구별하면서 또한 동시에 그 구별은 사태 자체의 구별이 아님을 표현하는 그런 방식으로만 구별한다. 이때 단지 말로만[말의 차원에서만] 있는 이 필연성은 사태 자체의 원을 구성하는 계기들을 나열하기다. 그 계기들이 구별되기는 하지만, 또한 동시에 그것들의 구별은 사태 자체의 구별이 아님이 표현되고

따라서 곧바로 다시 거둬진다. 이 운동을 일컬어 설명하기라고 한다. [설명하기를 살펴보면] 한 법칙이 발설되고, 그 법칙으로부터 그 자체로 있는 일반자 혹은 근거가 힘으로서 구별된다. 그러나 이 구별에 대해서 말해지기를, 이 구별은 구별이 아니며 오히려 그 근거는 그 법칙과 똑같이 생겨먹었다고 한다. 예컨대 개별 번개 사건이 일반자로 받들어 쥐어지고, 이 일반자가 전기의 법칙으로서 발설된다. 그 다음에 설명은 법칙을 힘으로 싸잡는다. 법칙의 본질로서의 힘으로 말이다. 따라서 이 힘의 사정은 이러하다. 이 힘이 표출될 때 맞선 전기들이 튀어나오데, 그 맞선 전기들은 다시 상쇄된다. 즉, 힘의 사정이 법칙의 사정과 똑같다. 둘[힘과 법칙]은 전혀 구별되지 않는다고 말해진다. 구별되는 놈들은 순수하고 일반적인 표출 곧 법칙, 그리고 순수한 힘이다. 그러나 이 둘은 내용이 같고 사정이 같다. 요컨대 내용 곧 사태의 구별로서의 구별은 다시 철회된다.

155 ‖ 이제 드러나듯이, 이 같은 동어반복 운동에서 지성은 대상의 고요한 통일성을 고집하고[대상이 고요한 통일체라고 우기고], 이 운동은 대상이 아니라 지성 자신에게 귀속한다. 이 운동은 아무것도 설명하지 못하는 설명하기일 뿐더러, 워낙 투명해서, 이 운동은 이미 말해진 것과 구별되는 무언가를 말하는 척하지만 실은 아무것도 말하지 않고 이미 말해진 그것만 반복한다. 이 운동을 통해 사태 자체에서 새로 발생하는 것은 없다. 오히려 이 운동은 지성의 운동으로서 고찰된다. 그런데 이 운동에서 우리는 법칙에 없어서 아쉬웠던 그것, 즉 절대적 바뀜을 알아챈다. 왜냐하면 우리가 더 자세히 들여다보면, 이 운동은 단박에 자기 자신의 맞짝이니까 말이다. 무슨 말이냐면, 이 운동은 구별을 정립하는데, 그 구별은 우리가 보기에 구별이 아닐 뿐더러, 이 운동 자신이 구별로서의 그 구별을 거둔다. 이것은 힘들의 놀이로 나타났던 것과 똑같은 바뀜이다. 그 놀이에서는 꼬드

기는 놈과 꼬드겨지는 놈의 구별, 자기를 표출하는 힘과 자기 안으로 움츠러든 힘의 구별이 있었다. 그러나 이 구별들은 실은 구별이 아니었고 따라서 단박에 다시 자기를 거뒀다. [그리하여] 마치 어떤 구별도 정립되지 않은 것처럼 단지 통일성만 있는 것이 아니라, 틀림없이 구별이 지어지지만 그 구별이 구별이 아니기 때문에 다시 거둬지는 그런 운동이 있다. — 요컨대 설명하기에서는, 아까는 내면 바깥의 현상에만 있었던 달라짐과 바뀜이 감각너머까지 침입해있다. 그러나 우리의[우리가 서술하는] 의식은 대상으로서의 내면에서 벗어나 맞은편의 지성으로 넘어갔으며 지성 안에서 바뀜을 가진다[지성 안에서 바뀜이 일어난다고 여긴다].

156‖ 이처럼 이 바뀜은 아직 사태 자체의 바뀜이 아니다. 오히려 바뀜의 계기들의 내용이 동일하게 유지됨을 통하여 이 바뀜이 순수한[헛도는] 바뀜이라는 것이 드러난다. 그러나 지성의 개념으로서의 개념은 사물들의 내면과 동일하므로, 지성은 이 바뀜을 내면의 법칙으로서 마주한다. 요컨대 지성은, 구별들 아닌 구별들이 형성된다는 것, 혹은 이름-같은-놈이 자기를 자기로부터 밀쳐낸다는 것, 또한 마찬가지로, 구별들이 실은 구별들이 아닌 그런 구별들이며 스스로를 거둔다는 것, 혹은 이름-다른-놈이 자기를 끌어당긴다는 것이 현상 자체의 법칙임을 경험한다. — 이것은 둘째 법칙이며, 이 법칙의 내용은 앞서 법칙으로 불렸던 놈, 곧 꾸준히 자기와 같게 머무르는 구별과 맞선다. 이 새로운 법칙은 오히려 같은 놈이 같지 않게 됨, 같지 않은 놈이 같게 됨을 표현하니까 말이다. 개념은 생각 없음[생각 없는 의식]에게, 이 두 법칙[정적인 법칙, 동적인 법칙]을 합치고 이들의 맞섬을 의식할 것을 요구한다. — 둘째 법칙도 물론 법칙이다. 즉, 내면적이며 자기와 같은 존재다. 그러나 둘째 법칙은 오히려 같지 않음의 자기와 같음, 불안정성의 안정성이다. — 힘들의 놀이에서 이 법칙은 다음과 같은 절대

적인 넘어감으로, 순수한 바뀜으로 등장했다. 이름-같은-놈 곧 힘은 쪼개져 맞섬으로 되고, 맞섬은 처음에 독립적인 구별로 나타나지만, 그 구별은 실은 구별이 아님이 밝혀진다. 왜냐하면 다름 아니라 이름-같은-놈이 자기를 자기로부터 밀쳐내는 것이고, 따라서 밀쳐내진 놈은 (이놈은 밀쳐낸 놈과 똑같으므로) 본질적으로 자기를 끌어당기니까 말이다. 요컨대 지어진 구별은 구별이 아니므로 다시 자기를 거둔다. 이로써 구별은 사태 자체의 구별로, 혹은 절대적 구별로 드러나고, 이 같은 사태의 구별은 다름 아니라, 자기를 자기로부터 밀쳐냈고 따라서 맞섬 아닌 맞섬을 정립하는 그런 이름-같은-놈이다.

157 ‖ 이 원리[둘째 법칙]를 통해서 첫째 감각너머, 곧 법칙들의 고요한 나라, 지각된 세계의 단박 모상은 자신의 맞짝으로 뒤집힌다. 법칙은 어쨌거나 자기와 같게 머무는 놈이었고 법칙의 구별들도 그러했다. 그러나 이제 양자[법칙과 그 부분들]가 도리어 자신의 맞짝이라는 것이 정립되었다. 자기와 같은 놈은 도리어 자기를 자기로부터 밀쳐내고, 자기와 같지 않은 놈은 도리어 자기를 자기와 같은 놈으로 정립한다. 실제로 오로지 이 규정을 지닐 때만 (같은 놈이 자기와 같지 않고, 같지 않은 놈이 자기와 같으므로) 구별은 내적인 구별, 곧 그 자체로 있는 구별이다. 둘째 감각너머 세계는 이처럼 뒤집힌 세계다. 더 정확히 말해서, [감각너머 세계의] 한 측면이 첫째 감각너머 세계에 이미 있으므로, 둘째 감각너머 세계는 첫째 감각너머 세계의 뒤집힌 세계다. 이로써 내면은 현상으로서 완성되었다. 첫째 감각너머 세계는 지각된 세계를 일반적 터전 안으로 단박에 들어올린 결과일 뿐이었다. 그 세계는 이 둘째 세계를 자신의 필연적 맞짝으로 지녔었고, 이 둘째 세계는 바뀜과 변화의 원리를 아직 독자적으로 보유했었다. 첫째 법칙들의 나라는 그 원리를 결여했었지만 이제 그 원리를 뒤집힌 세계로서 얻는다.

158‖ 요컨대 이 뒤집힌 세계의 법칙에 따르면 첫째 세계의 이름-같은-놈은 자기와 같지 않은 놈이다. 또한 첫째 세계의 [자기와] 같지 않은 놈 역시 자기와 같지 않다. 즉, 자기와 같게 된다. 특정한 계기들에서는 이렇게 될 것이다. 첫째 세계의 법칙에서 단맛인 놈은 이 뒤집힌 그-자체에서 신맛이고, 저기에서 검은 놈은 여기에서 희다. 첫째 세계의 법칙에서 자석의 북극은 그것의[과 짝을 이룬] 또 다른 감각너머 그-자체(즉, 지구 내부[의 가상적인 자석])에서 남극이다. 거꾸로 거기에서 남극은 여기에서 북극이다. 마찬가지로 첫째 전기 법칙에서 산소극[화학전지에서 산화가 일어나는 극]인 놈은 그놈의 또 다른 감각너머 본질에서는 수소극[환원이 일어나는 극]으로 된다. 또한 거꾸로 거기에서 수소극인 놈은 여기에서 산소극으로 된다. 어떤 다른 영역[문화권]에서는 단박 법칙에 따라서 적에 대한 보복이 침해당한 개체성의 최고 회복이다. 그러나 이 법칙, 즉 나를 자기인 놈으로 대하지 않는 놈에게 나를 그놈에 맞선 본질로 드러내고 도리어 본질로서의 그놈을 거두라는 법칙은 다른 세계의 원리를 통해 맞선 법칙으로, 낯선 본질을 그의 자기 파괴를 통해 거둠으로써 본질로서의 나를 재건하기로 뒤집힌다. 그런데 범죄의 처벌로 표현되는 이 뒤집힘[뒤집힌 법칙]이 법칙으로 정해지면, 이 뒤집힘은 다시금 한 세계의 법칙에 불과하고, 그 세계의 건너편에 뒤집힌 감각너머 세계가 놓이는데, 이 세계에서는 저 세계에서 경멸스러운 것[사적 보복]이 명예로운 것으로 되고 저 세계에서 명예로운 것[공적 처벌]이 경멸스러운 것으로 된다. 첫째 세계의 법칙에 따라서 인간을 모욕하고 말살하는 처벌이 그 세계의 뒤집힌 세계에서는 인간의 본질을 보존하고 인간을 명예롭게 만드는 은혜 베풀기로 바뀐다.

159‖ 피상적으로 보면 이런 뒤집힌 세계는 다음과 같은 방식으로 첫째 세계의 맞짝이다. 즉, 뒤집힌 세계는 첫째 세계를 자기 바깥에 지니고

뒤집힌 현실로서 [간주하면서] 자기로부터 밀쳐낸다. 한 세계는 현상인 반면에 다른 세계는 그-자체, 한 세계는 다른 놈을 마주한 대로인 반면, 다른 세계는 자기를 마주한 대로다. 그리하여 앞의 예들을 다시 거론하자면, 단맛이 나는 놈은 본래 혹은 사물의 내면에서는 신맛이고, 현상의 현실적인 자석에서 북극인 놈은 내면적인 혹은 본질적인 존재에서 남극일 터이다. 현상하는 전기에서 산소극으로 나타나는 놈은 현상하지 않는 전기에서 수소극일 터이다. 혹은 현상에서 범죄인 행위[보복]가 내면에서는 본래 좋을 (나쁜 행위가 좋은 의도를 가질) 수 있을 터이다. 처벌은 현상에서만 처벌이고 그 자체로는 혹은 다른 세계에서는 범죄자를 위한 선행일 터이다. 그러나 이런 내면과 외면의 맞섬, 현상과 감각너머의 맞섬, 두 가지 현실의 맞섬으로서의 이런 맞섬은 이 대목에서 더는 앞에 놓여있지 않다. 밀쳐내진 구별들은, 그것들을 지탱하고 그것들에 별개의 존속을 부여할 만한 두 실체에 다시금 분배되지 않는다. 만약에 그렇게 분배된다면, 지성은 내면에서 벗어나 다시 과거의 위치로 되떨어질 터이다. 그러면 한 측면 혹은 한 실체는 다시금 지각의 세계일 테고, 그 안에서 두 법칙 중 하나가 유효할 터이며, 그 건너편에 내면적 세계, 곧 첫째 세계와 마찬가지지만 표상 속에 있는 그런 감각적 세계가 있을 터이다. 이 감각적 세계는 감각적 세계로서 나타나거나 보여지거나 들려지거나 맛보여질 수 없을 테지만, 그럼에도 그런[그렇게 감각될 수 없는] 감각적 세계로 표상될 터이다. 그러나 실제로는 이러하다. 한쪽에 정립된 놈이 지각된 놈이고 그놈의 그-자체An-sich도 그놈의 뒤집힌 놈으로서 마찬가지로 감각적으로 표상된 놈이라면, 단맛 나는 사물의 그-자체여야 할 신맛das Saure은 이 사물 못지않게 현실적인 사물, 즉 신맛 나는 사물이다. 흰색의 그-자체여야 할 검은색은 현실적인 검은색이다. 남극의 그-자체인 북극은 동일한 자석에 있는 북극이다. 수소극의 그-자체인 산소극은 동일한 전지에 있는 산소극이다. 한편, 현실적인 범죄는 자신의 뒤집힘[뒷면] 그리고 가능성으로서의 그-자체를 의도로서의 의도에서 가지는데, 좋은 의도에서 가지는 것은 아니다. 의도의 진실은 오로지 실행 그 자체니까 말이다. 그러나 내용의 측면에서 범죄는 자신의 자기회귀 혹은 뒤집힘을 현실적인 처벌에서 가진다. 처벌은 범죄에서 법칙에 맞섰던 현실과 법칙의 화해다. 마지막으로 현실적인 처벌은 다음과 같은 방식으로 자신의 뒤집힌 현실을 가진다. 현실적인 처벌은 법칙의 실현인데, 이 실현을 통해 법칙이 처벌로서 지닌 활동성은 스스로 자신을 거두고, 활동적인 법칙은 다시 고요하고 유효한 법칙이 된다. 또한 법칙에 맞선 개별성의 운동과 개별성에 맞선 법칙의 운동은 종식된다.

160‖ 그러므로 감각너머 세계의 한 측면의 본질을 이루는 뒤집힘을 표상할 때, 구별들이 별개의 터전 안에서 존속하고 굳어진다는 감각적인 표상을 배제해야 하고, 이 절대적인 구별의 개념을, 내적인 구별로서, 이름-같은-놈으로서의 이름-같은-놈이 스스로 자신을 밀쳐낸다는 것으로서, 같지 않은 놈이 같지 않은 놈으로서 같다는 것으로서 순수하게 표현하고 또한 파악해야 한다. 순수한 바뀜, 혹은 자기 안의 맞섬, 모순을 생각해야 한다. 내적인 구별에서, 맞선 놈은 둘 가운데 하나만이 아니다. 만약에 그렇다면, 그놈은 맞선 놈이 아니라 있는 놈일 것이다. 오히려 맞선 놈은 맞선 놈의 맞선 놈이다. 바꿔 말해서 맞선 놈 안에는 다른 놈이 단박에 몸소 놓여있다. 물론 나는 저쪽에 다른 놈을 세우고 이쪽에 그놈의 맞짝을 세운다. 즉, 맞짝을 한쪽에, 다른 놈 없이 그 자체로 자기를 마주하게[독자적으로] 세운다. 그러나 바로 그렇기 때문에 나는 여기에서 그 자체이며 자기를 마주한 맞짝을 가지고, 그 맞짝은 자기 자신의 맞짝이다. 바꿔 말해서 그 맞짝은 다른 놈을 단박에 자기 자체에 지녔다. — 이로써 (뒤집힌 세계인) 감각너머 세계는 다른 세계를 덮침과 동시에 자기 자체를 덮쳤다. 감각너

며 세계는 자기에 대하여 뒤집힌 세계, 자기 자신의 뒤집힌 세계다. 그 세계는 하나의 통일성 안에서 자기 자신이며 또한 자신의 맞선 놈이다. 오로지 그럴 때만 감각너머 세계는 내적인 구별 혹은 구별 그 자체다. 바꿔 말해 오로지 그럴 때만 감각너머 세계는 무한으로서 존재한다.

161 ‖ 무한을 통해서 우리는 법칙이 법칙 자체에 내재하는 필연성으로서 완성된 것과 현상의 모든 계기들이 내면에 수용된 것을 본다. 법칙의 단순한 놈[단순한 놈으로서의 법칙]은 무한이다. 이 말은 이제껏 드러난 바에 따라서 다음을 의미한다. α) 법칙의 단순한 놈은 자기와 같은 놈이지만 또한 구별 그 자체다. 다시 말해 그놈은 자기를 자기로부터 밀쳐내는, 혹은 분열하는 이름-같은-놈이다. 단순한 힘으로 불렸던 놈은 이중화하며, 힘의 무한성을 통하여 법칙이다. β) 분열한 (법칙 안에서 표상되는 부분들을 이루는) 놈은 존속하는 놈으로서 나타난다. 그놈을 내적 구별의 개념 없이 고찰하면, 그놈은 중력의 계기들로서 등장하는 공간과 시간, 혹은 거리와 속도다. 이놈들은 서로에게 구애받지 않고 필연적이지 않을 뿐더러 중력에게도 그러하다. 또한 마찬가지로 이 단순한 중력도 이놈들에게 구애받지 않고 필연적이지 않다. 단순한 전기도 양[전기]과 음[전기]에 구애받지 않고 필연적이지 않다. γ) 그러나 내적 구별의 개념을 통하여, 이 같지 않고 구애받지 않는 놈(즉 공간과 시간 등)은 구별 아닌 구별, 혹은 단지 이름-같은-놈의 구별이다. 이놈의 본질은 하나임[통일성]이다. 이놈들[공간과 시간 등]은 상호적으로 양과 음으로서 생기를 보유했으며, 이놈들의 존재는 오히려 자기를 비존재로 정립하고 하나임 안에서 거두기다. 구별된 두 놈이 존속한다. 그놈들은 그 자체로 있다. 그놈들은 맞선 놈들로서 그놈들 자체다. 바꿔 말해 그놈들은 자기 자신의 맞선 놈이다. 그놈들은 자신의 다른 놈을 그놈들 자체에 지녔다. 그놈들은 단 하나의 하나임이다.

162 ‖ 이 단순한 무한 혹은 절대적 개념을 생명의 단순한 본질, 세계의 영혼, 일반적인 피라고 부를 수 있다. 이 피는 어디에나 있으며 어떤 구별을 통해서도 탁해지거나 단절되지 않는다. 오히려 이 피 자체가 모든 구별이며 또한 모든 구별의 거둬져있음이다. 요컨대 이 피는 움직이지 않으면서 자기 안에서 박동하며 동요하지 않으면서 자기 안에서 전율한다. 이 무한은 자기와 같다. 왜냐하면 구별들은 동어반복이며 [실은] 구별들이 아니니까 말이다. 따라서 자기와 같은 이 본질은 오로지 자기와 관련 맺는다. 자기와 관련 맺으므로, 관련이 향하는 그놈[표적]은 다른 놈이고, 자기와 관련 맺기는 오히려 분열하기다. 바꿔 말해 저 [단순한 무한의] 자기와 같음은 다름 아니라 내적 구별이다. 그러므로 이 분열한 놈들은 그 자체로 자기를 마주한다. 이놈들 각각은 맞짝 — 다른 놈의 맞짝이다. 따라서 각각에서 이미 다른 놈이 그놈 자신과 동시에 발설된다. 바꿔 말해 각각은 다른 놈의 맞짝이 아니라 단지 순수한 맞짝이다. 요컨대 각각은 그 자체로 자신의 맞짝이다. 혹은 [뒤집어서 말하면] 각각은 전혀 맞짝이 아니고, 오히려 순수하게 자기를 마주하며, 자기와 같은, 그 자체에 구별을 갖지 않은 순수한 본질이다. 그러므로 우리는 다음과 같은 질문을 던질 필요가 없고, 그런 질문을 가지고 고민하는 짓을 철학으로 간주하거나 심지어 그런 질문은 철학에서 대답할 수 없다고 여길 필요는 더더욱 없다. — 어떻게 이 순수한 본질에서 구별 혹은 다름이 나올까? 대체 어떻게 튀어나올까? 왜냐하면 분열은 이미 일어났고, 구별은 자기와 같은 놈에서 배제되어 그놈 옆에 놓였기 때문이다. 즉, 자기와 같은 놈이라고들 하는 그놈은 절대적 본질이기는커녕 오히려 이미 분열한 놈들 중 하나다. 그러므로 자기와 같은 놈이 분열하는 것은 또한 마찬가지로, 그놈이 이미 분열한 놈으로서의 자기를, 다른 놈으로서의 자기를 거두는 것이기도 하다. 하나임에서 구별이 튀어나올 수 없다고들 할 때 이야기되는 하나임은 실은 그 자체로 분열의 한

계기에 불과하다. 그 하나임은 구별의 건너편에 있는 단순함이라는 추상[추상된 단순함]이다. 그러나 그 하나임은 추상이고 맞선 놈들 중 하나일 뿐이므로[뿐이라고 말할 때], 그 하나임은 분열하기라는 것이 이미 말해졌다. 왜냐하면 그 하나임이 부정적인 놈, 맞선 놈이라면, 그 하나임은 그 자체에 맞섬을 지닌 놈으로 정립된 것이니까 말이다. 따라서 분열과 자기와-같아짐이라는 서로 구별되는 놈들[운동들] 역시 이 같은 자기-거두기 운동일 뿐이다. 무슨 말이냐면, 자기와 같은 놈이 비로소 분열해야 곧 자신의 맞짝으로 되어야 할 텐데, 그런 자기와 같은 놈은 추상 혹은 이미 그 자체로 분열한 놈이므로, 그놈의 분열하기는 [지금] 있는 대로의 그놈을 거두기, 즉 그놈의 분열해있음을 거두기다. 또한 마찬가지로 자기와 같아지기는 분열하기다. 자기와 같아지는 놈은 그렇게 자기와 같아짐으로써 분열의 건너편에 선다. 다시 말해 그놈은 그렇게 자기와 같아짐으로써 자기를 [치우친] 한쪽에 세운다. 즉, 도리어 분열한 놈으로 된다.

163 ‖ 무한, 혹은 이 같은 순수한 자기운동의 절대적 동요, 즉 어떤 방식으로(예컨대 존재로) 규정된 놈이 오히려 그 규정의 맞짝이라는 그러한 절대적 동요는 물론 이제껏 진행된 모든 과정의 영혼이었지만 내면에 이르러 비로소 한껏 뚜렷하게 등장했다. 현상 혹은 힘들의 놀이는 이미 무한을 표현하지만, 무한은 설명하기로서 처음으로 한껏 뚜렷하게 등장한다. 그리고 마침내 무한이 그 진면목대로 의식에게 대상일 때, 의식은 자기의식이다. 지성의 설명하기는 자기의식인 놈을 최초로 서술하기일 따름이다. 지성은, 법칙 안에 있으며 이미 순수해졌지만 아직 [서로에게] 구애받음 없는 구별들을 거두어 단일한 하나임 안에, 힘 안에 정립한다. 그러나 이 같아지기는 또한 단박에 분열하기다. 왜냐하면 지성은 오로지 법칙과 힘 사이에 새로운, 구별 아닌 구별을 지음으로써만 그[법칙 안에 있는] 구별들을

거두고 힘이라는 하나[임]를 정립하니까 말이다. 그런데 이 새로운 구별은 또한 구별이 아니므로, 지성은 결국 힘을 법칙과 마찬가지의 사정에 놓이게 함으로써 이 구별을 다시 거둔다. 하지만 이 운동 혹은 필연성은 아직 지성의 필연성이요 운동이다. 다시 말해 이 운동 자체는 지성의 대상이 아니다. 오히려 지성은 이 운동 안에서 양전기와 음전기, 거리, 속도, 인력, 기타 온갖 사물들을 대상으로 삼는다. 그 사물들이 이 운동의 계기들의 내용을 이룬다. 설명하기가 아주 많은 자기만족을 주는 것은, 설명할 때 의식이 말하자면 자기와 직통으로 대화하면서 오로지 자기를 만끽하기 때문이다. 설명할 때 의식은 무언가 다른 일을 하는 것처럼 보이지만 실은 단지 자기와 함께 어슬렁거릴 뿐이다.

164‖ 첫째 법칙의 뒤집힘으로서의 맞선 법칙에서, 곧 내적 구별에서 지성은 무한 자체를 대상으로 마주하기는 한다. 그러나 지성은 구별 그 자체를, 이름-같은-놈의 자기-밀쳐내기를, 서로를 끌어당기는 같지-않은-놈들을 다시금 두 세계에, 곧 두 개의 실체적 터전에 분배함으로써 무한으로서의 무한을 다시 놓친다. 경험 속에 있는 대로의 운동은 이 대목에서 지성에게 우발적 사건이며, 이름-같은-놈과 같지-않은-놈은 술어들이요 이놈들의 본질은 존재하는 바탕이다. 지성에게는 감각적인 껍질을 쓴 채로 대상인 놈을 우리는 본질적인 모습으로, 순수한 개념으로서 마주한다. 이렇게 구별을 그 진면목대로 파악하기, 혹은 무한을 무한으로 파악하기는 우리의 몫이다. 바꿔 말해, 그 자체[에 해당하는 일이]다. 무한의 개념을 풀어내는 일은 학문에 귀속한다. 반면에 그 개념을 단박에 지닌 의식은 다시금 고유한 의식 형태로(새로운 모습의 의식으로) 등장하는데, 그 의식 형태는 방금 언급한 것에서 자신의 본질을 알아채지 못하고 그것을 전혀 다른 무언가로 여긴다. 그 의식은 무한의 개념을 대상으로 마주하므

로, 구별을 의식하되 또한 단박에 거둬진 놈으로서 의식한다. 그 의식은 자기를 마주한다. 그 의식은 구별되지 않는 놈을 구별하기, 곧 자기의식이다. 나는 나로부터 나를 구별하면서 이 구별되는 놈이 구별되지 않음을 단박에 마주한다[의식한다]. 나(곧 이름-같은-놈)는 나를 나로부터 밀쳐낸다. 그러나 이 구별되는 놈, 다르게 정립되는 놈은 나가 보기에 그렇게 구별됨으로써 단박에 구별되는 놈이 아니다. 다른 놈(무릇 대상)에 대한 의식은 그 자체로 필연적으로 자기의식, 자기회귀해있음, 자신의 다름에서 자기를 의식하기다. 이제껏 등장한 의식의 모습들에게 진실은 사물, 그들 자신이 아닌 다른 놈이었다. 그 모습들의 필연적 진행이 표현하는 바는, 사물에 대한 의식은 오로지 자기의식에게만 가능하다는 것뿐 아니라 저 모습들의 진실은 오로지 자기의식이라는 것이다. 그러나 이 진실은 우리에게만 앞에 놓여있고 의식에게는 아직 앞에 놓여 있지 않다. 하지만 자기의식은 비로소 자기를 마주하게 되었다. 물론 무릇 의식과 통일된 채로 그렇게 된 것은 아직 아니지만 말이다.

165 ‖ 우리가 알다시피, 현상의 내면에서 지성은 실은 다름 아니라 현상 자체를, (하지만 힘들의 놀이로서 있는 대로의 현상이 아니라) 절대적-일반적 계기들과 그것들의 운동에 깃든 힘들의 놀이를, 실은 단지 자기 자신을 경험한다. 지각 위로 상승한 의식은 중간의 현상을 통해 감각너머와 맺어진 모습으로 나타난다. 의식은 현상을 통해 이 배후[감각너머]를 들여다본다. 그런데 이제 양극단, 곧 순수한 내면이라는 극단과 이 순수한 내면을 들여다보는 내면이라는 다른 극단이 붕괴되었고, 극단으로서의 이 놈들과 마찬가지로 이놈들과 다른 놈으로서의 중간도 사라졌다. 요컨대 내면을 가렸던 이 장막은 걷혔고, 내면의 내면 들여다보기가 앞에 놓여있다. 즉, 자기를 밀쳐내어 구별되는 내면으로 정립하지만 또한 둘의[자기와

밀쳐내진 자기의] 구별되지 않음을 단박에 마주하는, 구별되지 않는 이름-같은-놈의 [자기] 바라보기, 즉 자기의식이 앞에 놓여있다. 이로써 다음이 드러난다. 내면을 가렸다고들 하는 장막 너머에는, 우리 자신이 거기로 가서 거기에 보일 수 있는 무언가가 있게 되고 보이게 되지 않는다면, 아무것도 볼거리가 없다. 그러나 또한 이것도 드러나는데, 아무 절차 없이 곧장 그 너머로 갈 수는 없다. 왜냐하면 현상과 그 내면을 표상하기의 진실이 무엇인지에 대한 앎 자체가 오직 번거로운 운동의 결과이고, 의식의 방식들인 속으로 가리키기, 지각하기, 그리고 지성은 그 운동을 통해 사라지니까 말이다. 또한 마찬가지로 드러날 텐데, 의식이 자기를 알 때 아는 바가 무엇인지를 인식하려면 또 다른 절차가 필요하다. 그 절차를 풀어놓는 것이 이어질 대목의 과제다.

2부

『정신현상학』 강의

1강
반대편의 말도 들어라
— 헤겔 『정신현상학』 강독회에 초대하며

1‖ 제가 아는 어느 철학자는 헤겔 읽기를 웨이트트레이닝에 비유했습니다. 세세한 기량 향상이나 전술 습득을 떠나서, 철학자로서 기본 근육을 키우려면 헤겔을 읽는 것만큼 좋은 훈련이 없다는 것이지요. 정말이지 헤겔의 텍스트를 붙들고 한참 씨름하고 나면, 그 어떤 난해한 문헌도 만만하게 보입니다. 100킬로그램짜리 역기를 들던 사람이 쌀가마니를 보는 심정이라고나 할까요.

이 시대의 꽤 유명한 철학자 슬라보예 지젝은 헤겔을 다루는 저서의 제목을 『부정적인 것과 함께 머물기Tarrying with the Negative』로 붙였습니다. 부정적인 것이란 무엇을 뜻할까요? 저는 부정적인 것의 대표적인 예가 바로 '사람'이라고 봅니다. 사람은 있는 것을 그대로 받아들이기보다 그것의 이유와 의미를 찾고 심지어 때로는 부여함으로써 '그냥 그러함'을 부정하고 그 자리를 나름의 작품으로 채우는 재미있는 동물이 아니던가요. 제 생각을 적용하면, 지젝의 제목은 '사람과 함께 머물기'가 될 텐데, 저는 이 문구가 헤겔 철학의 핵심을 가장 쉽게 표현한다고 믿습니다.

"노력하는 한에서, 인간은 헤매기 마련이다"라는 괴테의 말마따나, 사람은 부정하는 자, 안주하지 못하는 자, 끝없이 헤매는 자입니다. 그래서 때로는 안쓰럽기 그지없죠. 니체의 초인과 스피노자의 현자가 평범한 인간을 연민의 시선으로 바라보는 것은 한편으로 납득할 만합니다. 그러나 이들과 달리, 그 인간적인 헤맴이 바로 진실의 움직임이라고 가르치는 철학자가 있으니, 바로 헤겔입니다. 헤겔의 진실은 한없이 멀고 고요한 수평선이 아니라 바로 지금 여기에서 거세게 출렁거리는 파도입니다. 헤겔이 서술하는 진실의 운동은 늘 딱하면서 또한 장하고요. 파도 위에 발 디딘 삶이 포근할 리 없지만, 다들 알다시피 수평선은 사람이 발 딛고 살 수 있는 장소가 아닙니다.

2‖ 저의 헤겔 해석이 생소한 분들이 꽤 있을 것입니다. 이 땅에서 헤겔은 개인이 범접할 수 없는 어떤 막강한 힘을 준엄하게 선포한 인물로 거론되곤 하니까요. 그 힘의 이름은 절대정신, 시대정신, 국가 따위고요. 그러나 저는 이런 평판에 전혀 동의하지 않습니다. 오히려 자신의 불완전성을 자각하는 사람, 바로 그것이 헤겔이 말하려는 진실의 진면목에 훨씬 더 가깝습니다.

로마법의 원리 가운데 '반대편의 말도 들어라audi et alteram partem!'라는 것이 있습니다. 원고의 말을 들었으면 피고의 말도 들으라는 뜻입니다. 이 원리에 동의한다면, 당신도 자신의 불완전성을 자각하는 사람이며 따라서 지금 당신의 모습이 그대로 지고의 진실입니다. 헤겔 철학에서 벌어지는 일, 특히 『정신현상학』에서 펼쳐지는 이야기는 이 원리의 구체적 실현이라고 할 수 있습니다.

진짜 진실은 끝끝내 맞선 양편의 싸움이라고 제가 말하면, 당신은 어떤 느낌이 들까요? 애써 철학을 공부해서 얻은 것이 고작 그런 속 좁은 생각이냐며 혀를 찰 분도 틀림없이 있을 것입니다. 그런 분께는 제가 말하는 '싸움'이 아이들의 주먹질과는 사뭇 다르다는 말씀을 드립니다. 오히려 '반대편의 말도 들어라!'라는 원리를 공유한 양편의 대화가 제가 말하는 싸움, 헤겔이 말하는 '변증법'의 참모습에 가깝습니다.

3‖ 제가 헤겔에게서 배운 가장 중요한 교훈 하나는 '사람은 사람을 상대하

기 마련'이라는 것입니다. 동등한 사람들 사이에서 수평으로 오가는 대화는 우리 사회에서 얼마나 드문지요. 그 어떤 숭고한 깨달음보다도, 그 어떤 첨단 사상보다도 우리 사회에 절실히 필요한 것은 '사람을 나와 동등한 사람으로 대하는 태도'가 아닐까 합니다. 그리고 그 태도가 바로 헤겔 철학의 가르침입니다.

우리 강독회는 여러 모로 수평적인 대화판이 될 것입니다. 우선 『정신현상학』 자체가 그런 대화판입니다. 한 에피소드의 첫머리에서 '진실은 이러이러하다'라고 주장하는 인물이 등장하고 이어서 그 주장을 더 구체화하는 논의가 진행되고 결국 그 주장이 유지될 수 없음이 드러납니다. 다음 에피소드에서는 더 세련된 주장을 내놓는 인물이 등장하여 똑같은 과정을 겪지요. 인물들은 '반대편의 말도 들어라!'라는 원리를 충실히 따른다는 의미에서 수평적인 대화판의 참여자입니다. 저는 우리 강독회에서 『정신현상학』이 강독만 되는 것이 아니라 실현까지 되어서, 모두가 모두에게 배울 수 있기를 바랍니다. 제 해석을 되도록 선명하게 제시하겠지만, 그것은 결말을 짓기 위함이 아니라 수평적인 대화의 물꼬를 트기 위함입니다.

2강
헤겔주의자라는 것

지난 모임을 마무리하면서 농담 반 진담 반으로 "이렇게 계획과 달리 논의가 자꾸 늘어지는 것이 헤겔적인 것이다"라는 말씀을 드렸는데, 내친 김에 제가 이해하는 헤겔주의자의 원칙, 혹은 강령을 적어봅니다.

1. 어디로도 치우치지 않는다.
이 원칙은 '진실은 전체다'라는 헤겔의 유명한 문장과 직통하므로 더 설명할 필요가 없다고 봅니다.

2. 보고 또 보고 끝까지 본다.
'전체' 곧 '진실'이 단박에 마주하는 실체가 아니라 한 단계 한 단계 이어지는 '과정'이라면, 무엇을 보든 간에 그것의 '진실'을 보려면 한번 보고 끝낼 수는 없을 것입니다.

3. 끝끝내 말로 푼다.
이 원칙은 헤겔뿐 아니라, 아리스토텔레스를 계승한 모든 철학자의 기본 강령이라 하겠습니다. 말은 우리를 개인 그 이상으로 만들죠. '개인 그 이상'이 정확히 무엇이냐고 물으신다면, 당장 떠오르는 표현은 '공인'인데, 그리 만족스러운 표현은 아닙니다. 차라리 '철학자'라고 하면 어떨까요?

말하는 사람은 고립된 개인으로 머물지 않고 모두가 참여하는 대화판으로 나서는 사람이죠. 그런 사람에게 가장 적합한 호칭은 '철학자'일 것입니다. '철학자'도 '헤겔주의자'도, 뭐 대단할 것 하나도 없는, 우리 모두에게 매우 친숙해야 마땅한 호칭입니다.

여기에 더해서 헤겔주의자 선언이라고 할 만한 것도 꼽아볼 수 있겠습니다.

1. 무릇 하나임은 맞선 둘의 얽힘이다.

이건 제가 『철학은 뿔이다』에서 헤겔 철학의 기본정리라고 했던 문장이지요.

2. 사람은 사람을 상대하기 마련이다.

최근 들어 저에게 점점 더 의미심장하게 다가오는 문장입니다.

출처는 따로 없으니, 제 문장이라고 해야 하겠는데, 누구나 한번쯤 되뇌었을 만한 문장일 것입니다.

변증법, 절대정신, 국가, 역사발전법칙 따위를 거론하지 않더라도, 헤겔 철학의 고갱이를 이야기할 수 있다는 점을 보여드리고 싶어서 몇 마디 적었습니다.

3강
셸링, 단박, 매개

예나 낭만주의 판의 천재적인 풍운아 셸링의 결혼에 대해서 어제 언급했는데, 수정보완합니다. 그 판의 중심에 있던 슐레겔 형제 중 형은 아우구스트 슐레겔, 그의 부인은 카롤리네(1763년생)입니다. 그런데 카롤리네는 첫 남편과 사별 후에 딸을 데리고 아우구스트와 부부의 연을 맺었더군요. 그래서 그 딸의 성은 슐레겔이 아니라 '뵈머'이고, 이 아우구스테 뵈머와 셸링 사이에 혼담이 오갔습니다. 다시 카롤리네로 돌아가면, 이 분이 한참 젊을 때 프랑스혁명에도 가담했다고 하네요. 그러니 미모, 지성, 성품에서 정말 예사롭지 않았던 모양입니다.

셸링과의 혼담이 있던 아우구스테 뵈머가 갑자기 병으로 죽는 것은 1800년, 셸링과 카롤리네가 결혼하면서 예나를 뜨는 것은 1803년입니다. 아우구스테가 죽어갈 때 셸링이 살려보겠다고 안간힘을 썼는데, 오히려 그것이 죽음을 재촉했다는 나쁜 소문이 돌았고요.

카롤리네는 1809년에 사망하고, 3년 후 셸링은 카롤리네의 절친의 딸 파울리네 고터(1786년생)와 재혼합니다.

1809년 카롤리네와 사별 직후 셸링이 출판한 『인간적 자유의 본질에 관하여』(줄여서 '『자유논문』'으로 부름)는 그가 생전에 출판한 마지막 글이 되었습니다. 나중에 하이데거는 이 작품을 '독일 관념론의 최고봉'으로 추어올리죠. 상당히 얇은 책인데, 헤겔의 글과는 다른 방식으로 무척 난해합니다. 제가 기억하는 개념은 "악을 향할 자유Freiheit des Boesen"입니다. '자유'와 '악'의 결합은 그 자체로 충격적이지 않습니까? "자유 = 선의지"라는 칸트의 생각과 사뭇 다르죠. 악을 향할 자유가 없다면 자유는 실질적으로 무의미하다는 것이 셸링의 생각입니다. 곱씹어볼 만하다고 저는 느낍니다.

헤겔이 마주한 시대의 분위기와 관련해서 언급할 셸링의 주장은 '시Dichtung'에 관한 것입니다. "종교, 철학, 과학을 비롯한 모든 것이 시에서 나왔다. 이제 모든 것이 다시 시로 돌아갈 때다"라고 젊은 셸링은 주장합니다. 당연히 낭만주의 판 전체가 열광했고요. 시로부터 출발해서 다시 시로 돌아가는 인류 정신의 여정을 그들은 『일리아스』와 『오뒤세이아』에 빗댑니다.

젊은 셸링이 보기에 문예 창작은 논리적 분석보다 더 윗길입니다. 그러니 낭만주의 판의 시인, 평론가, 번역가들이 보기에 셸링이 얼마나 사랑스러웠겠습니까! 냉철한 헤겔은 그런 분위기가 가당치도 않다고 느꼈을 테고요.

저는 'unmittelbar'를 '단박(에)'으로 번역합니다. '무매개적으로'가 표준 번역인데, 이 단어의 뜻을 알려면 '매개'를 알아야 합니다. 매개된 놈이란 자기가 거쳐온 사연이나 자기를 정당화하기 위한 근거들을 주렁주렁 달고 있는 놈입니다. 사연을 늘어놓기(역사적 매개), 또는 증명하기(논리적 매개)가 매개의 주요 방식이라고 보면 되겠습니다. 그러니까 '단박인 놈das Unmittelbare'은 사연도 없고 증명도 없는 놈, 막무가내로 그냥 그러한 놈입니다.

서문 7번 문단에서 헤겔은 "실체적인 삶"의 '단박'으로부터 빠져나오는 것에 대해서 논합니다. 실체적인 삶이란, 궁극적으로 '단박'이 떠받쳐주는 삶입니다. 우리의 일상이 실체적인 삶이라고 보면 크게 틀리지 않을 것입니다. 사연을 묻고, 정당성 근거를 묻는 일을 어느 정도까지는 이어가지만, 어디에선가 질문을 접고 그냥 단박에 그러한 기반에 의지하는 삶. 그 기반은 관습, 종교적 신념, 자연 등일 수 있겠습니다. 그런 삶에서 빠져나오는 것이 배움의 길이라고 헤겔은 말합니다. 이럴 때 실체는 '단박'에 주어지는 기반,

사연도 정당화도 없는 영원불변의 기반쯤 되겠습니다. 그런 기반에 굳건히 발을 디디거나 허공으로 뛰어올랐다가도 이내 다시 그런 기반으로 귀의하는 삶에서 벗어나는 것, 이것이 학자의 모험, 넓게 보면 근대인의 모험이라고 하겠습니다.

'unmittelbar'가 등장하는 헤겔의 명문장이 하나 있습니다. "모든 '단박'인 놈은 실은 매개되어있다Alles Unmittelbare ist vermittelt." 아무리 '단박'인 놈이라고 해도 실은 사연과 정당화를 주렁주렁 달고 있다. 단지 그 늘어진 사연과 정당화의 자락들을 오므려 품어서 겉으로 보이지 않을 따름이다, 라는 뜻입니다. 모임에서도 거듭 말씀드렸듯이, 시작하려면 아주 많은 것들이 이미 시작되어있어야 합니다. 세상일은 종종 단박에 시작되는 듯하지만, 꼼꼼이 따져보면 어떤 시작도 단박 시작은 아니지 않습니까? 흥미로운 통찰, 어쩌면 대단한 통찰이 아닐까 생각합니다.

4강
횔덜린의 「판단과 존재」

이른바 독일 관념론을 대표하는 세 철학자는 피히테, 셸링, 헤겔이죠. 하지만 시인 횔덜린도 꼭 기억해야 할 인물입니다. 안타깝게도 서른 즈음에 정신병에 걸려 사실상 작품 활동을 마감했지만, 젊은 한때 횔덜린은 셸링, 헤겔과 어깨를 나란히 하기에 부족함이 없는 철학자이기도 했습니다.

철학자 횔덜린의 대표작이라고 할 만한 짧은 글 「판단과 존재」를 아래에 붙입니다. 번역은 제가 했습니다. 1961년에야 세상에 알려졌지만, 독일 관념론 연구자들 사이에서는 더없이 중요하게 취급되는 문건이에요. '판단Urteil'을 '근원적 분할Ur-Teilung'로, '존재Sein'를 그 근원적 분할 이전의 통일로 풀이하면서 '나'의 구조를 논하는 획기적인 글입니다. 헤겔 철학의 문제의식, 동기, 어쩌면 기반까지 엿보게 해주지요.

「판단과 존재」(1794/95)

판단Urteil, 가장 높고 엄밀한 의미에서 판단은 지적 직관 안에서 더없이 친밀하게 통일된 객체와 주체의 근원적 분리, 객체와 주체를 비로소 가능케 하는 분리, 근원-분할Ur-Teilung이다. 분할의 개념 안에는 객체와 주체의 상호 관련의 개념이, 그리고 객체와 주체를 부분들로 가진 하나의 전체가 필연적으로 전제된다는 것이 이미 들어있다. 이 같은 근원분할의 개념에 가장 적합한 예는 "나는 나다Ich bin Ich"이다. 정확히 말하면 이것은 이론적 근원분할의 예다. 실천적 근원분할에서 나는 자기에게 자기를 맞세우지 않고 나 아닌 놈Nichtich을 맞세우니까 말이다.

현실성과 가능성은 매개된 의식과 단박 의식처럼 구분된다. 내가 한 대상을 가능한 놈으로 생각할 때, 나는 단지 과거 의식을 반복할 뿐이고, 그 의식의 힘으로 그 대상은 현실적이다. 우리가 생각할 수 있는 가능성 중에 과거에 현실성이 아니었던 것은 없다. 그렇기 때문에 이성의 대상들에는 가능성의 개념이 전혀 타당하지 않고 — 왜냐하면 이성의 대상들은 그것들이 마땅히 그러해야 하는 대로 의식에 나타나는 일이 결코 없기 때문에 — 오직 필연성의 개념만 타당하다. 가능성의 개념은 지성의 대상들에 타당하고, 현실성의 개념은 지각과 직관의 대상들에 타당하다.

존재Sein는 주체와 객체의 결합을 표현한다.
주체와 객체가 단지 부분적으로가 아니라 단적으로 통일되어있는 지점, 그러니까 분리될 놈의 본질을 해치지 않고는 어떤 분할도 할 수 없도록 통일되어있는 지점에서, 그리고 오직 거기에서만 단적인 존재를 거론할 수 있다. 지적 직관intellektuale Anschauung에서 그러하듯이 말이다.

그러나 이 존재를 동일성Identität과 헷갈리지 말아야 한다. 내가 '나는 나다'라고 말할 때, 주체(나)와 객체(나)는, 분리될 놈의 본질을 해치지 않고는 어떤 분리도 할 수 없도록 통일되어있지 않다. 정반대로 나는 이렇게 나를 나로부터 분리함을 통해서만 가능하다. 자기의식이 없다면, 내가 어떻게 '나!'라고 말할 수 있겠는가? 그런데 자기의식은 어떻게 가능할까? 내가 나를 나 자신에게 맞세움으로써, 나를 나 자신으로부터 분리함으로써, 그러나 이 분리에 아랑곳없이 맞세워진 놈에서 나를 동일한 놈으로서 알아봄으로써 가능하다. 하지만 어느 정도까지 동일한 놈일까? 나는 이렇게 물을 수 있고 물어야 한다. 왜냐하면 다른 관점에서 보면, 그놈은 자신에게 맞서있으니까 말이다. 요컨대 동일성은 단적으로 이루어지는, 객체와 주체의 통일이 아니다. 동일성은 절대적 존재와 같지 않다.

5강
가장 오래된 독일 관념론 시스템 프로그램

'가장 오래된 독일 관념론 시스템 프로그램'이라는 거창한 제목이 붙은 짧은 글이 있습니다. 저자는 셸링, 헤겔, 횔덜린 중 하나인데, 정확히 누구인지는 아직 밝혀지지 않았어요. 헤겔이 종이 한 장에 앞뒤로 적은 텍스트가 발견되었을 뿐인데, 헤겔 전집에도 이 글이 들어있는 것을 보면, 적어도 그 전집의 편집자는 헤겔을 저자로 간주하는 듯합니다. 하지만 내용상 셸링의 글이 확실하다는 주장도 있습니다.

저술 시기는 1797년으로 추정됩니다. 내용을 보면, 아름다움과 예술에 최고 가치를 부여한다는 점에서 셸링을 강하게 연상시키지만, 저는 이 글이 헤겔의 글일 가능성도 충분히 있다고 봅니다. 이 시기에 헤겔은 아직 자기 목소리를 찾지 못한 상태였으니까요. 셸링, 헤겔, 횔덜린이 20대에 새로운 세상을 꿈꾸며 어떤 철학을 구상했는지 엿보게 해주는 글입니다. 이 글의 요지를 '미적 플라톤주의ästhethetischer Platonismus'라는 용어로 요약하기도 합니다. 독일 관념론 연구자들이 매우 중요하게 취급하는 글인데, 제 번역으로 아래에 붙입니다.

가장 오래된 독일 관념론 시스템 프로그램
Das älteste Systemprogramm des deutschen Idealismus

셸링(또는 헤겔, 또는 횔덜린) 지음

……윤리학. 미래에 형이상학 전체는 도덕이 될 것이므로 — 칸트는 실천적 요청 두 개를 통해 그 도덕의 한 예를 제시했을 뿐, 그 도덕을 완전히 제시하지 못했다 — 이 윤리학은 다름 아니라 모든 이념들, 곧 모든 실천적 요청들의 완전한 시스템이 될 것이다. 첫째 이념은 당연히 나 자신이 절대적으로 자유로운 놈이라는 관념이다. 자유로운, 자기를 의식하는 놈과 더불어 동시에 온 세계가 출현한다 — 무(無)로부터 — 유일하게 참되며 생각 가능한, 무로부터의 창조 — 여기에서 나는 물리학의 영역들로 내려갈 것이다. 질문은 이것이다. 세계는 도덕적인 놈을 위해서 어떠해야 할까? 나는 실험들에 기대어 힘겹게 걸어가는 우리의 더딘 물리학에게 다시 한 번 날개를 달아주고 싶다.

철학이 이념들을 제공하고 경험이 데이터를 제공한다면, 그렇게 우리는 나중 시대에 이루어지리라고 내가 기대하는 물리학의 줄거리를 마침내 얻을 수 있다. 현재의 물리학은 우리의 것인, 혹은 우리의 것이어야 하는 창조적 정신을 만족시킬 수 없는 듯하다.

나는 자연으로부터 인간작품(인간의 작품)으로 옮겨간다. 맨 먼저 인간성의 이념을 다룬 후, 나는 국가의 이념은 존재하지 않음을 보여줄 것이다. 왜냐하면 국가는 기계적인 것이기 때문이다. 이는 기계의 이념이 존재하지 않는 것과 마찬가지다. 오로지 자유의 대상인 것만을 일컬어 이념이라고 한다. 요컨대 우리는 국가 역시 넘어서야 한다! — 어떤 국가든지 자유로운 사람들을 기계적인 톱니바퀴로 다루니까 말이다. 따라서 국가는 끝나야 한다. 보다시피, 영원한 평화를 비롯한 모든 이념들은 더 높은 한 이념의 하위 이념들일 따름이다. 또한 여기에서 나는 인간성의 역사를 위한 원리들을 서술하고, 국가, 헌법, 정부, 입법이라는 비참한 인간작품 전체를 완전히 발가벗길 것이다. 마지막에는 도덕적 세계의 이념, 신성(神性)의 이념, 불멸의 이념이 나온다 — 모든 미신을 타도하기, 최근에 다시 이성인 척 가장하는 성직자 세력을 바로 이성을 통해 박해하기 — 자기 안에 지적인 세계를 품었으며 신과 불멸을 자기 바깥에서 찾으면 안 되는 모든 정신들의 절대적 자유.

마지막으로, 모든 이념들을 통일하는 이념, 곧 아름다움의 이념(이때 '아름다움'이라는 단어는 더 높은 플라톤적 의미로 이해해야 함). 내가 확신하기에, 이성의 가장 높은 활동은 — 이성이 모든 이념들을 포괄할 때의 — 미적인 활동이며, 참됨과 좋음은 오직 아름다움 안에서 형제가 된다. 철학자는 시인에 못지않은 미적인 힘을 소유해야 한다. 우리의 철자철학자들(철자에만 매달리는 철학자들)은 미적 감각이 없는 사람들이다. 정신의 철학은 미적 철학이다. 미적 감각이 없으면, 어느 방면에서도 재치 있을 수 없고, 심지어 역사에 대해서도 재치 있게 이야기를 풀어낼 수 없다. 이 정도면, 이념을 이해하지 못하는 — 그리하여 표와 목록을 벗어나자마자 모든 것이 캄캄하다고 충분히 솔직하게 털어놓는 — 사람들에게 정말로 부족한 것이 무엇인지가 명확히 보여야 마땅하다.

이로써 시(詩, Dichtung)는 더 높은 지위를 부여받는다. 시는 처음에 그러했듯이 끝에서 다시 인간성(인류)의 선생이 된다. 이제 더는 철학도, 역사도 없으니까 말이다. 나머지 모든 학문들과 예술들이 소멸하고,

시예술Dichtkunst만 홀로 살아남을 것이다.

한편, 대중은 감각적 종교를 가져야 한다는 말을 매우 자주 듣게 된다. 그런데 대중뿐 아니라 철학자도 감각적 종교를 필요로 한다. 이성과 마음Herz의 일신교, 상상력과 예술의 다신교, 이것이 우리에게 필요한 바다!

여기에서 나는 우선, 내가 아는 한, 이제껏 누구도 생각하지 않은 한 이념에 대해서 이야기할 것이다 — 우리는 새로운 신화Mythologie를 가져야 한다. 그런데 이 신화는 이념들에 종사해야 한다. 이 신화는 이성의 신화여야 한다.

우리가 이념들을 미적으로 곧 신화적으로 만들기 전까지는, 민중은 이념들에 관심이 없다. 거꾸로 신화가 이성적이기 전까지는, 철학자는 신화를 부끄러워해야 한다. 그리하여 결국 계몽된 놈들과 계몽되지 않은 놈들이 서로에게 손을 내밀어야 하고, 신화는 철학적으로 되고 민중은 이성적으로 되어야 하며, 철학은 신화적으로 되어 철학자들을 감각적으로 만들어야 한다. 그러면 영원한 통일이 우리 곁에 충만할 것이다. 경멸하는 눈빛도, 현자들과 성직자들 앞에서 민중의 맹목적 전율도 더는 결코 없을 것이다. 그때 비로소 모든 힘들의, 모든 개인들 각각의 평등한 완성이 우리를 기다릴 것이다. 어떤 힘도 더는 억압당하지 않을 것이다. 그때 정신들의 보편적 자유와 평등이 충만할 것이다. 하늘에서 보낸 더 높은 한 정신이 우리 곁에서 이 새로운 종교를 창시해야 한다. 그 종교는 인간성의 최후이며 가장 큰 작품이 될 것이다.

6강
피히테를 다시 보다

흔히 독일 관념론이라고 부르지만, 저는 칸트 이후 독일 고전 철학으로 부르기를 더 선호하는 19세기 초의 한 철학적 흐름을 대표하는 인물을 꼽으라면, 늘 정답대로 피히테, 셸링, 헤겔을 꼽아왔지만, 솔직히 피히테에 대해서는 아는 바가 별로 없었습니다. 셸링은 헤겔과 직접 교류한 사이니까 그런 대로 아는 편이었지만요.

피히테 하면, 수학 공식들을 연상시키는 낯선 문장들(이를테면 '나는 나를 단적으로 정립한다' '나는 나 아닌 놈을 나에 맞세운다' 등등), 왠지 풍겨오는 투사의 인상(피히테는 1799년에 무신론자로 몰린 끝에 예나 대학 교수직에서 물러났습니다), 베를린 대학교 총장을 지냈다는 것, 베를린 어느 묘지에 헤겔과 나란히 묻혀있다는 것 정도가 제가 아는 전부였습니다.

사회적 정치적 활동에 적극적이었다는 이야기를 얼핏 들어서인지, 피히테는 퍽 경건하고 진지하고 반듯한 인물로 느껴져서 그다지 정이 가지 않았죠. 흔히 사람들은 헤겔을 그런 인물로 상상하지만, 그건 착각입니다. 지난 두 번의 모임에서 헤겔의 글을 직접 읽어본 분들은 알겠지만, 헤겔은 날선 말, 웃기는 말, 막말도 잘하는 사람이거든요.

그런데 최근에 피히테를 이해하는 열쇳말 하나를 발견했습니다. "흙수저!" 알고 보니 그는 극빈층 가정의 8남매 중 하나더군요. 아버지는 직물 기술자였는데, 그가 사는 마을 주민 전체가 지주의 호의에 매달려 사는, 농노와 거의 다를 바 없는 형편이었습니다. 그런데 요한 고틀립 피히테(아마 '요한'으로 불렸겠죠)는 똑똑하기로 동네에 소문이 자자했지요. 어느 날 지주의 친척인 더 큰 지주가 그 마을에 왔다가 요한을 발견합니다. 일요일에 교회에 못 가서 목사 설교를 못 들은 그 남작(에른스트 하우볼트 폰 밀티츠Ernst Haubold von Miltitz)이 방도를 강구하자, 사람들이 열 살 먹은 요한을 불러옵니다. "요한아, 네가 남작님께 지난 설교 내용을 똑같이 읊어드리렴." 그러자 요한은 목사에게 들은 설교를 그대로 줄줄 읊습니다. 깊은 인상을 받은 남작은 요한을 후원하여 교육을 받게 합니다.

피히테는 1762년생, 헤겔보다 8년 선배네요. 비슷한 시기에 피히테처럼 가난하게 태어나 후원자의 도움으로 교육 받고 성공한 또 한명의 인물로 "수학의 왕" 가우스(1777년생)가 있습니다. 이들과 연배와 배경이 비슷한 천재들이 독일 역사에 꽤 있다고 하네요.

그런데 피히테를 후원하던 남작이 그만 1774년에 사망하면서, 만 12세의 피히테는 다시 흙수저 고학생 신세로 돌아갑니다. 어떻게 버텨냈는지는 잘 모르겠지만, 아무튼 1780년에 예나 대학 신학과에 입학, 이듬해에 라이프치히 대학으로 전학했는데, 결국 졸업을 못하고 중퇴합니다. 그후 경력은 20대의 헤겔과 마찬가지로 가정교사 일자리 전전입니다. 그러다가 드디어 1790년에 칸트 철학을 알게 됩니다! 재능은 차고 넘치지만 전망이 암울했던 피히테의 삶에 그야말로 서광이 비췄다고나 할까요.

칸트가 사는 쾨니히스베르크로 거처를 옮겨 그와 개인적 친분을 튼 피히테는 자신의 첫 작품 『모든 계시에 대한 비판을 시도함』의 원고를 칸트에게 건넸고, 흥미롭게도 칸트는 그 원고를 자신의 작품들을 내는 출판사로 보내 익명으로 출판하게 합니다. 그래서 1792년에 책이 나왔을 때, 사람들은 그것을 칸트의 신작으로 여겼어요. 당연히 책도 많이 팔리고 읽혔겠죠. 얼마 후에 칸트는, 그 책의 저자는 칸트 자신이 아니라 요한 고틀립 피히테라는 젊은이라고 밝힙니다. 이로써 피히테는 단번에 독일 지식인 사회의 주목을 받게 됩니다. 아마도 칸트는 피히테를 알아보고 밀어주려 했던 것 같습니다. 아무튼 그 첫 작품 덕분에 피히테는 1794년에 예나 대학 교수가 됩니다.

아시다시피 피히테 철학의 알파요 오메가는 '나das Ich'입니다. 칸트 철학이 열어젖힌 새로운 차원, 새로운 문제들을 한마디로 요약한다면, 그것은 '나'다, 라는 것이 피히테의 통찰입니다. 이때 피히테가 말하는 '나'(일인칭 대명사가 아니라 일반명사)는 기본적으로 '무언가를 아는 나'입니다. 즉, 앎Wissen의 주체죠. 그래서 피히테는 자신의 '나'-철학 프로그램을 '학문론Wissenschaftslehre'이라고 명명합니다.

헤겔이 『정신현상학』 서문에서 "학문Wissenscahft"을 거듭 강조할 때, 우리 독자들은 피히테의 '나'-철학 프로그램을 떠올릴 필요가 있습니다. 비록 모임에서 저는 일찍이 칸트가 품었던 '물리학, 수학과 마찬가지로 철학도 학문으로 되어야 한다'는 포부만 언급했던 것 같지만요.

'나'의 본질, '나'를 '나'답게 만드는 가장 중요한 활동이 '알기'인가요? 피히테는 노골적으로 그렇다고 대답하고, 칸트와 헤겔 역시 사실상 그렇다고 대답합니다. 지금 우리 사회에서는 당연히 인기 없는 대답이죠? '나'는 욕망이다, 상상이다, 놀이다, 뇌(腦)다, 없다, 등등이 인기 있잖아요. 그런데 이런 쌈박한 최신식 인기 철학들이 오가는 모임과 행사는 따지고 보면 '앎'이 전달되고 공유되는 자리가 아니던가요? 인기 있고 없고를 떠나서, '앎'은 부수적인 지위로 제쳐놓을 수 있는 성질의 활동이 전혀 아닙니다. 이 문제는 앞으로 더 자세히 논하게 될 것입니다.

'나'-철학의 편에 서는 사람들이 끝내 지키려 하는 성배(聖杯)는 '인간의 자유'라고 할 수 있습니다. 반면에 '일부 자연철학'은 '나'와 자연을 맞세우는 것에 강한 거부감을 느끼죠. 마치 '인간의 자유' 따위는 비장하게 포기할 수 있기라도 한 것처럼, '나'를 자연의 일부로 복속시키고 인간의 자유를 말소하는 것이 합리적이고 진보적이라고 생각하는 사람들은 예나 지금이나 꽤 많습니다.

그들의 생각이 옳다면, 그들의 생각은, 합리적이냐 진보적이냐 등을 따지고 말고 할 것도 없이, 그냥 뇌의 분비물, 바람에 나뭇가지가 흔들리는 소리, 시냇가의 돌멩이와 같아집니다. 그래서 그들이 하는 말을 들을 이유가 딱히 없어져요. 그들의 목소리를 듣느니, 계곡의 맑은 물소리를 듣는 편이 정신 건강에 훨씬 더 이롭습니다. 저를 비롯한 많은 사람들이 보기에, 그런 '일부 자연철학자들'의 사상을 가장 강력하게 위협하는 철학자들이 바로 칸트, 피히테, 헤겔입니다.

1794년에 신분 상승을 이뤄낸 피히테는 머지않아 역풍을 맞습니다. 『정신현상학』 서문에도 나오는 "신은 도덕적 세계질서다"라는 피히테의 주장이 문제로 부각됩니다. 당대 기득권층의 (종교에 기댄) 통념으로는 도저히 받아들일 수 없는 주장이었던 모양이에요. 피히테는 무신론자다, 무신론자가 철학 교수를 맡는 것은 있을 수 없다, 라는 함성이 터져나옵니다. 이른바 '무신론 논쟁Atheismusstreit'이라는 유명한 사건이 벌어진 거죠.

그런데 피히테의 첫 작품의 제목을 보세요. 피히테는 원래부터 당대의 통념에 도전했던 사람이에요. 그런 그를 왜 이제 와서 무신론자로 지목하며 짓밟을까요? 제가 보기에 이유는 단 하나, 그가 철학 교수, 그것도 예나 대학에서 젊은 학생들의 열광적인 호응을 받는 철학 교수가 되었다는 것에 있지 싶습니다. 감히 흙수저 출신이 잘 나가? 라는 시샘도 있었을까요? 그랬을 가능성도 있다고 봅니다. 결국 1799년에 피히테는 교수직에서 물러납니다.

피히테의 교수직은, 우리 모임에서 적잖이 등장하는 영재 미소년 셸링에게 넘어갑니다(행정 절차 때문이었는지, 셸링이 곧바로 정교수가 된 것은 아니에요). 셸링을 불러들인 권력자는 그 이름도 유명한 요한 볼프강 폰 괴테였고요. 자, 이 대목에서 우리는 괴테가 피히테를 둘러싼 무신론 논쟁을 부추겼거나 최소한 방치했다는 의심을 품게 됩니다. 왜냐하면 괴테는 제가 방금 '일부 자연철학자들'이라고 칭한 세력과 죽이 맞는 인물이기 때문입니다. 물론 늘 단독자였던 괴테지만, 그가 '신적인 것'(이를테면 '성배')을 '나'보다는 자연에서 찾으려했다는 점만큼은 이론의 여지가 없으니까요.

아무튼 예나 지식인 사회에 입성하여 곧 (아우구스트 슐레겔의 아내 카롤리네와의 연애와 결혼으로) 그 사회를 발칵 뒤집어놓고 떠나게 되는 셸링은 그즈음에 '자연철학'에 주력합니다. 혹시 권력자 괴테의 입맛에 맞추기 위해서였을까요? 학문적으로나 개인적 성격의 측면에서나 셸링은 그리 호락호락한 인물이 결코 아닙니다만, 당시 약관 스물다섯 즈음이던 셸링이 부지불식간에 괴테를 의식했을 가능성은 열려있다고 봅니다. 또 그런 '자연철학'이 당시 예나 지식인 사회의 대세이기도 했고요.

예나를 떠난 피히테는 여기저기를 떠돌며 학자와 활동가로서의 삶을 계속 이어갑니다. 주목할 만한 사실 하나는 그가 '프라이마우러Freimaurer' 집단에 가입했던 적이 있다는 것입니다. 우리에겐 영어 명칭 '프리메이슨Freemason'으로 더 익숙한 그 집단은 실은 단일 집단이 아니라 유럽 곳곳에 있는 여러 집단들의 느슨한 연합체에 가깝습니다. 그 집단의 목적은 인류와 세계를 더 낫게 향상시키는 일에 기여하는 것입니다. 아주 좋네요.

그런데 제가 보기에는 특이하게도 프라이마우러 집단들은 철저한 비밀유지의 원칙을 지켜요. 집단 내부와 외부를 철저히 가르는 거죠. 외부인은 누가 그 집단 회원인지 모릅니다. 회원들은 그 비밀을 누설하면 안 되고요. 만약에 피히테가 계속 프라이마우러 집단에 머물렀다면, 그를 엘리트주의적 투사 정도로 보는 저의 선입견은 더 굳어졌을 것입니다.

저는 과거 길담서원 강의에서 『법철학』 서문에 나오는 다음과 같은 헤겔의 문장을 언급한 바 있습니다.

여기에 장미가 있다 Hier ist die Rose

여기에서 춤춰라 Hier tanze

알쏭달쏭한 말이지만, 이 인용문에서 '장미Rose'는 '장미십자회Rosenkranz'를 염두에 둔 표현이라고 많은 이들은 해석합니다. 장미십자회는 프라이마우러 집단의 한 버전이라고 할 수 있죠. 저는 위 문구를 아래처럼 해석합니다.

'장미십자회 따위의 비밀집단 안에 꽁꽁 숨어서 진보를 떠들지 말고, 여기 광장으로 나와서 다같이 진보하자!'

시대를 이끌어간다고 자부하는 사람들은 반드시 위 문구를 기억하고 되새겨야 할 것입니다. 빈곤층 출신으로 최상층 지식인 사회에 진입한 피히테는 인류와 세계의 진보에 헌신한다고 자부하는 프라이마우러 집단에 아마도 공감했던 모양입니다. 그러나 1800년, 그는 그 집단을 탈퇴합니다. 흙수저 출신이다보니 날 때부터 엘리트인 동료 회원들과 끝내 어울리지 못한 탓일까요? 어떤 이유에서였든, 피히테의 프라이마우러 집단 탈퇴를 저는 진심으로 환영합니다.

피히테는 이후에도 여러 집단에 가입하여 주도적으로 활동합니다. 집단을 창설하기도 했고요. 그러다가 1810년에 신생 베를린 대학의 철학 교수가 되고 1811년부터 1812년까지 총장을 지냅니다. 그리고 1813년, 운명의 겨울이 닥칩니다. 무리해서 러시아까지 진격했다가 퇴각하는 나폴레옹 군대가 1813년 10월 16일 라이프치히 근처에서 점령했던 국가들의 연합군과 맞닥뜨립니다. 나폴레옹은 거의 괴멸 수준의 피해를 입고 간신히 달아납니다. 훗날 그가 재기하고 워털루 전투를 벌이고 등등의 이야기가 널리 알려져 있지만, 나폴레옹의 운명을 가른 분수령은 바로 여기, 1813년 라이프치히 전투입니다. 아시는 분도 있겠지만, 바로 그 해에 바그너가 태어났고, 또 니체의 아버지가 태어났습니다.

그런데 알고 보니 그 1813년이 피히테에게 때 이른 죽음을 안겨주었더군요. 엄청난 전투로(참가 병력 60만, 사상자 9만2000으로 20세기 이전 인류 최대의 전투로 추정됨) 무수한 부상병이 나왔고, 피히테 못지않게 활동적이던 그의 아내는 부상병 치료에 나섭니다. 그 와중에 어떤 세균에 감염되어 앓게 되고요. 그 세균은 피히테에게 옮아갑니다. 얄궂게도 피히테의 아내는 병을 이기고 회복하지만, 피히테는 그렇게 앓다가 1814년 초에 사망합니다.

앞서 말한 대로 피히테는 베를린 근교의 유명한 묘지에 묻혔고, 17년 후, 그 옆자리에 헤겔이 묻힙니다. 헤겔이 그 자리에 묻히기를 바랐다는 이야기를, 저와 태경섭이 함께 번역한 『헤겔』에서 본 것 같은데, 정확히는 잘 모르겠습니다. 아무튼 제가 헤겔이라면, 그 자리를 좋아했을 것 같습니다. 빈곤층 출신의 실천하는 지식인 피히테에게 뜨거운 박수를 보내고 싶네요.

7강
즉자와 대자의 이해를 돕는 홍길동 모형

1‖ 헤겔 철학에 입문하려는 장한 학우들을 당황스럽게 만드는 기괴한 용어들을 꽤 꼽을 수 있겠으나, 그중에서도 가장 악명 높은 것은 단연코 '즉자Ansich', '대자Fürsich', '즉자대자Anundfürsich'일 것입니다.

제가 쾰른에서 살 때 어느 독일인 친구가 나에게 어떤 철학을 공부하냐고 묻기에 헤겔을 공부한다고 했더니, 어떻게 그럴 수 있냐면서 꽤 호들갑을 떨더군요.

"난 헤겔을 읽으면 한 줄도 이해가 안 되는데, 넌 되니?"
"넌 독일어가 모어잖아. 그런 네가 헤겔을 읽을 수 없다고?"
"아이쿠, 맙소사. 헤겔의 글은 독일어가 아냐. 그건 헤겔어Hegelisch야!"

뭐, 이런 식의 대화가 이어졌는데, '헤겔어(語)'라는 그 친구의 표현이 인상 깊었습니다. 교육 수준이 낮거나 한 친구가 전혀 아니었어요. 화학박사였거든요. 종교와 역사에 대한 지식도 해박했고요.

헤겔의 언어가 매우 독특하다는 것은 틀림없는 사실입니다. '즉자', '대자', '즉자대자'는 그 독특함을 대표하는 용어들이라고 할 만하고요. 독일어가 모어인 지식인들도 이 용어들의 뜻을 잘 설명하지 못합니다. 물론 그 뜻을 아예 모르지는 않아요. 'an sich', 'für sich'는 일반적인 독일어에서 엄연히 쓰이는 표현들이니까요. 하지만 헤겔은 일상 언어에서 그다지 주목 받지 못하는 이 표현들을 독특한 방식으로 대폭 격상시켜서 자신의 철학 시스템을 떠받치는 주춧돌로 삼습니다. 그러니 "아이쿠, 맙소사. 이건 독일어가 아냐!"라는 탄식이 터져나오는 것도 이해 못할 바는 아니죠.

쾰른 대학에서 한 교수가 학부 수준의 학생들에게 'Ansich'와 'Fürsich'에 대해서 언급하는 것을 들은 적이 있습니다. 요점은, 이 용어들을 다른 용어들을 통해 설명할 길이 없다는 것이었어요. 헤겔 철학에서는 이 용어들이 가장 아래에 놓인 주춧돌들이기 때문에, 더 아래로 내려가서 이 주춧돌들을 떠받칠 길이 없다는 것이었죠. 어쩌면 그 학생들이 듣기에는 허망한 이야기였겠지만, 저는 그 교수의 말이 매우 합당하다고 느낍니다.

'Ansich'와 'Fürsich', 그리고 'Anundfürsich'는 헤겔이 사용하는 방식을 보면서 그 뜻을 터득하는 길밖에 없는 그런 용어들이에요. 단어의 뜻은 사용법에 있다고 비트겐슈타인이 그랬나요? 흔히 '즉자', '대자' '즉자대자'로 번역되는 저 세 주춧돌이야말로 그런 비트겐슈타인의 언어관에 딱 들어맞습니다. 이 용어들의 뜻을 배우려면, 헤겔의 사용법도 보고, 다른 철학자들의 사용법도 보고, 학생 본인도 사용해보는 길밖에 없어요.

그러니 첫술에 배 부르려 하지 맙시다. 헤겔의 텍스트 곳곳에서 'Ansich', 'Fürsich', 'Anundfürsich'가 마치 암호처럼 튀어나와 우리의 발목을 잡을 때, 그리하여 순풍에 돛단 듯하고 싶은 우리의 독서가 이상한 삽질로 변질할 때, 낙심하지 말고 다음 사실을 상기합시다. 'Ansich', 'Fürsich', 'Anundfürsich'를 환히 이해하는 수준은 헤겔 철학 전체의 줄거리를 환히 꿰고 있는 수준과 같습니다.

그러나 헤겔 철학 공부가 무슨 신성한 고행도 아닌데 마냥 눈 감고 맨발로 가시밭길을 헤매라고 요구하는 것도 그리 정당하지는 않기에, 저는 저 자신과 우리 학우들을 위하여, 'Ansich', 'Fürsich', 'Anundfürsich',

혹은 '즉자', '대자', '즉자대자'를 이해하는 데 도움이 될 수도 있는 한 모형을 구성해보았습니다. 이름하여 '홍길동 모형'이올시다.

우선 저는 'Ansich', 'Fürsich', 'Anundfürsich'를 '그 자체', '자기를 마주함', '그 자체이며 자기를 마주함'으로 번역한다는 점을 밝혀둡니다. 세부적인 토씨는 그때그때 달라질 테고, 특히 '자기를 마주함'은 꽤 많은 경우에 '독자적임(홀로임)'으로 대체될 테지만, 그래도 번역의 원칙은 일관되게 유지할 것입니다.

2‖ 이제부터 홍길동 모형을 살펴보겠습니다. 우리가 다 아는 홍길동의 일생을 떠올리면서, 아래 세 항목이 과연 무엇일지 생각해봅시다.

1. 홍길동 an sich = 홍길동 그 자체
2. 홍길동 für sich = 자기를 마주한 홍길동
3. 홍길동 an und für sich = 그 자체이며 자기를 마주한 홍길동

홍길동의 일생을 염두에 두고 생각하면, '홍길동 그 자체'는 한편으로 출발점이고 다른 한편으로 목적지입니다. 그래서 1은 아래처럼 둘로 세분할 필요가 있습니다.

1-1. 출발점-홍길동
1-2. 목적지-홍길동

1-1은 꼬마 홍길동의 행복한 유년기입니다. 'an sich'(글자 그대로 해석하면, '자기에 붙어있음')라는 문구 그대로, 꼬마 홍길동에서는 홍길동과 홍길동 사이의 거리가 없습니다. 홍길동은 단박에 홍길동일 따름이에요. A = A

라는, 무의미할 정도로 자명한 수학 공식에 딱 맞는 사례죠.

훗날의 그를 떠올리면서 미리 규정하면, 꼬마 홍길동은 '서자로서의 자기의식이 없는 상태'입니다. 하지만 이건 우리가 서둘러서 하는 말이고, 꼬마 홍길동 본인의 입장에서는, 서자고 뭐고 다 모르겠고, 아무튼 '나는 나'인 상태입니다. 그래서 꼬마 홍길동 단계에서의 '홍길동 = 홍길동'은 한편으로 추상적이고 일반적인 동일성, 내실이 전혀 없는 껍데기일 뿐입니다(출발점의 부정적 측면). 그러나 다른 한편으로 그 동일성은 이제부터 채워서 완성해야 할 결과물의 설계도로, 완성물의 '개념'으로 간주될 수 있습니다(출발점의 긍정적 측면). 이렇게 간주된 꼬마 홍길동의 '홍길동 = 홍길동'은 목적지의 성격을 띱니다.

이야기를 하다 보니, 1-2 곧 목적지-홍길동을 이미 설명한 셈이네요. 그래도 굳이 설명하자면, 다시 한번 홍길동의 일생을 미리 끌어들일 필요가 있습니다. 목적지-홍길동은 '자기와 화해한 홍길동', 다시 단순한 '홍길동 = 홍길동'으로 복귀한 홍길동, 생을 마무리하는 단계에서의 홍길동이라고 할 수 있겠습니다. 따지고 보면 이 홍길동은 그의 일생 내내 그의 곁에 있습니다. 산적 두목이 되건, 율도국의 왕이 되건, 개똥밭에 구르건 간에 홍길동은 늘 홍길동이니까요. 이런 의미에서 홍길동은 늘 자기 자신에 붙어있습니다.

이 대목에서 이런 질문을 던져봅시다. 1-1과 1-2가 과연 구분될까? 홍길동의 일생을 아는 우리는 당연히 구분된다고 느낄 텐데, 바로 그 '일생'이 중요합니다. 그 '일생'이라는 과정이 1-1과 1-2의 구분을 만들어내고, 애당초 1-1과 1-2 자체를 만들어냅니다. 꼬마 홍길동이 내내 꼬마 홍길동으로 머무른다면, 즉 그의 '일생'이 그냥 텅 빈 시간이라면, 1-1도 무너지고 1-2도 무너져버립니다. 그 '일생'에 해당하는 것이 바로 '자기를 마주한 홍길동'입니다.

'2. 홍길동 für sich', 곧 '자기를 마주한 홍길동'은 한마디로 '길 떠난 홍길동'입니다. 서자라는 자의식을 품은 홍길동, 자기와 불화하는 홍길동, 제

집에 붙어있지 못하고 떨어져 나와 외톨이가 된('für sich'의 일상적 의미는 '홀로') 홍길동, 자꾸 자기로부터 멀어지면서 자기를 향해 나아가는 홍길동. 이것이 '나'입니다. 바로 이 '나' 곧 자기의식이 1-1과 1-2 사이에 끼어들어 비로소 1-1과 1-2 자체를 유의미하게 만듭니다. 헤겔이 말하는 "부정의 진지함과 고통, 인내, 노동"(서문 19번 문단)이 바로 이 '나'입니다.

그럼 마지막으로 '3. 홍길동 an und für sich'는 무엇일까요? 일상적인 독일어에서도 이 표현이 드물게 쓰입니다. 당연히 현학적인 표현인데, 'X an und für sich'라고 하면, 그 뜻은 대충 'X의 진면목'쯤 됩니다. 자, 그럼 '홍길동 an und für sich', 곧 '그 자체이며 자기를 마주한 홍길동'은 과연 누구 혹은 무엇일까요? 이 땅의 헤겔 해석자들은 흔히 이 질문의 답으로, 자기를 마주하고 질풍노도의 계절을 겪던 홍길동이 다시 유년기처럼 행복한 고요에 이른 상태, 이를테면 해탈한 홍길동을 떠올리는 것 같습니다. 그러나 제가 내놓는 답은 이것입니다.

'홍길동 an und für sich'란 '1-1과 1-2와 2가 다르지 않다'라는 사태를 가리키는 이름이다.

뭔 배배꼬인 소리인가 싶겠지만, 쉽게 말하면, '홍길동 an und für sich'란 '홍길동의 일생'이다, 라는 소리입니다. 홍길동의 일생이 곧 홍길동의 진면목이 아니던가요. 이 대답은 해탈한 홍길동을 떠올리는 대답과 사뭇 다릅니다. 결정적으로 '자기와의 불화'라는 부정적 요소를 홍길동의 진면목에서 배제하지 않는다는 점이 제 대답의 핵심입니다. 만약에 다른 해석자들도 "중생 즉 부처"의 경지에서 해탈을 운운하는 것이라면, 그들의 대답과 제 대답은 의외로 유사할 수도 있겠지만 말입니다.

마지막으로 'X an und für sich'에 대한 저의 번역어 '그 자체이며 자기를 마주한 X'는 역설적이고, 심지어 모순적인 표현이라는 점을 눈여겨 볼 필요가 있습니다. 그 자체인 놈은 자기에 붙어있는 놈, 자기로부터의 거리(자기

거리)를 확보하지 못한 놈입니다. 반면에 자기를 마주한 놈은 자기로부터 떨어진 놈, 자기거리는 확보했으나 오히려 자기의 통일이 위태로울 수 있는 놈입니다. 그렇다면 동일한 놈이 그 자체이면서 또한 자기를 마주한다는 것이 대체 어떻게 가능하겠습니까?

적어도 X를 고정된 놈으로, 사물로, 실체로 상정한다면, '그 자체이며 자기를 마주한 X'는 확실히 모순일 것입니다. 하지만 X를 과정으로 보는 대안은 열려있어요. 홍길동이 '홍길동의 일생'으로서 존재하는 것과 마찬가지로 무릇 X가 'X의 자기실현 과정'으로서 존재한다면, '그 자체이며 자기를 마주한 X'를 충분히 유의미하게 이야기할 수 있을 것입니다. 그리고 아마도 여기에 헤겔 철학의 가장 심오한 비밀이 깃들어있다고 저는 짐작해요.

과연 '그 자체이며 자기를 마주한 X'라는 표현을 홍길동을 비롯한 무릇 인간에, 더 나아가 무릇 존재에 유의미하게 적용할 수 있을까요? 헤겔 철학은 그것이 가능할뿐더러 필수적이라고 가르칩니다.

모순적인 표현은 모순적이어서 생산적일 수도 있는데, 그 생산성을 현실화하는 일은 우리 모두의 몫입니다.

8강
홍길동 모형을 보완하는 '로서-분신술'

그 어렵다는 'Ansich = 즉자 = 그 자체', 'Fürsich = 대자 = 자기를 마주함', 'Anundfürsich = 즉자대자 = 그 자체이며 자기를 마주함'의 이해를 돕기 위해 저는 앞서 홍길동 모형을 제시한 바 있습니다('즉자와 대자의 이해를 돕는 홍길동 모형' 참조). 헤겔 철학의 주춧돌인 이 삼중 개념은 그 모형에서 1) 그 자체인 홍길동, 2) 자기를 마주한 홍길동, 3) 그 자체이며 자기를 마주한 놈으로서 홍길동의 일생으로 해석되었죠.

그런데 이 홍길동 모형은 빤히 보이는 약점을 가지고 있습니다. 무슨 말이냐면, 복잡한 생각 없이 단박에 보면 이 모형은 인생이든, 역사든, 세월 속에서의 부침이든, 무언가 과정을 겪는 놈에게만 매끄럽게 적용됩니다. 특히 홍길동처럼 극적인 인생을 사는 사람에게 어울리는 설명이죠.

물론 이것은 궁극적으로 약점이 아니라 오히려 강점이라고 저는 봅니다. 어차피 사람은 사람을 상대하기 마련이므로, 우리가 논하는 무릇 대상에서 극적인 인생의 구조를 읽어내는 것은 자연스러울뿐더러 오히려 바람직할 수도 있습니다. 하지만 이런 일반적인 얘기로 만족하고 넘어가는 것은 결코 헤겔주의자다운 자세가 아닐 것입니다. 당연히 이렇게 물어야 마땅해요.

'돌멩이 an sich', '돌멩이 für sich', '돌멩이 an und für sich'는 뭐냐? 돌멩이가 행복한 유년기를 보내다가 서자인 자신을 의식하고 길을 떠나 산적이 되는 거냐 뭐냐? 헤겔의 삼중 주춧돌은 심지어 논리적 개념에도 붙을 수 있으니, 예컨대 이런 질문도 던져야 합니다.

'양(量) an sich', '양 für sich', '양 an und für sich'는 뭐냐? 양이라면 '이만큼임'을 뜻할 텐데, '이만큼임'이 '이만큼임' 그 자체였다가 어느 순간 자기가 '이만큼임'을 의식하고, 그리하여 그 자체로 '이만큼임'이면서 또한 자기가 '이만큼임'을 의식한 그런 '이만큼임'이 된다는 거냐 뭐냐?

이쯤 되면, 혹시 헤겔 철학은 만물에 의식과 자기의식을 불어넣는 일종의 범심론이 아닐까? 라는 의문마저 들 만합니다. 참고로 라이프니츠 철학은 그런 범심론으로 해석할 여지가 충분히 있습니다. '단자론'의 저자 라이프니츠에게 돌멩이와 홍길동의 차이는 단지 의식 및 자기의식이 얼마나 환히 깨어있느냐의 차이라고 할 수 있어요.

라이프니츠의 설명은 이렇습니다. 돌멩이도 의식이 있는데, 다만 그 의식이 아주 깊이 잠들어있다. 원리적으로 홍길동과 다름없으니, 돌멩이도 그 자체인 돌멩이, 자기를 마주한 돌멩이, 그 자체이며 자기를 마주한 돌멩이의 국면을 거치지만, 홍길동의 일생을 닮은 이 과정이 워낙 고요해서 돌멩이의 일생은 사실상 그냥 멈춰있음과 다를 바 없다.

헤겔 역시 이와 비슷한 얘기를 하는 것일까요? 특유의 삼중 주춧돌을 온갖 것에 갖다 붙여 독자의 혼을 빼놓으면서 헤겔이 하는 얘기는 결국 칸트 이전의 범심론 형이상학일까요? 헤겔의 텍스트에 명시적으로 등장하는 예는 아니지만, 그의 삼중 주춧돌은 심지어 그 주춧돌 자신에도 붙일 수 있습니다. 즉, '그 자체인 그 자체(Ansich an sich)', '자기를 마주한 그 자체(Ansich für sich)', '그 자체이며 자기를 마주한 그 자체(Ansich an und für sich)'도 얼마든지 화두로 삼을 수 있습니다. 그렇다면 헤겔은 '그 자체'라는 말에도 의식과 자기의식을 부여하는 슈퍼-범심론자쯤 될까요? 저의 대답은 '전혀 그렇지 않다!'입니다.

하지만 이 대답을 정당화하기가 만만치 않습니다. 왜냐하면 '의식', '자기의식', '정신', '나' 같은 용어들이 무엇을 의미하는가? 라는 정말 큰 질문을 다뤄야 하기 때문이에요. 일반인이 이런 용어들(우리의 자화상을 구성하는 성분들)을 들을 때 떠올리는 것은 당연히 자기 자신의 주관적 심리현상일 것입니다. 혹은 신경생물학에 의지하여 뇌를 떠올릴 수도 있겠고요. 하지만 헤겔 철학은 이런 용어들(즉, 이런 용어들이 가리키는 정신적 구조들)을 논리적 구조들로 이해할 것을 요구합니다. 이를테면 '의식'은 특정한 논리적 구조입니다.

'정신'이 어떤 논리적 구조를 뜻한다고? 굉장히 낯설고 억지스러운 어법처럼 느껴질지도 모르지만, 실은 그렇지 않다는 것을 조금이라도 맛보는데 도움이 될까 하여 이 글에서 일종의 '분신술'을 소개하고자 합니다. 개인적으로 제가 철학 전체에서 가장 중요하다고까지 평가하는 내용이니 귀담아 들어주기 바라요.

철학의 대문을 여는 열쇠는 언어이며, 더 정확히 말하면 명사나 동사 같은 묵직한 언어 성분이 아니라 부사나 전치사 같은 하늘거리는 곁다리 성분들입니다. 제가 이야기하려는 '분신술'의 실행 현장을 알려주는 안내판과도 같은 언어 성분이 있으니, 그것은 영어로 'as', 독일어로 'als', 우리말로 '로서'입니다. 요컨대 제가 말하는 '분신술'이란 '로서-구조'를 뜻합니다. 그러니까 이 글의 주제를 정확히 표현하는 용어는 '로서-분신술'이라고 할 수 있습니다.

'A as A*', 곧 'A*으로서 A'를 생각해봅시다. 이 어법이 쓰이는 대표적인 경우는 역시나 사람과 그의 역할을 이야기할 때입니다. '소설가로서 허균', '정치가로서 허균', '허난설헌의 동생으로서 허균' 등이 이야기됩니다. 전 서울대 철학 교수 이태수는 이런 'as'의 용법이 의미심장하다는 점을 강조하면서 그 용법을 처음 주목한 인물은 아마도 아리스토텔레스라고 여러 강의와 세미나에서 주장했습니다. 그러면서 이 용법을 요약하는 개념으로 '노릇'을 이야기하곤 했지요. '로서'가 표현하는 것은 '노릇하기'이며, '노릇하기'는 철학 전반에서 매우 중요하다는 취지였습니다.

저는 이태수의 통찰을 그대로 넘겨받고 한걸음 더 나아가 '로서'는 '분신(分身)'을 뜻한다는 확장된 견해를 내놓고자 합니다. '노릇'과 '분신'은 크게 다르지 않습니다만, 'A as A*'을 '노릇' 구조로 볼 때보다 '분신' 구조로 볼 때 A에 쏠리는 무게가 더 줄어든다는 (그리하여 A와 A*이 동등해진다는) 차이점이 있습니다.

구체적인 예로 영화 「택시운전사」를 생각해봅시다. '택시운전사로서 송강호'는 무엇을 뜻할까요? 상식적인 수준에서 보면, 당연히 '영화 속에서 택시운전사 노릇을 하는 배우 송강호'를 뜻합니다. '노릇'의 표준적인 의미는 그렇습니다. 하지만 그 영화가 그리는 실제 택시운전사의 눈에서조차 눈물을 뽑아낼 것만 같은 명연기로 우리의 속을 헤집어놓는 '택시운전사로서 송강호'는 '정말로 택시운전사이면서 또한 송강호'가 아닐까요?

물론 '노릇'이라는 말을 그렇게 분신한(분열한) 송강호를 가리키기 위해 사용할 수도 있습니다. 실제로 훌륭한 배우들의 '노릇' 그런 '분신'에 가깝다고 봐야죠. 아마 이태수도 그런 분신을 염두에 두고 '노릇'을 이야기하지 않았을까 추측해봅니다.

아무튼 이 글의 주제는 로서-분신술입니다. 로서-분신은 주체의 차원뿐 아니라 대상의 차원에서도 일어납니다. '기본입자들의 집합체로서 돌멩이', '건축자재로서 돌멩이', '지구의 먼 과거를 알려주는 단서로서 돌멩이', '독재에 대한 항거를 표현하는 수단으로서 돌멩이', '다섯 살 꼬마가 여덟 살 누나에게 건네는 선물로서 돌멩이' 등등. 어떤 맥락에서 보느냐에 따라서, 혹은 어떤 관점에서 보느냐에 따라서, 'X로서 돌멩이'는 한없이 풍부하게 변주될 수 있습니다.

로서-분신은 대상 영역을 가리지도 않습니다. '질(質) 범주에 맞선 범주로서 양', '수학적 자연과학들의 바탕을 이루는 개념으로서 양', '개별성을 억압할 위험이 있는 개념으로서 양', '굶주린 사람이 중시하는 음식 선택 기준으로서 양' 등등. 심지어 '철학을 여는 열쇠로서 '로서'', '격 조사로서 '로서'', '받침 없는 단어로서 '로서''도 가능합니다.

이런 의미에서 로서-분신술은 가히 '보편 분신술'이라고 할 만해요. 주체든, 대상이든, 논리적 도구든 상관없이, 무릇 개념은 보편 분신술을 구사합니다. 예외가 없어요. 자, 'A*으로서 A'로 표현되는 로서-분신을 거부하는 A가 있다고 칩시다. 대체 왜 그러느냐고, 로서-분신은 너의 운명적 자유라고 A를 타이르고 싶지만, 그건 나중 일이고, 일단 그런 A는 '로서-분신을 거부하는 놈으로서 A'이므로 이미 로서-분신술을 구사하고 있다고 지적해야 하겠습니다.

좀 쩨쩨한 논리처럼 보일지도 모른다 싶어서 보충하겠습니다. A가 어떤 분신, 어떤 노릇도 밀쳐내면서 최대한 자기 안으로 웅크린다면, 그런 A는 '하얀 종이 위의 선형 무늬로서 A', '아무 의미 없는 낙서로서 A'일 테니까, 역시나 로서-분신술을 구사하는 중입니다. 역시나 쩨제한 논리인가요? 그렇다면 이렇게 물러서겠습니다.

'무릇 개념은 오직 로서-분신을 실행할 때만 유의미하다'

한사코 무의미를 고집하겠다면, 그건 말리지 않겠다는 뜻입니다. 그러나 유의미한 무언가가 되려면, 그 무엇이든지 로서-분신을 최소한 허용해야 하고, 근본적인 수준에서는 스스로 실행해야 합니다.

위 문장에서 저는 '로서-분신을 허용하는 것'과 '로서-분신을 스스로 실행하는 것'을 구분했습니다. 짐작하실지도 모르겠는데, 헤겔 철학이 그리는 세계상 안에서는 모든 것이 스스로 '로서-분신'을 실행합니다.

그리고 이것이 결정적인데, 보편적인 '로서-분신'의 구조는 헤겔이 삼중 주춧돌('그 자체임', '자기를 마주함', '그 자체이며 자기를 마주함')을 통해 말하려는 바와 사실상 같다고 저는 해석합니다. 'A*으로서 A'는 A가 A와 A*으로 분열하고 그 분열을 거둠으로써 비로소 유의미한 A로서 존립한다는 사태를 요약하는 문구입니다. 이 문구 안에 1) 'A 그 자체'(아직 분열하지 않은 단박의 A), 2)'자기를 마주한 A'(A*과 A로 분열한 A), 3) '그 자체이며 자기를 마주한 A'(분열하고 그 분열을 거둠으로써 완성된 A)가 다 들어있습니다.

부디 '로서'로 표현되는 보편 분신술을 화두로 삼아보십시오. 그러면 홍길동 모형 안에 갇힐 뻔했던 정신이 다시 그 모형으로부터 거리를 두고 나름대로 몸을 놀릴 공간을 확보할 수 있을 것입니다. '로서-분신'은 헤겔 철학에만 국한된 화두가 결코 아니에요. 정말이지, '철학의 대문을 여는 열쇠로서 '로서''는 허튼소리가 아닙니다.

9강
다움을 아시나요

『정신현상학』 서문 17번 문단의 맨 앞 구절은 아래와 같습니다.

"내가 깨달은 바로는, 모든 것이 걸린 관건은 진실을 실체로서뿐 아니라 또한 마찬가지로 주체로서 파악하고 표현하는 것이다."

불가의 용어를 쓰자면 일종의 오도송(悟道頌)이죠. 헤겔이 자신의 깨달음을 요약해서 내놓는 문장. 헤겔 본인이 "이것은 시스템 자체를 서술함으로써 정당화해야 할 이야기지만"이라는 단서를 달면서 마지못해 내놓을 만큼 의미심장한 이 문장을 어떻게 하면 우리에게 더 와 닿게 풀이할 수 있을까를 오래 고민한 끝에 저는 아래와 같은 문구에 잠정적으로 도달했습니다.

내가 깨닫고 보니
사람임에 머물지 않고
사람다움에까지 이르는 것에
만사가 달렸더라.

물론 이것은 사이비 오도송입니다. 저는 깨달음에 이른 적이 없으니까요. 그럼에도 이렇게 어설픈 도인 흉내를 내보는 것은, '사람다움', 더 일반적으로 '다움'이라는 멋진 우리말을 우리의 화두로 삼으면 좋겠다는 생각 때문입니다.

한편으로 '다움'은 '임'을 전제합니다. 사람다우려면, 우선 사람이어야 해요. 개나 돼지를 두고 사람답다고 하지는 않습니다. 죽음을 앞둔 소가 굵은 눈물을 흘릴 때, 우리는 소가 '사람 같다'고 말하지, '사람답다'고 말하지 않습니다.

다른 한편으로 '다움'은 애초의 '임'을 무효화합니다. '다움'이 등장하는 가장 유명한 속담은 아마 이것일 테죠. '사람이면 다 사람이냐, 사람다워야 사람이지.' 이 속담에서 '다움'은 '임'을 일단 뭉개버린 다음에 ''다움'을 뜻하는 '임'으로' 다시 세웁니다.

저는 오래 전에 Aufheben의 번역어로 "거둠(거두다)"을 발견하고 환호했습니다. 우리말의 바다에서 진주를 깨낸 기분이었죠. 그러나 '거둠'을 가지고 나름의 헤겔 철학 버전을 시도할 수도 있겠다는 생각은, 그때 잠깐 품어만 봤을 뿐, 실행하지 못했습니다. 그래서 저에게 '거둠'은 그냥 Aufheben의 번역어로 남아있습니다.

그러나 '다움'은 다릅니다. 번역어를 물색하다가 발견한 우리말이 아니라, 우리말의 세계 안에서 독자적으로 빛을 발하는 표현이니까요. 표준국어대사전에서 '답다'는 "'성질이나 특성이 있음'의 뜻을 더하고 형용사를 만드는 접미사"로 풀이되어있군요. 요컨대 '형용사화 접미사'라는 뜻이니까, '사람답다'는 그냥 'be human', 'menschlich sein'이라는 풀이네요.

영어나 독일어를 모어로 사용하는 평범한 사람에게 '사람답다'를 설명하려면, 뭐 이렇게 설명하고 마는 것이 무난할 듯합니다만, 한국어를 모어로 사용하는 사람이라면 아마 누구나 '사람답다'는 '사람이다'와 영 다르다는 점 때문에 저 설명이 미흡하다고 느낄 것입니다. 사전의 설명대로 '사람답다'는 '사람의 성질이 있다'를 뜻할까요? 만일 그렇다면 '사람답다'와 '사람이다'

를 확실히 구분하면서 위에 인용한 속담을 주고받는 것이 과연 가능할까요?

제가 이해하기에 '다움'은 자유의 차원에 속한 개념입니다. 우리 모두가 느끼듯이 '다움'은 '실천'과 직결되는 개념이에요. '코가 하나 있음', '눈이 두 개 있음', '대개 한 배에 새끼를 한 마리 낳음'과 같은 자연적 성질이나 특성을 갖췄다고 해서 그런 사람을 '사람답다'라고 말하지는 않습니다.

그럼 진정한 의미의 '사람다움'은 뭐냐고요? 아주 좋은 질문입니다. "좋음이란 무엇이냐?"라는 플라톤의 질문에 털끝만큼도 뒤지지 않을 만큼 좋은 질문이에요. 같이 토론하고 실천하면서 답을 찾아가봅시다. 바로 이 질문이 소크라테스 이래 모든 철학자의 평생 화두, 아니 철학자와 비철학자를 막론하고 모든 사람의 평생 화두라고 저는 믿습니다.

애초의 '임'을 부수고 다시 세우는 '다움'! 어째, 헤겔 철학 냄새가 조금 풍기지 않나요? 당연히 그럴 수밖에 없는 것이, 아무래도 저는 헤겔 철학을 가장 많이 공부했잖아요. 하지만 저는 거기에 머물지 않고 '다움-신공'을 연마해보려 합니다.

자, 헤겔의 현란한 삼중 주춧돌이 아무 데나 붙어서 우리의 한숨을 자아내는 극악무도한 상황에서 과연 누구 혹은 무엇이, 한국어를 모어로 사용하는 우리를 구할 수 있을까요? 언젠가 하이데거는 "여전히 신만이 우리를 구원할 수 있다"라고 말했지만, 저는 이렇게 말하렵니다. ''다움'이 우리를 구원할 것이다' 제가 보기에 아래 세 표현은 사실상 동치인 듯해요.

1) '사람 an und für sich'
2) '그 자체이며 자기를 마주한 사람'
3) '사람다운 사람'

우리말 '다움'이 표현하는 논리적 구조는 독일어 'an und für sich'가 표현하려 애쓰는 논리적 구조와 그리 다르지 않은 것 같습니다. 이 추측이 옳든 그르든, 헤겔이니 독일어니 다 집어치우더라도, '다움'은 그 자체로 엄청난 진주라고 저는 확신합니다. '거듭'이 그냥 진주조개라면, '다움'은 그 안에서 비너스와 아테네와 아폴론과 조로아스터와 기타 등등이 떼로 몰려나오고도 남을 정도의 초대형 진주조개인 듯해요.

박 타는 흥부의 흥분을 가라앉히고 차분히 헤겔 철학으로 돌아와서 질문을 던져봅시다. 과연 'X an und für sich'를 'X다운 X' 혹은 '자기다운 X'로 옮겨도 될까요? 대답은 우리가 '다움'을 얼마나 잘 이해하느냐에 달렸다고 봅니다. 만약에 이미 누군가가 우리말 '다움'의 논리적 구조를 분석해놓았다면, 우리는 그 분석에 의지해서 위 번역의 타당성을 따져볼 수 있을 텐데, 아쉽게도 저는 그런 분석이 있다는 얘기를 들은 바 없습니다. 하지만 그래서 더 큰 운신의 폭을 확보할 수 있으니, 일방적으로 아쉽기만 한 것은 아니에요.

전형적인 용례에서 '사람답다'는 성질이나 특성, 조건, 능력 따위(존재의 차원에 속한 요소들)를 두고 하는 말이 아니라 자유로운 행동을 두고 하는 말입니다. '그놈 참 사람답다'는 말은 '그놈 하는 짓이 사람답다'는 뜻이에요. 개를 두고 '그놈 참 개답다'라고 말하는 것은 약간 어색하죠. 왜냐하면 개가 하는 짓은 자유로운 행동이 아니라고 우리는 암묵적으로 전제하니까요. 『논리의 학Wissenschaft der Logik』에서 숱하게 만나는 헤겔의 어투를 흉내내어 저는 아래와 같은 경구를 지어보렵니다.

> '임'이 자기를 벗어나 허공에 뜨고, 거기에서 다시 자기를 거둘 때,
> '임'은 '다움'에 이른다.

솔직히 제가 봐도 겉만 번드르르하지 속은 부실한 문장이네요. 물론 앞

으로 속을 채워나가면 상황이 달라질 수도 있겠지만요. 아무튼 정말 대단한 것은 우리말 '다움', 그리고 '사람이면 다 사람이냐, 사람다워야 사람이지.' 라는 말은, 시장에서 삿대질 하며 우리말로 싸우는 사람들이 즐겨 읊는 진리의 말씀입니다.

10강
『정신현상학』 서문을 감히 정리함

감히 『정신현상학』 서문의 총정리를 시도하려 합니다.

서문 곳곳에 등장하는 헤겔의 형식주의 비판에 담긴 주요 메시지 하나는 '요약하려 들지 말라!' 입니다. '진실은 요약되지 않는다'라고 표현할 수도 있겠습니다. 진실 곧 주체, 혹은 헤겔 철학을 깔끔하게 한 문장으로 요약해달라는 사람. 바로 그런 사람을 헤겔과 저는 가장 한심하게 여깁니다.

그런데 잘 생각해보면, 이렇게 주요 메시지를 추리는 작업 자체가 일종의 요약임을 부정할 수 없습니다. 저는 '진실은 요약되지 않는다'라는 한 문장으로 진실을 요약하고 있는 셈이죠. 이런 식으로, 실행을 통해 애초의 기획을 무너뜨리는 역설적인 운동을 주목하십시오.

헤겔은 서문을 쓰기 싫다고 꽁무니를 빼는 문장으로 서문을 시작합니다. 이런 엄청난 얘기를 초장에 불쑥 꺼내는 것은 부적절하다면서도

> "모든 것이 걸린 관건은 진실을 실체로서뿐 아니라 또한 마찬가지로 주체로서 파악하고 표현하는 것이다."(서문 17번 문단)

라고 발설해버립니다. 그런 헤겔의 발걸음에 맞춰 저는 『정신현상학』 서문이 헤겔 철학 전체의 알파요 오메가이며, 바로 이 문장이 『정신현상학』 서문의 알파요 오메가라고 단언하겠습니다. 이 문장 하나만 이해하면, 임무 완

료! 헤겔 철학 공부 끝입니다. 그러나 저의 이런 망발을 기다렸다는 듯이 헤겔이 쏘아붙입니다.

> "앎과 철학 공부에서 독단론이라는 사유 양식은 다름 아니라, 진실은 확고한 결과이거나 단박에 알려지는 한 문장이라는 견해를 뜻한다."(서문 40번 문단)

아뿔싸, 저는 독단론자가 되고 만 것일까요? 만약에 제가 여기에서 멈춘다면, 정말로 저는 독단론자에 불과합니다. 하지만 헤겔 철학의 정수를 『정신현상학』 서문에서 발견하고, 그 텍스트의 정수를 '실체에서 주체로'라는 열쇳말에서 발견하는 것에 머물지 않고, 이 열쇳말을 다시 산산이 부숴 『정신현상학』 전체, 나아가 헤겔 철학 전체 속으로 녹아들게 한다면, 저는 독단론자의 정반대인 헤겔주의자로 자부할 수 있을 것입니다.

앞으로 저는 당연히 그 작업을 할 테고, 그 과정에서 '실체에서 주체로'라는 열쇳말은 비로소 그 말 자신의 진실에 도달할 것입니다. 여기에서는 다만 그 열쇳말의 변주 몇 개를 열거하겠습니다.

1. 있음에서 삶으로
2. 영원에서 시간으로
3. 논리에서 역사로
4. 본질에서 사연으로
5. 계시에서 대화로

헤겔이 무슨 얘기를 했냐고 물으신다면, 이 변주들이 가리키는 방향을 보라고 말씀드리겠습니다. 있음, 영원, 본질을 논하는 것에 머물지 않고 삶,

시간, 사연에 다가간다는 것은 결국 사람을 향해 나아간다는(사람인 철학자 자신으로 회귀한다는) 것입니다. 그리고 사람은 늘 사람들 사이의 한 사람, 제 표현으로는, 안팎으로 늘 대화예요. 헤겔 철학은 이 '사람 곧 대화'를 철저히 중심에 놓는다는 것이 저의 일관된 해석입니다.

헤겔은 '실체에서 주체로'를 비롯한 무릇 열쇳말이 스스로 자신을 해체하고 용해하여 자신의 진실에 도달하는 과정 — 곧 '실체에서 주체로'라는 열쇳말의 참뜻 — 을 "정신의 삶"이라고 부르면서 다음과 같이 멋지게 설명합니다. 『정신현상학』을 통틀어, 아니 헤겔 철학을 통틀어 제가 첫손가락에 꼽는 문장입니다.

> "그러나 죽음을 꺼리고 황폐화를 피해 자신을 순수하게 보존하는 삶이 아니라 죽음을 견뎌내고 죽음 안에서 자신을 보존하는 삶이 정신의 삶이다. 절대적 파열에서 자신을 발견할 때 정신은 비로소 자신의 진실을 얻는다."(서문 32번 문단)

단지 '실체에서 주체로'라는 열쇳말만 그 자신의 진실에 도달할까요? 우리 역시 우리의 진실에 도달합니다. 우리가 '실체에서 주체로'라는 열쇳말을 이해하는 과정은, 우리가 '실체에서 주체로' 이행하는 과정이기도 합니다. 진실을 이해하는 일은 진실을 실행하는 일이기도 하며, 우리가 그 일을 할 때, 진실은 비로소 참된 진실입니다. 우리가 진실에 참여하지 않는다면, 진실은 참된 진실이 아닙니다. 처음에 강독회를 열면서 '사람은 사람을 상대하기 마련이다'라는 화두를 던질 때부터 저는 '진실 곧 우리'라는 선언을 어렴풋하게나마 떠올렸던 것 같습니다.

'우리가 진실이다' 우리 사회에 절실히 필요한 헤겔 철학의 메시지를 대라고 누가 요구한다면, 저는 이 문장을 내놓겠습니다. 이것이 참된 민주주의의 원리라고 확신하면서요.

이 원리 속의 '우리'가 정확히 누구냐고 묻는 분도 있을지 모르겠습니다. 저는 일단 정의할 수 없는 단박의 익숙함에 기대어 대답을 뒤로 미루겠습니다. 이 '우리'를 일단 정의할 수 없는 이유는 '진실'을 정의할 수 없는 이유와 같습니다. 다만, 이 '우리'가 어떤 특수한 규정도 내포하지 않은 절대적 전제라는 점, 누구나 각자의 삶에서 '우리'가 무엇인지를 더없이 익숙하게 안다는 점을 짚어두고자 합니다.

이런 식으로 꽁무니를 빼는 태도는 헤겔주의자답지 않다고요? 아주 좋은 지적입니다. 거듭되는 말이지만, 제가 여기에서 멈춘다면, 저는 공허한 '우리 곧 진실'을 그저 감탄사처럼 내뱉고 저 혼자 떵떵거리는 독단론자에 불과할 테죠. 그러나 그럴 리가 있겠습니까, 아무리 공들여 억눌러도, 귀는 열려 있고, 입은 말하고, 몸은 춤추는데.

그러니 '우리 곧 진실'을 독단론의 늪에서 건져내기 위하여 강독회를 이어갑시다. "학문적 앎의 과정이 요구하는 바는…… 자기를 대상의 삶에 넘겨주는 것"(서문 53번 문단)이라고 헤겔은 말합니다. 헤겔의 문장을 읽는 동안 차곡차곡 쌓여갈 짜증과 자괴감의 불가피한 폭발로 우리의 실체가 산산이 파열하여 온 우주에 흩어져도 좋다는 자신감으로, 오히려 그 파열이 우리에게 주체다울 기회를 준다는 믿음으로, 이구아수 폭포를 방불케 하는 헤겔 텍스트의 격류 속으로 뛰어들어봅시다.

11강
정말로 중요한 전환은 이미 칸트 철학에서

『논리의 학』 어딘가에서 헤겔은 '시작하려면 이미 많은 것이 시작되어 있어야 한다'라는 취지의 말을 합니다.

헤겔이 '실체에서 주체로'를 강력하게 선언함으로써 오늘날 우리가 공부하는 헤겔 철학을 시작한 것 역시 더 먼저 이루어진 아주 많은 시작들 덕분에 가능했습니다. 헤겔 본인이 그 사실을 모를 리 없죠. 그럼에도 헤겔은 선배 철학자들을 들이받는 연기를 주로 합니다. 떠받드는 경우는 거의 보기 어려워요. 유독 헤겔이 오만방자해서가 아닙니다. 적어도 아리스토텔레스가 플라톤을 치받은 이래로, 앞선 시작들을 들이받기 혹은 짓밟기는 서양 문화의 유구한 전통에 가깝습니다.

플라톤과 아리스토텔레스를 서로의 천적쯤으로 보는 해석이 이른바 교양 수준의 철학 강의를 지배하는 것에 대해서, 플라톤 전문가인 제 친구 Y는 엄청난 안타까움을 표하곤 하는데, 저는 그 안타까움을 십분 공감하면서 한 걸음 더 나아가, 칸트와 헤겔을 맞세우는 흔한 (헤겔 본인이 상당한 정도로 유도한) 해석에도 강력하게 반발하고자 합니다.

저는 '실체에서 주체로'를 '있음에서 삶으로'로 변주한 바 있습니다. 그런데 헤겔 철학에서 삶은 앎과 거의 같다는 점을 감안하면, 그 변주는 '있음에서 앎으로'이기도 합니다.

'있음(존재)'에 붙박여 있던 시선을 뜯어내어 '앎'을 향하게 하는 획기적인 전환이 어느 순간엔가 이루어졌다면, 그 순간의 주인공은 헤겔이 아니라 칸트입니다. 물론 그런 획기적인 전환의 순간은 없었다는 것이 더 옳은 해석이고요. 흔히 고대 철학은 '있음' 중심, 근대 철학은 '앎' 중심이라고들 하지만, 그건 몹시 얄팍한 이야기입니다. 이미 고대에도 '있음'은 '진실'이라는 개념을 통해 '앎'과 직결되었어요. 정말로 있는 놈이 진실이고, 앎은 진실을 향할 때만 참된 앎이니까요. 결국 고대에나 근대에나 철학이 추구하는 바는 진실이며, '있음'과 '앎'은 진실의 다른 이름이라고 보는 것이 더 합당합니다.

하지만 흐름을 굽어보고, 매듭을 짓고, 획기적인 도약의 지점들을 지목하는 것 역시 공부에 필수적인 듯합니다. 교양 수준에서 생각하는 것보다 훨씬 더 미묘하긴 하지만, 굵직굵직한 변화들이 있다는 것도 엄연한 사실이니까요. 예컨대 진실의 이름으로서 '있음'이 선호되는 시대와 '앎'이 선호되는 시대는 세부적으로 상당히 다를 수 있습니다. 그런 의미에서 칸트가 이뤄낸 획기적 전환을 이야기하는 것은 충분히 유의미합니다. 헤겔의 칸트 들이받기 연기도 말하자면 영혼이 담긴 연기, 강력한 설득력을 갖춘 연기고요. 물론 저는 지금 그 연기의 뒷면을 폭로할 참이지만요.

칸트 철학이 이뤄낸 '있음에서 앎으로'의 전환을 흔히 '코페르니쿠스적 전환'이라고 부릅니다. 태양이 지구를 도는 것이 아니라 거꾸로 지구가 태양을 돈다고 생각한 코페르니쿠스를 언급하면서 칸트는 '앎이 대상을 따른다'라는 통념을 뒤집어서 '대상이 앎을 따른다'라고 생각해보자고 제안합니다.

사실 이 제안을 충분히 소화하면서 받아들이는 것은 결코 쉬운 일이 아닙니다. 괜히 코페르니쿠스를 들먹이는 것이 아닙니다. 이 제안은 철학적 우주의 중심에서 '존재'를 밀어내고 그 자리에 '앎'을 놓자는 것입니다. 차근차근 말하면, 우선 '있음'의 호칭을 '대상'으로 낮춘 다음에, '대상'을 '앎'의 한 성분으로서 (헤겔의 용어로는, 계기로서) 거두자는 것입니다.

앎이 전체 혹은 중심이고, 대상은 거기에 딸린 부분 혹은 곁다리라는 것은 상식적으로 쉽게 할 수 있는 생각이 아닙니다. 사실, 이 생각만 잘 소화해내면, 『정신현상학』을 나름대로 이해해서 재구성하기 위해 필요한 주춧돌 하나쯤은 너끈히 놓은 셈입니다.

그러나 그 주춧돌 하나를 놓기가 꽤 어려우니, 우리는 겉보기에 더 친근하고 일상적인 개념 하나를 도우미로 삼기로 합시다. 그 도우미는 '세계관'입니다. '세계관'은 일종의 '앎'입니다. 더 정확히 표현하면, 구체적인 앎들의 바탕에 깔린 기본 틀쯤 되겠는데, 그런 '세계관'과 구체적인 대상 하나를 나란히 놓고 둘 중에 어느 쪽이 어느 쪽을 따를지 생각해보십시오. 그러면 대상이 세계관을 따른다는 생각이 들지 않나요? 개별 대상은 반드시 '세계관' 안에서 파악됩니다. 대상은 앎의 시스템 안에 자리 잡음으로써 대상의 지위를 확실히 획득합니다. 헤겔식으로 표현하면, 대상은 앎에 의해 거둬짐으로써 비로소 대상입니다.

주관적 '세계관' 따위는 허구에 불과하고 객관적 대상만이 진실이다, 라고 반발하고 싶은 분들이 당연히 있으리라 짐작합니다. 이 반발은 정당합니다. 진실의 한 자락을 꽉 붙든 반발이에요. 그런데 그 한 자락이 무엇인지 섬세하게 이해할 필요가 있습니다. '세계관'을 몽땅 버리고 이를테면 맨몸, 맨마음으로 객관적 대상과 직접 박치기를 하겠다는 포부, 그런 박치기를 수천수만 번 거듭함으로써 객관적 '세계'를 객관적으로 이해하겠다는 계획은 실은 앞뒤가 맞지 않습니다. '세계관'을 버리는 순간, 박치기할 대상도 사라져야 맞습니다. 주체가 없으면 객체도 없어야죠. 그런데도 당신에게 여전히 직접 박치기할 대상이 있다면, 그건 당신이 여전히 특정한 '세계관'을 전제했다는 것을 의미합니다.

아무튼 저 반발에 담긴 한 자락의 진실을 이야기합시다. 저 반발은, '앎'에 통합된 대상이 마냥 고분고분 '앎'을 따르지는 않는다는 옳은 생각에서 비롯됩니다. 대상은 가지각색입니다. '세계관'을 튼튼하게 다져주는 대상이 있는가 하면, '세계관'에 흠집을 내는 대상, 심지어 '세계관'을 뒤흔드는 혁명적 대상도 있습니다. 맞습니다, '세계관'은 대상과 대화합니다. 때때로 그 대화는 사활이 걸린 대결로까지 치닫고요. 곰곰이 숙고하면, 어떤 대상이든지 자기 안에 반발력을, 혁명적 기운을 품고 있다는 생각에까지 이르게 됩니다. 그런 기운이 없다면, '앎'의 대상이라기보다 상상의 대상, 환상의 대상에 더 가까울 테니까요.

문제는 이 같은 대상의 반발력(헤겔이라면 '부정성Negativität'이라고 표현할 텐데)을 앎 바깥의 '존재 자체'에서 비롯된 힘으로 보느냐 마느냐입니다. 이 반발력의 원천을 '존재 자체'(칸트의 사물 자체)에 둔다면, '있음에서 앎으로'의 전환은 불완전해지거나 자칫하면 껍데기만 남습니다. 결국 '존재 자체'가 독자적인 반발력으로 '앎'을 뒤흔드는 구도가 짜이니까요.

그러나 칸트와 헤겔은 '앎'의 대상이 반드시 지녀야 하고 실제로 늘 발휘하는 그 반발력, 대상의 혁명적 기운을 '앎' 자체에 내장된, '앎' 자체의 본질적 속성으로 보는 쪽을 선택합니다. 제가 『철학은 뿔이다』에서도 강조했듯이, 바로 이 선택이 칸트의 사물 자체 불가지론의 참뜻이에요. 칸트는 '앎' 바깥에 '사물 자체'가 있다고 전제하는 상식적인 접근법을 용인합니다. 그러나 그 '사물 자체'의 발언권은 완전히 박탈해버립니다! 칸트의 '사물 자체'는 있으되 철저히 침묵합니다. 왜냐하면 사물 자체, 곧 '앎' 바깥의 '있음'은 '앎'의 역동적 자율성을 손톱만큼도 침해해서는 안 되기 때문입니다. 이런 무자비한 발언권 박탈을 칸트는 '사물 자체에 대해서는 아무것도 알 수 없다'라는 얼핏 겸손한 듯한 말로 표현합니다.

고수의 검법이 흔히 그렇습니다. 언제 베였는지도 모르게 베이고 말죠. 사물 자체에 대해서 아무것도 알 수 없게 되면, 주체가 쪼그라드는 것이 아니라, '앎' 바깥의 '있음'이 아지랭이나 그림자처럼 헛된 놈이 됩니다. 철학판에서 발언권 박탈은 사형이에요. 요컨대 칸트 철학에서 '사물 자체'는 단지 앎의 '대상'이 앎 안에서 발휘하는 반발력을 가리키는 명칭에 불과하다고 해도 되겠습니다.

'사물 자체'가 침묵하는데, '대상'이 어떻게 반발력을 발휘하냐고요? 이 질문은, 어떻게 '앎' 자체가 본래적으로 '부정성'을 지닐 수 있는가? 라는 질문과 같습니다.

이 질문에 답하려면 '앎'이 본래적으로 지닌 이중성을 이야기해야 합니다. 헤겔이 그 이중성을 어떻게 이야기하는지는 강독회에서 곧 보게 될 테니 제쳐둡시다.

칸트가 '앎' 자체의 이중성을 이야기하는 방법은 '이질적인 놈들의 종합 Synthesis der Ungleichartigen'이라는 칸트 특유의 열쇳말을 통해서입니다. 칸트 철학에서는 모든 좋은 것이 '이질적인 놈들의 종합'에서 나온다고 해도 과언이 아닙니다. 구체적으로 '앎'은 '직관과 개념의 종합'에서 나옵니다. 직관과 개념은 전혀 접점이 없을 만큼 이질적이고요. 그런 두 놈의 결합이 '앎'이에요. 그렇다면 '앎' 속에는 당연히 팽팽한 긴장이 내재하지 않겠어요? '앎' 속에는 언제든지 '앎' 자신을 산산조각 낼 수 있는 파괴의 기운, 반발의 기운이 깃들어있지 않겠냐는 말씀입니다.

저는 칸트가 말하는 '이질적인 놈들의 종합' 속에 그런 반발력, 그런 부정성이 내재한다고 봅니다. 그래서 헤겔의 시작에 앞서 당연히 있었던 수많은 시작들 가운데 가장 중요한 시작으로 칸트의 코페르니쿠스적 전환을 꼽고요.

'있음에서 앎으로'의 전환은 이미 칸트에서 일어납니다. 그 전환은 사물 자체를 있으되 침묵하는 껍데기로 만들고, '앎' 자체에 '앎' 자신을 허물고 다시 짓는 역동적 부정성을 내장시키는 방식으로 이루어집니다. 그리고 헤겔 철학은 이 전환을 사뭇 기발한 표현들로 잘 정리합니다. 이것이 칸트와 헤겔의 관계에 대한 저의 이해의 한 자락입니다.

12강
구체적 보편

1‖ 헤겔 철학의 정수가 담긴 형식논리학적 개념이 있다면, 뭐니 뭐니 해도 그 개념은 '구체적 보편das konkrete Allgemeine'일 것입니다. 물론 헤겔 철학을 형식논리학의 언어로 표현한다는 것 자체가 몹시 부적절한 시도라는 점을 잊지 마십시오. 그것은 누군가가 어떤 이유에서인지 바쿠스보다 백배 더 취해서 자신의 일생을 돌이키며 비틀거릴 때, 그 비틀거림의 박자를 세어 그를 4분의 2박자, 3박자, 4박자 등으로 규정하려는 시도와 비슷합니다.

상식적으로 보편(=일반)은 '추상적 보편'이기 마련입니다. '국민'이라는 보편 개념은 그 개념이 적용되는 개인들이 제각각 지닌 세부적 특징들에 대해서는 아무것도 말해주지 않습니다. 칸트는 무릇 개념이 다 그렇게 추상적이라고 단언하죠. 절로 고개가 끄덕여집니다. 일찍이 유명론자들이 지적했듯이, 따지고 보면 우리가 사용하는 단어들이 전부 그렇다고 할 수 있으니까요.

'사과'라는 단어에서 홍옥과 부사의 차이를 읽어낼 길은 없습니다. '사과'는 두루뭉술한 이름일 뿐이고 정말로 있는 것은 홍옥과 부사다, 라는 유명론적인 주장은 충분히 일리가 있습니다. 하지만 이런 식이라면, '홍옥'과 '부사'가 실재성 없는 이름으로 전락하는 것도 시간문제일 터입니다. 큰 홍옥, 작은 홍옥, 아주 맛있는 부사, 덜 맛있는 부사와 비교하면 일반적인 '홍옥'과 '부사'는 그저 일반 명칭에 불과할 테니까요.

그래서 칸트는 추상적 보편에 불과한 개념이 외톨이로 있으면 공허하다고 말합니다. 그런 개념이 유의미하게 구실하려면 직관과 결합해야 합니다. 그때 비로소 구체적인 '앎'이 형성되죠.

제가 이해하기에 칸트 철학에서 '개념'은 언어적 요소, '직관'은 비언어적 요소를 뜻합니다. 그러니까 칸트의 메시지는, 오직 언어적 요소와 비언어적 요소가 결합할 때만 '앎'이 산출된다는 것이에요. 그리고 칸트는 언어적 요소와 비언어적 요소의 이질성, 별개임, 기원의 다름을 강조합니다. 두 요소를 가르는 접두사 '비(非)'를 거대한 간극, 건널 수 없는 심연쯤으로 해석하는 거죠. 개념과 직관은 전혀 별개이며, 아주 이질적이고, 아예 기원이 다릅니다. 상식적으로 납득하기 쉽죠. 흔히 언어적 요소는 우리 안에서 유래하고 비언어적 요소는 바깥세상에서 유래한다고들 하잖아요.

그러데 이런 식으로 두 요소를 한껏 갈라놓으면, 당연히 곧바로 연결의 문제가 발생할 수밖에 없습니다. 그토록 이질적인 개념과 직관이 대체 어떻게 결합할 수 있지? 누가 혹은 무엇이 '비'라는 심연 위로 다리를 놓아 개념과 직관을 연결할까? 이런 질문들에 골몰하다 보면, '앎'은 존재하지 않는다거나 애당초 불가능하다는 치명적인 생각에까지 접근하기 쉽습니다. 도대체 답이 안 나오니까요.

한껏 갈라놓은 둘을 무슨 명분으로 다시 연결하겠습니까. 제3자를 추가로 도입해서 심연을 건너는 다리로 삼을까요? 얼핏 그럴싸하지만, 이 전술을 채택하면, 결국 무한히 많은 다리들을 건설해야 합니다. 그 제3자와 개념 사이에도 다리(제4자)가 필요할 테고, 그 제3자와 직관 사이에도 다리(제5자)가 필요할 테니까요. 더 나아가 제3자와 제4자 사이, 제4자와 개념 사이, 제3자와 제5자 사이, 제5자와 직관 사이에도 다리를 놓아야 할 테고요.

이 난관을 벗어나는 유일한 길은 처음을 돌이키는 것입니다. 처음에 '앎'이 있었고, 우리는 그 '앎'을 이해하기 위해서 성분 분석을 시작했다는 점을 돌이켜야 합니다. 애당초 외톨이 개념도 없었고, 외톨이 직관도 없었다는 점을 상기해야 해요. 처음이나 지금이나 우리 앞에 있는 것은 '앎'뿐입니다. 다만, 칸트의 분석 덕분에 우리는 그 '앎'이 '비(非)', 곧 부정성을 품고 있음을 더 선명하게 알게 되었지요.

'구체적 보편'이라고 하면, 일부 사람들은 '온 세상을 자기 안에 품은 개념' 같은 어마어마한 것을 떠올립니다. 전지전능한 개념, 신의 언어("빛이 있으라!"), 칸트를 훌쩍 뛰어넘은 거룩한 철학자 헤겔의 경지, 추상적 보편만 아는 범인들은 감히 쳐다볼 수도 없는 높이 등을 상상합니다. 그러나 헤겔의 '구체적 보편'은 그냥 '앎'이며, 칸트가 직관과 개념의 종합이라고 설명한 '앎'이 헤겔의 '앎', 곧 '구체적 보편'과 사실상 같다고 저는 이해합니다.

다만, 헤겔은 언어적 요소와 비언어적 요소의 결합으로서의 앎을 이야기할 때, 부정성을 가리키는 접두사 '비(非)'를 건널 수 없는 심연의 상징으로 간주하지 않고 정반대로 '근원적 얽힘'의 상징으로 봅니다. 헤겔에게 언어적 요소와 비언어적 요소는 우리 은하와 안드로메다은하처럼 까마득히 떨어져 있는 것이 아니라 동전의 앞뒷면처럼 늘 함께 있습니다. 동전의 앞면을 이야기하려면, 결국 뒷면까지 포함해서 동전 전체를 이야기해야 하잖아요. 똑같은 이유에서 개념을 이야기하려면 결국 직관까지 포함해서 '앎' 전체를 이야기해야 해요. 이런 연유로 헤겔은 '개념'을 때때로 '앎'과 같은 뜻으로 써요. '개념'은 '구체적 보편'이라고 헤겔이 말할 때가 바로 그런 경우입니다.

A와 비A는 동전의 양면과 같은 관계일까요? A를 뒤집으면 비A가 드러날까요? 진실은 A도 아니고 비A도 아니라, 'A와 비A의 얽힘'일까요? 이 질문들에 긍정으로 답한다면, 당신은 헤겔 철학의 중심에 성큼 다가선 것입니다.

'구체적 보편'은 무슨 초인적인 언어, 신적인 앎, 전지전능한 개념을 뜻하는 것이 아니라 바로 우리 인간의 '앎'을 뜻한다는 점을 강조하고 싶습니다. 헤겔의 '구체적 보편'은 '생동하는 개념', 인간의 '앎'입니다.

2‖ 제가 독일 쾰른에서 맞은 첫 학기에 칸트의 이론철학을 다루는 세미나에 참석한 일이 있습니다. 이름이 U로 시작하는 자상한 교수의 세미나였는데, 학점을 받으려면 학기말 논문 말고도 학기 중에 한번 지난 세미나에서 논한 내용을 요약해서 글로 제출하고 발표해야 했습니다. 매번 세미나가 끝날 때 다음 시간에 요약문을 제출할 사람들의 신청을 받는데, 꽤 중요한 이야기가 오갔다고 판단한 어느 날 저도 신청자 목록에 이름을 올렸습니다.

저에게 칸트는 낯선 철학자가 아니었으므로, 그리 어려운 과제는 아니었습니다. 정성들여 쓰고 독일인 친구에게 수고비까지 주면서 교정, 교열을 받아서 글을 제출한 후, 다음 번 세미나에 참석했을 때, 교수로부터 과분할 정도로 칭찬을 받았습니다. 글을 제출한 사람이 서너 명 되었는데, 제 글을 선택해서 저보고 읽으라더군요. 지난 시간의 논의를 상기하자는 의미였죠. 읽고 나니, 칸트의 주요 개념들에 대한 이해가 이보다 더 정확할 수 없다고 그럽디다. 기분 좋았습니다. 첫 성취였으니까요.

그런데 시간이 지나면서 점점 더 명확해졌지만, 그때 이미 무언가 잘못되었다는 느낌이 들었습니다. 따지고 보면, 칸트의 용어들에 대한 저의 이해는 잡티 하나 없이 깨끗할 수밖에 없었습니다. 당연하죠. Vernunft(이성)라는 단어, Verstand(지성)라는 단어를 제가 어디에서 처음 접했는데요. 바로 칸트의 글에서 접했습니다. 더구나 그밖에 다른 곳에서는 거의 접한 적이 없었습니다. 그러니 그 단어들에 대한 저의 이해는 청결할 수밖에 없었어요.

어릴 때부터 주위에서 읽고 듣고 본인도 말하고 쓰고 하면서 이리저리 굴린 단어들이어야 왜곡도 되고 오염도 되죠. 저는 그 단어들을 오로지 칸트에게 배워서, 오로지 칸트를 이해하기 위해 숙고하고, 오로지 칸트에 관한 글을 쓸 때만 사용했는데, 오염될 턱이 있겠습니까? 이것이 정말 중요한데, 저의 칸트 이해는 오염되거나 왜곡될 '역량'이 없었던 것입니다! 오염되거나 왜곡되지 않아서 칭찬을 받긴 했는데, 그 칭찬은 저의 근본적 한계를 일깨웠습니다.

제가 사용하는 독일어 철학 개념들은 말하자면 뒷면이 없었던 겁니다. 그래서 앞면이 돋보이게 선명하고 청결했던 거죠. 독일인 학우들이 사용하는 개념은 삶 속에서 계속 오염되고 긁히고 구겨지는 뒷면이 추가로 있어서 앞면과 겹쳐있기 때문에 상대적으로 앞면이 칙칙하게 보였던 것이고요.

비유하자면, 저는 죽은 금붕어 한 마리를 엄지와 집게로 집어 어항 속에 담그고 이리저리 휘젓고 있는 반면, 독일인 학우들은 살아서 펄펄 뛰는 붕어들을 잡느라 개울에서 텀벙거리고 있었던 겁니다.

그때 저는 직감했습니다. 지금은 내가 칭찬 받지만, 언젠가 철학자로 나서서 스스로 길을 찾을 때, 나의 선명한 독일어 철학 개념 이해는 저들의 창조적 작업을 위한 조수의 역할밖에 못할 것이다. 머지않아 그들이 '구체적 보편'을 능숙하게 주무르기 시작할 때, 나는 여전히 깔끔하게 각 잡힌 '추상적 보편'을 짊어지고 다닐 것이다.

죽은 금붕어를 붙잡은 손을 어항 속에 담그고 휘저으면서 활발하게 헤엄치는 금붕어를 상상하는 아이를 떠올려보십시오. 그 가련한 아이가 잡은 것이 '추상적 보편', 꿈꾸는 것이 '구체적 보편'입니다.

퍽 낯선 해석이라고 느끼는 분도 있을지 모르겠지만, 저는 '구체적 보편'을 어떤 의미에서 '엉망으로 때 묻고 구겨지고 긁힌 보편'으로 해석합니다. 심지어 '깨진 보편'도 좋습니다. 실제로 『정신현상학』 서문에서 "정신의 삶"을 이야기하는 대목을 보면, "절대적 파열에서 자신을 발견"하는 정신이 등장하죠(서문 32번 문단). 바로 그런 파열이 '구체적인' 것이라고 저는 이해합니다.

'구체적 보편'을 말하면, 완고하고 억압적인 개념이 심지어 구체성까지 획득해서 전지전능해진다고? 라는 식으로 되물으며 반발하는 분들이 꽤 있을 겁니다. 그러나 오히려 정반대가 진실입니다. '구체적 보편'은 '깨지는 중인 개념', '만신창이로 찢어지는 개념', '어떻게 손써볼 도리가 없게 망가지는 개념'에 더 가깝습니다.

이미 정신인 우리가 정신답게 살기 위해서 필요한 것은 선명함과 청결함이 아니라 오염과 왜곡과 파열이며, 삶과 앎과 철학하기에 필수적인 이 부정성들은 우리가 어머니에게서 배웠기에 팔다리처럼 부릴 수 있는 우리말을 부릴 때 가장 왕성하게 작동한다고 저는 믿습니다.

'어떻게 손써볼 도리가 없게 망가지는 개념'으로, '만신창이로 찢어지는 삶'으로 칭찬받을 수는 없을까요? 이것들을 칭찬할 줄 알 때, 그때 비로소 제대로 철학할 줄 아는 것이 아닐까요?

13강
균열을 통해 확보하는 자율

지난 모임에서 읽은 텍스트(정신현상학 「들어가는 말」 13번 문단 근처)는 '의식'에 대한 분석을 담고 있는데, 그 분석을 올바로 이해하기가 무척 어려웠지요. 마치 미끄러운 얼음판 위를 걷는 것 같았는데, 역설적이게도 그 어려움은, 우리가 '의식'을 꽤 잘 안다고 자부하기 때문에 발생합니다. 물론 근거 없는 자부심은 아니에요.

일상에서 우리가 취하는 태도는 거의 항상 '의식'의 태도니까요. 의식의 태도란 자기를 "'나-아닌-놈'을 마주한 '나'"로 간주하는 태도를 말합니다. 쉽게 말해서 "나는 내가 아닌 세계를 상대해"라는 말은 "나는 의식이야"라는 말과 같습니다. 반면에 '정신'이란 "나=우리=세계"라는 공식으로 표현되는 복잡한 구조입니다. 결코 상식적이지 않은 구조죠.

일상에서 우리 각자 곧 '나'는 '나-아닌-놈' 곧 '대상'을 마주합니다. 바꿔 말해, 일상적인 우리 각자는 '나-대상 관계'로서, 곧 '의식'으로서 존재합니다.

그러다 보니, 헤겔이 「들어가는 말」에서 '의식'을 거론하면, 독자는 자연스럽게 그런 일상적인 '나-대상 관계'를 떠올리게 됩니다. 더 나아가, 정말이지 싸구려 뽕짝만큼의 값어치도 없는 근대 철학 비판, 서양 근대 철학은 주관에 매몰되어 진실에 도달할 가능성도 의지도 잃고 헤맨다는 식의 아둔한 헛소리도 함께 떠올라, 우리의 헤겔 이해를 심하게 방해하는 듯합니다.

『철학은 뿔이다』에서 '내가 보기에 무엇은 어떠하다'라는 문장 틀을 중요하게 다룬 바 있습니다. 이 문장 틀은 근대 철학을 대표할 만합니다. 이렇게 이야기하면, 아마 많은 사람들이 고개를 끄덕일 겁니다. 그러면서 아마 이런 식으로 타이르겠죠.

'옳거니, 바로 그렇기 때문에 서양 근대 철학은 애당초 글러먹은 것이야. '무엇은 어떠하다'라는 진실에 도달하는 것이 철학의 목표이거늘, 서양 근대 철학은 주체를 기반으로 삼다 보니 태생적으로 한계가 있어서 고작 '내가 보기에……' 안에 갇혀서 헛되이 몸부림치고 있는 것이야!'

어디에서 왔는지 몰라도 지겹도록 들은 이 터무니없는 헛소리, 허영심으로 잔뜩 부푼 교양인 시늉은, 헤겔이 「들어가는 말」에서 소위 회의주의를 내칠 때처럼 단칼에 베어버리는 것이 상책입니다.

『철학은 뿔이다』에서 저는 '내가 보기에 무엇은 어떠하다'라는 발언은 '네가 보기에는 어떠한가?'라는 질문을 함축한다는 점을 강조했습니다. 즉, '내가 보기에'는 나의 앎에 스스로 울타리를 둘러 한정하는 겸양의 표현인 동시에 그 울타리 너머로 발을 내딛는 공론화의 신호입니다. 우리는 각자의 유한한 앎을 가지고 공론장에 나와 대화합니다. 오직 이런 공적 대화의 맥락 안에서만 '내가 보기에 무엇은 어떠하다'라는 문장 틀의 참뜻을 이해하고 소위 서양 근대 철학을 제대로 볼 수 있습니다.

'내가 보기에'라고 말하는 주체는 자기를 한정함(자기의 앎을 의식함)과 동시에 자기 바깥으로 (자기의 앎 너머 객관적 대상을 향하여) 발을 내딛습니다. 근대적 주체가 '내가 보기에' 안에 갇혔다고요? "데칸쇼, 데칸쇼, 한 일 년 누워서 지내세."(경성제국대학 신입생들이 부르고 다녔다는 노래. '데칸쇼'는 데카르트, 칸트, 쇼펜하우어를 뜻함)라고 읊으며 돌아다니던 식민지시대 반도와 내지의 한가한 "모단뽀이"들은 그랬을지 모르겠습니다만, 그건 데카르트, 칸트, 헤겔, 심지어 쇼펜하우어와도 전혀 무관한, 그들만의 못난 짓거리일 따름입니다.

의식 곧 ''나-대상 관계'에 관한 완고한 상식과 지지리도 못난 근대 철학 비판에 슬며시 젖어들었을 가능성이 높은 우리 자신을 흔들어 깨울 요량으로 『철학은 뿔이다』를 언급했습니다. 거듭 말하지만, '내가 보기에 무엇은 어떠하다'를 발언의 기본 틀로 삼는 근대적 주체는 자기를 한정함(자기의 앎을 의식함)과 동시에 자기 바깥으로 (대상을 향해 뛰어) 나갑니다. 헤겔은 똑같은 말을 이렇게 합니다.

"의식은 한편으로 대상을 의식함이며 다른 한편으로 자기를 의식함이다."(「들어가는 말」 13번 문단)

대상을 의식함(의식의 대상 관련성)이 먼저 나오고 자기를 의식함(의식의 자기관련성)이 나중에 나와서 제 설명과 순서가 거꾸로인데, 어떤 면에서는 이 순서가 더 자연스럽습니다. 일상에서 의식은 일단 단박에 대상을 향해 뛰어 나가서 대상을 의식하고, 뭔가 문제가 생겼을 때에야 — 똑같은 대상에 대해서 전혀 새로운 경험을 할 때, 혹은 똑같은 대상에 대해서 타인들이 전혀 다른 이야기를 할 때에야 — 비로소 그 대상에 대한 자기의 앎을 의식하고 점검하니까요.

제 설명에서 근대적 주체는 이미 그런 문제에 봉착해서 자기를 점검하는 의식이기 때문에 '내가 보기에 무엇은 어떠하다'를 기본 틀로 삼는 겁니다. 거듭 강조하거니와, 그렇다고 해서 근대적 주체가 대상 관련성을 포기하거나 한 것은 전혀 아닙니다. 오히려 대상 관련성을 제대로 재건하기 위해서 자신의 앎을 의식하고 점검하는 중이에요.

핵심은 '의식'이 '대상'과 그 대상에 대한 자신의 '앎'을 양손에 쥘 수 있다는 점입니다. 한손엔 대상을, 또 한손엔 앎을.

자, 이렇게 되니까, 소위 절대적 관념론의 시커먼 그림자가 어른거리는 것 같나요? 역시나 구제불능의 절대적 관념론자 헤겔이 이렇게 외치는 것 같나요? '객관적 대상도 내 손안에, 주관적 앎도 내 손안에! 나는 절대자다!'

잘 아시다시피 헤겔을 이런 엉터리 허수아비로 만들어놓고 비판하는 사람들이 아주 많아요. 쌔고쌨습니다. 당신이 보기에 그런 비판이 설득력이 있다면, 단호히 헤겔 텍스트를 덮으세요. 중요한 것은 당신의 삶, 당신의 행복입니다. 헤겔에게 미련 둘 것도 없고 원한 품을 것도 없잖아요. 깨끗이 발을 빼세요.

그리고 당신의 삶을 살아가다가, 이제껏 당신에게 진실이었던 무언가가 알고 보니 당신의 선입견이었음을 깨달을 때가 있거들랑, 바로 그때, 하염없는 허탈감에 마냥 찌그러들지 말고, 의식이 대상과 앎을 양손에 쥘 수 있다는 헤겔의 말을 진지하게 되새겨보세요. 당신은 대상이 앎으로 격하되는 순간을 경험하는 것입니다. 그 순간에 당신의 "의식은 한편으로 대상을 의식함이며 다른 한편으로 자기를 의식함"이고요.

거꾸로 앎이 대상(진실)으로 격상하는 경우도 있죠. 특정한 앎이 단적인 진실로 도장 찍혀서 고만고만한 앎들이 널린 좌판과는 차원이 다른 최고급 진열장 안으로 모셔지는 경우 말입니다. 일종의 이사(移徙)인데, 이렇게 앎이 진실의 진열장에 진입하는 상향 이사는 대개 오랜 기간에 걸쳐 일어나는 것처럼 보입니다. 거꾸로 앞서 언급한 하향 이사, 곧 진실의 진열장에 모셔졌던 앎이 다시 좌판으로 내려와 고만고만한 앎들과 대등하게 되는 변화, 바꿔 말해 대상이 앎으로 격하되는 변화는 종종 한순간에 일어나는 것처럼 보이고요.

실제로 세부적인 이사 절차에 차이가 있을지도 모르겠습니다. 그러나 상향이든 하향이든 상관없이 앎이 진열장과 좌판을 오가는 이사가 실행되는 기간은 한순간이라면 한순간이요, 긴 세월이라면 긴 세월이라고 말하는 것이 아마도 옳을 듯합니다. 의식은 이제껏 그저 그런 앎이었던 바(예컨대 '예수는 길이요 진리요 생명이다')를 한순간에 지고의 진실로 격상시키기도 하잖아요. 계시를 받았다거나, 기적을 체험했다는 이유를 대면서요.

아무튼 상향 이사가 완료되어 진실의 진열장에 새 항목이 추가되면, 그 항목의 과거, 곧 그 항목이 고만고만한 앎들 사이의 한 앎으로서 좌판에 널려있던 과거는 거의 깨끗이 지워집니다. 이제 그 항목은 단적으로, 단박에, 막무가내로, 본래부터, 영원히 진실입니다.

당신이 이런 상향 이사를 실행하면서 그 실행을 직접 알아챌 기회는 훨씬 더 드물 것입니다. 오히려 종종 체험하게 되는 하향 이사를 단서로 삼아서 상향 이사를 간접적으로 추체험하는 것이 최선일 거예요. 고이 모셔졌던 진실이 좌판으로 내려와서 반론들과 씨름하다가 나가떨어지는 꼴을 보면, 진열장에 모셔진 다른 진실들도 그렇게 나가떨어질 가능성이 있다는 생각, 더 나아가 그 진실들도 본래는 좌판 위에서 드잡이하던 앎들이 아니었을까 하는 생각을 어렴풋하게라도 할 만하니까요.

거듭되는 말이지만, 앎이 대상으로 변신하는 과정(상향 이사), 혹은 대상이 앎으로 변신하는 과정(하향 이사)에서 당신의 의식은 앎과 대상을 양손에 쥐게 됩니다. 자, 당신은 소위 절대적 관념론을 사랑하시거나 증오하시나요? 사랑도 증오도 거두시고, 과연 그 거창한 이름을 단 사상의 실질적 내용이 무엇인지 주목하시기 바랍니다.

흔히 사람들은 절대적 관념론의 주체-객체 통일(주객 통일)을 운운합니다. 저는 절대적 관념론도 모르고 주객 통일도 모르지만 헤겔 철학은 조금 아는데, 만약에 절대적 관념론의 주객 통일이 헤겔 철학에서 얘기되는 '하나임Einheit' 혹은 '동일함Identität'을 뜻한다면, 그 주객 통일의 실질적 내용은 제가 방금 말한 이사 혹은 변신입니다. 더 정확히 비유하면, 헤겔의 '하나임'은 맞선 놈이 맞선 놈으로 넘어가는 변신의 과정을 대표하는 한 컷의 정지화면 같은 것입니다.

그래서 저는 참 의문입니다. 어째서 저 경천동지할 이사 혹은 변신을 통일이라고 부르는 거죠? 헤겔 본인이 그 극적인 변화를 서술할 때 '하나임'이나 '동일함' 같은 개념들을 쓰는 것은 사실이에요. 하지만 헤겔은 그 개념들을 전혀 새롭게 정의해서 씁니다. 그래서 헤겔을 잘 읽어보면, 그가 말하는 '하나임'과 '동일함'은 무슨 굳건한 바윗돌이나 얼어붙은 호수가 아니라, 꽃봉오리가 꽃이 되고 열매가 되는 변신, 오이디푸스가 살인자였다가 왕이었다가 다시 살인자가 되는 변신 같은 역동적인 것임을 명명백백하게 알 수 있어요.

『철학은 뿔이다』에서 저는 헤겔의 '하나임'을 '맞선 둘의 얽힘'으로 해설했습니다. 물론 그 해설은 불만스러워요. '맞선 둘의 얽힘'은 정적인 인상을 풍겨서 방금 말한 역동적 변신을 상당히 은폐하니까요. 그럼에도 저는 그 해설이 현실적으로 최선이라고 봤습니다. 왜냐하면 헤겔이 삶의 온갖 영역에서 발견하고 서술하는 그 극적인 변신을 저의 언어로 따라가기 위해 보폭을 넓히다가는 필시 가랑이가 찢어진다는 것을 잘 알았기 때문입니다. 그 변신은 애벌레가 나비가 되는 것보다 훨씬 더 엄청납니다. 사람이 신이 되고, 신이 죽어버리고, 죽은 신이 되살아나고 하는 정도에나 견줄 수 있으려나 모르겠어요.

그래서 헤겔이 "의식은 한편으로 대상을 의식함이며 다른 한편으로 자기를 의식함이다"라고 말함으로써 우리의 시선을 의식이 앎과 대상을 양손에 쥔 장면으로 이끌 때, 저는 소위 절대적 관념론의 거대한 허풍을 보는 것이 아니라 정반대로 우리(무릇 '나')가 현실의 삶에서 항상 이미 겪고 있는 쓰라린 분열을 봅니다. 저 인용문에 나오는 의식은 찢어졌어요. 한 부분은 앎의 영역 안에 머물러 있고, 또 한 부분은 대상(그 자체로 있는 진실)의 영역으로 나가 있잖아요. 이건 명백히 분열입니다.

헤겔 철학이 그리는 주체는 찢어진 주체지, 소위 절대자가 아니에요. 다만, 찢어졌기 때문에 자율적인 주체입니다. 헤겔 철학이 그리는 주체는 자율적이에요. 그런데 그 주체는 객관의 영역과 주관의 영역을 한꺼번에 뒤덮은 거대한 구름 같은 절대자여서 자율적인 것이 아닙니다. 도리어 한가운데가 쭉 찢어져서 한쪽 부분은 이편에, 다른 부분은 저편에 놓인 주체여서, 그렇게 분리된 양쪽 부분이 서로를 마주하고 대화하는 중이어서 자율적입니다. 바꿔 말하면, 헤겔의 주체는 메울 수 없는 균열을 제 안에 품었기에 자율적입니다.

주체의 자율성이 표출되는 한 방식은 의식이 스스로 자신의 앎을 검사하는 것입니다. 헤겔의 문장을 보시죠.

> "의식은 자기에게 자기의 잣대를 대며, 따라서 탐구는 의식이 자기를 자기와 비교하는 일이 된다."(「들어가는 말」 12번)

이 문장을 진지하게 읽는다면, '아하, 의식이 자기를 남으로 대하는구나!'라고 해석하는 것이 자연스러워요 '의식은 의식 자신에게 남이로구나!'라는 해석으로까지 나아가야 한다는 생각도 조금 들고요. 이것이 옳은 해석 방향입니다. 애당초 의식의 근본적 균열을 전제하지 않으면, 위 인용문이 말하는 "탐구"는 불가능해지거나 우스꽝스러운 쇼로 전락합니다. 안타깝게도 절대적 관념론 운운하면서 나름대로 이해한 헤겔 철학을 비판하거나 옹호하는 분들은 의식(일반적으로 주체)의 근본적 균열을 전제하기는커녕 정반대로 의식의 확고한 균일성을 전제하는 경향이 있는 것 같아요. 이건 산에 가서 물고기를 구하는 것보다 더 심각한 번지수 착각입니다.

헤겔이 그리는 주체는 찢어짐으로써 자율성을 확보합니다. 나를 남으로 대할 줄 알아서, 자율적일 수 있습니다.

그래서 주체의 내적 균열을 인정하느냐는 주체의 자율성을 인정하느냐와 직결됩니다. 솔직히 저는 주체의 자율성을 근본적으로 부정하는 견해 따위는, 헤겔이 「들어가는 말」에서 회의주의를 쳐내듯이, 단칼에 베어버리고 싶지만, 끝내 대화하겠다고 맹세한 헤겔주의자로서 그럴 수야 없는 노릇입니다. 그러니 위 인용문을 실마리로 삼아서 한번 따져봅시다.

우리 각자는 자신의 앎을 스스로 검사하고 평가하고 수정할 수 있나요? 어림없는 소리라고 대답할 분도 있을지 모르겠는데, 그건 개인이 고립된 채 홀로 공부하는 상황을 전제하기 때문에 나오는 대답일 가능성이 높습니다. 왜 그런 전제를 하죠? 현실에서 개인은 늘 사회 안에 있고, 타인들과 의견을 주고받아요. 그런 대화의 맥락은 모든 철학의(특히 근대 철학의) 바탕에 늘 깔리는 전제입니다. 그런 현실적 상황에서 개인이 타인들의 반론이나 의문 제기 등을 계기로 삼아 자신의 앎을 검사하고 평가하고 수정하는 것은 가능할까요? 당연히 가능합니다. 가능할뿐더러, 실제로 누구나 그런 자체 검사, 평가, 수정을 실행하면서 삽니다.

몹시 억지스럽지만, 이 실행을 개인의 자율적 행동이 아니라 타인들의 압력에 굴복하는 수동적 행동으로 보는 분도 있을지 모르겠습니다. 이 문제는 결국 '나의 세계관은 누구의 작품이고 누구의 책임인가?'라는 질문과 연결됩니다. 저와 헤겔의 대답은 명확합니다. 우리 각자의 세계관은 각자가 짓는 작품입니다. 당신은 어떻습니까? 이제껏 살아오면서 당신의 세계관도 저의 세계관과 마찬가지로 지어지고 부분적으로 허물어지기를 반복하면서 지속적으로 다듬어졌을 텐데, 누가 그 다듬질을 했습니까? 저를 비롯한 타인들이 당신의 내면에 잠입해서 당신이 모르는 사이에 당신의 세계관에 끌을 대고 톱질을 하고 망치질을 했습니까?

마무리합시다. '내가 보기에 무엇은 어떠하다'라고 말하는 근대적 주체는 자기를 한정함과 동시에 자기 바깥으로 나갑니다. 쉽게 말하면, 그 주체는 자신의 유한한 앎을 싸들고 공론장으로 나가서 자기와 대등한 상대와 만나 객관적 진실을 주제로 놓고 대화합니다. 제가 보기에 헤겔 철학은 이러한 주체의 대화 활동이 얼마나 대단하고 소중한지를 치밀하게 서술하고 설명하는 작업에 다름 아닙니다. 분열된 주체니, 변증법이니, 앎과 진실을 양손에 쥔 의식이니, 하는 요상한 개념들은 모두 그 작업에 필요한 도구라고 보면 됩니다.

뭔 소리를 하는 거냐? 얼핏 대수롭지 않은 우리의 대화 활동 안에, 사람이 신이 되고 신이 죽어버리고 죽은 신이 되살아나는 수준의 신비가 깃들어 있다는 말이냐?고 물으신다면, 아마도 그렇다고 말씀드리겠습니다. 제 수준에서는 아직 '아마도'를 붙일 수밖에 없네요.

14강
대상과 관념: 근대 철학 비판을 비판함

1‖ 초보 철학도 시절에 저를 귀찮게 하던 문제가 있었습니다. 제가 중시하고 애착하던 문제는 아니었어요. 솔직히 저는 그 문제가 전혀 와 닿지 않았죠. 그런데 왜 귀찮았냐면, 철학합네 하는 사람들의 대다수가 그 문제를 대단한 화두인 양 떠벌리고 다녀서 그랬어요. 아무리 심지가 곧은 개인이라도 주변 분위기를 깡그리 무시할 수는 없기 마련입니다.

그 문제란 바로 싸구려 근대 철학 비판에 늘 등장하는, '대상과 관념의 분리', '객체와 주체의 분리' 운운하는 문제, 우리가 「들어가는 말」을 읽으면서 다루고 있는 '진실-앎 관계'와 밀접한 관련이 있는 문제입니다. 흔히 이런 질문으로 제기되는 문제죠. '주체와 대상이 분리되면, 양자의 일치 혹은 통일로서의 진리는 어떻게 확보될까요?'

때때로 저는 이 문제가 마치 족쇄처럼 이 땅의 철학을 초보 수준에 묶어놓는다고까지 느낍니다. 단언하건대 '주관적 관념이 어떻게 심연 너머의 객관적 실재에 도달합니까?' 따위의 질문에 골몰하면, 철학 초심자의 수준을 결코 벗어나지 못합니다. 웅장한 철학의 산은 코빼기도 구경 못하고 등산로 초입 식당에서 막걸리 마시며 떠들고 있는 꼴을 못 면해요. 혹시 이 땅에서 우리가 함께 일구는 철학이 여태 초보 수준에 머물러 있다면, 그렇게 된 중요한 원인 하나는 소위 지식인들이 아무것도 아닌 '대상-관념 일치' 문제에 즐겨 (저로서는 참 이해하기 어려운 취향입니다만) 매달리는 것에 있지 않을까라고 저는 의심합니다.

2‖ '오리 토끼 그림'을 다들 아실 겁니다(구글에서 검색하면 많이 나옵니다). 간단한 소묘인데, 오리로 보이기도 하고 토끼로 보이기도 하도록 교묘하게 그린 그림입니다.

누가 그 그림을 들이대면서 '이것이 무엇인지 말하라!'라고 명령한다고 상상해봅시다. 당연히 '오리라고도 할 수 있고, 토끼라고도 할 수 있는데요.'라는 대답으로 운을 떼고 대화를 이어가는 것이 옳은 대응일 테지만, 질문자가 이를테면 총구를 들이대며 윽박지른다면, '오리입니다' 혹은 '토끼입니다'라고 간단명료하게 대답할 수밖에 없겠죠. 뒷일은 운명에 맡기면서요.

나의 의식은 늘 무언가를 마주합니다(의식합니다). 그 무언가는 내가 보는 벚나무일 수도 있고, 내가 듣는 쇼팽일 수도 있고, 내가 내일까지 제출해야 하는 과제물, 월말까지 마감해야 할 원고, 내가 20여 년 전 유럽에서 만났던 T, 내가 머지않아 맞이할 60대와 70대의 삶일 수도 있겠죠. 그런데 누가 내게 명령한다고 해봅시다. '너의 의식이 마주하는 무언가는 실재냐 관념이냐? 간단명료하게 대답하라!'

우리는 '대상-관념 일치' 문제를 다루는 중이므로 '대상이냐 관념이냐?'로 질문을 바꾸는 것이 좋겠습니다. 저는 이 질문에 어떻게 대답해야 할까요? '대상입니다!'라고 하면, 소박한 실재론자가 될 테고, '관념입니다!'라고 하면, 대책 없는 관념론자가 될 테니, '그때그때 다릅니다'라고 해야 할까요? 이를테면, 벚나무, 쇼팽, T는 실재하는 대상이고 과제물, 원고, 나의 60대는 내가 떠올리는 관념이라고 덧붙이면 그럴싸할 것 같은데, 과연 설득력 있는 대답인가요?

'대상입니다!'라는 대답, '관념입니다!'라는 대답과 마찬가지로 '그때그때 다릅니다'라는 대답도 질문자가 씌운 프레임 안에 갇혔을 때 나옵니다.

오리 토끼 그림을 생각해보세요. 그 그림은 무엇이냐는 질문에 '그때그때 다릅니다'라고 대답하는 사람은, 아무튼 양단간에 하나만 선택해야 한다는 규칙에 순응하는 셈입니다.

의식이 마주한 무언가들을 세심히 분류해서 때로는 관념으로, 때로는 대상으로 규정하는 것은 바람직한 방향이 아니에요. 왜냐하면 의식이 마주한 무언가는 항상 관념으로서의 면모와 대상으로서의 면모를 둘 다 가지기 때문입니다. 예컨대 그때 그 T는 (바라건대) 지금도 건강하게 살고 있을 테니 틀림없이 실재하는 대상이지만, 내가 지금 20대 초반의 모습으로 떠올리는 T는 나의 회상, 나의 관념이기도 해요. 나머지 예들도 마찬가지입니다.

그러므로 '대상이냐 관념이냐?'는 질문의 정답은 '대상이기도 하고 관념이기도 합니다!'입니다. 이것이 헤겔의 대답이고요. 제가 더 보충해서 대답하면 '대상이라면 대상이고, 관념이라면 관념이지요.'라고 하겠습니다. 이 대응은 오리 토끼 그림을 보면서 '오리라면 오리고, 토끼라면 토끼죠.'라고 답하는 것과 똑같습니다.

요컨대 주목해야 할 것은 '대상이냐 관념이냐?'라는 양자택일적 질문이 아니라, 본래적인 '대상-관념 이중성'입니다. 이 이중성은 아무 잘못도 없고, 아무 문제도 없어요. 오리 토끼 그림이 뭔 죄가 있습니까? 눈을 씻고 다시 보면, 오히려 저 양자택일적 질문이 큰 문제입니다. 저 질문이 설정하는 프레임은 본래적인 '대상-관념 이중성'을 철저히 은폐합니다.

무슨 부귀영화를 누리겠다고 은폐할까요? 부귀영화는 몰라도, "국한된 만족"(「들어가는 말」 8번 문단)은 확실히 얻을 수 있어요. '대상-관념 이중성'을 똑바로 보는 것은 어렵고 불편하고 꺼림칙한 일이거든요. 오리 토끼 그림을 생각해보세요. 그 그림 앞에 서면 왠지 불편하고 당황스럽기까지 하지 않나요? 머무름, 고요, 안식을 자신의 기본 상태로 간주하는 의식 — 이것을 완고한 자연적 의식이라고 할 수 있을 텐데 — 은 오리가 토끼로 넘어가고 토끼가 오리로 넘어가는 상황을 몹시 꺼리기 마련입니다. 그래서 차라리 한가운데를 쑹덩 잘라서 반쪽을 내다버리고 나머지 반쪽만 부여안는, "국한된 만족"을 선택하기 쉬워요.

하지만 본래적인 '대상-관념 이중성'을 완전히 은폐할 길은 없습니다. 지난번 글('균열을 통해 확보하는 자율')에서 언급한 '진실과 앎 사이의 이사'(바꿔 말해, '진실-앎 이중성')는 엄연히 존재해요. 인류의 지성사는 그 이사로 점철되어있다고 해도 과언이 아닙니다.

더구나 '대상-관념 이중성'이 껄끄럽지만 인정할 수밖에 없는 고약한 사태로 머무는 것이 아니라 실은 '대상'과 '관념'을 가능케 하고 떠받치는 기반이고, 따라서 이 이중성을 '대상-관념 상보성Komplementarität'으로 부르는 것이 더 적합하다면, 우리는 "국한된 만족"을 추구하는 우리의 자연적 성향에 제동을 걸어야 마땅합니다.

헤겔은 '대상-관념 상보성'을 말하는 철학자입니다. '진실-앎 상보성'을 진짜 진실로 간주하는 철학자여서, 대상과 관념이 갈라져있다느니, 진실과 앎이 갈라져 있다느니, 객체와 주체가 갈라져있다느니, 하는 문제 제기가 전제하는 프레임을 훌쩍 벗어나있어요. 주체와 객체가 갈라져있는 것은 문제이기는커녕 진짜 진실의 작동을 위한 필수조건이에요. 갈라져 있어야 상보(相補)할 것 아닙니까? 대상이 관념으로, 관념이 대상으로 넘어가는 변신, 진실이 앎으로, 앎이 진실로 넘어가는 변신이 헤겔이 말하는 진짜 진실입니다.

그럼, 철학 교양서들에 나오는 소위 진리대응설은 뭘까요? 관념과 대상이 일치해야 참(진리, 진실)이라고 가르치잖아요? 그 가르침은 참 판별 기준에 관한 것이라는 점을 유념하십시오. 소위 진리대응설, 진리정합설, 진리합의설은 참 그 자체가 무엇이냐에 관한 이론들이 아니라 참을 판별하는 실용적 기준에 관한 제안들입니다. "참 그 자체가 뭔지는 모르겠으나, 아무튼 참과 거짓을 판별해야겠으니, 판별 기준을 논의해봅시다"라고 누가 제안하고 동료들이 동의할 때, 저 제안들이 유의미하게 논의됩니다. 그것들을 가지고 '진실이란 무엇인가?', '진실의 삶은 어떻게 펼쳐지는가?' 같은 정말 큰 질문들에 도전하는 것은, 뭐랄까, 정신 나간 짓이에요.

마지막으로 '대상-관념 일치'를 이룰 길이 없어서 근대 철학은 망했다는 식의 비판에 대해서 한마디 하렵니다. 이 비판은 몇 겹으로 엉망진창입니다. 첫째, 어떤 근대 철학자도 대상 따로, 관념 따로 존재한다고 얘기하지 않았습니다. 관념(혹은 대상)이 대상(혹은 관념)을 삼켜버리는 구도를 짠 경우는 있을지언정, 한 철학자가 관념 따로, 대상 따로, 그렇게 둘 다 존재한다고 말한 적이 전혀 없어요. 헤겔의 진실 곧 '관념-대상 상보성'이 어떤 이유에서든 마뜩치 않아서 그 진실의 한쪽 면모(헤겔의 용어로는 "계기Moment")만 취하고 나머지 면모는 버린 경우들은 있어도, 진실을 쑹덩 잘라놓은 다음에 양쪽 절반을 다 쥐고 다시 붙이려고 기를 쓴 경우는 전혀 없다는 말입니다.

'대상-관념 일치'의 불가능성을 들어 근대 철학을 비판하는 사람은 기본적으로 딱 교양 수준의 역사 짜깁기를 하고 있는 겁니다. 이 철학자(예컨대 버클리)의 관념 부여잡기와 저 철학자의 대상(예컨대 흄) 부여잡기를 비판자가 제멋대로 나란히 놓고서 이상한 그림을 그리는 겁니다.

그래놓고 '대상-관념 일치'가 안 되어서 근대 철학이 망했다고요? 이건 버클리와 흄이 일치하지 않아서 근대 철학이 망했다고 외치는 것과 똑같습니다. 천만에요! 근대 철학은 '대상-관념 상보성' 덕분에, 흄과 버클리의 대화 덕분에 잘만 번창합니다.

둘째, '대상-관념 일치'를 거론하려거든 '일치'가 대체 뭔지 정확히 알고 말해야 합니다. 진리 판별 기준에 관한 하나의 제안인 진리대응설에서 이야기하는 '대응'도 마찬가지에요. '대응'이 뭔지 정확하게 말할 수 있어야 합니다. '일치'와 '대응'을 이해하려고 정말 진지하게 애써보세요. 그러다 보면 '일치' 혹은 '대응'이 '상보성'과 그리 다르지 않다는 생각에 당신도 어쩌면 이를지 모릅니다.

이렇게 쉽게 표현할 수도 있습니다. 진실을 쑹덩 자른 것도 비판자 본인, 잘린 양쪽 절반을 엉거주춤 들고 있는 것도 비판자 본인입니다. 그래놓고 비판자는 이제 그 절반들을 어떻게 다시 붙일 수 있느냐고 근대 철학에게 묻습니다. 애먼 근대 철학에게 묻지 말고, 그 붙이기를 비판자 본인이 하십시오. 정말 진지하게, 혼신의 힘을 다해서.

그러다 보면 '양쪽 절반의 상보성'이라는 진짜 진실에 접근하게 될지도 모릅니다. 저로서는 권하고 싶지 않은 루트지만, 교양 철학 선생들이 굳이 권장하는 그 답답한 루트도 돌고 돌아 언젠가는, '찢어진 주체', '균열을 통해 확보하는 자율', '맞선 둘의 얽힘' 같은 봉우리들로 연결될 것입니다. 우리는 모두 이미 진실 안에 있으니까요. 대상과 관념의 분리가 문제라고요? 진실은 대상이라면 대상이고 관념이라면 관념입니다. 오리라면 오리고, 토끼라면 토끼예요.

15강
앎과 자유는 철학의 전제이기만 할까?

앞선 글('앎과 자유를 진지하게 부정할 수 없는 이유')에서 저는 앎과 자유를 철학의 전제로 자리매김했습니다. 그런데 곰곰 생각해보면, 그 자리매김이 이상하게 느껴질 만합니다. '앎과 자유는 오히려 철학의 목적이 아닐까?'라는 질문이 절로 나올 법해요.

대체 왜 철학을 배웁니까? 앎을 얻고, 자유에 이르기 위해서가 아니겠습니까? 그런데 앎과 자유가 철학의 전제라니, 자기가 이미 앎과 자유를 충분히 보유했다고 자부하지 않는 평범한 학생으로서는 쉽게 이해할 수 없는 이야기임에 틀림없습니다. 학생은 앎과 자유를 얻고 싶어서 철학을 배우러 왔는데, 철학을 배우려면 먼저 앎과 자유를 갖추고 오라니, 이게 말이 됩니까?

이렇게 황당함을 토로하는 학생에게 선생은 어쩌면 제가 앞선 글에서 펼친 것과 유사한 논증을 제시하면서 학생이 이미 앎과 자유를 지녔음을 이해시키려 할지도 모릅니다. 그러면 학생은 그 논증이 도통 이해가 안 돼서 떠나거나, 찰떡처럼 이해가 되어서 '아, 철학을 따로 배울 필요가 전혀 없구나!'라는 깨달음을 얻어서 떠날지도 모르고요.

그러나 현실의 선생과 학생은 대개 그러하지 않을 것입니다. 선생은 학생의 의지를 칭찬하며 배움을 독려할 테고, 학생은 자기에게 없는 앎과 자유를 선생이 주리라 믿으면서 배움의 길에 들어서는 것이 통상적인 경우일 터입니다. 그래서 '앎과 자유는 철학의 전제다'라는 선언과 이를 뒷받침하는 논증은 어쩌면 철학 공부가 충분히 무르익은 다음에 나와야 적절할지도 모르겠습니다.

앎과 자유는 또한 철학의 목적입니다. 요컨대 앎과 자유는 철학의 전제요 목적입니다. 그러므로 철학의 길은 출발점과 끝점이 같은 원형 경로입니다.

헤겔이 『정신현상학』 서문에서 이와 유사한 엄청난 얘기들을 하면서도 그런 얘기들을 뜬금없이 꺼내는 것에 대해서 불편한 심경을 여러 번 토로하잖아요? 저도 살짝 그런 심경입니다. 그래서 사이드스텝을 밟으면서 인용문들에 의지하려 합니다.

과거 길담서원에서 '근대 철학 사중주'라는 제목으로 했던 강의에서 저는 셸링이 헤겔에게 1795년 2월에 보낸 편지의 한 구절을 인용한 바 있습니다. 이런 구절이었죠.

> "그 사이 나는 스피노자주의자가 되었다! 놀라지 마라. 무슨 얘긴지 설명할 테니. 스피노자에게는 세계가…… 모든 것이었다. 나에게는 '나'가 모든 것이다…… 철학은 무제약자das Unbedingte를 출발점으로 삼아야 한다. 그런데 단 하나 문제는 이 무제약자가 어디에 있느냐, '나'에 있느냐 '나-아닌-놈Nicht-Ich'에 있느냐 하는 것이다. 이 질문의 답이 결정되면, 모든 것이 결정된다. 나에게 모든 철학의 최고원리는 절대적인 '나', 곧 자유를 통해 정립된…… '나'다. 모든 철학의 알파요 오메가는 자유다."

이 시절의 셸링은 피히테의 영향을 강하게 드러냅니다. 아직 셸링 특유의 자연철학에 이르지 않은 단계죠. 아무튼 제가 주목하는 것은 마지막 문장, "모든 철학의 알파요 오메가는 자유다"라는 단호한 선언입니다. 앎과 자유는 철학의 전제요 목적이라는 제 말과 똑같은 말입니다.

『철학은 뿔이다』에서 저는 그 똑같은 말을 나름의 어법으로, 나름의 맥락에서, 나름의 사회적 의미를 자부하면서 이렇게 변주한 바 있습니다.

> "우리는 우리 자신으로서 살기 마련이다. 어디로 가든지 마찬가지다. [……] 심지어 화성에 가더라도 우리는 우리 자신일 것이며 우리의 세계를 상대할 것이다. 환경을 우리에게 적합하게 일굴 것이며, 우리가 부여한 의미를 환경에서 읽어낼 것이다."(『철학은 뿔이다』 316쪽)

같은 책에서 저는 "우리는 늘 우리와 동등한 상대와 대화하는 중이며 앞으로도 영원히 그런 모습으로 우리 자신일 것"(334쪽)이라면서 이것이 헤겔 철학의 가르침이라고 말했는데, 이 말 역시 "철학의 알파요 오메가는 자유다!"라는 말의 변주입니다. "나는 나다"와 "나는 나와 동등한 상대와 대화한다"는 똑같은 말입니다.

마지막으로 셸링 자연철학의 미묘함에 대해서 한마디 하겠습니다. 보시다시피 셸링 철학의 "알파요 오메가는 자유"입니다. 그렇다면 요새 흔한 자연과학주의자들, 뇌과학 이데올로그들과 달리 셸링은 인간의 자유를 반박하기는커녕 도리어 옹호할까요? 예, 셸링 본인은 당연히 그렇다고 확신합니다.

아닌 게 아니라 셸링의 자연철학은 대단히 미묘해요. 그 미묘함을 대표하는 질문이 있습니다. 셸링이 던진 질문이죠. "자유로운 인간이 진화하려면 자연은 어떠해야 할까?" 아마도 셸링은 인간의 자유를 자연적인 사실로 전제한 것으로 보여요. 그의 자연철학이 다루는 주제는 인간의 자유를 너끈히 거둬 품은 자연, 그러니까 기계적 자연이나 생물학적 자연과는 차원이 다른 모종의 신비로운 자연이었고요.

그래서 셸링은 원래부터 헤겔의 친구였고, 나중에 개인적으로 데면데면해지기는 했지만, 끝내 헤겔의 친구로 머물렀다고 저는 믿습니다. 때로는 서로를 확실히 들이받고 짓밟고 갈아버리는 친구로.

16강
A만 알면 A도 모른다

"화학만 아는 사람은 화학도 모른다."

게오르크 크리스토프 리히텐베르Georg Christoph Lichtenberg의 말입니다. 칸트와 같은 시기에 활동한 자연과학자인데, 독일 최초의 실험물리학 교수이기도 했습니다. 아마도 그래서 위 인용문을 화학자들을 향한 견제구로 던지지 않았나 싶습니다.

제가 지금 번역 중인 책(Ernst Peter Fischer, '*Noch wichtiger als das Wissen ist die Phantasie*')에는 "물리학자가 아닌 화학자는 아무것도 아니다"라는, 유사한 의미의 또 다른 인용문도 등장합니다. 이 문장은 로베르트 빌헬름 분젠(1811~1899)의 것입니다. 분젠은 불꽃 실험을 통해 원소들의 스펙트럼선을 분석한 업적으로 유명한 화학자인데, 그 연구를 함께한 동료가 물리학자 키르히호프였습니다. 그러니 화학밖에 모르는 여느 화학자들 앞에서 저런 말을 하며 뻐길 수 있었을 테죠.

굳이 물리학을 추어올릴 필요는 없다고 봅니다. "물리학만 알면, 물리학도 모른다"라는 말도 충분히 일리가 있죠. "자연과학만 알면, 자연과학도 모른다."도 마찬가지, "철학만 알면, 철학도 모른다"라는 문장도 고개를 끄덕이게 만듭니다. 무언가를 제대로 알려면, 그것 외에도 여러 가지를 두루 알아야 하니까요.

일반화하면 "A만 알면, A도 모른다"라는 문장 틀을 얻을 수 있는데, 이 틀에서 '앎의 본성'에 관하여 중요한 교훈을 얻을 수 있지 않을까 생각해봅니다. 과연 '앎'이란 무엇일까요? 이 질문은 지난 모임에서 우리가 논의한 바의 상당 부분을 대표합니다.

위 문장 틀은 '앎'이 특정한 부분 영역에서 완성되는 것은 불가능하다고 선언합니다. 어떤 영역에서의 '앎'이든지, 그것이 진짜 '앎'이려면 반드시 그 영역의 외부와 얽혀있어야 합니다. 혹은, 반드시 그 영역의 울타리를 넘는 중이어야 합니다.

그러니 '앎'이 더는 울타리를 넘을 필요 없이 안정적으로 깃들 수 있는 영역이 있다면, 그것은 오로지 전체 영역뿐입니다. '앎'을 실행하는 놈은 오직 전체를 알 때만 떠돌이 생활을 마감할 수 있습니다. "진실은 전체다."(서문 20번 문단)라는 헤겔의 말이 단박에 떠오르지 않습니까?

하지만 그런 전체, 그것의 외부가 아예 존재하지 않는 궁극의 전체 — 집합론에 빗대면 "모든 집합들의 집합" 같은 놈 — 를 덥석 전제해도 될까요? 저는 그런 궁극의 전체를 거론할 때는 매우 조심스러워야 한다는 입장입니다. 적어도 이것만큼은 확실한데, 그런 궁극의 전체를 여느 부분처럼 다루면, 반드시 난감한 문제들이 발생합니다. 칸트가 『순수이성비판』의 대부분을 차지하는 '초월적 논리학'의 둘째 부분인 '초월적 변증론Die transcendentale Dialektik'에서 다루는 주제가 바로 그런 전체와 그것이 야기하는 문제들입니다.

헤겔 역시 궁극의 전체를 섣불리 앞세우는 사람이 아니라는 점을 명심할 필요가 있습니다. 칸트와 헤겔을 대비하면서, 칸트는 변증법Dialektik에서 부정적인 의미만 보는 반면에 헤겔은 긍정적인 의미를 보고, 칸트는 전체를 내치는 반면에 헤겔은 두 팔 벌려 환영한다는 식으로 손쉽게 해석하는 사람들이 아직도 꽤 있을지 모르겠는데, 저는 그런 편 가르기 해석에 전혀 동의하지 않습니다.

"진실은 바쿠스의 비틀거림이다."(서문 47번 문단)라는 화두를 생각해보세요. 헤겔의 어법에서 진실과 앎은 다르지 않으므로, '앎은 거침없이 비틀거린다'로 변형해도 좋을 텐데, 바로 이것이 헤겔입니다. "시간" 곧 "삶의 순수한 동요reine Unruhe des Lebens"(서문 46번 문단)가 "현존하는 개념daseiender Begriff"(같은 곳)이라고 선언하는 철학자.

궁극의 전체 안에 고인 앎은 결코 헤겔과 어울리지 않습니다. 그래서 저는 "진실은 전체다"라는 헤겔의 문장을 '진실은 항상 울타리를 넘는 중이다' 혹은 '앎은 항상 울타리를 넘는 중이어야 한다'라는 뜻으로 이해합니다.

우리가 상식적으로 '앎'(앎의 과정, 앎의 내용, 앎의 대상 등)을 어떻게 이해하든 간에, 헤겔이 말하는 '앎'은 주체의 '삶'에 가깝습니다. 그래서 헤겔이 '앎'을 이야기하면, 가장 먼저 '실행으로서 앎', '과정으로서 앎'을 떠올려야 해요. 데이터 더미나 단편적인 사실들의 무더기를 떠올리면 안 됩니다.

주체가 앎을 실행하면, 주체도 변화하고 대상도 변화합니다. 『정신현상학』에서 헤겔은 이 이중 변화를 "경험"이라고 부르고요(들어가는 말 14번, 15번 문단 참조). 쉽게 이해될 만한 이야기는 아니지 싶습니다. 아무래도 우리는 '나' 따로 '대상' 따로라는 상식의 기본 전제를 벗어나기 어려우니까요.

그래서 비유의 도움을 청할까 합니다. 산에 오르면서 가끔씩 뒤돌아 풍경을 바라보는 사람을 상상해봅시다. 그 사람이 등산을 실행하는 것이 앎을 실행하는 것에 해당합니다. 등산이 진행되면, 그가 바라보는 풍경이 바뀝니다. 이것이 '대상'의 변화에 해당해요. 또한 그 사람이 있는 자리가 바뀝니다. 이것이 '나'의 변화에 해당하고요.

'나'가 도달한 높이에 맞게 '대상'이 바뀝니다. 풍경은 꽤 좋은 비유인데, 왜냐하면 풍경 속에는 관찰자의 눈높이가 수평선의 형태로 이미 들어있기 때문입니다. 이 사례에서는 애당초 풍경 따로 관찰자 따로가 아니라는 점이 확연히 드러나죠. 등산이 진행되는 동안, 관찰자의 눈높이와 풍경이 짝지어 변화합니다. 이것이 헤겔이 말하는 "경험"이에요.

헤겔은 무릇 앎이 실행될 때 이런 식의 이중 변화가 — 훨씬 더 극적으로 — 일어난다고 말합니다. 『철학은 뿔이다』에서도 언급했지만, 오이디푸스 왕의 "경험"을 전형적인 예로 들 만합니다. 그는 테베에 재앙을 가져온 '그 흉악한 범죄자'가 누구인지 알고 싶었고, 끝내 그 '대상'이 바로 '나' 자신임을 "경험"합니다. "맞선 놈이 맞선 놈으로 넘어감"(서문 45번 문단)('대상'이 '나'로, '나'가 '대상'으로 넘어감)을 경험하는 거죠. 상상만으로도, 그의 눈앞이 까매졌으리라 짐작하게 됩니다. 그래서 그의 자해 행위가 설득력 있게 다가오고요.

'앎'이란 과연 무엇일까요? 우리 인간의 삶에서 정말로 중요한 '앎', 우리의 삶 그 자체만큼 중요한 '앎'이 있다면, 그 '앎'의 실행은 이른바 객관적 데이터를 우리의 기억장치에 저장하는 일과는 엄청나게 다를 것입니다.

17강
앎과 자유를 진지하게 부정할 수 없는 이유

제가 '앎은 존재한다'라고 주장하자, 누군가가 '아냐, 앎은 존재하지 않아. 다들 각자의 틀 안에서 허튼소리를 할 뿐이야. 누구나 공유할 수 있는 진정한 앎 따위는 없어.'라고 반론한다고 해봅시다.

'앎은 존재하지 않는다'라는 반론인데, 실제로 이 반론은 온갖 형태로 출몰을 거듭하는 듯합니다. 과연 설득력 있는 반론일까요?

치명적인 문제는 이 반론이 '"앎은 존재하지 않는다"는 것을 나는 알아!'라는 주장과 같다는 점입니다. 요컨대 반론자는 자신의 앎을 내놓는 것이고, 따라서 '앎은 존재한다'라는 제 주장에 행동으로 동의하는 셈입니다. 그러므로 '앎은 존재하지 않는다'라는 반론을 진지하게 내놓기, 곧 '"앎은 존재하지 않는다"는 것을 나는 안다'라고 주장하기는 엄밀히 말해서 자기모순입니다.

그러므로 반론자가 순순히 물러나지 않으려면, '앎은 존재하지 않아!'라고 단언하는 대신에 '앎은 존재하지 않는 것이 아닐까?'라거나 '"앎은 존재한다"는 것을 나는 의심해'라는 식으로 슬그머니 한 발을 뺄 수밖에 없을 것입니다. 요컨대 '앎은 존재한다'는 것에 대한 의심을 제기하는 것이죠. 하지만 얼핏 더 온건하게 보이는 이 입장도 유지되기 어렵습니다.

왜냐하면 이 의심을 진지하게 제기한다는 것은 '"앎은 존재한다는 것이 의심스럽다"는 것을 나는 알아.'라고 주장한다는 것이기 때문입니다. 바꿔 말하면, 이 의심을 진지하게 제기하는 반론자는 자기 의심의 근거들을 대면서 상대를 설득해야 하고, 그 과정에서 당연히 자신의 (정확히 말하면, 자신과 상대방이 공유한) 앎들을 제시해야 할 것입니다. 그러니 '"앎은 존재한다"는 것에 대한 의심' 역시 진지하게 제기하기 어렵습니다.

따라서 앎의 존재를 의문시하는 반론자에게 남는 선택지는

1. 그저 "앎의 존재는 의심스럽지 않을까?"라는 질문만 앵무새처럼 반복하기
2. 앎의 존재가 의심스러워, 앎의 존재가 의심스러운지가 의심스러워, 앎의 존재가 의심스러운지가 의심스러운지가 의심스러워……라는 식으로 의심의 쳇바퀴를 돌리기

정도일 것입니다. 어느 쪽이든 반론자가 정상적인 대화판에 끼기 어렵겠죠.

특히 1)은, 헤겔이 "학문에 어울리지 않는" 태도라고 비판하는 그것, 곧 "받는 것으로 만족하는, 혹은 주는 것에 인색한 태도"(서문 9번 문단)를 연상시킵니다. 난 험한 꼴 안 당하려고 공중에 떠서 질문만 할 테니, 대답하고 반론하고 드잡이하면서 진창에서 뒹구는 일은 너희나 해라, 라는 식의 태도. 우리가 흔히 보는 선생의 태도가 아닐까 싶은데, 진짜 선생은 개망신을 무릅쓰면서 명확하게 자신의 주장을 내놓고 학생과 더불어 진창에서 뒹구는 놈일 것입니다.

2)는 우리가 나중에 읽을 「들어가는 말Einleitung」의 한 대목, 회의주의자는 모든 것을 의심한다면서 왜 자신의 의심은 의심하지 못하느냐고 헤겔이 일갈하는 대목을 연상시켜요. 정확한 문구는 "왜 거꾸로 그 불신을 불신하지 못하는가?"(들어가는 말 2번 문단)입니다.

방금 설명한대로, 자기에게 충실한 회의주의자, 일관된 회의주의자, 자기

모순을 범하지 않는 회의주의자는 '모든 것이 의심스러워!'에서 멈추지 못하고 "'모든 것이 의심스럽다'가 의심스러워!"로 나아갈 수밖에 없습니다. 이런 회의주의자라면, 아무 문제 없는, 심지어 매우 훌륭한 대화 상대입니다. 그러나 아무래도 우리 주위에는 '모든 것이 의심스러워'에서 굳세게 멈추는 회의주의자, 그 자리에서 멈출 뿐더러 거기에 성을 쌓고 버티는 자기모순적인 회의주의자, '모든 것이 의심스럽다는 것을 나는 확실히 알아!'라고 외치는 회의주의자가 많은 듯합니다.

'앎의 존재'를 진지하게 반박할 길이 없다는 제 논증을 거의 그대로 '자유의 존재'에도 적용할 수 있습니다. 핵심은 '인간은 자유롭지 않다'라는 앎을 대화판에 내놓는 인간이 자유롭지 않다는 것은 앞뒤가 안 맞는 얘기라는 것입니다. 누군가가 그런 주장을 진지하게 내놓고 우리가 그의 주장을 진지한 논제로 삼는다면, 그와 우리는 이미 그와 우리의 자유를 전제하고 있는 것입니다.

'인간은 자유롭지 않다'라는 주장을 과연 진지하게 할 수 있을까요? 질문을 더 정확하게 다듬읍시다. '인간은 자유롭지 않다'라는 주장을 과연 인간이 진지하게 할 수 있을까요?

앎을 주장하는 행위를 '진리주장Wahrheitsanspruch'이라고 한다면, 자유는 진리주장의 전제입니다. 따라서 '자유는 없다'라는 진리주장은 진리주장의 전제를 부정하는 진리주장인 셈이고, 따라서 자기모순적입니다.

자유가 진리주장의 전제라는 제 말을 선뜻 이해하기 어려운 분도 있을 텐데, 관련 설명은 우리 각자가 품은 자유의 표상이 워낙 다양한데다가 헤겔이 말하는 자유와 상당한 거리가 있어서 당장 내놓기가 어렵습니다. 다만, '개인(個人)이면서 또한 공인(公人)인 사람이 자유인이다'라는 두루뭉술한 설명을 시도하겠습니다. 상식적으로 따져도, 자유롭다는 것은 나의 개인적인 처지와 특수성을 제쳐놓을 수 있다는 뜻이잖아요? 제가 시도하는 설명은 이 상식을 조금 더 거창하게 표현한 것에 불과합니다.

자, 생각해봅시다. 우리가 진지하게 진리주장을 내놓을 때, 우리는 단지 개인인가요? 전혀 그렇지 않습니다. 진리주장을 내놓는다는 것은 '누가 보더라도 이러이러하다'라고 말하는 것이고 — 바꿔 말해 개인적 처지와 특수성을 제쳐놓고 말하는 것이고 — 따라서 그렇게 말할 때 우리는 단지 개인이 아니라 또한 공인입니다.

자유롭다는 것은 보편의 관점을 채택할 수 있다는 것이에요. 이것은 스피노자도 충분히 동의할 만한 정의죠. 그가 말하는 '영원의 관점'이 바로 보편의 관점일 테니까요. 다만, 저와 헤겔이 말하는 보편의 관점은 '우리 인간의 관점'이라는 점에서 어쩌면 우리와 스피노자 사이에 미묘한 차이가 있을지도 모르겠습니다.

다시 본론으로 돌아갑시다. '인간은 자유롭지 않아!' 혹은 '나는 자유롭지 않아!'라는 감정적 한탄은 얼마든지 해도 좋습니다. 살다보면, 내가 (혹은 우리가) 제어할 수 없는 맹목적인 힘들이 나를 (혹은 우리를) 덮친다는 느낌을 숱하게 갖게 되죠. 그걸 부정할 생각은 전혀 없습니다.

요컨대 철학은 앎과 자유를 전제합니다. 줄여서, 철학은 '이성'을 전제한다고 말해도 되겠습니다. 한편으로 이론이성을, 다른 한편으로 실천이성을. 한편으로 별이 빛나는 하늘을, 다른 한편으로 내 안의 도덕률을!

그러므로 철학의 간판을 걸고 앎과 자유를 반박하려는 사람들이 있다면, 우리는 그들을 하나의 병리 현상으로, 어떤 복잡한 병의 증상으로 취급해야 하지 않을까 생각합니다. 저는 그것이 그들을 진지하고 생산적인 방식으로 대하는 유일한 길이라고 봅니다.

18강
헤겔의 앎과 분열된 의식

1‖ 『정신현상학』의 「들어가는 말Einleitung」에서 다루는 핵심 주제는 '앎'입니다. 헤겔은 '앎'이 있는 그대로의 진실을 이리저리 깎아내고 다듬는 조각칼 같은 것도 아니고, 진실의 빛이 우리에게 도달할 때 거치는 색안경 같은 것도 아니라고 말합니다.

앎은 그런 연장이나 매체가 아니라고, 조각칼도 색안경도 아니라고 헤겔은 이야기해요. 그럼, 너, 헤겔이 말하고 싶은 진짜 '앎'은 뭐냐?

「서문」에서 헤겔이 여러 번 설명했어요. '앎'은 '살아서 꿈틀거리는 진실 그 자체'입니다. 특히 의식과 대상의 맞섬을 감안하고, 자연적인 의식은 대상을 자신과 별개인 무언가로 여긴다는 점까지 고려하면, 헤겔에게 '앎'은 '살아서 꿈틀거리면서 끊임없이 둘로 갈라지고 다시 합쳐지는 진실'이라고 보충할 수 있겠습니다. 이때 '둘'은 예컨대 의식-대상이고요. 하지만 헤겔이 말하는 '둘'은 상상을 초월할 정도로 다양하게 변주될 수 있습니다. 이를테면 실체-속성, 본질-현상, 이데아계-현상계 등으로 말이죠.

2‖ 그런 변주의 중요한 예 하나가 아래 문장에 들어있습니다.

> "의식은 국한된 만족을 망쳐버리는 자기 자신의 폭력에 시달린다."(「들어가는 말」 80번 문단)

의식은 한편으로 국한된 개별자로서 만족하려 하는데 다른 한편으로 그 만족을 스스로 망쳐버립니다. 왜 그러는지, 구체적으로 어떻게 그러는지, 헤겔은 더 설명하지 않지요.

헤겔이 위 문장으로 서술하려는 바는 말하자면 의식의 분열입니다. 의식은 본래적으로 분열되어있다는 거죠. 그래서 자기가 자기에게 폭력을 가할 수도 있고, 자기의 폭력에 시달릴 수도 있습니다.

의식(더 일반적으로, 주체)의 이 같은 분열은 우리의 텍스트에서 '앎'을 논하는 와중에 등장한 화두입니다.

개별자로서 행동하려는 충동과 일반자 혹은 전체로서 행동하려는 의지가 충돌하는 상황을 모르는 분은 없을 것입니다. 이 얘기 앞에서 적잖은 분들이 칸트의 윤리학을 떠올릴 테고요. 칸트는 일반자 혹은 전체로서 행동하려는 의지를 '선의지'라고 부르고, '선의지'를 따르는 것이 '자유'라고 말합니다. 칸트 윤리학의 핵심 메시지는 "자유로우라!"라는 명령입니다.

그런데 어떻게 자유를 명령할 수 있죠? 명령에 따름으로써 자유를 성취한다? 자유는 말 그대로 저절로 우러나는 대로 행동한다는 것인데, 그런 자유가 어떻게 강제적 명령과 짝을 이뤄 "자유로우라!"라는 해괴한 명령을 이룰 수 있는 것일까요?

우리의 텍스트에서 의식의 국한된 만족을 망치는 의식 자신의 힘이 의식 자신에게 폭력으로 다가오는 것과, 칸트의 실천적 주체에게 자신의 선의지, 자신의 자유가 강제적 명령으로 다가오는 것은, 똑같다고 하기는 좀 뭣하지만, 거의 똑같습니다.

왜 똑같다고 단언하지 않냐면, 칸트 이후 철학사에서 이 문제가 중요한 구실을 했기 때문입니다. 피히테, 셸링, 헤겔이 대표하는 칸트 이후 철학에서 "어떻게 자유가 명령일 수 있나요?"라는 물음은 결정적으로 중요했습니다. 칸트의 주체는 분열되어있다! 통일된 '나'를 복구하는 일이 시급하다!라는 외침이 터져나왔죠.

물론 칸트도 자유가 명령인 상황에 머물지 않고 『판단력비판』에서 분열된 주체를 다시 합치는 작업을 진지하게 진행합니다. 하지만 『판단력비판』이 『실천이성비판』을 잡아먹는 일은 결코 일어나지 않아요. 바꿔 말해, 우리 유한한 인간에게 자유는 끝내 명령이라는 것이 칸트의 일관된 입장이라고 저는 해석합니다.

그럼 헤겔은 어떨까요? '끊임없이 갈라지고 다시 합쳐지는 진실', 늘 둘이면서 하나인 진실을 얘기하는 철학자에게서 어떤 대답이 나오리라 기대하시나요?

아무튼 '앎'에 관한 논의가 이렇게 단박에 실천철학과 직결될 수 있다는 점을 주목합시다. 헤겔은 단 한 자루의 칼만 사용한다는 비유를 저는 즐겨 드는데, 이를테면 바로 이런 예사롭지 않은 직결이 그 비유에 담긴 한 뜻입니다. 다들 아시다시피, 헤겔이 사용하는 단 한 자루의 칼을 일컬어 '변증법 Dialektik'이라고 해요. 요컨대 '변증법'은 '의식의 분열'과 밀접한 관련이 있으며 이론과 실천 모두에 적용됩니다.

'인간에게 자유는 끝내 명령인가?'라는 질문에 헤겔은 어떻게 대답하는지 아직 이야기하지 않았네요. 위 인용문에서 보듯이, 의식에게 자유는 명령 심지어 폭력이라는 것이 헤겔의 대답이라고 할 수 있겠습니다. 그럼 의식 말고 이성이나 정신에게는 어떨까요? 강독회를 이어가면서 차차 살펴보기로 합시다. 내일은 내일의 태양이 뜬다.

19강
물리와 물리학: 대상과 앎의 얽힘

번역 경력의 초기에 돌부리처럼 거치적거리던 표현이 하나 있었습니다. 영어에서는 특정 학문을 가리키는 명칭, 예컨대 '물리학'을 존재의 차원에서 작동하는 원리쯤으로 간주하는 표현들이 자주 쓰여요. 이를테면 '지구의 물리학은 생명의 존재를 허용한다' 같은 문장이 아무런 어색함 없이 유통되죠.

하지만 과거에 저는 이런 어법이 껄끄러웠습니다. '물리학'이란 일차적으로 특정 분야에 관한 우리의 앎을 뜻한다는 생각이 강했기 때문이죠. 방금 예로 든 문장에서 '물리학'이 우리의 앎을 가리킨다면, 그 문장은 우리의 앎이 생명의 존재를 허용한다는 뜻일 텐데, 이것은 무척 불합리한 진술이라고 저는 느꼈어요. 그래서 저 문장을 그대로 둘 수는 없어 차라리 '지구의 물리학적 원리들은 생명의 존재를 허용한다'라고 번역하거나 '물리'라는 약간 낡은 단어를 동원해서 '지구의 물리는 생명의 존재를 허용한다'고 번역했더랬지요.

요컨대 '앎'과 '앎의 대상'을 똑 부러지게 구별해서 거론해야 직성이 풀렸던 거예요. '물리학'은 '앎'을 가리키는 단어, '물리'는 '앎의 대상'을 가리키는 단어로 확실히 구별하는 것이 옳다고 보았던 거죠.

그랬던 제가 정작 첫 저서에서는 보란 듯이 그 껄끄러웠던 표현을 썼습니다. "지극한 불행의 영속은 기본적으로 생물학이 허용하지 않는다."(『철학은 뿔이다』 3장)라고 말이죠. 이 문장에서 '생물학'은 '생물학이 다루는 대상'

(혹은 '생물학이 다루는 진실')과 동일시됩니다. '생물학'이란 일차적으로 생명에 관한 우리의 앎을 뜻한다는 저의 과거 생각은 대번에 묵살됩니다. 왜 이런 변화가 일어났을까요?

번역을 오래 하다 보니 영어식 어법에 오염된 것일까요? 그럴 수도 있습니다. 어느새 제가 '지구의 물리학'이나 '화성의 화학', '태양계의 기하학' 같은 표현을 전혀 어색하지 않게 느낀다는 것은 틀림없는 사실이에요. 현재 저의 입장은 이런 표현들을 우리말에서 굳이 배제할 필요가 없을 뿐더러 오히려 이런 표현들에 담긴 흥미로운 철학적 논점을 우리의 대화에서도 살리는 편이 바람직하다는 것입니다.

'앎'과 '앎의 대상'을 동일시하는 어법은 영어에만 국한되지 않습니다. 독일어에서도 마찬가지에요. 그리고 저는 이 같은 '앎-대상 동일시' 어법이 한국어를 비롯한 무릇 언어에서 궁극적으로 불가피하다고 느낍니다.

'물리학'과 '물리'는 과연 명확히 구별되나요? 영어나 독일어에서와 다르게 우리말에서는 보다시피 일단 외견상 확연히 다르긴 하네요. 그러나 양쪽의 내용을 따지면, 둘이 똑같지 않나요? 어쩌면 우리말은 외견상의 확연한 구별을 채택함으로써 '물리학'은 '우리의 앎'인 반면 '물리'는 그 앎 너머의 '대상'(혹은 '진실')이라는 점을 강조하고 싶은 것인지도 모르겠습니다.

하지만 이 구별, 이 영역 가르기를 끝까지 밀어붙여 '앎'과 '앎의 대상'을 완전히 떼어놓는다면, '앎'('물리학')도 '앎의 대상'('물리')도 불구가 될 것이 뻔합니다. '대상 없는 앎'이 제구실을 하겠어요? 마찬가지로 '앎 없는 대상'이 제구실을 하겠습니까? 물론 단순한 상식으로 생각하면, '앎 없는 대상'은 얼마든지 제구실을 할 것도 같아요. '물리학'이 없더라도 '물리'는 잘만 작동하여 온갖 물리적 현상들을 일으킬 것 같아요. 하지만 이 경우에는 단지 분분히 난무하는 개별 감각들이 있을 뿐, '물리'도 없고 물리적 현상들도 없다고 봄이 합당할 것입니다.

요컨대 '앎'과 '앎의 대상'은 뗄 수 없게 얽혀있어요. 그리고 헤겔의 말을 들어보니, 그 얽힘의 배후에 의식의 이중성이 있는 것 같습니다. 「들어가는 말」의 한 대목을 보시죠.

> 의식은 한편으로 대상을 의식함이며 다른 한편으로 자기를 의식함이다. 바꿔 말해 의식 자신에게 진실인 놈을 의식함이며, 또한 그놈에 대한 의식 자신의 앎을 의식함이다.(「들어가는 말」 85번 문단)

이 인용문을 'physics'에 적용해볼까요? 의식은 'physics'를 의식할 때, 한편으로 '대상'("의식 자신에게 진실인 놈") 곧 '물리'를 의식하고 다른 한편으로 '자기'("그놈에 대한 의식 자신의 앎") 곧 '물리학'을 의식한다. 그러니까 헤겔에 따르면, 'physics'를 '물리'와 '물리학' 모두를 가리키는 단어로 쓰는 것은 매우 자연스럽습니다. 왜냐하면 근본적으로 의식이 'physics'를 한편으로 '물리'로 간주하고 다른 한편으로 '물리학'으로 간주하니까요.

의식이라는 놈이 참 기묘하게 이중적이죠? 이 문제는 결코 사소하지 않지만, 일단 이렇게 실마리만 건드리는 것으로 만족합시다.

결론적으로 저는 과거에 껄끄럽게 느꼈던 어법을 지금은 기꺼이 사용하는데, 이 변화의 배후에는 철학적인 이유가 있습니다. 그 이유를 훌륭하게 요약한 것이 위 인용문이에요. 말할 필요도 없겠지만, 제가 저 인용문을 읽고 단박에 회개하여 그 어법을 받아들이거나 한 것은 전혀 아닙니다. 오히려 저의 입장 변화가 한참 먼저 있었고, 그 변화를 정당화할 길을 쉬엄쉬엄 모색하던 차에 저 인용문이 눈에 띄었습니다. 참 대단한 문구에요. 읽으면 읽을수록 알쏭달쏭하거든요.

20강
왜 헤겔은 언어의 편일까?

지난 모임에서 읽은 서문 7-11번 문단을 보면, 헤겔은 당대의 지식계가 장한 포부를 품었으나 안타깝게도 개념 이외의 수단, 대표적으로 '지적 직관'에 의지하려 한다는 점을 지적하고 비판합니다.

물론 '지적 직관'은 서문 17번 문단에서야 명시적으로 등장하지만, 헤겔의 비판이 겨냥하는 표적이 비언어적이며 시각적인 통찰이라는 점은 그 앞 대목에서도 이미 명백합니다. 그런 통찰을 가리키는 대표적인 용어가 '지적 직관'이고요.

과감하게 설명하면, 개념은 언어적 소통, 직관은 시각적 소통을 대표한다고 할 만합니다. 그렇다면 헤겔은 눈을 길잡이로 삼는 것을 경계하고 언어의 편을 드는 셈인데, 대체 왜 그럴까요?

'백문불여일견百聞不如一見'이라는 고사성어에서 보듯이, 또 우리 뇌의 감각 처리 성능 가운데 가장 큰 부분이 시각 처리에 투입된다는 자연과학적 사실이 보여주듯이, 시각은 우리 인간과 세계의 관계 맺음에서 가장 발달한 주요 통로라고 할 만한데도 말입니다.

얼핏 보면, 수준 높은 정신의 세계에서도 마찬가지인 듯합니다. 불교에서 말하는 '관(觀)'뿐 아니라 희랍어의 'theorein(보다, 이론화하다)', 'eidos(형상)' 등도 시각과 직결되는 표현들이에요.

헤겔이 직관을 경계하는 큰 이유 하나는 그가 지적인 민주주의자라는 점에 있습니다. 앎이 선택된 소수의 전유물인 것처럼 숭상되고 거래되는 것을 헤겔은 역겨워합니다. 이것은 일단 실천적인 이유라고 하겠습니다. 하지만 더 중요한 이유가 있습니다.

아무리 고귀한 진실이라도 그것을 가장 평범한 언어로 풀어낼 수 없다면, 그것은 아예 진실이 아니라는 것이 헤겔의 확고한 신념입니다. 진짜 진실은 언어를 배제할 리 없다는 확신. 진짜 진실은 가장 낮은 곳에도, 가장 평범한 언어 안에도, 철학 따위 공부해본 적 없는 우리 각자 안에도, 항상 이미 깃들어있다는 확신.

이것은 이를테면 실천적 취향의 문제가 아니라, 진실의 진면목에 대한 입장이므로 이론적, 논리적, 존재론적 이유라고 하겠습니다. 이 확신을 정당화하고 그 근거를 해명하는 작업은 헤겔 철학 전체를 서술함으로써만 실행할 수 있다고 헤겔은 거듭 강조하고 있고요.

그런데 저는 직관과 언어를 둘러싼 우리의 논의가 시각과 언어 사이의 편 가르기로 주저앉는 것을 막기 위해 몇 마디 설명을 덧붙이려 합니다. 시각보다 언어가 더 민주적이고 심지어 헤겔 철학의 관점에서 볼 때 더 진실하다면, 대체 왜 그런지 간략하게 설명해보려 합니다.

'드러내면서 가린다'는 말은 하이데거가 즐겨 써먹는 표현인데, 이 표현을 실마리로 삼읍시다. 우선 진실이 따로 있고, 진실을 드러내는 방편이 있다면, 그 어떤 방편이든지 진실을 드러내면서 또한 가리기 마련입니다. 쉽게 말하면, 어떤 방편이든지 불완전하다는 거죠. 일반적으로 말하면, 시각이든 언어든 진실을 온전히 드러내기에 부족하기 마련입니다. 언어는 김빠지고 밍밍한 껍데기 같아서 불만스럽고, 시각적 장면은 덧없고 편협해서 불만스럽습니다.

더 나아가 — 이것이 헤겔적인 시각인데 — 진실과, 진실을 드러내는 방편이 별개가 아니라, 진실이 스스로 자신을 드러낸다고 해봅시다. 이 경우에도 우리는 '드러내면서 가린다'를 잊으면 안 됩니다. '드러내면서 가림'은 진실의 고유한 운동입니다. 일단 이렇게 단언할 수밖에 없어서 조금 아쉽지만, 시각적 장면이나 언어가 우리의 목적에 제각각의 방식으로 부족하게 느껴지는 것은, 적어도 헤겔에 따르면, 진실 그 자체에서 비롯된 일입니다.

그렇다면 시각보다 언어를 더 추켜올릴 이유가 전혀 없습니다. 반대로 언어보다 시각을 추켜올릴 이유도 없죠. 둘 다 진실의 운동 안에 있다는 점에서 동등하니까요. 그런데 문제는 언어와 시각적 장면이 '드러내면서 가림'이라는 자신의 진면목을 얼마나 투명하게 노출하는가?라는 질문입니다.

제가 보기에 언어는 이 진면목을 그대로 노출합니다. 한마디 단어에 찌리릿 감전되어 평생 그 단어만 붙들고 쾌감을 누리는 사람이 있나요? 언어는 말하자면 화살표와 같아서, 항상 무언가 다른 것을 가리킵니다. 말을 꺼내기 시작하면, 끝도 없이 말해야 하리라는 예감을 우리는 살면서 흔히 합니다. 어떤 말이든지 진실을 '드러내면서 가린다'라는 말을 들으면, 세상살이를 웬만큼 한 사람이라면 누구나 고개를 끄덕일 것입니다.

반면에 시각적 장면, 이를테면 보도사진 한 장은 어떨까요? 그런 사진 역시 진실을 '드러내면서 가립니다' 그런데 과연 그 사진이 이 같은 '드러내면서 가림'이라는 자신의 진면목도 보여줄까요? 주관적인 차원으로 옮겨 이야기하면, 우리는 보도사진을 보면서 그것이 진실을 '드러내면서 가린다'라는 점을 상기하고 곱씹을까요? 제가 느끼기에, 우리 중에 이런 곱씹기를 할 수 있는 사람은 동료 사진기자, 현장 목격자, 미디어 평론가 등의 극소수입니다. 대다수 사람들은 사진 속 장면을 보면서 '바로 이것이 진실 그 자체다!'라고 믿어 의심치 않을 것입니다. 그리고 그 뜨겁고 생생한 믿음에 짓눌려 진실 — 스스로를 드러내면서 가리는 진실의 운동 — 은 당분간 동결될 위험에 처할 테죠.

시각적 장면이 무언가를 은폐한다는 사실을 시각적 장면이 직접 보여주는 감탄스러운 사례가 있습니다. 피카소의 「아비뇽의 여인들」. 한 관점에서 본 광경은, 다른 관점에서 본 광경들을 은폐합니다. 그 은폐가 싫었던지, 피카소는 제각각 다른 관점에서 본 여러 광경들을 짜깁기해서 한 화면을 채웁니다. 정말 상상을 뛰어넘는 칼잡이라고 하겠습니다. 이 정도 수준으로 시각적 이미지를 다룰 수 있는 사람이 직관을 주요 수단으로 삼아서 철학하겠다고 하면, 저는 일단 말리지 않겠습니다. 하지만 얼마 후에 그가 다시 찾아온다면, 차라리 미술을 해보라고 권하겠습니다.

언어를 중심으로 철학하겠다는 사람도, 언어를 무슨 도깨비방망이처럼 숭배한다면, 차라리 보도사진에 매달리는 대중보다 훨씬 더 어리석은 놈이 될 수 있습니다. 거듭 말하지만, 언어는 화살표, 또는 무딘 호미입니다. 땅바닥에 쭈그려 앉아서 붙잡고 이리저리 놀릴 도구지, 천상의 진실과 직통하는 빨대가 아닙니다.

결국 요점은 '드러내면서 가림'이라는 운동입니다. 헤겔은 '드러내면서 가림'이라는 진실의 운동을 언어가 특히 선명하게 보여준다고 여기기 때문에 언어의 편이라고 저는 해석합니다.

21강
토마스와 말하는 기계1:
대관절 말하기가 무엇이기에?

1‖ 토마스 아퀴나스. 가톨릭교도가 아니더라도, 이 위대한 철학자의 이름 정도는 거의 누구나 알 것입니다. 지난 모임에서 제가 칸트를 언급하면서, 그의 선배 가운데 칸트 본인만큼 높은 봉우리는 아리스토텔레스밖에 없다고 했는데, 혹시 그 자리에 중세 철학 전문가나 가톨릭교도가 있었다면 꽤나 불쾌했으리라 짐작합니다. 그렇습니다, 토마스를 빼놓은 것은 저의 불찰이며, 지적인 한계의 실토이기도 합니다.

토마스와 저는 개인적인 인연이 있습니다. 쾰른이라는 도시를 아시나요? 대개 관광객들은 그 도시를 정통 고딕 양식의 교회 건물로만 기억하지만, 저는 거기에서 헤겔을 배웠습니다. 어언 20년 전의 일이네요. 쾰른 대학의 정식 명칭은 알베르투스 마그누스 대학입니다. 1250년경 알베르투스 마그누스라는 명문가의 성직자가 쾰른 대학에서 교수로 활동했습니다. 그가 설립자는 아닌 것으로 압니다. 원래 쾰른 대학은 파리 대학의 분교였다고 들었습니다. 아마도 알베르투스 마그누스가 일개 분교였던 쾰른 대학을 크게 키웠을 것입니다.

오늘날 관광객들을 끌어들이는 그 유명한 교회 건물도 대충 같은 시기에 착공되었습니다. 그러니까 그 시절이 쾰른의 전성기였던 거죠. 아니, 주변 지역들과 비교하면서 평가하면, 어쩌면 그보다 1000년쯤 전이 더 전성기였을지도 모릅니다. '쾰른'('식민지'를 뜻함)이라는 이름에서 알 수 있듯이, 그 도시는 고대 로마의 중부 유럽 식민지를 대표했습니다. 기독교가 제국의 국교로 공인되기도 전인 기원후 2세기에 쾰른으로 주교가 파견되었다는 기록도 있지요.

유럽 중부로 향하는 로마인들이 배를 타고 지중해의 북안을 따라 서쪽으로 이동하여 스페인 남단의 해협을 건너고 대서양 연안을 따라 북상하다가 보면, 현재의 네덜란드 연안에서 라인 강 하구를 만나게 됩니다. 그 강을 거슬러 오르다 보면, 강폭이 좁아지고 수심도 얕아져 큰 배들이 운항을 멈춰야 하는 지점에 이릅니다. 그 지점이 바로 쾰른이에요.

다들 아시겠지만, 로마에서 육로로 알프스를 넘어서 유럽 중부로 가는 것은 불가능에 가까웠으므로, 아마 2세기에 파견되었다는 — 정체가 발각되면 죽음을 면치 못했을 — 초대 쾰른 주교도 그렇게 배를 타고 현재 쾰른 중앙에 위치한 그 교회 건물 근처 강변에 내렸을 것입니다.

그러니까 유럽 중부만 놓고 따지면, 쾰른은 고대 이래 중세 전성기까지 다섯 손가락 안에는 충분히 드는 대도시였습니다. 대학 설립 시기를 봐도 쾰른의 위상을 알 수 있어요. 파리 대학이 조금 더 빠르고, 독일어권에서는 쾰른, 프라하, 빈 대학이 거의 같은 시기에 설립됩니다. 베를린은 어떠냐고요? 그 시절에 베를린은 아마 사람보다 늑대가 훨씬 더 많이 사는 숲이었을 것입니다.

굳이 헤겔 철학을 들먹이지 않더라도, 만사는 돌고 도는 법이어서, 그렇게 한때는 파리 못지않게 잘 나가던 쾰른은 14세기 중반에 갑자기 몰락합니다. 바로 페스트 때문이었습니다. 당시의 대도시들에서 페스트의 피해가 컸다는 것은 다들 아실 텐데, 유독 쾰른이 심각하게 무너졌다는군요.

쾰른에서 저는 한동안 꽤 큰 묘지 근처에 살았는데, 그 묘지의 이름이 '멜라텐 묘지Melaten-Friedhof'였습니다. '멜라텐'은 '병자'를 뜻한다더군요. 페스트로 죽은 시체들을 묻던 곳이라는 얘기도 들었습니다. 지금 검색해

보니 그 묘지가 쾰른에서 가장 크다네요. 제가 종종 산책하던 곳인데, 그런 줄 몰랐습니다. 하지만 만성절 전야에 제 방에서 내려다보면, 묘지의 나뭇가지들 사이로 반짝이는 빨간 촛불들이 퍽 예뻤다는 것은 생생이 기억하네요.

위키피디아에 따르면, 그 묘지가 1243년의 기록에서 처음 언급된답니다. 그 시절의 묘지 관계자들은 100년쯤 뒤에 쾰른 주민의 4분의 1 가량이 한꺼번에 시체가 되어 거기에 묻히리라는 것을 전혀 몰랐을 텐데, 아무튼 그 시절로 돌아갑시다. 토마스 얘기를 해야 하니까.

2‖ 토마스 아퀴나스를 꽤 잘 아는 분이나 알 텐데, 쾰른 대학의 명칭에 자기 이름을 남긴 알베르투스 마그누스가 바로 토마스 아퀴나스의 스승입니다. 1250년경에 토마스는 알베르투스와 함께 쾰른에 있었습니다. 당시 20대 중반이던 토마스는 그렇게 쾰른의 중세 전성기를 더욱 빛나게 해주었죠.

알베르투스 마그누스의 철학에 대해서는 제가 아는 바가 정말로 없습니다. 다만 그 인물에 관한 약간의 정보에 기초해서 제 나름대로 품은 이미지가 있는데, 이 사람 일단 권력자입니다. 당시에 쾰른은 대주교가 최고 정치 권력자였는데, 알베르투스 가문의 사람들이 내리 대주교를 맡습니다. 그렇게 유복한 사람들이 종종 그렇듯이, 알베르투스도 상당한 호사가였던 것 같습니다. 여기저기에 관심도 많아서, 오늘날의 관점에서 보면 철학자라기보다 자연학자나 마술사에 가까웠던 모양이에요.

과감하게 비교하자면, 헤겔과 동년배(정확히 헤겔보다 한 살 위)인 알렉산더 폰 훔볼트가 알베르투스 마그누스와 비슷하지 않을까 생각합니다. 알렉산더는 귀족이고 어마어마한 부자였습니다. 그 막대한 부를 여행과 탐험과 연구에 아낌없이 썼고요. 그렇게 살려고 결혼도 안 했습니다. 솔직히 부러운 인물입니다.

하지만 알베르투스 마그누스에게는 정이 샘솟습니다. 쾰른에 살았기 때문이냐고요? 약간은 그렇지만, 지금부터 이야기할 이유에 비하면, 그런 지리적 인연은 새 발의 피라고 하겠습니다.

알베르투스는 알렉산더보다 더 부자였을 수도 있습니다. 정치권력에서는 월등이 더 높은 지위였던 것이 분명하고요. 그런데 다행히 그는 호기심 많은 아이 같은 사람이었어요. 이 면모는 알렉산더와 비슷하죠. 알베르투스가 1800년경에 살았다면 틀림없이 알렉산더처럼 세계여행에 나섰을 겁니다. 그런데 이 장난꾸러기 권력자는 유럽이 아직 세계를 모르던 때에 살았던 탓에(덕분에) 진짜 어린애처럼 뚝딱뚝딱 장난감들을 만드는 일에 취미를 붙입니다.

그러다가, 오오 이럴 수가! 필생의 작품을 만들어내고야 맙니다. 어떻게 생겼는지, 어떻게 작동했는지, 성능이 어떤 수준이었는지 아무도 모르지만, 전설로 내려오는 알베르투스 마그누스의 최대 걸작이 마침내 완성됩니다. 과연 무엇일까요? 학우 여러분, 쾰른 대학을 이끄신 위대한 지도자 알베르투스 마그누스 학형께서는 '말하는 기계'를 만들어내셨습니다!

스스로 감격한 알베르투스는 토마스를 부릅니다. 선수는 선수를 알아본다고, 알베르투스에게 토마스는 단순한 제자가 아니었어요. 그는 토마스의 능력과 지식을 인정하고 존중하는 수준을 넘어서 진심으로 존경했습니다. 그러니 그가 토마스를 부른 것은, 불가의 제자가 깨달음에 이르렀다는 생각을 품고 확인을 받기 위해 스승을 찾아간 것과도 비슷한 구석이 있었습니다.

토마스는 철없는 스승 알베르투스의 최대 걸작을 보았겠죠. 또 흥분한 스승이 이를테면 태엽을 감고 손잡이를 돌려서 그 '말하는 기계'를 작동시키는 것을 구경했을 것입니다. 그리고 '끽', '우웅', '부드득' 같은 소음에 불과했을 성싶은, 그 기계의 '말'도 들었겠죠.

토마스는 철저한 신앙심과 지칠 줄 모르는 학문적 성실성으로 쾰른 대성당의 첨탑을 골백번 무너뜨리고 다시 세우기에 충분한 거인이었습니다. 그런 그가 알베르투스의 장난감을 어떻게 평가했을까요? "선생님, 제발 이런 장난 좀 그만하세요. 성경을 읽으세요, 성경을!" 이랬을까요? "예, 좋네요." 라고 영혼 없는 칭찬을 던져놓고 "제가 좀 바빠서, 이만"이라며 썰렁하게 자리를 떴을까요?

학우 여러분, 아리스토텔레스와 칸트 사이에, 마치 삼존불의 중앙 불상처럼 당당히 자리 잡은 봉우리, 위대한 철학자 성(聖) 토마스 학형께서는 한순간도 지체하지 않고 바로 그 자리에서 알베르투스의 '말하는 기계'를 때려 부수셨습니다!(https://de.wikipedia.org/wiki/Geschichte_der_Automaten 참조)

3‖ 언젠가 이 전설을 꼭 언급하기로 마음먹었는데, 지금이 그때라고 느껴 일단 운을 뗀 겁니다. 지난 모임에서 우리는 '말하기'에 대해서 논했습니다. 대관절 '말하기'가 무에 그리 대단하기에, 헤겔은 감각적으로 확실한 놈을 발설하는 것은 불가능하다는 점을 몇 번이나 강조하면서, 그렇기 때문에 오히려 '말'이 '감각'보다 더 진실하다고 단언하는 것일까요?

감각을 믿지 말고 이성에 의지하라는 고대 그리스 철학자들의 가르침과, 감각보다 말이 더 진실에 가깝다는 헤겔의 가르침은 어떻게 같고 어떻게 다를까요?

모임에서 저는 '말하기'가 '공론장에 나서기', '공유하기', '시작을 부수고 다시 짓기', '우리 되기'라는 점을 강조했습니다. 그런데 헤겔이 근본적으로 '과정 존재론자'라는 점을 중심에 놓고 생각하면, '말하기'는 '떠돌이 되기'라는 점이 드러납니다. 과정 존재론자에게 진실은 과정이므로, 우리가 '말하기'를 통해 더 진실해진다는 것은, 우리가 과정의 성격을 더 많이 띠게 된다는 것, 다시 말해 더 많이 떠돌게 된다는 것을 의미해요.

말하는 자는 길을 나서는 자입니다. 그러므로 공론장의 공간적 이미지는 큰 마당보다 복잡하게 얽힌 길이 더 적합할 것 같습니다. 항상 이미 말하는 우리, 공론장에 나와 있는 우리 자신의 이미지를 선택한다면, 돌 덩어리나 새끼줄을 선택하는 것이 더 적합할 것 같고요.

이런 얘기는 다음 글에서 본격적으로 하렵니다. 이번 글은 예고편인 셈인데, 요점은 이 질문입니다. 왜 토마스는 '말하는 기계'를 때려 부쉈을까요? 무슨 억하심정이 있기에, 스승이 공들여 만든 그 자랑스러운 작품을 때려 부수는 만행을 마다하지 않았을까요? '말하기'에 신의 섭리가, 인류의 운명이, 세계의 존폐가 달리기라도 한 것일까요? '말하기'가 대관절 무엇이기에, 토마스와 헤겔을 비롯한 철학자들은 '말하기'를 마치 신주단지 모시듯이 하는 것일까요?

22강
토마스와 말하는 기계2:
인간의 언어는 자기관계를 위한 매체다

1‖ 말하기란 무엇일까요? 인간의 말하기를 이해하려면 '나의 세계상 구성에 나와 동등한 권리로 참여하는 또 다른 나'라는 기묘한 상대를 상정해야 합니다. 기묘하다고 했지만, 따지고 보면 그 상대는 우리에게 너무나 익숙해요. 우리가 객관적 진실에 이르기 위해 대화할 때 마주하는 상대, 바로 '너'가 그 기묘한 상대입니다. 또한 — 어쩌면 이것이 더 예상 밖일지도 모르겠는데 — 우리가 객관적 진실에 이르기 위해 혼자 숙고할 때도, 우리 내면에서는 '나'가 '또 다른 나'와 마주합니다.

그 내면의 또 다른 '나'를 '너'라고 불러도 아무 지장이 없어요. 실제로 그 또 다른 '나'는 엄격하기 그지없습니다. '나'가 아무리 애원하고 꼬드기고 협박해도 요지부동입니다. '나'가 1 더하기 1을 3이라고 하자고 백번, 천번, 십년, 백년을 매달려도, '또 다른 나'는 1 더하기 1은 2라고 냉정하게 잘라버립니다. 웬 유치원 수준의 산수냐며 혀를 찰 분도 있을지 모르겠는데, 오래 전부터 수학적 참은 진실의 한 모범이며 그렇기 때문에 우리를 '자기관계'(곧 '주체')의 이해로 이끄는 좋은 길잡이입니다.

저는 인간의 언어가 '나의 세계상 구성에 나와 동등한 권리로 참여하는 또 다른 나'를 향한다고 봅니다. 매우 지적이고 고차원적인 얘기처럼 보일 수도 있겠는데, 곰곰 생각해보면 아주 평범하고 상식적인 견해에요. 제가 근대 철학의 기본 문장 틀이라면서 자주 언급하는 '내가 보기에 무엇은 어떠하다'

를 생각해보세요. 이 문장은 '네가 보기에는 어떠한가?'라는 물음을 함축합니다. 그렇다면 이 문장은 누구를 향할까요? 객관적인 무엇과 어떠함을 '나'와 동등한 권리로 논할 '너', 곧 '또 다른 나'를 향합니다.

'말하기'란 '또 다른 나를 초대하기'입니다. 마당이나 응접실이나 침실로 초대하냐고요? 그 정도가 아니라, 정말로 '나'의 실존 한가운데 들여앉히기입니다. 『정신현상학』 1장에서 보듯이, 감각의 확실성에 찰싹 달라붙어 만족하던 '나'는 입을 열어 말하는 순간, '또 다른 나'를 마주하게 되고, 본의 아니게 감각의 확실성을 영영 돌이킬 수 없게 파괴하고 맙니다. 감각의 확실성을 끌어안았던 '나'의 품은 이제 한없이 허전하고, '나'의 말은 '또 다른 나'의 무자비한 공격에 직면합니다. 아, 재앙이네요. 저는 마녀의 저주에 걸맞은 어투로 이런 대사를 읊겠습니다. "한번 말하는 자, 끝없이 말하게 되리라!"

말하기를 통해 '또 다른 나'를 불러들임으로써 우리는 순간의 말뚝에 매여 있던 우리의 '나'를 해방시킵니다. "순간의 말뚝"은 니체의 표현인데, 헤겔이 말하는 "감각적 확신"과 맥이 통합니다. '나'가 '또 다른 나'를 불러들여 대화하는 '우리', 얽힌 '우리'로 되는 순간, 이제 '우리'인 '나'는 해방된 놈의 관점, 3인칭 관점을 얻습니다. 대신에 감각적 확신에 매여 있던 시절에 누리던 1인칭 관점의 무한정한 풍요와 작별하고요.

우리 인간에게 국한된 만족의 뒷면은 속박이며, 반대로 해방의 뒷면은 이별, 떠돎, 덧없음의 자각이라는 점을 잊지 마십시오. 만족이 온통 꿀맛인 것도 아니고, 해방이 온통 팡파르인 것도 아닙니다.

2‖ 이제 '우리'라는 개념을 써서 다시 설명하면, 말하기란 '나와 동등한 권리로 우리의 세계상 구성에 참여하는 또 다른 나를 향하기'입니다.

'말하기'란 무엇이냐고 물으신다면, '이별, 파괴, 거두기, 다시 짓기, 떠돌이 되기'라고 말씀드리겠습니다. '말'이 희랍어로 '로고스logos'인데, '로고스'

하면 어딘가 거룩하잖아요? '말하기'라고 하면 로고스를 연상하면서, 찬란한 이데아들이 둥둥 떠 있는 저 높은 세계로 승천하여 영원불멸의 진리와 하나 되는, 뭐 그런 이미지를 떠올리는 분도 있을지 모르겠는데, 그런 이미지는 플라톤철학과도 무관하고 기독교와도 무관합니다.

말은 나-너-우리가 호흡하는 산소와도 같습니다. 나-너-우리의 삶이 펼쳐지는 터전이라고 해도 좋습니다. 그 터전 위에서 우리는 개별을 거둬 품은 보편으로서 이리저리 부딪히며 떠돕니다.

기독교 성서의 「요한복음」 첫머리에 '말'이 나오던가요? 말이 곧 신이라고 하던가요? 저는 "여우도 굴이 있고, 하늘의 새도 둥지가 있으나, 사람의 아들은 머리 둘 곳이 없습니다."(「마태복음」 8장 20절)라는 떠돌이 예수의 명대사를 되새겨봅니다.

'인간의 언어는 자기관계를 위한 매체다'라는 저의 명제에서 언어는 일단 매체, 그러니까 일종의 수단으로 규정되었습니다만, 오히려 그 매체가 비로소 나-너-우리를 가능케 한다는 점에서, 언어는 우리가 부리는 수단이라고 하기 어렵습니다. 오히려 언어가 우리를 부린다고 해야 할지도 모릅니다. 물론 저는 (평범한 개인의 편이고 싶어서) 이런 멋 부린 표현을 싫어하지만요.

왜 '말'이 신인지, 어찌하여 그 신이 머리 둘 곳 없는 떠돌이인지, 왜 '말하는 자, 끝없이 말하게 되리라!'가 저주가 아니라 오히려 축복일 수 있는지…… 이야깃거리는 한이 없으나, 저의 말하기는 일단 여기에서 맺으렵니다.

23강
토마스와 말하는 기계3: 인공지능 스피커들을 보며

독일 땅에 기차가 처음 나타난 것은 헤겔이 죽은 직후입니다. 헤겔은 달리는 기차가 내는 요란한 소음을 경험해보지 못하고 눈을 감았던 거죠. 그리 길지 않은 61년 평생을 헤겔은 지금보다 훨씬 더 고요한 세상에서 살았습니다. 슈투트가르트에서, 튀빙겐에서, 스위스에서, 예나에서, 하이델베르크에서, 베를린에서 헤겔의 독서와 사색을 방해했을 소음은 개나 닭이 우는 소리, 아이들이 깔깔거리는 소리, 가끔 지나가는 마차의 바퀴소리 정도가 전부였을 겁니다. 하긴, 예나에서 실컷 들은 포격 소리도 빼놓을 수 없겠군요.

기차가 처음 등장했을 때, 적잖은 사람들이 충격과 공포를 느꼈던 모양입니다. 저는 어느 정도 공감이 갑니다. 시커멓고 집채보다 훨씬 더 큰 쇳덩어리가 "칙칙, 꽥꽥" 소리를 질러대며 마차보다 훨씬 더 빨리 질주하는 모습이 당대 사람들에게 예사로웠을 리 없죠. 멀리서 기차가 다가오면, 아마 많은 사람들이 철로에서 멀찌감치 떨어져 웅크린 자세로 그 괴물이 얼른 지나가기를 기다렸을지도 모릅니다.

우리가 헤겔 텍스트의 섬세함을 잘 음미하지 못한다면, 그 이유들 중 하나는 헤겔 시대의 고즈넉한 아기자기함과 우리 시대의 요란한 화려함 사이의 간극에 있을지도 모릅니다. 물론 헤겔의 시대도 데카르트와 스피노자가 놀던 때에 비하면 한참 더 요란했습니다. 베토벤이 헤겔과 동갑인 것 아시죠? 바로크 실내악과 베토벤 교향곡을 비교해보십시오. 전자가 시냇가 오두

막이라면, 후자는 언덕 위의 성채 같습니다. 그럼 우리 시대의 요란한 화려함은 무엇에 비유하면 적합할까요? 아마 초대형 쇼핑 복합단지가 제일 적당할 성싶습니다.

헤겔의 텍스트가 섬세하다는 생각을 요즘 들어 더 하게 됩니다. 읽다 보면, 이 얘기했다가 저 얘기했다가, 왔다 갔다, 갈피를 못 잡게 만듭니다. 그래서 세세한 굴곡은 대충 제쳐두고 큰 줄기만 잡는 쪽으로 해석의 방향을 정하게 되죠. 어쩌면 모든 헤겔 전문가가 다 그럴 겁니다. 그 세세한 굴곡들을 다 따라가려고 하다가는, 결국 미로(迷路) 안에서 썩어버리는 운명을 면할 수 없거든요. 다만, 헤겔의 섬세함을 어느 정도까지 따라가고 흉내 낼 수 있느냐에서 학자마다 수준 차이가 있는 듯합니다.

지난번에 토마스가 알베르투스의 역작인 '말하는 기계'를 때려 부쉈다는 전설을 전하면서 제가 던졌던 질문은 이것입니다. 왜 토마스는 그런 만행을 서슴지 않았을까? 토마스 본인은 악마, 흑마술 따위를 거론하면서 그 이유를 댔던 모양인데, 그건 그 시대의 어법일 뿐이고, 제가 해석하자면 토마스는 '인간 존엄을 건드리는 장난'만큼은 도저히 용납할 수 없었기에 그 기계를 때려부쉈을 것입니다.

'말하기'가 '인간 존엄'과 직결된다는 것은 지난번 글('토마스와 말하는 기계2: 인간의 언어는 자기관계를 위한 매체다')에서 충분히 말한 바지만, 거듭 요약하자면, 우리는 우리 자신으로부터 거리를 둘 줄 알기 때문에, 우리 자신의 한복판에 남을 들여앉힐 줄 알기 때문에, 그렇게 보편의 관점을 채택하는 것을 최소한 시도할 줄 알기 때문에, 말을 할 줄 알고, 그래서 존엄한 인간입니다.

『정신현상학』 1장에서 헤겔은 '말하기'가 "신적인 본성göttliche Natur"(110번 문단)을 가졌다고까지 하네요.

말하기의 신적인 본성을 확고히 아는 토마스였기에, 학계, 교계, 정치계에서 제자의 밥줄을 넘어 목줄까지 틀어쥐었을 것이 분명한 스승 알베르투스 마그누스의 자랑스러운 '말하는 기계'를 무참히 때려부쉈던 것입니다. 그 후에 알베르투스가 토마스를 내쳤다거나 왕따시켰다는 전설은 전혀 없습니다. 앞서도 말씀 드린 대로, 알베르투스는 유쾌한 장난꾸러기예요. 그래서 저는 토마스 못지않게 알베르투스도 좋아하고요. 스승은 아마 이런 교훈을 얻었을 겁니다. "앞으로 새 기계를 만들면, 저 토마스 놈에게는 절대로 보여주지 말아야지."

토마스와 알베르투스가 십자군 원정에 나서는 사람들을 위해 기도하던 때로부터 어언 750년 가량이 흐른 지금, 우리 주위는 온통 '말하는 기계들' 천지입니다. 전기밥솥은 "맛있는 맥미 취사가 완료되었습니다"라고 경쾌하게 말하고, 내비게이션 장치는 "전방에 과속방지턱이 있습니다"라고 알려줍니다. 소위 인공지능 스피커는 제가 아직 못 써봤는데, 듣자 하니 말을 꽤 잘한다더군요. 성 토마스께서 부활하여 이 세태를 목격한다면, 성서와 묵주와 십자가를 내던지고, 사제복을 벗어던지고, 람보의 머리띠와 기계톱과 해머로 무장한 희대의 연쇄 기계 파괴범으로 나설지도 모르겠습니다.

기계가 우리처럼 말을 잘하게 되면 어떻게 하지? 말하는 기계들이 더 발전해서 튜링 검사를 통과하는 수준에 이르면 심각한 혼란이 생기지 않을까?(시험관이 기계와 대화하고 나서 자신이 기계가 아니라 사람과 대화했다고 판정하면, 그 기계는 튜링 검사를 통과한 것이다) 따위의 질문은 저에게 그리 절실하게 다가오지 않습니다.

오히려 정반대의 문제를 지적하고 싶습니다. 기계가 우리처럼 되는 것이 아니라 우리가 기계처럼 되는 것이 문제입니다. 자대에 배치된 당일의 이등병은 튜링 검사를 절대로 못 통과합니다. "예 알겠습니다." "이병 아무개", "실시" "원위치" 정도가 그 이등병이 사용할 수 있는 어휘의 전부인데, 어떻게 사람으로 판정받겠습니까? 우스갯소리지만, 어떤 젊은 여성은 자기가 만난 데이트 상대들 중 다수는 튜링 검사를 통과하지 못했다고 증언했답니다. 충분히 납득이 돼요. 공감 능력이 현저히 떨어지는데다가 이런저런 이유로 쭈뼛거리기까지 하면, 상대로서는 튜링 검사 낙제 판정을 내릴 수밖에요.

우리 인간은 상상을 초월할 정도로 유연해요. 그래서 마음만 먹으면 얼마든지 기계처럼 될 수 있죠. 우리가 그렇게 되면, 그 덕분에 큰 이익을 챙기는 놈들이 반드시 있을 테고요. 그래서 예리한 비판적 시각으로 이렇게 물어야 합니다. 말하는 기계들의 범람은 우리의 말, 우리의 대화를 그 기계들의 신호처럼 하찮은 소통수단으로 얕잡아보는 풍토를 조장하지 않을까? 그런 풍토는 누구에게, 어떤 세력에게 이로울까?

'나와 동등한 권리로 우리의 세계상 구성에 참여하는 또 다른 나'를 향해 나의 실존 전체를 활짝 여는 결단으로서의 말하기와 "딩동뎅, 맛있는 잡곡밥이 완성되었습니다!"를 비교해보십시오.

저승으로 전보를 쳐야겠습니다. "말하는 기계들의 흑마술이 창궐하고 있소. 알베르투스, 토마스, 헤겔, 떨쳐 일어나 우리의 신적인 말하기를 수호합시다." 토마스는 기계톱, 알베르투스는 해머, 헤겔은 초강력 절단기, 저는 맷돌로 무장하렵니다.

24강
변증법의 엔진:
하려는 바와 하는 바의 불일치

목수의 연장통 안에 반드시 줄자가 있듯이, 현학적인 사람들의 어휘 속에는 거의 예외 없이 '변증법'이라는 정체불명의 단어가 있는 듯합니다. 다들 무슨 뜻인지 안다고 자부하면서 사용하는 듯한데, 저에게는 그들이 말하는 '변증법'이 정말이지 정체불명입니다. 그래서 웬만해서는 그 단어를 안 쓰고, 남들도 안 써줬으면 좋겠다고 생각하면서 삽니다.

물론 애용되는 것 자체가 나쁘다고 할 수는 없겠죠. 헤겔도 마치 자신의 철학이 정체불명의 장식품으로 전락할 것을 예견하기라도 한 듯이 이렇게 말하잖아요.

> "그러나 탁월한 놈은 그렇게 생명과 정신을 박탈당하는 운명, 그렇게 살껍질이 벗겨지고 그 살껍질을 생명 없는 앎과 그 앎의 허영심이 둘러 걸치는 꼴을 보는 운명을 피하지 못한다."(서문 52번 문단)

헤겔 철학이 과연 탁월한지, 변증법을 운운하는 자들은 헤겔 철학을 잘 알지도 못하면서 그 살껍질만 벗겨서 걸치고 다니는 것인지, 딱 잘라서 말하기는 어렵겠지만, 아무튼 '변증법'이란 놈이 거창하고 신비로운 후광을 두르고 동에 번쩍 서에 번쩍 출몰한다는 것만큼은 엄연한 사실이지 싶네요.

제가 아는 한, '변증법'의 진면목을 가장 잘 보여주는 문구는 "변증법적 운동dialektische Bewegung"(『정신현상학』에서는 서문 65번 문단에서 처음 등장함)입니다. 변증법이 뭐냐?라고 물으면, 진실의 운동이다, 라고 대답하세요. 우리의 운동이다, 라고 해도 돼요. 우리는 진실의 일부니까요. 마찬가지로 모든 것의 운동이라고 해도 좋습니다. 어차피 진실의 바깥은 존재하지 않으니까 말이죠.

어쩌면 '운동'보다 '머물지 못함'이 더 나은 표현일 수 있겠습니다. "진실은 바쿠스의 비틀거림이다"(서문 47번 문단)라는 헤겔의 문장을 기억하시죠? 저는 운동보다 머물지 못함이 비틀거림과 더 잘 어울린다고 느껴요.

아무튼 변증법은 운동이니, 동력이 있어야 합니다. 엔진이 필요하다고요. 엔진에서 힘이 나와야 운동이 일어나잖아요. 그 엔진, 변증법의 엔진은 무엇일까요? 무엇이 우리를, 진실을, 비틀거리게 할까요? 변증법의 엔진은 '하려는 바와 하는 바의 불일치'입니다.

요새 우리가 읽는 '감각적 확신'의 변증법을 보세요. '감각적 확신'이 하려는 바는 유일무이한 개별자인 '이놈'으로서 유일무이한 개별자인 '이것'을 감각적으로 확실히 아는 그대로 발설하는 것이에요. 그런데 '감각적 확신'이 실제로 하는 바는 무엇인가요? '감각적 확신'은 '이것'을 최고로 일반적인 '이것'으로서 발설하고 맙니다. 환장할 노릇이죠. 내가 속으로 가리키는 '이것'은 천하에 둘도 없는 풍요요 확실성이요 생생함인데, 내 입에서 발설되는 '이것'은 천하 만물을 다 아울러 부르는 일반적인 단어에요. 이 딱한 사정이 '감각적 확신'을 변증법적 운동으로, 진실의 운동으로 이끕니다.

'하려는 바와 하는 바의 불일치'는 세상 곳곳에 온갖 형태로 존재합니다만, 철학자로서 제가 가장 중시하는 사례는 우리의 언어, 구체적으로 주어-술어-문장입니다. 'J는 시인이다'를 보세요. 이 문장이 말하려는 바는 무엇이고, 말하는 바는 무엇인가요? 말하려는 바는 J와 시인이 같다는 거예요. 그런데 실제로 문장을 들여다보면, J와 시인이 각각 떨어져 있어요. J와 시인이 주어와 술어로서 서로 달라요. 요컨대 이 문장이 말하려는 바는 'J = 시인' 인데, 말하는 바는 'J ≠ 시인'에요. 이 불일치는 횔덜린이 '판단과 존재'에서 논하는 문제와 사실상 같습니다. '판단'(일반적으로, '언어')은 'J ≠ 시인'의 면모를 절대로 떨쳐낼 수 없고, 그래서 'J = 시인'으로서의 '존재'를 결코 온전히 담아내지 못한다는 횔덜린의 쓰라린 자각을 상기하십시오.

횔덜린뿐 아니라 대다수 사람들은 '하려는 바와 하는 바의 불일치'를 오로지 부정적인 일로, 딱한 일로 보는 경향이 있습니다. 바로 여기에서 대다수 사람들의 길과 헤겔의 길이 갈립니다. 헤겔에게 '하려는 바와 하는 바의 불일치'는 딱한 사정이기는커녕 도리어 가장 아름다운 화음쯤 됩니다. 이 화음이 안팎에서 울려 퍼지는 가운데 우리가 다 함께 비틀거리며 추는 춤이 변증법에 해당해요.

아까 '감각적 확신'은 말하려 하는 바를 말하지 못하는 딱한 신세라고 말씀드렸는데, 헤겔 철학의 관점에서 엄밀히 보면, '감각적 확신'은 전혀 딱하지 않아요. 오히려 정반대로 '감각적 확신'은 그렇게 말하려는 바를 말하지 못하는 답답함에 비틀거리고 데굴데굴 구르고 발버둥 치면서 온몸으로 진실을 표현합니다. 그래서 정신의 한 현상, 한 모습입니다.

제가 번역한 슈뢰딩거의 『정신과 물질』에 나오는 한 대목을 인용합니다. '내적인 불일치'를 찬양하는 내용이어서, '변증법'을 염두에 두면서 읽어볼 만해요.

> 이를 인정하면, 의식은 자기 자신과의 불일치와 불가분의 관계에 있다는 결론이 나온다. 심지어 의식과 자신과의 불일치는 말하자면 서로 비례한다. 이는 역설적이지만 모든 시대와 사람들이 진실이라고 증언하는 가장 지혜로운 결론이다. 이 세계를 특별히 밝은 의식의 빛 속에서 보았고 삶과 언어를 통해 우리가 인류라 부르는 예술품에 다른 사람들보다 더 많이 기

여하고 변화를 준 사람들은 그들을 추진한 힘이 무엇보다도 내적인 불일치였음을 말과 글을 통해, 혹은 자신의 삶 자체를 통해 증언한다. 내적인 불일치로 인해 고생하는 분들에게 위로가 되기를 바란다. 모든 영속적인 것은 내적인 불일치 속에서 태어났다.

'하려는 바와 하는 바의 불일치'를 반기고 기뻐하는 수준이 돼야 헤겔 공부 좀 했다 할 수 있을 텐데, 우리가 그 수준을 향해 쌀 한 톨만큼이라도 전진하기는 한 걸까요?

25강
의식, 자연이 눈 뜨는 장소

"자연이 눈을 뜨는 장소, 그곳이 바로 인간이다."

출처가 불분명하지만 널리 회자되는 셸링의 문장인데, 이해를 돕기 위해 제가 꽤 변형했습니다. 원문은 "인간에서 자연이 눈을 뜬다Im Menschen schlägt die Natur Augen auf"예요. 인간은 자연이 눈을 뜨는 장소라는 얘기죠. 같은 취지로, 인간 혹은 인간 정신은 자연의 눈이라는 표현도 종종 쓰입니다. 눈을 떴으면 무언가 바라봐야겠죠? 그렇게 인간을 발판으로 삼아서, 혹은 도구로 삼아서, 자연은 무엇을 바라볼까요? 다름 아니라 자연 자신을 바라봅니다. 자연이 자연을 마주 바라봐요. 이로써 자연의 직관적 자기관계가 형성되고, 이 자기관계가 셸링 자연철학의 핵심이죠.

이런 철학, 어떤가요? 내 안의 자연이 내 바깥의 자연을 마주한 장면이 왠지 뭉클하고 심지어 숭고한가요? 실제로 셸링은 매혹적인 철학자입니다. 한 예로 "자기를 추구하면서 자기로부터 달아나는 정신의 오디세이아"라는 표현을 보십시오. 1800년에 출판된 『초월적 관념론 체계』에 나오는 표현(전대호 역, 『초월적 관념론 체계』, 2008, 323쪽, 342쪽)인데, 저는 이 표현에 이른바 변증법의 윤곽이 고스란히 담겼다고 봅니다. 게다가 '정신의 변증법'보다 '정신의 오디세이아'가 훨씬 더 흥미진진할 것 같지 않습니까?

문제는 이런 기막힌 발상들을 공유 가능한 형태로 차근차근 풀어낼 수 있느냐, 하는 것입니다. 이 질문을 들이댈 때 비로소, 브릴리언트컷으로 절삭한 다이아몬드처럼 반짝이는 셸링 철학이 어떤 의미에서는 왜소할 수 있음을 느끼게 되죠. 반대로 얼핏 지저분한데다가 더없이 평범한 헤겔의 걸음걸이가 최고의 춤이라는 것도 깨닫게 되고요.

칸트와 헤겔의 같음과 다름을 섬세하게 이해할 필요가 있듯이, 셸링과 헤겔의 관계도 신중하게 곱씹을 필요가 있습니다. 간단히 우열을 판정하거나 철천지원수 관계로 만드는 것은 어리석은 짓입니다. 일단, 이 두 친구는 기본적으로 성향이 달라요. 헤겔은 언어와 학문의 편, 셸링은 직관과 예술의 편이죠. 그러나 둘 다 '절대적 자기관계'를 평생 화두로 삼는다는 점을 간과하면 안 됩니다. '절대적absolut'(= 어디에도 매이지 않은 = 어디로도 치우치지 않은)이라는 표현이 헛말이 아니라면, 또 셸링과 헤겔이 각자의 방식으로 '절대적 자기관계'에 도달했다면, 우리는 이 두 친구의 같음과 다름을 곱씹음으로써 언어와 직관의 얽힘, 학문과 예술의 얽힘을 이해할 열쇠를 얻을 수 있을지도 모릅니다.

헤겔이 셸링을 명시적으로 거론하면서 비판한 사례를 하나 아는데, 그것이 유일한 사례인지까지는 모르겠습니다. 아무튼 누군가에게 쓴 편지에서 헤겔은 셸링이 혼자 하면 될 연습을 공개적으로 한다고 비판합니다. 무슨 말이냐면, 생각을 충분히 숙성시켜서 글을 쓰고 출판해야 할 텐데, 셸링은 설익은 생각들을 무슨 작품이라도 되는 양 척척 세상에 내놓고 있다는 거예요. 예컨대 연주자라면 누구나 연습을 많이 해야 합니다. 하지만 연주회를 열어서 청중을 앉혀 놓고 그 앞에서 연습을 하는 연주자는 없어요. 헤겔이 보기에 셸링은 그런 이상한 연주자였던 겁니다.

실제로 셸링의 철학은 피카소의 화풍만큼이나 여러 번 바뀌었죠. 물론 셸링 애호가들은 셸링의 그런 좌충우돌식 행보마저 사랑합니다. 생동하는 실험 정신, 천 개의 얼굴을 가진 셸링, 운운하면서요. 그 정도까지는 아니지만, 저 역시 방금 언급한 헤겔의 비판은 약간 마음에 안 듭니다. 세상엔 즉흥 연주라는 것도 있지 않습니까? 프리스타일 재즈를 하고 싶은데, 그걸 듣겠다고 청중까지 모여든다면, 안 할 이유가 없잖아요? 철학적인 글도 때로는 설익어서 더 향기로울 수 있지 않을까요? 꼭 헤겔처럼 생각을 곱씹고 곱씹은 뒤에 비로소 펜을 들어야 한다면, 철학적인 글은 이 세상에서 거의 씨가 마를지도 모릅니다.

의식을 논하려고 쓰는 글의 서두에서 한참 동안 셸링을 들먹였는데, 첫째 이유는 이 글이 헤겔의 눈에 비친 셸링의 글처럼 설익었음을 저 스스로 잘 알기에 변명하기 위해서입니다. 지난번 글('의식, 정신, 마음')도 마찬가지였지만, 이번 글은 풋내가 풀풀 납니다. 어쩌겠습니까, 저도 이 순간만큼은 헤겔보다 셸링의 편이 되고 싶네요.

하지만 훨씬 더 중요한 둘째 이유는, 맨 위 인용문에서 결정적인 구실을 하는 "눈을 뜨다"라는 표현이 이른바 '의식'과 직결되기 때문입니다. "의식이 있다(의식한다)"는 상식적으로(또한 임상의학적으로) "깨어있다(눈을 떴다)"를 함축합니다. 더 나아가 깨어있음awakeness은 "알아챔awareness"과 맞물리고요. 물론 의식 있음consciousness, 깨어있음awakenesee, 알아챔awareness을 완전히 동일시하는 것은 확실히 지나친 단순화예요. 하지만 이 세 술어의 연관성은 상식과 임상의학뿐 아니라 어원도 공히 인정하는 바입니다.

의식을 뜻하는 영어 consciousness와 독일어 Bewusstsein에는 똑같이 '앎'을 뜻하는 성분(scious와 wusst)이 들어있어요. 위키피디아 영어판 consciousness 항목도 첫 문장에서 의식이란 "알아챔의 상태 혹은 질the state or quality of awareness"이라고 못박는군요(https://en.wikipedia.org/wiki/Consciousness). 이처럼 '의식'과 '앎'의 상관성에 대해서는 이론의 여지가 없다고 하겠습니다. 하지만 '의식'과 '앎' 사이의 거리가 얼마나 먼지에 대해서는 여러 견해가 가능한 듯합니다.

당장 "눈 뜸"이라는 셸링의 표현을 생각해보세요. "눈 뜸"과 "앎"은 거리가 꽤 멀지 않습니까? 헤겔은 "눈 뜸"이나 "앎"이나 주체가 대상과 관계 맺는 활동이기는 마찬가지라고 볼 테지만, 그 두 활동을 세심히 구분할 필요가 있을 때는 헤겔 역시 구분합니다. 제가 나서서 우리말로 표현하면, 그럴 때 헤겔은 "마주함"과 "앎"을 구분해서 써요. "마주함"이 아주 초보적이고 허술한 주체-대상 관계라면, "앎"은 훨씬 더 성숙하고 탄탄한 주체-대상 관계라고 할 수 있습니다.

요컨대 온갖 지식인들이 — 때로는 자연과학자들이 더 요란하게 — '의식'을 들먹이는 지금, '의식'이 무슨 새로운 광맥이라도 되는 양 호들갑이 분분한 지금, 제가 주목하는 것은 '알아챔'이라는 술어이며, 제가 던지고 싶은 질문은 이것입니다. '알아챔' 곧 '의식 있음'은 얼마나 성숙한 주체-대상 관계를 의미하는가? 거듭되는 말이지만, 이 질문에는 여러 대답이 가능한 듯합니다.

예컨대 헤겔의 대답은 단호해요. '알아챔'은 이미 완전히 성숙한 주체-대상 관계입니다. 바꿔 말해 이미 하나의 진실주장Wahrheitsanspruch이에요. 즉, 내가 무언가를 알아챌 때, 나는 그 무언가를 나 자신뿐 아니라 타인들도 수긍해야 마땅하다는 믿음을 품습니다. 바꿔 말해, 알아채는 나는 그 알아챔의 보편성을 자부해요. 이것은 헤겔이 『정신현상학』에 나오는 "의식 형태들", 곧 등장인물들을 다룰 때 일관되게 취하는 태도에요. "의식"이라는 제목이 붙은, 오페라로 치면 1막에 해당하는 『정신현상학』 A부의 등장인물들, 곧 '감각적 확신', '지각', '지성'은 제각각 완전히 성숙한 진리주장들입니다. 수학에서 미지수를 가리키는 기호 X를 써서 말하면, 그 인물들은 제각각 '진실은 X다'라는 주장을 내놓고 정당화하려 애쓰죠.

지금 우리가 읽는 대목의 주인공인 '감각적 확신'을 봅시다. 이 인물(의 활동)은 외견상 가장 초보적인 '알아챔'(=의식=앎)이에요. 워낙 초보적이어서, 감각적으로 확신하는 주체의 활동은 '알아챔'이라기보다 막연히 '마주함' 혹은 '눈 뜸' 정도에 가깝게 보여요. 그러나 헤겔은 그 막연한 '눈 뜸'이 실은 충분히 성숙한 하나의 진리주장이라고 이야기합니다. 구체적으로 무슨 진리주장이냐면, 유일무이한 개별자와 관계 맺겠다고 다짐하면서 실제로는 '존재'라는 공허한 일반자와 관계 맺는 딱하고 장한 주체의 진리주장이라는 군요. 바꿔 말해, 헤겔은 '감각적 확신'의 진실과 '존재'라는 논리적 개념의 진실이 똑같다고 봅니다.

이런 식으로 헤겔에게는 가장 초보적인 '알아챔'마저도 이미 언어(논리)의 울타리 안에 있습니다. 뒤집어 말하면, 헤겔은 '눈 뜸'이건 '알아챔'이건 그 어떤 막연한 놈이건 상관없이 무엇이든지 일단 언어의 울타리 안으로 끌어다놓고 다루기 시작해요.

언어의 울타리는 풍요로운 비언어적 실재를 옭죄는 오랏줄과 같다는 식의 이야기를 많이들 들어보셨죠? 그런 이야기에 동조하는 사람은 무엇이든 언어의 오랏줄로 묶어놓고 시작하는 헤겔을 폭력적인 논리중심주의자로 보고 기피할 가능성이 높아요. 납득할 만한 반응입니다. 만약에 언어가 오랏줄이라면, 실제로 헤겔은 우리 자신을 포함한 모든 것을 일단 오랏줄로 묶어놓고 시작하니까요. 그러나 중요한 문제는 언어가 과연 오랏줄이냐는 것입니다. 오히려 언어는 모든 것에 생명을 넣어주는 탯줄일 수 있어요. 헤겔은 그렇다고 주장하죠. 저는 그 주장에 동의하고요.

언어와 논리의 경직성, 불완전성, 공허함 등에 실망하거나 다른 여러 이유로 헤겔을 기피해온 많은 학우 여러분, 헤겔의 논리중심주의는 도리어 지극한 자비일 수 있음을 알아주시기 바랍니다. 실체, 필연, 운명, 체제의 폭력 앞에 움츠러들고 말문이 막힌 개인을 다시 광장으로 인도하는 자비! "진실을 실체로서뿐 아니라 또한 마찬가지로 주체로서 파악하고 표현하는 것"(서문 17번 문단)이 관건이라는 헤겔의 결정적 선언은, 우리가 함께 일궈갈 공통의 세계를 내다볼 수 있게 해주는 자비의 선언입니다.

제가 헤겔주의자로 자처하면서 상상하는 헤겔의 대사는 이를테면 이런 것입니다. "말로 하자. 사람답게, 사람 대 사람으로 동등하게 대화하자. 너나 나나, 더 이상 눈먼 폭력에 휘둘리지 말자. 환히 깨어서 말로 풀어보자. 맺히면 풀고 또 맺히면 또 풀자! 다른 길은 없잖니?"

다른 길, 언어 바깥의 길은 정말로 없을까요? 아마 없을 것이며 설령 있더라도 그 길은 우리에게 결코 이롭지 않으리라고 저는 확신합니다만, 적잖은 철학자들은 지극정성으로 몸부림치며 그 길을 모색하는 듯합니다. 그런 철학자들을 이런저런 호칭으로 부를 수 있겠지만, 유서 깊은 호칭으로 "신비주의자"가 있죠. 신비주의의 역사는 철학의 역사만큼 오래되었어요. 왜 아니겠습니까, 신비주의는 철학의 뒷면 같은 놈, 그래서 "반철학Anti-Philosophie"이라는 신식 별칭이 아주 잘 어울리는 놈이거든요. 전통적 신비주의와 신식 반철학의 같음과 다름도 섬세하게 짚어야 할 텐데, 그 일은 일단 제 역량 밖입니다. 하지만 언젠가 시도한다면, 셸링을 좋은 길잡이로 삼을 수 있으리라 확신합니다.

앞서 던진 질문으로 돌아갑시다. '알아챔' 곧 '의식 있음'은 얼마나 성숙한 주체-대상 관계를 의미하는가? 셸링이 내놓는 대답은 제가 보기에 헤겔의 대답과 일단 사뭇 달라요. 셸링은 '알아챔'보다 더 (원초적이라는 의미에서) 아래에 위치한 '눈 뜸'을 주목하는 철학자입니다. 그가 구상하는 '절대적 자기관계'는 '눈 뜬 자연이 눈 감은 자연을 말없이 바라봄'이라고 할 만해요. 하지만 마냥 말이 없을 수는 없겠죠, 셸링도 기본적으로 글쟁이인데. 그래서인지 셸링은 자연 자체가 '시(詩)'라고 선언하는 초강수를 둡니다.

> 우리가 자연이라고 부르는 것은 비밀스럽고 경이로운 문자로 쓰여 닫혀 있는 시다. 하지만 수수께끼를 풀 수 있다면, 우리는 그 시에서 정신의 오

디세이아를 알아보게 될 것이다. 경이롭게 홀려 자기 자신을 추구하면서 자기로부터 달아나는 정신의 오디세이아를.

(『초월적 관념론 체계』, 전대호 역 2008, 323쪽)

셸링, 헤겔과 비슷한 시대에 활동한 영국 낭만주의 시인 퍼시 비시 셸리의 외침도 한번 들어보시죠.

땅이여, 바다여, 공기여, 내 사랑하는 형제들이여!
이 알 수 없는 세계의 어머니여,
나의 장엄한 노래를 돌보소서!
나는 항상 그대를, 오직 그대만을 사랑했으니!

(『로지코믹스』, 전대호 역, 85쪽에서 재인용)

어쩌면 이 외침은 셸링이 자연 자체를 시로 규정할 때 염두에 둔 절대적 자기관계를 멋지게 표현하는지도 모릅니다. 대단하지 않습니까? 자연을 어머니라고 부르는 시인! 땅과 바다와 공기를 형제로 둔 시인! 사랑으로 절대적 자기관계를 이뤄내는 시인!

학우 여러분, 혹시 감동의 물결에 휩쓸리셨다면, 그만 정신을 차립시다. 시인에게는 너무 많은 것을 기대하지 말아야 해요. 모든 철학자들의 큰형 플라톤이 꼬집었듯이, 자고로 시인이란 자기도 잘 모르는 얘기를 그럴싸하게 하는 놀라운 재주를 가진 놈이에요. 시인은 시 한 수 읊게 한 다음에 술 한 잔 먹여서 보내는 것이 상책입니다.

아무튼 셸링은 '눈 뜸'이 모든 형태의 주체-대상 관계보다 더 원초적이며 신비로운 모종의 관계이기를 바랐던 것 같습니다. 아니, 어쩌면 '눈 뜸'을 통한 자연의 절대적 자기관계에 '관계'라는 논리적 범주를 들이대는 것 자체를 거부했을 성싶습니다. 즉, '눈 뜸'이 자연의 자기관계일뿐더러 또한 어떤 형태의 분화도 아직 개입하지 않은 원초적 미분화 상태이기를 바랐던 것 같아요. 제가 셸링 철학을 구체적으로 알지는 못해서 이런 식으로 추측만 하는 것이 조금 아쉽네요. 하지만 셸링에게 이런 면모가 있는 것은 틀림없는 사실이고, 이 글에서 중요한 것은 바로 그 면모이니, 천 개의 얼굴을 가진 셸링은 제쳐둡시다.

셸링은 '눈 뜸'으로 표현되는 원초적 관계 맺기(셸링 본인에게는, 분화Differenzierung 직전의 원초적 상태)에서 평범한 주체-대상 관계를 뛰어넘는 신비로운 진실을 발견하려 애쓰는 철학자입니다. 셸링에게 진실은 원초Ursprünglichkeit입니다. 진실한 놈이란 원초적인 놈이에요. 그래서 헤겔이 주목하는 개념들은 '부정성Negativität', '모순Widerspruch', '거둠Aufheben' 등인 것에 반해, 셸링은 '차이 없음Indifferenz', '동일성Identität' 같은 개념들에 매달리죠. 아마도 셸링은 '눈 뜸'이라는 표현을 통해서 주체(= 의식 = 눈 뜬 자연)와 대상(=눈 감은 자연)이 갈라질락 말락 하는, 갈라지려다가 다시 합쳐지다가 다시 갈라지려 하는, 갈라진 듯 여전히 하나인, 뭐 그런 야릇한 상태를 포착하려 하는 듯합니다.

이런 시도를 헤겔이 보면 뭐라고 논평할까요? 틀림없이 단칼에 베어버릴 겁니다. 이런 식으로요. '눈 뜸? 그거 감각적 확신이구만. 이미 진리주장이야. 숱한 진리주장들 가운데 하나지. 눈 뜨고 멍하니 있는 놈은, 다름 아니라 '존재'가 진실이라고 말하는 놈이야. 그런 놈은 어떻게 비틀거리면서 자신의 진실을 실토하냐면……' 그러면서 『정신현상학』 1장 「감각적 확신」을 펼쳐 보일 겁니다.

저는 이 논평이 절대적으로 옳다고 생각하지는 않아요. 하지만 이 논평에 제대로 반발하려면, 언어의 세계를, 심지어 시(詩)적인 언어의 세계마저도 저버려야 할 위험이 있다고 봅니다. 그럴 때 남는 것은 동물적인 몸짓과 괴성이 주도하는 퍼포먼스, 일종의 춤일 텐데, 만약에 헤겔처럼 언어의 울타리 안에서 최고의 춤을 출 수 있다면, 그렇게까지 멀리 떠나서 비언어적인 춤을 추겠다고 고집할 이유가 없지 않을까요?

유일한 이유가 있다면, 그것은 균열에 대한 두려움일 것입니다. '알아챔'이 더 성숙할수록, 주체와 대상의 균열이 더 뚜렷해집니다. 헤겔처럼 무릇 의식 형태를 진리주장으로 간주하면, 숱한 신비주의자들과 셸링과 최신 반철학자들이 동경해온 원초적 미분화 상태 따위는 들어설 자리가 없어집니다. 애초부터 균열(주체-대상 관계, 나-너 관계, '하려는 바'-'하는 바' 관계)은 기정사실입니다. 그 균열을 그대로 직시하면서, 거기에서 절대적 자기관계를 보는 것이 관건입니다. 그 균열 너머의 원초적 미분화 상태를 직관하겠다는 포부, 심지어 그 균열을 되돌려 원초적 미분화 상태를 재건하겠다는 포부는 헤겔이 보기에 허무맹랑합니다.

흥미롭게도 요새 자연과학에 기초를 두고 '의식'을 거론하는 사람들 중 다수는 이를테면 자연에서 의식이 발생하는 순간(대상과 주체가 갈라지는 순간)에 집중하다 보니, 의외로 신비주의, 낭만주의, 셸링 철학과 비슷한 행보를 보입니다. 다시 말해 그들은 '알아챔'의 가장 초보적인 형태에 관심을 집중해요. 마치 그 형태가 가장 진실한 형태라도 되는 것처럼 말이에요.

그렇게 하는 진짜 이유가 제 눈에는 환히 보입니다. 그런 초보적인 형태의 '알아챔'은 여전히 단순한 자연물로 간주할 수 있을 성싶으니까 그렇게 하는 거예요. 자연과학자답게 의식마저도 철저히 자연물로 다루고 싶은데, 충분히 탄탄한 주체-대상 관계로까지(세계상의 설계자, 시공자, 감리자, 사용자, 관리책임자로까지) 성숙한 의식을 그렇게 다루기는 영 힘들 거예요. 그러니까 고작 감각적 자극에 자동으로 반응하는 의식이나 다루면서, 마치 그런 초보적인 의식이 무릇 의식의 진실인 양 부풀리는 거죠. 그런 식으로 일이 잘 풀리면, 주체-대상 균열을 우회하면서도 결국 '의식'의 모든 면모들을 온전히 이해할 수 있을 것이라는 헛된 희망마저 품으면서 말이죠.

결국 '알아챔'이란 얼마나 복잡하게 매개된 활동인가?라는 질문이 관건이지 싶습니다. 헤겔의 대답은, 더없이 복잡하게 매개된 활동이라는 것입니다. 가장 초보적인 '알아챔' 곧 '감각적 확신'은 실은 『정신현상학』에 등장하는 다른 모든 의식 형태들의 단서를 다 품고 있을 만큼 복잡한 의식 형태입니다. 그 초보적인 '알아챔'이 겉보기엔 아주 단순하지만, 그래서 주체-대상 균열의 조짐조차 뚜렷이 드러나지 않을 정도지만, 속으로는 엄청나게 복잡하다는 것이 헤겔의 결정적인 통찰이에요. 저는 이 통찰이 현재의 의식 연구자들에게도 교훈을 줄 수 있다고 봅니다.

지금까지 우리가 헤겔을 읽으면서 여러 번 확인했듯이, 헤겔은 시작보다는 끝의 친구, 단순성보다는 복잡성의 친구, 원초적 미분화 상태보다는 완전히 분화된 시스템의 친구입니다. 그래서 그는 무엇을 탐구하든지, 그것을 '완전하게 채워서(vervollständigen, complete)' 고찰하는 것을 기본 방침으로 삼아요. 진실은 끝에서, 완성 단계에서 비로소 온전히 드러난다고 보기 때문이죠.

어쩌면 이런 방법론에서 헤겔의 길과 셸링의 길이 갈리는 듯합니다. 헤겔과 정반대로 셸링은 무엇을 탐구하든지, 그것의 기원, 그것이 분화하는 첫 단계, 첫 순간을 주목합니다(오늘날 자연과학적 의식 연구의 방법론도 대체로 이와 유사하지 싶네요). 처음, 첫, 시작의 친구 셸링! "모든 시작에는 마법이 깃들어 있다"라는 멋진 문장이 있는데, 역시나 시인의 문장이에요. 헤르만 헤세의 시구인데, 꽤 유명한 시 「단계들」에 들어있어요. 잠깐 쉴 겸해서, 그 시를 제 번역으로 한번 읽어보시죠.

단계들

헤르만 헤세

모든 꽃 시들고 모든 젊음 세월에 밀려나듯
삶의 모든 단계, 모든 지혜, 모든 미덕도
한철 꽃 피되 영원히 지속하면 안 되지
언제든 삶이 부르면 마음은 이별하고 새출발할 준비가 되어있어야 해
용감하게, 슬픔 없이, 다른 속박, 새로운 속박에 뛰어들 준비.
그리고 모든 시작엔 마법이 깃들어 있지,
우리를 보호하고 살도록 돕는 마법이.

우리는 해맑게 공간을 가로지르고 또 가로질러야 해,
어떤 공간에도 고향처럼 매달리면 안 돼,
세계정신은 우리를 옭아매고 조르려 하지 않아,
우리를 한 단계 한 단계 높이려 해, 펼치려 해.
우리가 삶의 한 범위에 친숙해지고 포근하게 감싸이기 무섭게
마냥 늘어져버릴 위험이 닥치지
오직 뛰쳐나가고 떠날 준비가 된 사람만이
나른한 익숙함에 빠져들기를 즐기네

어쩌면 죽음의 시간조차도 우리에게
새로운 공간들을 싱싱하게 보낼 거야
삶이 우리를 부르는 소리는 영영 그치지 않을 거야……
그래, 마음아, 이별해라, 그리고 건강해라!

'처음을, 시작을, 분화 이전의 원초적 단순성을 직관함으로써 절대자에 도달하겠다' 적어도 젊은 시절 한때 셸링의 학문적 포부는 대충 이런 것이었는데, 헤겔의 눈으로 보면, 이 포부는 도둑놈 심보, 날로 먹겠다는 욕심, 게으름뱅이의 무기력한 동경 정도로 보이기에 딱 좋습니다. 시작에 마법이 깃들어있다고요? 아무렴요, 그렇고말고요. 헤겔도 그 마법을 전적으로 인정합니다. 그런데 그 마법을 정말로 손에 쥐듯이 이해하려면, 그리하여 그 마법이 내 안에 늘 깃들게 하려면, 어떻게 해야 할까요?

헤겔의 대답은, 시작과 결별하고 앞으로 나아가라는 것입니다. 그 처음의 진실에 이르기 위하여, 그 처음으로부터 달아나라는 거예요! 갈 길이 멉니다. 내 안의 자연이 '눈 떠' 내 바깥의 자연을 마주하는 그 첫 순간의 진실에 도달하려면, 이미 지나간 지 오래인 그 처음에 다가가겠다고 용을 쓰며 시간의 물살을 거스를 것이 아니라, 그 첫 순간으로부터 오히려 더 멀리 떠나 자연과학을 하고 공동체를 건설하고 예술, 종교, 철학을 두루 거치는 고된 노동을 감수해야 해요. 그렇게 해도 얻을까 말까 한 절대적 깨달음을 어떻게 그런 식으로 '눈 뜸' 하나에서 단박에 얻겠다는 말입니까? 이건 뭐, 씹지도 않고 날로 삼키겠다는 뜻이잖아요!

거듭 강조하지만, 셸링은 결코 만만한 사상가가 아닌데다가 얼굴이 한둘이 아니에요. 당장, "자기를 추구하면서 자기로부터 달아난다"는 기막힌 표현의 원작자인걸요. 아마도 그는 만물이 원초적 미분화 상태를 향해 달음질하면서 오히려 그 상태로부터 달아나는 (혹은, 그 상태로부터 달아나면서 오히려 그 상태를 향해 달음질하는) 신비로운 광경을 상상했을 것입니다. 저는 셸링 철학의 원대한 낭만주의적 포부를 도둑놈 심보로 비난할 생각은 추호도 없습니다. 다만, 오늘날 많은 사람들이, 셸링 철학과 비슷한 향기를 풍기며 "시작의 마법"을 내세우는 온갖 인문학 상품들에 기꺼이 현혹되고 있다면, 저로서는 그들에게 이런 질문을 던지지 않을 수 없는 것입니다. "당신들,

도둑놈 심보 아냐?"

어떻게 하면 말로 표현할 수 없는 첫 키스의 느낌에 충성을 다할 수 있을까요? 시간의 물살에 이미 떠내려간 그 느낌을 어떻게든 회수하여 박제해야 할까요? 헤겔의 대답은, 그 느낌을 미련 없이 떠나보내라는 것입니다. 영화 「시네마천국」에서 눈먼 알프레도가 몸은 다 컸지만 맘은 아직 아이인 토토를 기차역에서 배웅하며 "절대로 돌아오지 말라!"고 당부하고 또 당부하듯이, 헤겔은 포근한 고향과도 같은 처음, 시작, 감각, 느낌에 연연하지 말라고, 차라리 그것들을 짓밟아버리라고, 그것이 그것들을 참되게 살리는 길이라고 당부합니다. 고향을 떠나서 네 손으로 고향을 건설하라고, 헤겔은 말합니다.

원초적인 '눈 뜸'에 대한 셸링의 애착, 무의식적인 뇌 활동에서 '의식'이 출현하는 순간에 대한 자연과학자들의 집중적인 관심은 어쩌면 첫 키스의 느낌에 매달리는 어리석음과 비슷한 구석이 있을지도 모릅니다. 그게 왜 어리석음이냐고요? 예, 적절한 반발입니다. 처음과 시작에 애착하는 것 자체가 어리석음이라고 할 수는 없을 것 같아요. 하지만 시작에 정말로 애착한다면(충성을 다한다면) 시작을 떠나보낼 수밖에 없다는 것, 따라서 시작에 애착한다면서 이미 떠나버린 시작의 허물을 붙들고 징징거리는 놈은 확실히 어리석다는 것이 헤겔의 가르침이고, 저는 그 가르침에 고개를 끄덕입니다.

'첫 키스로부터 달아남으로써 첫 키스의 참맛을 향해 달음질하라!'

제가 고안한 첫 키스의 변증법입니다. 어디에 어떻게 써먹어야 할지는 잘 모르겠지만.

26강
'알아채기, 거리두기, 순간의 아름다움'

'의식한다'는 것이 '알아챈다'는 것임을 부정할 사람은 없을 것입니다. 문제는 '알아채기'가 어느 정도로 '거리두기'를 함축하는가, 라는 질문이에요. 요새 저는 이 질문을 '의식' 문제에 접근하기 위한 실마리이기를 바라며 만지작거리는 중입니다.

'알아채기'가 가장 강한 정도로 '거리두기'를 함축할 경우, '의식'과 '자연' 사이의 거리는 최대로 멀어질 것입니다. 숱한 사람들이 욕하는 실체이원론(정신 실체와 물질 실체가 따로 있다는 이론)이 설득력 있게 느껴질 정도로 말이죠. 물론 '의식'과 '자연'을 최대로 떼어놓는다고 해서 반드시 실체이원론에 귀의하는 것은 결코 아닙니다.

『철학은 뿔이다』에서 제가 시도한 전략대로, '의식'을 항상 이미 '자연'에 스며들어있는(드리워있는) 빛 같은 것으로 간주할 수도 있거든요. 이 전략은 한편으로 '의식'이 '자연'으로부터 분리되어 따로 존재한다는 생각을 봉쇄하면서, 다른 한편으로 '의식'이 한낱 자연물로 취급되는 것도 막으려는 뜻을 갖고 있습니다.

물론 이 경우에 '의식이 스며든 자연'은 다름 아니라 '앎'이고, 결국 우리가 상대하는 진실은 '앎'(곧 주체)이다, 라는 입장을 취해야만 하겠죠. 자연으로부터 분리된 의식이 없는 것과 마찬가지로, 의식으로부터 분리된 자연도 없다는 거예요. 이것이 의식과 자연의 같음과 다름에 대한 헤겔 철학의 입장이라고 이해하며, 이것은 당연히 저의 입장이기도 합니다.

이 입장을 채택하면 '눈 뜬 자연'과 '눈 감은 자연'은 사뭇 다릅니다. 따라서 셸링이 꿈꾸는 절대적 자기관계, 곧 '인간의 의식에서 눈을 뜬 자연이 바깥의 눈 감은 자연을 바라봄'은 결코 단박에 완벽한 동일성 관계일 수 없습니다. 이 관계에도 엄연히 다름(눈 뜸 ≠ 눈 감음)이 끼어들어 있잖아요.

그러나 '알아채기'가 얼마나 많이 '거리두기'를 함축하는가, 라는 질문에 사례별로, 상황별로, 더 세분된 대답을 내놓을 필요가 있지 않을까 하는 생각이 드네요. 기본적으로 '알아채기', '순간에 매인 관점에서 벗어나기', '과거와 미래의 나까지 함께 고려하며 시간을 의식하기', '또 다른 나들까지 함께 고려하며 우리를 의식하기', '대화하기'가 한통속이라는 것은 분명하다고 봅니다.

하지만 이를테면 과거와 미래의 나까지 고려할 때, 고려되는 시간이 얼마나 긴지는 사례에 따라 다르지 않겠어요? 지금 이 순간으로부터 거리를 두면서 자기의 과거 삶 전체와 미래 삶 전체를 두루 살필 수 있는 사람은 그야말로 도인일 겁니다. 하긴, 진짜 도인은 무수한 전생들과 내생들까지 다 살핀다고들 하더군요.

풋내 나는 '의식' 이야기는 이제 그만 하렵니다. 대신에 괴테를 인용할까 합니다. '감각적 확신'과 관련해서 '순간의 변증법'을 논하는 마당에 『파우스트』에 등장하는 그 결정적인 대사, 파우스트와 메피스토펠레스펠레스가 계약을 맺을 때, 그리고 2부의 막바지에 또 한 번 등장하는 그 대사를 빼놓을 순 없겠죠. 흔히 "순간이여, 멈춰라, 너는 참으로 아름답구나!"로 번역되는 대사 말입니다. 파우스트가 이 대사를 읊으면, 메피스토펠레스펠레스가 그를 옭아매고 파멸시켜도 좋다는 것이 계약의 주요 내용이었죠. 2부 막바지에 그 대사가 나오는 대목은 아래와 같습니다.

그래 난 이 의미[낙원 같은 공동체]에 완전히 항복했어,
이것이 지혜의 마지막 결론이야.
오직 이 결론만이 자유와 삶을 차지할 자격이 있지.
이 결론이 날마다 자유를 정복해야 해.
여기에서는 그렇게, 위험에 둘러싸인 채로
아이와 사내와 노인이 능숙하게 살아가지.
그런 분주한 군중을 보고 싶어.
자유로운 기반 위에 자유로운 민중과 함께 서고 싶어.
나 이제 순간에게 이렇게 말해도 될 것 같아.
떠나지 마, 오래 머물란 말이야, 너 참 아름다워!
내가 지상에서 보낸 날들의 흔적은 영원히 지워질 수 없어.

많이 늙고 눈이 먼 파우스트는, 자유로운 민중이 자유로운 기반 위에서 사는 공동체, 낙원 같은 공동체를 건설하는 사람들이 땅을 파고 자재를 나르는 소음을 들으며 이 대사를 읊습니다. 그런데 그 소음은 실은 파우스트의 무덤을 파는 사람들이 내는 소음이에요. 파우스트 혼자 심하게 착각하고 있는 거죠. 이 대사를 읊은 후, 파우스트는 죽고, 괴테가 평생에 걸쳐 쓴 희곡 『파우스트』는 사실상 막을 내립니다.

흔히 "멈춰라!"로 번역되는 단어가 "Verweile!"더군요. '부정적인 것과 함께 머물기'에서 "머물기"에 해당하는 단어이고, 「서문」에서 제가 "오래 머물다"로 번역한 단어입니다. 위 인용문에서 "떠나지마, 오래 머물란 말이야, 너 참 아름다워!"로 번역된 원문은 다음과 같습니다. "Verweile doch, du bist so schön!"

장하고 딱한 인간, 딱하고 장한 인간의 입에서 터져나오는 이 자멸의 외침을 오래 곱씹어봅니다.

27강
감각적 확신과 존재

헤겔이 '감각적 확신'이라는 명칭으로 가리키는 바를 우리는 줄곧 한 인물로 해석해왔고, 그 해석은 충분히 받아들일 만합니다. '감각적 확신'은 '감각적으로 확신하는 바' 곧 '자기가 마주한, 감각적으로 확실한 것'이 진실이라고 주장하는 인물이라고 할 수 있어요.

하지만 정확히 해석하자면, '감각적 확신'은 다양한 진실주장 형태들 — 곧 의식 형태들 — 중 하나입니다. 진실주장 형태들을 독일어로 알기 쉽게 표현하면 'Fürwahrhaltensweisen'인데, 이 단어의 직역은 '진실로 간주하는 방식들'입니다. 즉, "X가 진실이다"라는 일반 형식에서 X를 무언가로 — 이를테면 '감각적으로 확실한 것'으로 — 대체하면, 한 진실주장 형태를 요약하는 문장을 얻을 수 있습니다.

요컨대 '감각적 확신'은 "감각적으로 확실한 것이 진실이다"라는 문장으로 요약되는 인물 혹은 진실주장 형태입니다.

『정신현상학』 1장에서 헤겔은 이 인물이 하려는 바와 하는 바가 어떻게 불일치하는지를 꼼꼼히 분석함으로써 이 인물이 애초의 자기로 머물지 못하고 다음 인물(진실주장 형태)로 넘어갈 수밖에 없게 만듭니다. 헤겔은 그 작업이 감각적 확신에 내재하는 변증법을 서술하는 일, 심지어 그 변증법을 그저 지켜보는 일이라고 말합니다.

헤겔의 서술은 칸트가 감각의 형식으로 지목한 시간과 공간을 중심으로 전개됩니다. 감각적 확신이 진실이라면서 내놓는 '이것'을 헤겔은 '지금'과 '여기'라는 두 측면으로 나눠서 분석하고 각각 파산시킵니다. '감각적 확신'에 붙은 "감각적"이라는 수식어에 충실하게 논의를 전개한다고나 할까요. 적어도 표면적으로는 그렇습니다.

텍스트를 읽으면서 다들 느꼈겠지만, 논의의 전개에서 중심에 놓이는 것은 '지금'이고, '여기'의 역할은 부수적인 편이에요. 그 이유를 납득하기는 어렵지 않습니다. '지금'은 항상 이미 '다른 지금'으로 넘어가는 중인 반면, '여기'는 '다른 여기'와 별개로 취급해도 될 성싶잖아요. '지금'과 '다른 지금'의 관계가 '근원적 얽힘'이라면, '여기'와 '다른 여기'의 관계는 언뜻 보기에 '따로따로'라는 거예요. 그러니 당연히 '지금'을 중심에 놓는 것이 변증법의 서술에 유리할 테죠.

이건 당연히 시간과 공간의 차이와 직결됩니다. 과정존재론자 헤겔이 보기에 시간은 진실의 운동을 최소한 어렴풋이 보여주는 훌륭한 단서인 반면, 공간은 진실의 운동을 오히려 가릴 위험이 큽니다. 헤겔에게 공간은 죽은 놈들을 가지런히 배열해놓는 납골함과 비슷해요. 물론 그런 납골함에서도 진실의 운동을, 생동하는 정신을 보는 것이 헤겔 철학의 묘미지만, 일단 초보적인 단계에서 시간과 공간은 비대칭적입니다. 헤겔의 서술은 주로 시간을 실마리로 삼습니다.

그런데 지난 모임에서 제가 서투르게 논의를 확장하며 좌충우돌할 때 언급했듯이, 사실 '감각적 확신'의 바탕에는 '존재'라는 엄청난 개념이 도사리고 있습니다. 흔히들 '존재'라면, 우리의 모든 학문적 활동의 최종 목표, 우리가 알든 모르든 그 자체로 있는 절대자, "나는 존재다ego eimi ho on"라는 거창한 대사를 치는 『구약성서』의 여호와를 떠올리게 되죠. 그런 어마어마한 놈이, 『정신현상학』의 등장인물들 가운데 가장 초보적인 '감각적 확신'의 뒷배, 제대로 된 문장 하나 발설하지 못하고 무슨 말더듬이처럼 '이거, 이거'

라는, 혹은 '여기, 여기' '지금, 지금'이라는 외마디만 뱉어내는 더없이 단순한 인물의 뒷배예요.

식당에서 이른바 '코스 요리'를 주문하면, 맨 처음에는 수프나 죽이 나오잖아요. 간단히 맛만 보면서 식욕을 돋우라고요. 『정신현상학』이라는 코스 요리에서도 첫 인물 '감각적 확신'은 한편으로 죽처럼 만만합니다. 무릇 감각은 시간과 함께 흘러가는데, 그런 감각을 진실로 간주하는 놈이 '감각적 확신'이니까, 그놈을 타일러 정신 차리게 만드는 것은 뭐 일도 아닐 것 같아요.

그런데 헤겔은 '감각적 확신'을 '존재'와 직결시키고, 이 연결 때문에 『정신현상학』 1장은 가늠하기 어려울 만큼의 깊이를 확보합니다. 코스 요리에서 맨 처음에 죽이나 샐러드는커녕, 스테이크나 고추잡채는커녕, 아예 주방 전체가 식탁 위에 떡하니 놓였다고나 할까요. 이런 관점에서 보면, '감각적 확신'을 마주하고 온갖 철학적 생각에 빠져들지 않을 수 없습니다. 그래서 제가 지난 모임에서뿐 아니라 지금도 상당히 갈팡질팡하는 거예요.

헤겔의 입장을 도식적으로 전달하는 것은 간단합니다. 헤겔에게 '존재'는 논리적 개념입니다. '감각적 확신'은 '존재'를 논리적 좌우명으로 채택한 인물, 그래서 '이거, 이거'라고도 말하지만 '있다, 있다'라고도 말하는 인물이고요. 그런데 과정존재론이기도 한 헤겔의 논리학에서 '존재'란 오직 '단박 Unmittelbarkeit'의 의미만 가집니다. 쉽게 말해서 존재는 우리의 대화에서 출발점의 구실을 하며 그 구실 외에는 어떤 의미도 가지지 않습니다. 앞서 제가 '존재'에 대한 통념을 이야기하면서 "최종 목표", "절대자", "여호와" 따위를 언급했는데, 헤겔은 이런 거창한 의미들을 깡그리 제거하고 단지 논의의 출발점이라는 기능만 '존재'에 부여합니다.

자, 이제 우리가 숙고해야 할 문제는 이것입니다. '존재'를 '단박'으로 격하하는 것이 과연 합법적일까? 질문을 더 발전시켜 봅시다. 상식적으로 존재라면 우리의 논의 바깥에, 우리의 논의와 상관없이, 영원한 과거로부터 영원한 미래까지 그 자체로 그냥 있는 놈일 텐데, 그런 놈을 고작 우리 논의의 출발점으로만 보는 태도가 우리에게 설득력이 있을까?

저는 '존재Sein'를 '단박Unmittelbarkeit'과 동치 시키는 헤겔의 수법이 합법적일 뿐더러 참으로 뛰어난 통찰이라고 생각합니다만, 이런 제 생각을 학우들에게 설득력 있게 설명하기가 예나 지금이나 어렵네요. 그 설명을 시도할 때마다, 죽, 샐러드, 스테이크, 푸딩을 씹는 것이 아니라 주방 전체를 통째로 씹는 느낌이 듭니다. 도마를 씹고, 식칼을 씹고, 접시를 씹는 것까지는 어떻게 해보겠는데, 업소용 대형 냉장고, 식기세척기, 환풍기까지 씹어 부숴야 할 것 같으니, 아하, 이를 어찌할꼬…….

헤겔이 첫판에 내놓는 '존재 = 단박' 선언의 합법성과 설득력을 이해하고 그 선언에 담긴 대단한 통찰을 실감하는 올바른 길은 헤겔을 계속 열심히 읽는 것입니다. 이런 말, 선생의 생계를 위해서는 매우 좋은 말이지만 지금 여기에서 철학하는 학우들 사이의 한 학우가 내뱉으면 선생이 심은 프락치로 의심받기 딱 좋은 이 고약한 말을 저는 진심으로 싫어합니다만, 솔직히 맞는 말입니다. 헤겔 공부를 계속하십시오. 그러다 보면 언젠가 '존재 = 단박'이 옳다고 고개를 끄덕이는 날이 올 것입니다. 그날이 오는 것은 불운일까, 행운일까? 헤겔주의자가 되는 것은 불운일까, 행운일까? 따져보고 싶다면, 그때 가서 스스로 따져보세요.

하지만, 제가 누굽니까? 어쩌다보니 선생의 길에서 멀리 벗어나 철학자의 길을 모색하는 놈이에요. 그런 제가 "'존재 = 단박'을 이해하려면 헤겔을 열심히 읽으세요!'라는 고루하고 무책임한 선생의 대사만 읊을 수는 없죠. 그래서 숙고에 숙고를 거듭한 끝에 '존재를 향한 그리움'이라는 그럴싸한 단서를 찾아냈습니다.

이 단서에서도 드러나듯이, 역시나 저는 칸트, 헤겔의 전통 안에 있습니다. '존재' 그 자체가 아니라 '존재를 향한 그리움'을 단서로 삼잖아요. 우리에게 '존재를 향한 그리움'이 있음을 저는 확실히 압니다. 이 그리움은 우리의 삶 속에서 다양한 방식으로 작용하여 이런저런 효과들을 내죠. 따지고 보면, 추상적이고 막연하기 그지없는 '존재'가 우리에게 중대한 의미를 갖는 것도 궁극적으로는 '존재' 그 자체 때문이 아니라 우리가 가진 '존재를 향한 그리움' 때문이라고 저는 봅니다.

'존재를 향한 그리움'을 내치려고 하면 곤란해요. 지난 모임에서 제가 이 대목에서 실수를 한 것 같습니다. 헤겔주의자는 '존재를 향한 그리움'을 부정하거나 배척하거나 조롱하지 않아요. 다만 '존재를 향한 그리움을 올바로 사용하는 방법'을 이야기하고 싶어 하죠. 그리고 그 방법은 '존재'를 단지 '단박'으로, '시작'으로, '출발점'으로 취급하는 것입니다. 그런다고 그리움이 소멸하거나 하지는 않아요. '존재를 향한 그리움'은 우리의 대화가 진행되는 내내 우리 곁에서 계속 되살아나면서 대화를 새로운 시작으로 이끌 거예요. '존재를 향한 그리움'은 우리의 대화가 단지 대화로 머무르는 것을 막아요. 거꾸로 우리의 대화는 그 그리움이 단지 그리움으로 머무르는 것을 막고요.

다음 글에서 '존재를 향한 그리움을 올바로 사용하는 방법'을 더 이야기해보겠습니다. 철학적 주방을 통째로 씹어 부수는 작업을 할 셈이냐고요? 설마 그 정도는 아니고, 은근슬쩍 괴물이 되기 쉬운 '존재'를 가능한 한 길들여보려 해요.

28강
존재를 향한 그리움의 올바른 사용법

존재는 우리가 알든 모르든 그 자체로 있는 진실, 우리의 모든 논의가 도달하고자 하는 목적지, 원리적으로 우리의 모든 논의를 물거품으로 만들 수 있는 절대적 권위라고 많은 사람들은 생각하죠. 반면에 헤겔은 이 생각을 단칼에 베어버리면서 '존재'란 단지 우리 논의의 '출발점', 가장 추상적이고 공허한 개념이라고 단언합니다.

이것은 그야말로 폭거라고 규탄할 분들도 꽤 있을 텐데, 저는 그런 분들에게 공감할 수 있습니다. '존재를 향한 그리움'의 보편성을 인정하니까요. 하지만 다른 한편으로 저는 헤겔의 폭거에서 이루 말할 수 없는 통쾌함을 느낍니다. 왜 그런지 설명하는 것이 이 글의 목적입니다. 언어 따위로는 범접할 수조차 없다고들 하는 그 거룩한 '존재'를, 이리저리 휘청거리는 개인과 개인 간 '대화'의 불쏘시개 정도로 취급하는 헤겔의 태도가 대체 왜 저에게 통쾌함을 주는 것일까요? 저는 '존재를 향한 그리움'을 누구 못지않게 잘 알고 존중하는데, 어찌하여 그럴 수 있을까요?

'존재를 향한 그리움'이 불이라면, 그 불에 기름을 붓는 말은 주로 시인의 입에서 나오는데, 괴테 역시 걸출한 시인답게 항공기 연료 수준의 문장을 남겼습니다. 『파우스트』에서 메피스토펠레스가 파우스트 박사의 행세를 하면서 학생에게 타이르듯 던지는 대사죠.

이보게, 소중한 친구. 모든 이론은 회색이고, 푸른 것은 찬란한 생명의 나무라네.

Grau, teurer Freund, ist alle Theorie und grün des Lebens goldener Baum.

푸르디푸른 생명의 나무! 한달음에 달려가 뛰어들고픈 '존재'의 바다! 더 무슨 말을 하겠습니까? 이 대사를 들으면 누구라도 그렇겠지만, 저도 공부하기 싫어지네요. 잠시 침묵하면서, 그리움에 물듭시다.

그런데 세상에는 철학자라는 족속도 있습니다. 저희들도 인간인 한에서 '존재를 향한 그리움'을 모를 리 없을 텐데, "푸른 생명의 나무"를 떠올리면 내면에서 태풍까지는 아니더라도 돌풍 정도는 틀림없이 불 텐데, 그 철학자라는 족속은 사뭇 다르게 반응합니다. 토마스와 헤겔을 비롯한 많은 철학자들이 최고의 철학자로 꼽는 아리스토텔레스의 문장을 보십시오. 너무나 유명하고 중요한 문장입니다. 어디 가서 유식한 척할 때 써먹으면 정말 좋으니, 희랍어 원문까지 외워두십시오. 개인적으로 저는 이 문장 하나에 아리스토텔레스 철학의 정수가 담겼다고 봅니다.

존재는 여러 방식으로 이야기된다.

to de on legetai men pollachos

(『형이상학』 1003a33)

"여러 방식으로"를 '여러 의미로'로 의역해도 좋습니다. 이 문장은 1) '존재'를 우리가 대화하기 위해 마주앉은 테이블 위로 올리고, 2) 막연해서 단일하고 그래서 위력적인 '존재'를 마치 실타래 풀듯이 살살 헤쳐서 여러 갈래로 나눠놓습니다.

때때로 '존재를 향한 그리움'이 휘발유 불꽃처럼 솟구쳐 당신의 정신이 혼미할 때, 심지어 익명의 압도적 '존재'가 당신의 삶을 덮친다고 느낄 때, 주문을 외듯 "존재는 여러 방식으로 이야기된다"를 읊으십시오. 마음이 한결 안정될 겁니다.

아리스토텔레스는 과거의 철학자들이 '존재'를 어떻게 논했는가를 꼼꼼히 기록했다는 점에서 학문적 논의의 모범을 보인 인물입니다. 모름지기 논문을 쓰려면 같은 주제를 다룬 기존의 논의들을 먼저 검토하고 비판한 다음에 저자 자신의 주장을 펼쳐야 한다는 규칙을 세운 시조가 바로 아리스토텔레스예요. 그러니까 철학자의 좌우명이라고 해도 좋은 저 문장 "존재는 여러 방식으로 이야기된다"는 존재에 관한 기존의 논의들을 염두에 두고 발설한 것일 수 있습니다. 물론 그런 뜻만 가진 것은 아니지만요. 실제로 탈레스는 '존재'가 본래 물이라고 했고, 또 누구는 불이라고 했고, 등등 여러 논의가 많았죠. 또 아리스토텔레스 이후 지금까지 훨씬 더 많은 논의들이 있었고요. 역시나 "존재는 여러 방식으로 이야기됩니다."

메피스토펠레스가 항공기 연료 급의 폭발성을 지닌 저 "생명의 나무" 대사를 쳤을 때, 메피스토펠레스의 정체를 모르는 어수룩한 학생 곁에 아리스토텔레스가 함께 있었다고 상상해봅시다. 학생의 내면에서는 '존재를 향한 그리움'이 확 달아올랐겠죠. 그래서 그는 회색의 이론들을 다 내팽개치고 푸른 숲을 향해 달음질했을 가능성이 높습니다. 그럼 아리스토텔레스는 어떻게 반응했을까요? "존재는 여러 방식으로 이야기된다"라는 자신의 원리가 역시나 옳음을 차분히 확인하면서 '메피스토펠레스에 따르면, 존재는 푸른 생명의 나무다'라는 문장을 공책에 추가로 적었을 것입니다.

저는 아리스토텔레스를 비롯한 철학자들을 무척 사랑하는데, 이렇게 아리스토텔레스가 추가된 『파우스트』의 한 장면을 상상하고 묘사하다 보니, 저조차도 철학자에게 정나미가 떨어지려고 하네요. 회색 이론 너머의 푸른 나무를 보라니까, '회색 이론 너머의 푸른 나무를 보라'고 촉구하는 회색 이론을 보면서 노트 필기를 하고 있지 않습니까? 가히 구제불능이라고 하겠습니다.

'존재'는 '시작'이요 '단박'일 뿐이라는 헤겔의 선언과 "존재는 여러 방식으로 이야기된다"라는 아리스토텔레스의 문장은 사실상 같은 뜻이라고 저는 해석합니다. 그리고 헤겔의 선언을 되새기고 아리스토텔레스의 문장을 되새길 때, 우리 앞에 자유를 향한 문이 열린다고 주장합니다. 그 문이 달갑지 않은 사람도 많습니다. '존재를 향한 그리움'에 휘둘려 막연하고 단일하고 막강하고 거룩한 어떤 비언어적 '존재'에 달라붙은 듯 살아온 사람에게 그 문 너머는 천 길 낭떠러지와 마찬가지니까요. 하지만 그런 사람은 그리움을 잘못 사용하는 것일 가능성이 높아요. 어차피 '존재를 향한 그리움'을 품은 채로 허공에서 허우적거려야 하는 것이 우리 인간의 운명일 가능성이 높다고요.

'존재를 향한 그리움의 올바른 사용법'은 무엇일까요? 그리움이 이끄는 방향의 정반대로 달음질하는 것입니다. 셸링이 말한, "자기를 추구하면서 자기로부터 달아나는 정신의 오디세이아"를 기억하시나요? 푸른 생명의 나무가 우리를 부를 때, 굳건한 반석이 코앞에 다가올 때, 오히려 반대 방향으로 나아가야 합니다. 그리움은 고스란히 품고 그리움의 대상은 떨쳐내면서, 잿빛 이론의 바다 한가운데로 향해야 해요.

감히 말하건대, 우리는 언어의 바다 위에 뜬 배들입니다. 존재를 향한 그리움이 깊어, 존재의 기슭이 어른거리고 존재의 음성이 들려오거든, 정신을 바짝 차리고 "존재는 여러 의미로 이야기된다"라는 주문을 외세요. 배에게 기슭은 위험합니다. 좌초는 끝장이에요. 아니, 헤겔 철학에 충실하자면, 좌초는 새로운 출발이라고 해야겠군요.

29강
착각 가능성을 의식하기의 장함과 딱함

1‖ 『정신현상학』 1장의 주인공인 '감각적 확신'은 감각적으로 마주한 대상을 단박에 진실로 확신하는 인물, 그러니까 순수 긍정적 태도의 화신이라 할 만해요. 단박에, 무턱대고, 좌고우면하지 않고, 화끈하게, 온 몸과 마음으로 확신해버리는 멋진 놈이죠. 반면에 2장의 주인공 '지각'은 그런 단순한 확신이 거둬진 (스스로 한계에 이르러 폐기되고 재검토된) 뒤에 나오는 인물답게 대상을 마주하면서 자기가 착각할 가능성을 염두에 둡니다. 요컨대 온통 긍정적이기만 한 태도에서 벗어나 부정적인 태도를 겸비했어요. 화끈함을 버린 대신에 더 성숙했다고나 할까요.

이것이 '지각'의 중요한 특징이라는 점은 2장의 제목에서 이미 드러납니다. 제목이 「지각: 사물 그리고 착각」이에요. 참고로 1장 제목도 보면, 「감각적 확신: 이것 그리고 속으로 가리키기」입니다. '감각적 확신'은 1장 주인공의 이름이고, '이것'은 그 주인공이 마주한 진실(즉, 그 주인공이 진실로 여기며 붙들고 있는 대상), '속으로 가리키기'는 그 주인공의 활동에 해당합니다. 똑같은 도식을 2장의 제목에 적용하면, '지각'은 주인공의 이름, '사물'은 주인공이 마주한 진실, '착각'은 주인공의 활동에 해당할 거예요. 요컨대 헤겔은 '지각'이라는 인물의 활동을 대표하는 단어로 '착각'을 제시하고 있는 셈이죠.

'자신의 착각 가능성을 의식함'은 나무랄 데 없이 바람직한 덕목으로 보여요. 사람이 이 특징을 갖추는 것은 일반적으로 현명해지는 것이잖아요? 현명한 사람은 자기를 돌아볼 줄 알아요. 자기가 틀릴 수 있다는 점을 감안한다는 거죠.

이를 감안하면, '감각적 확신'이 비언어적 활동인 '속으로 가리키기'에 머무르는 것은 지극히 당연하다고 할 수 있어요. '감각적 확신'으로 가득 찬 사람에게 대화는 어울리지 않거든요. 누가 다가와 말을 걸면 그 사람은 아무 대꾸도 하지 않을 거예요. 그냥 단박에 속으로 가리킨 대상의 진실성을 전적으로 확신하니까요. "순간아, 떠나지 마, 오래 머물란 말이야, 너 참 아름다워!"라는 결정적이며 치명적인 대사를 읊는 파우스트를 떠올려보세요. 그에게 무슨 말을 걸 것이며 무슨 대답을 기대하겠습니까.

그런데 흥미롭게도 헤겔은 '자신의 착각 가능성을 의식함'이라는 '지각'의 특징을 좋게만 평가하지는 않습니다. 오히려 이 특징이 '지각'의 발목을 잡아 진짜 '착각'으로 이끈다고 헤겔은 이야기합니다. 대체 무슨 얘기일까요?

2‖ '지각' 곧 지각하는 놈은 '감각적 확신'이 거둬진 다음에 나오는 인물답게 처음부터 진실의 양면성을 어렴풋하게나마 감지합니다. 제가 '맞선 둘의 얽힘'이라고 표현하는 바가 진실이라는 것을 눈치 채는 거죠. '진실의 양면성', '맞선 둘의 얽힘'이 결정적으로 중요해요. '착각 가능성을 의식하기'가 예상 외로 간교한 술책일 수 있다는 사실은 '맞선 둘의 얽힘'이야말로 진실이라는 점을 전제할 때 비로소 드러납니다.

지각하는 놈이 진실로 여기는 대상인 '사물Ding'을 보세요. 이 대상은 이미 양면성을 지녔어요. '사물'은 "여러 속성들로 이루어진 [하나의] 사물das Ding von vielen Eigenschaften"이어서 한편으로는 '여럿'이고 다른 한편으로는 '하나'거든요. 이 여럿-하나 양면성은 다른 형태의 양면성들(예컨대 독자성-

관계성 양면성, '자기를 마주함'-'다른 놈을 마주함' 양면성)로 변주되면서 2장에서 펼쳐지는 이야기를 끌고 갑니다.

그런데 지각하는 놈은 이 같은 '사물의 양면성'을 어떻게든 배제하려고, 곧 일면화하려고 갖은 애를 씁니다. 그렇게 일면화해야만 자기가 전제한 진실의 조건에 맞기 때문이에요. 그 조건이란 통일성, 균일성, 단순한 자기와-같음 등이고요.

헤겔이 바라는 바는 그놈이 '사물'의 양면성을, 더 일반적으로 '맞선 둘의 얽힘'이라는 진실을 똑바로 응시하는 거예요. 그렇게 하면 그놈은 깨달음(헤겔의 표현으로는 "경험")에 이르러 자기를, 또 자신의 진실인 '사물'을 거두게 될 거예요. 무슨 말이냐면, '진실은 사물이다'라는 이 인물 특유의 진실 주장을 철회하고 재검토하게 된다는 거죠. 바꿔 말하면, '사물'이라는 개념으로는 '맞선 둘의 얽힘'을 담아낼 수 없음을 인정하고 더 복잡하고 고도화된 새 개념을 모색하게 된다는 겁니다.

그러나 지각하는 놈의 입장에서 보면 헤겔이 바라는 바는 저더러 스스로 죽으라는 것이에요. '진실은 사물이다'라는 주장은 지각하는 놈의 생명, 지각하는 놈 그 자체인데, 그 주장을 철회하라고요? 절대로 그럴 수 없죠! 헤겔이 아니라 헤겔 할아버지, 아리스토텔레스, 심지어 가브리엘 대천사가 나타나 타이르더라도, 순순히 자살할 수는 없는 노릇입니다.

그래서 지각하는 놈은 일종의 술책으로 '착각'이라는 새로운 개념을 도입해요. 도저히 받아들일 수 없는 진실의 양면성을 확실히 배제하기 위해서, 진실의 한 면만을 진짜 진실로 취하고 나머지 한 면은 '착각'으로 낙인찍어 내치기 위해서죠. 요컨대 지각하는 놈이 자신의 착각 가능성을 의식한다는 것은, 양면적인 '사물'의 한 면을 자신의 '착각'으로 간주하여 제거함으로써 나머지 한 면만 남길 길을 확보한다는 것과 같아요. 즉, '사물의 양면성'을 외면할 길을 여는 것이죠.

지각하는 놈은 자신의 착각 가능성을 열어놓은 덕분에 '맞선 둘의 얽힘'과 마주쳤을 때 그 둘 중 하나를 '착각'으로 판정하여 단칼에 베어내고 자기가 늘 고수해온 '균일한 진실'("자기와 같은 놈"으로서의 대상)을 계속 고수할 수 있습니다. 자, 어떤가요? '자신의 착각 가능성을 의식하기'가 간교한 술책일 수 있다는 뜻밖의 얘기가 어느 정도 납득이 되시나요? 헤겔의 문장을 보시죠.

> "지각하는 놈은 착각의 가능성을 의식한다. 왜냐하면 그놈은 원리인 일반성 안에서 다름을 단박에 의식하되 헛된 놈으로서, 거둬진 놈으로서 의식하니까 말이다. 그러므로 지각하는 놈의 진실 기준은 자기와 같음이며, 그놈의 행동은 [대상을] 자기와 같은 놈으로서 받들어 쥐기다."(2장 116번 문단)

지각하는 놈은 '다름'을 의식하기는 하는데 '헛된 다름'으로서, '거둬진 다름'으로서 의식한다는 말을 주목합시다. 그놈은 '진실' 안에 '다름'이 끼어들어있음을 눈치 채는데, 그 '다름'을 마치 잡음이나 잡티처럼 여긴다는 뜻이에요. 이때 '헛된 다름', '거둬진 다름'의 이름이 바로 '착각'이죠. '다름'을 '착각'으로, 곧 헛된 놈, 거둬진 놈, 없어야 할 놈으로 간주함으로써 사실상 도려내버리기 때문에, 지각하는 놈은 '자기와 같음'이라는 나름의 진실 기준을 고수할 수 있고, '진실은 자기와 같은 놈이다'라는 (1장의 주인공으로부터 물려받은) 진실주장을 그대로 유지할 수 있다고 헤겔은 말합니다.

옥에 티라는 말이 있죠? 지각하는 놈은 '다름'을 옥에 티로 봐요. 그래서 '다름'을 쓸어 담아 멀찌감치 떼어놓기 위해 쓰레기통을 마련해요. 지각하는 놈이 자신의 착각 가능성을 의식한다는 것은 자신이 마주한 진실의 한 면을 옥에 티로 낙인찍겠다는 것, 나아가 그 옥에 티를 격리 보관할 쓰레기통을 준비해놓는다는 것을 의미합니다.

헤겔의 서술에 따르면, 지각하는 놈의 '자신의 착각 가능성을 의식하기'는 신중한 겸양이기는커녕 끝끝내 고집을 관철하기 위한 술책입니다! 지각하는 놈은 대단한 고집쟁이에요. '이것은 나의 착각이야!'라고 그가 말할 때, 그 말의 참뜻은 '이것은 떼어내서 쓰레기통에 처넣고 저것만 진실로 붙들겠어!'입니다. 저것마저도 착각일 가능성, 바꿔 말해 자기가 마주한 진실이 온통 착각일 가능성은 지각하는 놈의 안중에 없습니다.

겸손인 줄 알았던 것이 완강하고 근거 없는 자신감으로 밝혀지는 경우가 현실에서 종종 있나요? 아마 누구에게나 꽤 익숙한 반전일 거예요. 이런 놀랍고 익숙한 반전들의 메커니즘을 서술하는 것에 헤겔 철학의 매력이 있지 않을까 생각해봅니다.

3‖ 그렇다면 '자신의 착각 가능성을 의식하기'는 바람직한 특징이라는 우리의 애초 생각은 아예 틀린 것일까요? 결코 그렇지 않습니다. 이 특징을 더 세분할 필요가 있어요. 우리의 애초 생각도 충분히 일리가 있습니다. 특정한 형태의 '착각 가능성 의식'은 지각하는 놈의 '착각 가능성 의식'과 다르게 틀림없이 바람직할 것입니다.

이 대목에서 데카르트의 의심을 떠올리지 않을 수 없죠. '착각 가능성을 의식함'이란 '의심 가능성을 의식함'과 다를 바 없잖아요. 데카르트는 '의심 가능성의 확실성'을 선언함으로써 근대 철학의 바탕인 '의심의 광야'를 연 혁명가죠. 『성찰』에서 온갖 의심을 이어가는 데카르트는 그야말로 '착각 가능성에 대한 의식'으로 꽉 찬 인물입니다. 그런 데카르트는 헤겔이 서술하는 '지각하는 놈'과 과연 다를까요?

어쩌면 그놈이 그놈이어서, 혹시 데카르트가 '의심 가능성'을 의식하고 내세우는 것도 일종의 술책일까요? 실제로 데카르트를 비판하는 일부 사람들은 그렇게 평가하는 듯합니다. 관건은 데카르트가 의심 가능한 것들을 쓰레기통에 처넣어 격리해버리느냐 여부입니다. 만약에 데카르트가 '지각하는 놈'과 마찬가지로 자기가 마주한 세계의 일부를 그렇게 내치고 나머지 일부를 부여잡는다면, 데카르트의 '의심 가능성 의식하기'는 간교한 술책에 불과할 수 있어요.

일부 비판자들은 데카르트를 그런 식으로 이해하는 듯해요. 그가 세계의 나머지 모든 것들을 의심의 쓰레기통에 처넣고 오로지 '자아'만 남겨서 부여잡는다고요. 하지만 이건 심각한 오해입니다. 왜냐하면 데카르트는 의심 가능성을 세계 전체에 적용하기 때문이에요. 그럼 '자아'에는 왜 적용하지 않냐고요? '자아'는 세계의 일부가 아니라는 점을 명심할 필요가 있습니다. '자아'는 단지 '의심 가능성'으로만 존재해요('자아'에 '존재'라는 술어를 붙이는 것을 허용한다면). 그래서 자아의 존재는 의심 불가능하고요.

복잡한 얘기를 떠나서, 데카르트와 '지각하는 놈'을 직접 비교합시다. '지각하는 놈'에게 '착각'은 없애야 할 부분이에요. 그래서 그놈은 매순간 한 부분을 '착각'으로 낙인찍고 따로 떼어서 쓰레기통에 처박죠. 나머지 부분을 온전한 진실로 내세우면서 말이죠. 반면에 데카르트에게 '의심'은 한정된 부분에만 적용되는 것이 아니라 전체에 적용됩니다.

'의심 가능성'을 벗어난 예외는 결코 없어요. 그럼 그 존재를 의심할 수 없는 '자아'는 뭐냐?라고 묻고 싶은 분들이 무척 많을 텐데, '자아'는 알면 알수록 까다롭고 다루기 어려운 놈이니까 일단 논외로 합시다. 데카르트 앞에는 '의심 가능한 부분'이 놓여있는 것이 아니라 '의심 가능한 전체'가 놓여있다는 점이 중요해요. 또 그는 그 전체를 결코 쓰레기통에 처박고 외면하지 않아요. '지각하는 놈'처럼 딴 주머니를 찼다면 그럴 수 있겠지만, 데카르트는 다릅니다.

결정적인 관건은 '진실'과 '착각'이 늘 얽혀있음을, '의심 가능성'과 '확실성'이 늘 얽혀있음을 인정하느냐 마느냐입니다. 지각하는 놈은 이 얽힘을 인정하지 못해요. '착각'은 말 그대로 '착각'이어서 깡그리 무시해야 하고, '진실'은 말 그대로 '진실'이어서 일편단심으로 꽉 붙들어야 한다는 것이 '지각하는 놈'의 굳은 신념이에요.

반면에 데카르트는 '의심 가능한 세계'와 '확실한 자아'의 얽힘을 이야기한다고 저는 해석합니다. 섣부른 비판자들은 데카르트도 '지각하는 놈'처럼 '의심 가능한 세계'를 깡그리 무시하고 '확실한 자아'만 부여잡는다고 해석하곤 하는데, 설령 이 얕은 해석에 수개미 날개만 한 진실 정도는 깃들었음을 인정하더라도, 우리가 데카르트철학에서 주목해야 할 거대한 진실은 '의심 가능한 세계'와 '확실하 자아'의 얽힘입니다.

데카르트에게 의심은 확실한 '자아'와 영원히 함께 가는 어엿한 동반자에요. 반면에 '지각하는 놈'에게 착각은 매번 제거해도 계속 생겨나는 성가신 쓰레기죠. 실은 '지각하는 놈'도 그 쓰레기와 영원히 함께 갑니다. 당연하죠, '맞선 둘의 얽힘'이라는 진실을 어느 누가 벗어날 수 있겠습니까. 그러나 그 진실을 애써 외면하고 또 외면하면서, '지각하는 놈'은 '지각하는 놈'으로서의 정체성을 지킵니다.

그런데 애처롭게도 지각하는 놈이 그토록 소중히 지키는 정체성은 다름 아니라 우스꽝스러운 말 바꾸기에 불과해요. '지각하는 놈'은 아까는 이것이 착각이라고 했다가, 지금은 저것이 착각이라고 하고, 다음 순간에는 다시 이것이 착각이라고 하고, 그 다음에는 또 저것이 착각이라고 하는 식의 따분한 말 바꾸기 놀이를 계속 이어갑니다. 딱하기 그지없어요.

그러나 '다름'을 감지했다는 점에서, 비록 그 '다름'을 '착각'이라는 쓰레기통에 처넣는 얕은 술수를 부리더라도, '다름'이 끼어들어 만드는 '맞선 둘의 얽힘'을 보기는 보았다는 점에서, 비록 그 '얽힘'을 우스꽝스러운 말 바꾸기로 표현하더라도, '지각하는 놈'은 나름대로 장한 면도 있어요. 그렇습니다, 『정신현상학』에 나오는 모든 인물이 그렇듯이, 이놈도 딱하고 장해요.

30강
상식과 철학

1‖ 『정신현상학』 1장의 주인공 '감각적 확신'과 2장의 주인공 '지각'을 우리 나름의 언어로 규정해보고 심지어 표정이나 몸짓까지 상상해보는 작업은 적어도 잠정적으로 유익하다고 생각합니다. 물론 그런 작업이 어설픈 오해만 유발할 위험을 배제할 수는 없겠죠. 마치 싸구려 역사소설이나 연속극이 실제 역사에 대한 이해를 도리어 방해하는 것처럼, 우리의 캐리커처 그리기와 구체적인 캐릭터 상상하기가 깊이 있는 학술적 이해를 가로막을 위험은 분명히 있습니다.

그럼에도 저는 『정신현상학』을 마치 대본처럼 읽으면서 등장인물들을 되도록 구체적으로 상상하는 연출가의 태도를 저 자신을 포함해서 모두에게 권하곤 합니다. 엄격한 이해를 추구한다면서 가만히 앉아있는 쪽보다 구체적인 오해를 범하고 거두기를 반복하는 쪽이 진실의 삶에 더 충실하게 참여하는 길이라고 믿기 때문이죠. 하여 이 글에서는 지금까지 우리가 만난 두 인물, 곧 '감각적 확신'과 '지각'을 장터에서 만날 법한 우리 이웃의 모습으로 연출해보려 합니다.

특히 2장 말미에서 '지각'은 '상식'이라는 더 일상적인 이름으로 등장하여 헤겔에게 가혹한 비판을 당하는데, 그 '상식'을 중점적으로 다뤄볼까 해요. 제가 아는 한, 헤겔은 진실의 바깥을 상정하지 않는 철학자입니다. 진실의 바깥에서 영 엉뚱하게 헤매는 '상식' 따위는 적어도 헤겔에게는 있을 수 없어요. 모든 것이 그러하듯이, '상식' 또한 진실의 나타남이어야 마땅합니다. 쉽게 말해서 '상식'도 진실의 한 모습이라는 것인데, 그런 '상식'을 헤겔은 과연 어떤 권리로 비판할 수 있을까요?

2‖ 다들 아시다시피, '감각적 확신'의 전형적인 대사는 "이것Dieses!"입니다. 우리말답게 요리하면 "이거야!", "바로 이거!", "그래, 이거!" 등으로 윤색할 수 있겠어요. 대사라고 했지만, 실은 문장조차 아니고, 엄밀히 따지면 상대의 주목을 요구하는 음성 신호라고 해야겠죠. 따라서 "어!", "헉!", "으앗!" 같은 외마디 감탄사로 바꿔도 무방합니다. 외톨이 "이것!"의 구실은 더도 덜도 아니라 "으앗!"의 구실과 같으니까요.

이런 외마디 감탄사를 주춧돌로 삼아 삶을 꾸려가는 인물을 진지하게 상상하기는 당연히 어려워요. 너무 터무니없는 인물이잖아요. 헤겔이 이런 인물을 『정신현상학』의 첫머리에서 다룬다는 사실이 의외로 느껴질 정도죠. 이런 인물과 조금이라도 비슷한 이웃이 우리 곁에 있을 리 없다는 생각이 절로 듭니다.

이런 인물의 진실주장인 "이것!"이 유지되지 못하고 무너진다는 것이 『정신현상학』 1장의 내용인데, 뭐 이런 빤한 이야기를 철학이랍시고 쓰나, 하는 생각마저 들 만합니다. 그러나 실제로 '감각적 확신'은 예술, 종교, 철학을 비롯한 우리 주위의 거창한 분야들에서 예나 지금이나 상당한 정도로 활약하고 있어요. 핵심은 언어를 대하는 태도에요. '감각적 확신'의 본질은 진실의 비(非)언어성에 대한 확신, 언어를 배제해야만 진실을 온전히 품을 수 있다는 믿음입니다. 이런 확신과 믿음을 품은 사람은 우리 주위에 꽤 많지 않나요?

'단박에 마주치는 절대적 진실', '있는 그대로의 존재', '침묵의 순간에 만나는 풍요' 같은 거창한 보물들을 생각해보세요. 이런 보물들을 손에 쥐는 것이 공부의 목적인 것처럼 이야기하는 사람들이 꽤 있죠. 물론 저는 그런 이야기를 매우 경계합니다. 그런 거창한 '진실', '존재', '풍요'가 실은 세속적 삶에 오염되어있을 확률이 거의 100퍼센트라고 의심하기 때문이에요. 헤겔식으로 말하면, 초언어적 보물이 실은 지극히 언어적이라고 의심하기 때문이에요.

헤겔은 '비언어성'을 '단박성(무매개성Unmittelbarkeit)' '존재Sein' '시작Anfang'과 한통속으로 봅니다. 그가 보기에 '비언어성'을 꽉 붙든다는 것은 '단박성'을 꽉 붙들고 '존재'를 꽉 붙들고 '시작'을 꽉 붙든다는 뜻이에요. 특히 '시작'을 꽉 붙든다는 표현이 재미있지 않나요? 일상에서 누가 "이것!"이라고 말하면, 상대방은 곧바로 다음 말이 이어지리라고 기대할 거예요. 그러나 '감각적 확신'은 "이것!"이라고 말한 다음에 마냥 침묵하거나 다시 "이것!"이라는 외마디만 반복합니다. 이것이 바로 '시작'을 꽉 붙드는 행동이죠.

'시작'을 꽉 붙드는 것은 '시작'이 '시작'의 구실을 하지 못하게 막는 짓입니다. 줄곧 '시작'으로 머무르는 '시작'은 아예 '시작'조차도 아니지 않습니까? '시작'은 존속하지 않고 다음 단계로 넘어갈 때 비로소 '시작'다운 '시작'이잖아요. 그러니까 '감각적 확신'은 '시작'을 한껏 떠받드는 듯하지만 실은 (시작답지 못하게 동결시킴으로써) 죽이려 한다고 할 수 있습니다.

'감각적 확신'에게 헤겔이 주는 교훈은 마치 동물들이 감각적 대상을 남김없이 씹어 먹듯이 그 고귀한 '시작'(혹은 '비언어적 진실', '존재', '단박의 풍요')을 언어화하라는 것입니다. 비언어적 진실에 매달리는 '감각적 확신'의 행동을 헤겔은 '속으로 가리키기meinen'로 규정해요(일반적으로 독일어에서 'meinen'은 영어 'mean'과 마찬가지로 '어떤 견해를 품다'를 뜻하지만 제가 보기에 『정신현상학』 1장의 맥락에서는 '속으로 가리키기'로 번역하는 것이 더 적합합니다). '감각적 확신'은 나름대로 절대적 진실을 단박에 마주한다고 확신하지만 실은 막연하기 그지없는 무언가를 속으로 가리킬 따름이라는 것이 헤겔의 진단이에요. 처방은 '속으로 가리키기'에서 벗어나라는 것, 속으로 가리킨 것의 망가짐을 감수하면서 그것을 발설하라는 것이고요.

저는 헤겔의 처방이 대화의 맥락을 전제한다고 해석합니다. 헤겔이 권하는 바는 간단해요. 당신이 속으로 가리키는 '절대적 존재'를 언어화하여 대화의 장에 꺼내놓아라. 그러면 그 '절대적 존재'가 일단 망가지겠지만, 이제부터 우리가 대화를 통해 그 '절대적 존재'를 재건하자. 그렇게 당신이 속으로 가리키는 '절대적 존재'가 '시작'다운 '시작'이 되게 하자.

그렇게 1장에서 언어의 바깥(정확히 말하면 언어의 경계. 왜냐하면 외마디 감탄사도 언어는 언어니까)에 붙박였던 의식('시작에 붙박인 놈')은 2장에서 양면성을 의식하고 떨쳐내려 애쓰는 의식으로 새롭게 등장합니다. 2장의 주인공 '지각'은 어떤 인물이냐고 물으신다면, '양면성을 거부하려 몸부림치는 놈'이라고 대답하겠습니다.

3‖ '지각'의 특징은 다양한 형태의 양면성입니다. 우선 '지각'이 마주한 대상 혹은 진실인 '사물Ding'이 본질적으로 양면을 지녔어요. 그 양면이 '또한Auch'과 '하나', '개별 속성들'과 '통일적인 매체', '자기를 마주함Für-sich-sein'과 '다른 놈을 마주함Für-anderes-sein' 등의 대립쌍들로 나타나죠. 또한 '지각'(지각하는 의식) 자체도 자신의 오류 가능성을 의식한다는 점에서 양면화(이중화)됩니다. 즉, '지각'은 '내가 두 가지 견해를 가졌는데, 이 견해는 참이고 저 견해는 거짓이다'라는 태도를 취해요. 그러고는 거짓인 저 견해를 버리죠.

이 같은 참-거짓 이중화에서 보듯이 '지각'은 자기가 마주한 양면 가운데 하나는 취하고 다른 하나는 말끔히 없애버리려 합니다. '지각'에게 오류는 단지 오류일 뿐이에요. 없으면 더 좋은 놈이죠. 이렇게 자신의 (자기가 품은 견해) 양면을 모두 수용하지 못하는 것과 마찬가지로, '지각'은 자신이 진실로 간주하는 '사물'의 양면도 모두 수용하지 못합니다. '사물'에서 양면이 나타날 때마다 '지각'은 한 면만 진실, 본질 등으로 규정하면서 받아들이고, 다른 면은 착각, 비본질 등으로 낙인찍어 내치려 합니다.

그러나 헤겔이 서술하는 인물들이 늘 그렇듯이, '지각' 역시 자기가 하려는 바를 이뤄내지 못해요. 결국엔 자기로서는 도저히 감당할 수 없지만 어쩔 수없이 양면을 모두 받아들이는 지경에 이르죠. 그 대목에서 헤겔은 의식이 "참답게 지성의 나라에 들어선다."(2장 129번 문단)라고 논평하고요. 그러니까 3장에서 등장할 인물 '지성'은 기본적으로 양면을 다 인정하면서 어떻게든 조화시키려 애쓰는 놈일 거예요. 역시 잘 될 턱이 없겠지만, 그 애씀의 와중에 정말 좋은 것들이 또 많이 나올 테죠.

하지만 그전에 2장의 끝부분을 주목합시다. 거기에서 헤겔은 '건강한 인간지성gesunder Menschenverstand' 곧 '상식'을 호출하고 호되게 비판합니다. '상식'을 '건강한 인간지성'이라고 부르는 것은 영어나 프랑스어에는 없고 독일어에만 있는 어법인데, 헤겔이 이 어법에 기대어 논의를 전개하니, 우리도 그 논의를 따라가면서 '상식'에 대한 우리의 생각을 한번 점검해보면 어떨까 해요. 헤겔이 말하는 '건강한 인간지성gesunder Menschenverstand'과 우리가 말하는 '상식(常識common sense)'이 애당초 다르다고 못 박을 필요는 없다고 봅니다.

적어도 헤겔은 '누구나 다 아는 바'를 뜻하는 '상식'과 자신이 비판하는 '건강한 인간지성' 혹은 '지각하는 지성'이 같다고 보는 듯해요. 제 해석에 따르면, '지각' 혹은 '지각하는 지성'의 핵심 특징은 '양면성의 거부'입니다. 이 특징이 그대로 '상식'에도 적용되나요?

저는 '상식'의 특징을 '양면성의 거부'로 보는 헤겔과 저의 견해가 꽤 설득력 있다고 느낍니다. 보통 상식을 들먹이는 사람은 무엇이 옳고 무엇이 그른지를 깨끗이 정리하겠다는 의도로 그렇게 하잖아요. 누가 상식을 들먹이면 저는 종종 답답함을 느끼는데, 어쩌면 그 답답함이 상식의 일면성에서 비롯되는 것이 아닐까 생각해봅니다. 상식의 일면성이 저를 짓누른다고 느끼니까 답답한 거죠. 헤겔의 편을 들려니까 제 느낌에 대한 해석마저 왜곡되는 것일지 모르지만, 저는 일반적으로 거론되는 '상식'이 헤겔이 서술하는 '지각'과 마찬가지로 '일면적이기로 작정한 태도'일 수 있겠다는 생각이 들어요. '상식'은 명쾌하잖아요. 명쾌하려면 일면적이어야 하고요.

그러나 어쩌면 안타깝게도, '상식'을 들먹이는 사람이 내세우는 진실 말고 우리 모두가 참여하는 진실, 헤겔 철학이 서술하는 진실은 명쾌하지도 않고 일면적이지도 않아요. 그러니 헤겔 철학과 '상식'은 서로 불구대천의 원수 사이일 것 같습니다. 하지만 과연 그럴까요?

「서문」 26번 문단에 나오는 '물구나무서기'(정확히는 "물구나무서서 걷기auf dem Kopfe zu gehen) 비유를 상기합시다. 거기에서 헤겔은 평범한 의식의 경지와 학문의 경지가 서로에게 "진실의 물구나무서기로 보인다"라고 말합니다. 평범한 의식이 올챙이라면, 학문은 개구리, 전자가 뱀이라면, 후자는 용, 뭐 그런 차이가 아니라는 점을 주목합시다. 평범한 사람이 보면, 철학자는 물구나무선 사람처럼 보인다는 거예요. 저는 이 비유를 매우 중시합니다. 왜냐하면 이 비유는 평범한 사람과 철학자가 동등하게 대화할 가능성을 멋지게 열어놓기 때문이에요. 철학자의 경지에 이르는 것은 무슨 특별한 거듭남이 아니라 단지 자세를 바꾸는 것이라잖아요!

이 비유는 제가 헤겔 철학의 가장 큰 가르침들 중 하나로 꼽는 것, 즉 '모든 것이 진실 안에 있다'라는 통찰과도 직결됩니다. 헤겔과 우리가 진실 안에 있는 것과 마찬가지로, '일면적이기로 작정한 상식'도 진실을 벗어나 있을 리 없습니다. 그 '상식' 역시 엄연히 진실의 나타남이에요. 그러니까 '상식'이 『정신현상학』에 등장하는 것 아니겠습니까?

그렇다면 '상식'과 '철학'을 어떻게 구별할 수 있을까?라는 문제가 만만치 않게 다가옵니다. 실제로 2장 끄트머리에서 헤겔은 '상식'이 제 딴에는 양면성을 거부하려 애쓰지만 갈팡질팡하면서 "한 놈의 품에서 다른 놈의 품으로 던져"(2장 131번 문단)진다고 말합니다. 애써 한 면을 외면하려 하지만, 결과적으로 양면을 다 실토한다는 거죠. 그런데 「서문」에서 우리는 "진실은 바쿠스의 비틀거림이다"(서문 47번 문단)라는 멋진 문장을 발견하고 환호한 바 있습니다. 자, 이제 질문은 이것입니다. 그때 헤겔이 '진실'이라고 선언한 '바쿠스의 비틀거림'과 지금 호되게 비판하는 '상식의 갈팡질팡'은 어떻게 다를까요?

4‖ 제가 주목하는 것은 자유롭고 거침없는 '진실의 표현'이냐, 아니면 의도에 반하는 '진실의 누설'이냐의 차이입니다. 음악에 '싱커페이션syncopation'이라는 것이 있습니다. 셈여림의 규칙적 반복을 벗어나 이를테면 센 박이 나와야 할 순간에 약한 박을 쓰고 그 직후에 센 박을 내는 기법을 말하죠. 말이 어려워서 그렇지, 들어보면 아주 흥겹고 좋습니다. 특히 춤추기 좋은 대중음악은 온통 싱커페이션투성이라고 해도 과언이 아니에요.

싱커페이션이 전혀 없는 음악의 대표적인 예로 행진곡이 있습니다. 우리나라 애국가도 그렇고요. 저는 '싱커페이션'을 '엇박자'로 번역하고 싶어요. 보통 '당김음'으로 번역하는데, 그 일반적인 어법을 떠나서 이 글에서는 제 뜻대로 '엇박자'로 번역할게요. 헤겔이 '바쿠스의 비틀거림'을 이야기할 때 제가 떠올리는 것은 수준 높은 드럼 연주자의 엇박자 연주입니다. 반면에 '상식의 갈팡질팡'은 드럼 연주를 처음 배우는 사람이 '강, 약, 중강, 약'을 딱 맞게 치려고 애를 쓰는데 솜씨가 모자라서 실수로 치는 엇박자에 빗댈 수 있겠습니다.

둘 다 엇박자이긴 마찬가지에요. 그러나 차이가 어마어마하게 크죠. 비유를 하나 더 들자면, 춤꾼의 현란한 발놀림과 행진 중에 발이 자꾸 틀려서 덜

컥덜컥 수정하는 훈련병의 동작을 떠올릴 수 있겠습니다. 둘 다 파격적인데, 전자는 감탄스럽고, 후자는 안쓰럽죠.

드럼 연주자와 춤꾼은 엇박자에 묘미가 있다는 것을 잘 알고 자유자재로 엇박자를 구사합니다. 반면에 드럼 초심자와 몸놀림에 소질이 없는 훈련병은 어떻게든 엇박자를 피하려고 기를 쓰다가 본의 아니게 엇박자를 내죠. 이들은 그런 엇박자에 음악과 춤의 묘미가 있다는 걸 전혀 모르고요.

만약에 '상식'이 자신의 갈팡질팡을 '진실'로서 받아들이고 기꺼이 갈팡질팡한다면, '상식'은 헤겔의 비판에서 상당히 벗어날 수 있을 것입니다. 그러나 필시 '상식'은 자신의 갈팡질팡을 극구 부인할 겁니다. 판을 정리할 의도로 '상식'을 들먹이는 사람이 자신의 '상식'이 왔다 갔다 한다는 걸 인정하겠어요?

'바쿠스의 비틀거림'이 잭슨 폴록의 추상화라면, '상식의 갈팡질팡'은 아이가 열심히 수채화를 그리다가 실수로 떨어뜨린 물감 방울이라고 할 수도 있겠습니다. 아이는 "망했다!"라고 속으로 외치며 인상을 찌푸리고 심지어 울음을 터뜨리겠죠. 오히려 그 분방한 물감 방울이 더 아름다울 수 있다는 걸 전혀 모르면서 말이죠. 헤겔이 '상식'에게 가하는 혹독한 비판은 그런 아이에게 참된 아름다움을 일깨우는 격려일 수 있습니다.

31강
국물과 건더기의 변증법

헤겔은 대표적인 과정존재론자입니다. 고정된 것은 아무것도 없고 오직 과정만 존재한다는 입장을 견지하는 철학자라는 얘기인데, 이런 과정존재론과 대비되는 입장을 일컬어 실체존재론이라고 하죠. 대표적인 실체존재론자로는 파르메니데스와 스피노자를 꼽을 수 있겠습니다.

영원불변의 유일 실체를 '존재'라는 이름으로 처음 논한 고대그리스 철학자 파르메니데스를 언급하면, 많은 독자들은 거의 같은 시대에 과정과 변화에 초점을 맞춘 사상을 내놓았다고 전해지는 철학자 헤라클레이토스를 떠올릴 성싶네요. 실제로 헤겔을 제외하면 헤라클레이토스를 주요 과정존재론자로 거론하는 경우가 많죠.

하지만 안타깝게도 헤라클레이토스의 글은 거의 남아있지 않습니다. 반면에 헤겔은 엄청난 양의 글을 남겼고, 덕분에 우리는 최소한 그가 구상한 철학 시스템의 윤곽을 명확히 압니다. 더구나 그 시스템의 주요 부분들인 『정신현상학』과 『논리의 학』은 어엿하게 완성된 작품으로 우리 곁에 있죠. 그렇다면 헤겔을 유일한 과정존재론자로 지목해도 될까요?

섣부른 판단을 삼가려고, 온라인 《스탠퍼드 철학 백과사전Stanford Encyclopedia of Philosophy》의 〈과정철학Process Philosophy〉항목을 살펴보니, 꽤 많은 이름들이 거론됩니다. 역시나 헤라클레이토스가 등장하고, 신플라톤주의자들, 제가 생판 모르는 르네상스 철학자 프란체스코 파트리치, 꽤 아는 라이프니츠, 드디어 헤겔, 이어서 하이데거, 화이트헤드, 베르그송, 찰스 샌더스 퍼스 등이 눈에 띄네요.

신플라톤주의와 라이프니츠 철학은 논외로 합시다. 제가 주목하는 것은 헤겔 이후에 '과정철학'(곧 과정존재론)을 시도했다는 수많은 사람들입니다. 그들은 헤겔과 어떤 관계일까요? 짐작하건대 그들은 헤겔을 계승하고 또 극복했다고, 그러니까 거뒀다고 자부할 듯합니다. 선배를 거두는 것은 모름지기 후배의 도리이자 특권이 아니겠습니까!

그러나 헤겔의 과정존재론을 거둔다는 것은 결코 만만한 과제가 아니에요. 이 과제가 얼마나 거대한지 알려면, 먼저 무릇 과정존재론이 얼마나 까다로운지 알아야 합니다. 이를 위해 헤라클레이토스의 유명한 말을 상기합시다. 왜 있잖아요, "똑같은 강물에 두 번 들어갈 수 없다"라는 말. "모든 것이 흐른다panta rhei."라는 명쾌한 문장도 헤라클레이토스에게서 나왔다고 전해집니다. 역시나 유명한 과정존재론자답네요. 하지만 이런 명쾌한 문장 몇 개를 내놓았다는 것만으로 헤라클레이토스를 훌륭한 과정존재론자로 평가할 수 있을까요?

위 문장들이 유의미할 수 있는 조건을 숙고해봅시다. 강물이 흐른다는 것을 우리는 어떻게 알죠? 내가 방금 들어갔던 강물이 저 멀리 흘러갔다는 것을 어떻게 알죠? 다름 아니라, 강변의 바위가 제자리에 머물러있고, 지금 내가 딛고 선 땅이 방금 전과 다름없이 지금도 여기에 머물러있는 덕분 아닌가요? '모든 것이 흐른다'고요? 정말로 모든 것이 흐른다면, 우리는 과연 '흐름'을 알아챌 수 있을까요? '흐름'은 '머무름'과 맞설 때만 유의미합니다. '머무름'이 아예 없고 온통 '흐름'만 있다면, '흐름' 자체가 무의미해져요. 그러므로 '모든 것이 흐른다'라는 멋진 문장을 무의미의 늪에서 건져내려면 그야말로 절묘한 솜씨가 필요합니다. 그 솜씨가 과정존재론의 질을 좌우하구요.

이 대목에서 잠깐 실체존재론의 처지를 짚어봅시다. '흐름'이 유의미하기 위해 반대 짝인 '머무름'을 필요로 하는 것과 똑같이, '머무름'도 '흐름'을 필요로 합니다. 따라서 '모든 것이 머무른다'라고 주장하려는 사람은 어떤 식으로든 '흐름'과 관계를 맺어야 하고 그럼으로써 벌써 자신의 주장에 흠집을 낼 수밖에 없어요. 정말로 '머무름'만 있다면 '흐름'과 관계 맺는 것 자체가 불가능할 테니, 이 관계 맺기 자체가 '모든 것이 머무른다'라는 주장의 반박이잖아요.

물론 순박한 실체존재론자들은 이 관계 맺기와 자기 흠집 내기를 인정하지 않을 가능성이 높아요. 왜냐하면 대개 그들은 '흐름'을 단박에 배제하는 방식으로 '흐름'과 관계 맺거든요. '단박 배제'가 '관계 맺기'의 한 형태라는 것을 인정하기가 쉽겠어요? 결코 쉽지 않죠. '배제'란 '관계 끊기'니까요. 단칼에 관계 끊기가 '관계 맺기'의 한 형태라고요? 물론 저는 헤겔의 글을 꽤 읽은 탓에 '관계 끊기'가 '관계 맺기'의 한 형태라는 얘기에 살짝 고개를 끄덕이게 되는데, 이 반응이 지혜에서 비롯된 것인지 아니면 심각한 병증인지는 앞으로도 계속 점검하고 숙고할 생각입니다.

아무튼 실체존재론은 순박한 수준에서도 가능해요. 말씀드린 대로, '흐름'을 단박에 배제하고 '머무름'만 남기는 전략이 꽤 그럴싸하거든요. 상식적으로 보면, '머무름'은 왠지 자족적인 기반 같고, '흐름'은 그 기반 위에서 벌어지는 일 같잖아요. 그런 '흐름'을 깡그리 무시하는 것에 여러 이유로 반발할 수야 있겠지만, 그 무시 자체가 앞뒤가 안 맞는다는 생각은 좀처럼 들지 않아요. '흐름'을 내치고 '머무름'만 붙드는 존재론은 비록 불완전할지언정 자체 모순으로 붕괴할 수밖에 없는 엉터리로 보이지는 않습니다. 이것이 '머무름'의 유리한 점이죠. 물론 이때 유리함이란 상식과 어울리기에 유리하다는 것에 불과하지만요.

반면에 '모든 것이 흐른다'라고 말하는 과정존재론은 순박한 방식으로, 즉 '머무름'을 배제하고 '흐름'만 남기는 방식으로는 실현될 가망이 거의 없습니다. 앞서 헤라클레이토스의 명언들과 관련해서 제가 던진 질문들을 상기하세요. 머무르는 놈들이 전혀 없다면, '흐름'은 무의미해집니다. 헤겔 풍의 역설적 표현을 시도해볼게요. '흐름'만 남으면, '흐름'이 멈춰버립니다. 따라서 과정존재론은 '머무름'을 절대로 배제할 수 없고 어떻게든 거둬야 해요.

정거장1에서 정거장2로 넘어가는 '흐름'이 있다고 해봅시다. 완성된 과정존재론은 이 정거장들의 존재를 무효화하고 '흐름'만 남겨야 하겠죠. 그런데 정거장들을 덜컥 배제해버릴 수는 없어요. 그러면 '흐름'이 멈춰버리거든요. 마치 소의 피가 선지 덩어리로 굳어지는 것과도 같습니다. '흐름'이 있으려면, 서로 떨어져있는 출발점과 도착점이 필수적이잖아요. 그러므로 머물러 있는 정거장들은 완성된 과정존재론 안에도 어엿이 들어있어야 해요.

바꿔 말해, 과정존재론은 '흐름'을 기반으로 삼아서 '머무름'을 구성해내야 합니다. 더 정확히 말하면, 과정존재론은 '흐름'으로부터 '머무름'을 구성해내고 다시 그 '머무름'을 기반으로 삼아서 '흐름'을 실현해야 합니다.

선지 얘기를 꺼낸 김에 건더기와 국물까지 얘기합시다. '머무름'을 건더기에, '흐름'을 국물에 빗댑시다. 방금 제가 '흐름만 남으면, 흐름이 멈춰버린다'라고 말했는데, 이 비유를 적용해서 이렇게 바꿔 말할 수 있어요. '국물만 남으면, 국물도 없다' 무슨 말이냐면, 국물 전체가 굳어져버린다는 겁니다.

'선지'와 '국물'이 영 엉뚱한 비유는 아니에요. 이 사실은 3장의 막바지에서 생생하게 드러나죠. 거기에서 "일반적인 피das allgemeine Blut"(3장 162번 문단)로서의 '무한'이 마치 시구처럼 등장하거든요.

저는 『정신현상학』 3장의 첫 부분이 바로 '국물만 남은 상황'에 해당한다고 해석합니다. 앞서 1장과 2장에서 벌어진 일은 건더기들('이것', '사물')이 녹아서(유동화하여) 국물('무제약적 일반자')로 되는 것이었어요. 그리하여 의식은 깨달았죠. '아, 진실은 건더기가 아니구나. 오히려 국물이구나!' 요컨대 3장의 서두에서 의식은 과정존재론에 발을 들였다고 할 수 있겠습니다.

그런 의식이 마주한 국물, 곧 '넘어감' 그 자체의 새로운 이름이 '힘'입니다.

그럼 이제부터는 무슨 일이 벌어질까요? 과정존재론이 완성되는 과정이 펼쳐집니다. 즉, 국물이 요술을 부려서 건더기들을 만들어내고 그 건더기들을 정거장 삼아 흐르면서 명실상부한 국물("일반적인 피")로 되는 일이 벌어집니다. 지금 국물만 남은 이 마당에, 헤겔의 놀라운 변증법적 국물은 어디에서 어떻게 건더기를 마련해오는 것일까요? 그 국물의 흐름, 곧 '힘'의 운동을 본격적으로 서술하기에 앞서 헤겔이 이런 말을 합니다.

> "이제부터 고찰할 것은 이 운동, [힘의] 양 계기들이 부단히 자기를 독립화하고 다시 거두는 운동이다."(3장 136번 문단)

헤겔이 예고하는 운동을 우리의 비유로 표현하면, 국물이 굳어 건더기 두 개가 생겨나고 그 건더기들이 다시 녹아 국물로 돌아가는 과정이라고 할 수 있겠습니다. 이른바 정반합의 도식에 기대어 변증법을 상상해온 분들이 있다면, 차라리 이 놀라운 국물과 건더기의 변신을 상상하십시오. 이 비유의 미흡한 점은 둘로 갈라진 건더기 각각이 그 자체로 국물 전체라는 놀라운 사실이 표현되지 않는다는 점이에요. 이 부분은 생각을 통해 보충할 수밖에 없습니다.

'힘'이라는 국물이 만들어내는 건더기 두 개가 뭐냐고요? 3장의 제목에 이미 그 건더기들의 이름이 나옵니다. 하나는 '현상', 다른 하나는 '감각너머 세계'. 그러니까 이제 삼총사가 등장했어요. '흐름'의 관점에서는 오로지 '힘', '머무름'의 관점에서는 '현상'과 '감각너머 세계'. 국물이라면 온통 하나의 국물, 건더기라면 서로 맞선 두 개의 건더기!

32강
지성, 칼로 물을 베는 검객

'지성'이 '현상'과 '감각너머 세계'로 이중화된 대상을 마주함으로써, 전체적으로 세 개의 항이 '지성-현상-감각너머 세계'의 형태로 맺어진 삼항구조가 등장하는 3장은 『정신현상학』의 본문에서 처음 나오는 초인적 급경사 구간이라고 할 만합니다. 험난하기로 악명 높은 산에서도 손가락에 꼽을 만큼 진저리나는 구간이라는 거죠.

헤겔의 텍스트가 대체 어떻기에 이리 엄살을 피우냐?라고 물으신다면 이렇게 대답하겠습니다. '머리를 쥐어뜯으면서 읽으면 어느 정도 이해했다는 느낌이 들어. 그래서 넘어가지. 그런데 머지않아 그 부분이 문득 생각나. 그래서 다시 돌아가 읽어보면, 내가 이 부분을 이해하기는커녕 읽은 적이라도 있었나?라고 정말 진지하게 묻게 돼. 도깨비에게 홀려서 숲속을 헤매본 적 있니? 나도 그런 적은 없는데, 그 경험이 뭔지는 알 것 같아. 분명히 똑같은 자리인데 볼 때마다 풍경이 바뀌는 거.'

파란 하늘을 호수에 빗대는 것은 식상한 비유이겠으나, 앞선 글(「국물과 건더기의 변증법」)에서 '국물'까지 등장한 마당에 계속 액체를 거론하는 것도 나쁘지 않을 성싶네요. 사실 헤겔 철학을 공부하다 보면 액체를 상상하게 될 때가 많아요. 헤겔이 실체존재론자가 아니라 과정존재론자라는 말은 그가 단단히 고정된 놈의 친구라기보다 머무름 없이 흐르는 놈의 친구라는 뜻이거든요. 바꿔 말해 헤겔이 보는 진실은 고체보다는 액체에 가까워요.

헤겔은 항상 '유동화in Flüssigkeit zu bringen'를 추구합니다. 그래서 글도 꼭 흐르는 물처럼 써놨어요. 그의 글이 볼 때마다 다르게 읽힌다면, 헤겔은 적어도 자신의 철학에 딱 어울리는 글을 쓰는 데 성공한 것입니다. '유동화'와 직결되는 단어로 '머물지 못함(동요)Unruhe'이 있죠. 일상에서는 부정적인 의미로 더 많이 쓰이겠지만, 헤겔 철학에서는 얼마든지 긍정적일 수 있는 개념입니다. 헤겔의 글이 전하는 메시지도 '머물지 못함', 그 글의 꼴도 '머물지 못함', 그 글을 읽는 독자가 경험하는 바도 '머물지 못함'이에요. 내용, 형식, 기능의 완벽한 일치죠. 어떤 이들은 이런 놀라운 일치를 이뤄냈다는 점에서 헤겔의 글은 누구도 흉내 낼 수 없는 유일무이한 작품이라고 하는데, 저는 이 평가에 대체로 동의합니다.

두 가지만 지적할게요. 첫째, 헤겔이 남긴 메시지들 가운데 가장 중요한 축에 들고 대중도 쉽게 이해할 만한 것 하나는 '진실은 요약되지 않는다'입니다. '진실은 요약되지 않는다'라고 말하는 철학을 요약한다는 것 자체가 참혹한 코미디예요. 소위 '차이'의 친구로 자처하는 분들이 나타나 헤겔을 '동일성'의 화신쯤으로 낙인찍고 오라짓기 전에는, 헤겔의 변증법을 '정반합'의 도식으로 요약하면서 숭배하거나 비웃는 분들이 대세를 이뤘었죠. 제가 헤겔에게 배워서 알기로는, 진실은 요약되지 않습니다!

둘째, 헤겔은 '동일성' 자체를 가장 근본적으로 유동화하는 철학자입니다. '차이'와 '다양성'을 사랑한다는 분들이 헤겔의 '동일성' 추구를 비난할 때 속으로 상상하는 '동일성'의 이미지는 과연 무엇일까요? 아마도 거대한 바위 같은 것이 아닐까 짐작합니다. 볼 때마다 그 모습 그대로 영원히 불변하는 바위 같은 놈 말이에요. 참 얄궂지만, 헤겔은 이런 식으로 '동일성'을 단순한 '자기와 같음'으로 간주하는 것을 격렬하게 비판합니다. 헤겔이야말로 '동일성 철학'의 초강력 비판자라고요.

이리 봐도 그놈, 저리 봐도 그놈, 오늘 봐도 그놈, 내일 봐도 그놈, 자연과학자가 봐도 그놈, 화가가 봐도 그놈인 그런 놈은 헤겔이 말하려는 진실에서 가장 멀리 떨어진 놈이에요. 그런 놈의 '동일성'을 완전히 깨부순 다음에 철저한 과정존재론의 '동일성', 흐름으로서의 '동일성'으로 재구성하는 것이 헤겔의 놀라운 솜씨입니다.

헤겔의 '동일성'을 이미지로 상상하려거든 차라리 하얀 구름들이 꿈틀거리는 가을 하늘을 상상하세요. 구름들 사이로 보이는, 영원불변할 것 같은 파란 배경을 상상하라는 것이 아니에요. 구름들이 주인공이에요. 그 구름들의 덧없음을 보세요. 당신이 덧없는 놈들의 덧없음을 본다면, 당신은 바로 '동일성'을 보고 있는 것입니다.

이것이 헤겔이 말하고자 하는 '동일성'이에요. 3장에서 '지성'은 '현상'과 '감각너머 세계'로 이중화된 대상을 마주하죠. 전자는 "덧없는 이편", 후자는 "지속하는 저편"이에요(3장 13번 문단). 현상은 변화무쌍하고 감각너머는 영원불변하다는 뜻으로 이해하면 되겠어요. 그런데 얼마 후에 헤겔은 다음과 같은 놀라운 화두를 던집니다.

> "감각너머는 현상으로서의 현상이다."(3장 147번 문단)

여기에서 제가 강조하고 싶은 것은 '감각너머'의 고요와 '현상'의 덧없음이 이룬 '동일성' 관계입니다. 이것이 헤겔적인 '동일성'이에요. 반면에 헤겔을 '동일성' 철학자로 몰아세우는 분들이 말하는 '동일성'은 '현상'의 덧없음을 배제한 '감각너머'의 고요가 아닌가요? 바로 그런 식으로 '동일성'을 추상적이고 공허하고 무력하게 만드는 것을 헤겔이 호되게 비판한다는 말씀을 다시 드립니다.

위 인용문은 '若見諸相非相卽見如來'(모든 상이 상 아님을 본다면, 곧 여래를 보는 것이다)라는 『금강경』의 한 구절을 자연스럽게 연상시킬 만큼 의미심장합니다. 그 문장을 충분히 이해한다면, 헤겔과 꽤 친해졌다고 할 만해요. 그러면 적어도 헤겔의 '동일성 철학'을 비판하는 사람들에게 고개를 끄덕이지는 않을 거예요. 그들은 '동일성'을 무슨 꽉 막힌 감옥이나 얼어붙은 호수처럼 답답한 틀로, 옛날 정신병원의 구속복 같은 것으로 상상하라고 꼬드기죠. 부디 제가 지금 누워서 바라보는 구름들을 상상하세요. 저 구름들의 덧없음을 보는 것이 곧 진실의 영원함을 보는 것이며, 헤겔이 말하는 '동일성'은 늘 덧없음과 영원함처럼 맞선 둘 사이에서 성립하는 기묘한 관계입니다.

잠정적으로 지성의 활동을 '구별되지 않는 놈들을 구별하기'로 정리해보려 합니다. 앞서 2장에서 의식은 맞선 양편이 따로따로가 아니라는 깨달음에 이르렀죠. 그 깨달음으로 3장이 열렸고요. 그러니 3장의 주인공인 지성은 전체의 계기들이 본질적으로 구별되지 않는다는 점을 이미 알아요. 지난 번 글에서 저는 이 사정을 '국물만 있는 상황'에 빗댔었죠. '넘어감'만 있는 상황, '흐름'만 있는 상황이라고 해도 좋겠어요.

거듭 말하지만, 진실은 '과정'이요 '흐름'이라는 것이 헤겔의 철학이에요. 그럼 이제 흐름만 있는 상황에 도달했으니, 『정신현상학』은 완결되어야 마땅하지 않을까요? 천만에, 그렇지 않습니다. 이제 의식은 '구별되지 않는 놈들을 구별하기' 시작합니다. 왜냐하면 그렇게 해야만 진실이 흐름으로서 펼쳐질 수 있기 때문이에요. 제가 그랬잖아요? 국물만 남으면 국물이 선지 덩어리처럼 굳어버린다고요. 그런 굳어짐을 막으려면 '구별되지 않는 놈들을 구별하고 다시 합치기'를 꾸준히 반복해야 해요. 헤겔의 말을 들어보죠.

> "이제부터 고찰할 것은 이 운동, 양 계기들이 부단히 자기를 독립화하고 다시 거두는 운동이다."(3장 136번 문단)

그리하여 양 계기, 곧 '구별되지 않는 놈들'이 구별되고("독립화하고") 다시 합쳐지는("자기를 거두는") 운동이 3장 내내 반복해서 일어납니다. 이 운동을 대상의 자발적 운동으로 보면, 일종의 박동이라고 할 수 있겠습니다. 심장이 뛸 때 수축과 팽창이 일어나듯이, 구별 없는 전체가 양극단으로 쪼개졌다가 다시 합쳐져 새로운 전체를 이루고 다시 쪼개지는 식의 박동 말입니다. 반면에 이 운동을 '지성'의 작업으로 보면, '지성'은 지금 뭘 하고 있냐면, '칼로 물 베기'를 하고 있는 겁니다.

일상에서 '칼로 물 베기'는 부질없는 짓을 뜻하지만, 『정신현상학』에서 지성의 '칼로 물 베기'는 엄청난 성과들을 산출합니다. 한 예로 우리는 단박에 마주한 대상을 이중화하여 현상과 감각너머 세계를 구별하고 서로 관련짓죠. 철학적으로 이보다 더 의미심장한 활동이 또 있을까 싶은데, 아무튼 우리가 다들 하는 이 놀라운 활동을 헤겔은 지성의 '칼로 물 베기'로 해석해요. 그러니까 '현상', '본질', '감각너머 저편', '법칙' 같은 굵직굵직한 개념들이 '칼로 물 베기' 덕분에 생겨난다는 거죠.

칼로 물을 베는 검객! 돌이켜보면 언젠가 무협지에서 만났을 법한 인물 아닌가요? 저 파란 가을 하늘을 단칼에 둘로 가르는 것을 상상해봅니다. 당연히 제 솜씨로는 어림없는 얘기지만, 헤겔의 '지성'은 그런 놀라운 검법을 보여줍니다. 그것도 한두 번이 아니라 여러 번.

그야말로 신비의 검법입니다. 아무튼 '지성, 칼로 물을 베는 검객'에 대한 저의 소박한 이야기는 다음 글로 이어집니다.

33강
설명하기는 칼로 물 베기

누구나 이런저런 설명을 요구하기도 하고 직접 하기도 하면서 삽니다. 그러니 '설명'이 무엇인지는 다들 암묵적으로 안다고 봐야겠지요. 하지만 철학자 노릇의 기본은 질문이므로, 굳이 물어봅시다. 설명하기란 과연 어떤 활동일까요?

뜬금없이 던지는 질문은 물론 아닙니다. 『정신현상학』 3장의 중반에서 헤겔이 '설명'이라는 활동에 대한 나름의 해석을 내놓는데, 얼핏 독특한 그 해석 때문에 새삼 묻는 것입니다. 설명이란 무엇일까요? 요점만 말하면, '설명하기'란 '칼로 물 베기'라고 헤겔은 이야기합니다.

바꿔 말해 '설명하기'란 '구별 아닌 구별을 정립하고 다시 거두기'라는 얘긴데, 이 희한한 이야기에 앞서 국어사전의 정의를 한번 봅시다. 『표준국어대사전』에 나오는 정의의 요점만 추리면, '설명하기'는 "밝혀 말하기"로군요. 뭐, 글자들을 곧이곧대로 새겼네요. "설명(說明)"은 "말할 설, 밝을 명"이니까 "말로 밝히기" 혹은 "밝혀 말하기"다. 예, 나무랄 데 없는 설명이네요.

그런데 '설명하기'에 대한 이 같은 설명을 보면, 단박에 '칼로 물 베기'가 떠오르지 않나요? 한번 따져봅시다. '설명하기'와 '밝혀 말하기'는 서로 같습니까, 다릅니까? '설명'을 글자 그대로 새긴 것이 '밝혀 말하기'니까, 양자는 같군요. 그런데 이런 같음이 전부라면, 결국 '설명이란 설명이다'라고 설명한 셈이니, 이 설명은 공회전과 같아요. 실질적으로 아무것도 설명하지 않았어요.

반대로 '설명'과 '밝혀 말하기'가 서로 다르다면 어떨까요? 실제로 '설명'은 한자어고 '밝혀 말하기'는 순수한 우리말이니, 양자는 확연히 달라요. 만약에 오직 이런 다름만 있다면, '설명하기란 밝혀 말하기다'라는 문장은 훌륭한 설명이고 아니고를 떠나서 기본적으로 참인 문장이기는 할까요? 주어와 술어의 언어 유형만 주목하면서 '설명하기'를 '한자어의 한 예'로, '밝혀 말하기'를 '순수한 우리말의 한 예'로 대체하면, 저 문장은 이렇게 변형되겠죠. '한자어의 한 예는 순수한 우리말의 한 예다' 이건 터무니없는 거짓 문장일 수도 있겠네요!

결론적으로 『표준국어대사전』의 '설명'에 대한 설명이 제구실을 하려면, '설명하기'와 '밝혀 말하기'는 어떤 면에서는 같고, 어떤 면에서는 달라야 해요. 생각해보면, 실제로 그렇게 같음과 다름이 공존하는 것이야말로 설명의 기본 구조인 듯합니다. 이를테면 이 경우에 설명되는 항('설명하기')과 설명하는 항('밝혀 말하기')은 뜻의 측면에서 같고, 표현의 측면에서 다르다고 할 수 있겠네요.

'설명하기란 칼로 물 베기다'라는 표현은 제가 고안한 것이고, 제가 보기에 이 표현으로 요약되는 헤겔의 말은 아래와 같습니다.

> "계기들이 구별되기는 하지만, 또한 동시에 그것들의 구별은 사태 자체의 구별이 아님이 표현되고 따라서 곧바로 다시 거둬진다. 이 운동을 일컬어 설명하기Erklären라고 한다. [설명하기를 살펴보면] 한 법칙이 발설되고, 그 법칙으로부터 그 자체로 있는 일반자 혹은 이유Grund가 힘으로서 구별된다. 그러나 이 구별에 대해서 말해지기를, 이 구별은 구별이 아니며 오히려 그 이유는 그 법칙과 똑같이 생겨먹었다고 한다."(3장 154번 문단)

역시나 헤겔의 글이어서 이해하기 어렵죠? 이 인용문을 곱씹고 음미하는 것은 우리 각자의 과제로 남겨놓고, 여기에서는 제가 나름대로 재미있다고 여기는 가상의 상황을 살펴봅시다. 일반적인 논의를 위해 기호들을 동원해서, 설명되는 항을 A, 설명하는 항을 B라고 합시다.

형식만 따지면, 설명이란 주어진 A에 대하여 적절한 B를 제시하는 작업이에요. "A가 뭐야? A를 설명해봐!"라고 퉁명스러운 선생이 요구하면, 총명하고 친절한 학생은 "A가 뭐냐면요, B입니다"라고 설명할 거예요. 예컨대 "슈뢰딩거의 고양이가 뭐야? 설명해봐!"라고 윽박지르면 "그게 뭐냐면요, 물리학계에서 아주 유명한 고양이인데요……" 하는 식으로요.

이때 우리의 막무가내 선생이 이렇게 말을 자른다고 해봅시다. "야! A를 설명하라는데 웬 B를 들먹여? A를 설명하란 말이야, A를!" 다들 아시다시피 이건 결코 드문 상황이 아니에요. 방금 든 예에서 선생이 "슈뢰딩거의 고양이를 설명하라는데 웬 물리학계를 들먹여?"라고 말을 자르는 것은 좀 상상하기 어렵지만, 학생이 워낙 자상해서 이렇게 설명을 시도한다고 해봅시다. "슈뢰딩거의 고양이가 뭐냐면요, 양자역학에서 상태의 중첩이라는 것이 있는데요……" 이 경우에는 꽤 많은 질문자들이 "슈뢰딩거의 고양이를 설명하라는데, 상태의 중첩은 또 뭐야? 요점만 말해!"라고 대들지 싶습니다.

제가 이 예를 든 목적은, 『표준국어대사전』의 취지와 달리, '설명하기'란 단순히 조명을 밝혀서 '사태 자체를 환히 보여주기'가 아니라는 점을 지적하는 것에 있습니다. '설명(說明)'이라는 단어 자체에서 벌써 드러나듯이, 우리는 흔히 설명을, 어둑어둑해서 잘 안 보이는 것을 환히 보이게 만드는 작업 정도로 생각하는 듯해요. 그런데 이 비유를 '슈뢰딩거의 고양이를 설명하기'에 적용할 수 있을까요? 질문자가 내민 '슈뢰딩거의 고양이'에 조명을 환히 비추면, 질문자의 궁금증이 풀릴까요?

현실에서 설명은 그런 조명 비추기와 사뭇 다를 때가 많음을 유의합시다.

오히려 A에 대한 설명은 얼핏 보기에 A와 전혀 다른 B를 한참 이야기한 끝에 A와 B의 같음이 드러나는 방식으로 이루어지는 경우가 더 많은 듯합니다.

물론 이런 설명에서도 A를 처음부터 끝까지 변함없이 지속하는 사태 자체로 간주한다면, A와 다른 듯한 B가 등장할 때부터 결국 A와 B의 같음이 밝혀질 때까지의 과정 전체를 그냥 A에 드리우는 조명이 환해져서 A가 더 뚜렷해지는 과정으로 해석할 수도 있을 거예요.

그러나 정반대로, 그런 변함없는 A 따위는 없고, 설명의 과정에서 A가 한 층 더 성장한다고 해석하면 어떨까요? 헤겔은 바로 이 해석의 편이고, 저도 당연히 그렇습니다. 더 나아가 칸트도 우리 편이에요. 칸트의 '선험적 종합 판단'을 아시나요? 기본적이지만 엄청나게 중요한 이 화두를 이해하려면 '개념의 성장'을 이야기하지 않을 수 없다고 저는 해석합니다.

아시다시피 '선험적 종합 판단'이란, 한편으로 경험에 의존하지 않으므로 "필연적" 판단이고 다른 한편으로 주어 개념 속에 이미 들어있는 것을 진술하는 분석 판단과 달리 그 개념의 내용을 늘리므로 "종합적" 판단이에요. 바꿔 말해, 선험적 종합 판단을 거치는 동안 주어 개념은 자체적으로(경험에 의존하지 않고) 성장합니다(내용이 늘어납니다).

그러니까 '선험적 종합 판단'은 어떻게 가능한가라는 질문은 '개념의 자체 성장'은 어떻게 가능한가라는 질문과 같아요. 전자는 칸트의 질문, 후자는 헤겔의 질문이라고 할 수 있겠는데, 양쪽 모두 단박에 한마디도 대답하는 것은 가능하지도 않고 바람직하지도 않습니다. 하지만 '선험적 종합 판단' 혹은 '개념의 자체 성장'은 우리가 사는 현실에 엄연히 존재한다는 것이 칸트와 헤겔이 (또한 제가) 공유한 전제라는 것을 대답의 실마리로 삼을 만해요. 설명에 대한 헤겔의 논의를 곱씹어보세요. 성공적인 설명이 존재한다면, '개념의 자체 성장'도 존재합니다. 전지적인 신에게는 그 어떤 설명도 필요하지 않을 테고 따라서 성공적인 설명 따위는 없을 터입니다. 만약에 우리가 유한한 인간의 관점이 아니라 신의 관점을 채택한다면, '개념의 자체 성장' 따위는 없다는 말이 우리의 입에서도 충분히 나올 수 있을 거예요.

마무리로 '칼로 물 베기'를 언급하죠. 물을 칼로 베고 나면, 아무 흔적도 없이 그냥 원래의 물만 한 덩어리로 남나요? 만약에 그렇다면, 그 '칼로 물 베기'는 완전히 공허한 '설명하기'에 해당해요. '슈뢰딩거의 고양이는 슈뢰딩거의 고양이다'가 그런 '칼로 물 베기'입니다. 반면에 물을 칼로 베었는데, 물속에 베인 자국이 거뭐진 채로 남을 수 있을까요? 만약에 A를 설명하기가 A를 더 풍부하게 만들고 더 성장시킨다면, 그 설명하기는 바로 이런 기묘한 '칼로 물 베기', 거뭐진 흔적을 남기는 '칼로 물 베기'입니다. 저 위 인용문에서 거론되는 '설명하기'는 둘 중 어디에 해당할까요? 헤겔은 지성의 '설명하기'를 비판하는 것일까요, 아니면 칭찬하는 것일까요? 늘 그렇듯이, 어느 한쪽만은 아닐 겁니다.

34강
다름이 함께 있음: 변증법의 탈마술화

1‖ 『정신현상학』과 헤겔의 주저 『논리의 학Wissenschaft der Logik』을 비교하고 내용을 조목조목 순서대로 짝짓는 작업은 한때 유행했지만 그리 생산적이지 않아서 개인적으로 저는 권하지 않습니다. 『정신현상학』만 보기도 벅찬데, 분량이 훨씬 더 큰 『논리의 학』까지 들먹이면, 헤겔을 공부해보자는 장한 마음을 낸 학우들은 정당하게 인상을 찌푸릴 만해요.

『정신현상학』 내부에서도 그렇습니다. 1장만 읽기도 벅찬데, 선생이 1장을 읽으면서 자꾸 2장, 3장을 끌어와서 언급하면, 학생은 대들어야 마땅합니다. 이거, 뭐하자는 수작이냐? 우리를 기죽이려고 작정을 했냐?라는 식으로요. 그래서 저는 되도록 눈앞에 놓인 텍스트에 충실하려 애씁니다. 물론 한 대목만 읽고 그 대목을 이해할 수는 없어요. 오래 전에 제가 "A만 알면 A도 모른다"라고 했잖아요. 이 야릇한 진실은 세상만사에 적용되지만, 특히 헤겔의 텍스트에 탁월하게 들어맞습니다. 부분이 곧 전체인 구조를 수학에서 프랙털이라고 하죠? 헤겔의 텍스트가 프랙털입니다. 부분을 제대로 이해하려면 전체를 이해해야 해요.

그러나 헤겔을 읽을 때는 앞에 놓인 대목에 집중하면서 이해하는 만큼 이해하고 넘어가는 것이 옳습니다. 그렇게 넘어갔다가 다시 돌아오는 것이 옳아요. 나중에 공부가 더 익으면, 다시 돌아와서 그 똑같은 대목을 난생 처음 보듯이 보게 될 거예요. 그때 비로소 헤겔의 매력을 살짝 맛볼 테고요.

어쩌면 그렇게 '똑같은 놈을 새삼 다시 보기'야말로 이른바 '변증법'의 실천일 수 있습니다. '변증법'이 실천할 거리냐고요? 예, 그렇습니다. 흔히 '변증법'을 자연법칙보다 더 강력하고 포괄적이며 숭고하고 심지어 절대적인 법칙으로 간주하곤 하죠. 그래서 제가 '변증법'이란 '주체다움' 그 자체, 혹은 '주체다움이 표출되는 방식', 쉽게 말해서 '주체의 춤'이라고 설명하면, 많은 분들은 '주체'라는 단어를 들으면서 어떤 절대적인 신을 떠올릴 위험이 높아요. 취향에 따라서, 온 우주에 깃든 영혼이나 가이아Gaia를 떠올리는 분도 있겠죠. 그러나 제가 '변증법'을 '주체의 춤'이라고 말할 때 거론하는 '주체'는 다름 아니라 '자기를 나라고 부르는 모든 각자', 예컨대 바로 당신이에요.

저는 '변증법'을 만만하게 만드는 작업이 몹시 필요하다고 느낍니다. 그 작업을 '변증법'의 탈마술화 또는 세속화라고 불러도 좋겠는데, 아무튼 그것을 위해서 '변증법'의 명칭 자체를 '변증질'로 바꾸면 어떨까하는 생각까지 해보곤 해요.

요새 어딘가에서 들었는데, 한반도 북쪽에서는 '질'이라는 말이 '노릇'처럼 가치중립적으로 쓰인다는군요. '선생질', '시인질' 같은 말에 비하의 뜻이 없대요. "교수질 하느라 힘드시죠?" 같은 표현이 전혀 이상하지 않답니다. 흔히 비칭으로 쓰이는 '놈'을 중립적 의존명사로 애용하는 저자로서 저는 '질'도 적극 활용해볼 의향이 있습니다. 철학하는 놈으로서, 또 번역하는 놈으로서 헛치레 없이 실하게 주체질을 하는데 도움이 될 듯해서요.

아무튼 당신은 '똑같은 놈을 새삼 다시 보기'를 가끔 하시나요? 그렇다면 당신은 '변증질'을 하는 거예요. 당신 자신의 '변증질'을 알아채는 것이 헤겔의 '변증법'을 이해하는 지름길이고요. 예컨대 당신이 언젠가 『정신현상학』 1장으로 다시 돌아와 그 텍스트를 동지섣달 꽃 본 듯이 읽으며 헤겔의 맛에 감탄한다면, 그때도 여전히 대체로 캄캄할 헤겔의 텍스트에만 몰두하지 말고 당신 자신의 행보를 돌이켜 음미하기를 바라요. 그렇게 '넘어갔다가 다시 돌아오는 운동'이 바로 '변증법'이기 때문이에요.

헤겔이 서술하는 변증법적 운동은 그 서술을 읽으며 몸부림치는 당신 안에서도 일어난다는 것을 믿으세요. 『정신현상학』에서 등장인물들과 그들이 마주한 대상들은 맞물려 진화하죠. 대상도 우여곡절을 겪고, 그 대상을 마주한 의식도 우여곡절을 겪는데, 헤겔은 그 두 우여곡절이 실은 동일한 우여곡절이라고 해요. 이 얘기는 바로 당신과 당신이 마주한 『정신현상학』 텍스트에도 적용되어야 마땅하고 실제로 적용됩니다. 당신이 겪는 일이 진짜 '변증법', 당신이 하는 짓이 진짜 '변증질'이에요. 언젠가 당신의 입에서 '변증법이라는 것이 알고 보니 내가 사는 꼴이네!'라는 말이 나온다면, 당신은 '변증법'의 진실에 상당히 접근한 것입니다.

2‖ 그러나 이 모든 얘기에도 불구하고 저는 이 글에서 『논리의 학』을 끌어들이면서 자못 거창하게 '변증법'을 풀이하고자 합니다.

헤겔 철학을 한마디로 요약해달라고 누가 요청하면, 저는 '모든 것에 양면이 있다'는 얘기라고 대답하곤 합니다. 그러면 상대방은 뭔가 이해한 듯한 표정을 짓죠. 어쩌면 '정반합'의 이미지가 워낙 강해서일지도 몰라요. '모든 것에 양면이 있다'는 얘기와 '정반합'의 도식은 꽤 잘 어울리잖아요. 하지만 섬세하게 따지면, 양자는 퍽 다를 수 있습니다.

'정반합'의 도식이 헤겔 철학과 아예 무관한 날조라고 할 수는 없을 것 같아요. 하지만 이 도식은 워낙 큰 폐해를 일으키기 때문에 버리는 편이 낫습니다. 폐해의 원천은 '합'에 악센트가 찍히는 것에 있어요. '정반합'을 얘기하면서 다들 '합'에 악센트를 찍잖아요. '정'과 '반'은 오직 '합'을 이루기 위해 잠정적으로 등장했다가 결국 사라지는 놈들로 간주하고요. 정말 강조하고 싶은데, 이런 '합'으로의 쏠림은 헤겔 철학에 대한 이해를 망치는 지름길입니다. 바로 그 지름길로 아주 많은 학우들을 인도한다면, '정반합'은 버려야 마땅한 도식이에요.

'모든 것에 양면이 있다'고 말할 때 저는 악센트를 '양면'에 찍습니다. 일상에서는 거의 누구나 그럴 거예요. 『철학은 뿔이다』에서 제가 같은 얘기를 제법 거창하게 꾸며서 '무릇 하나임은 맞선 둘의 얽힘이다'라고 표현했을 때에도 저의 악센트는 '맞선 둘의 얽힘'에 찍혔죠. 이런 악센트까지 고려하면, 저의 헤겔 철학 요약과 '정반합'의 도식은 상극에 가깝습니다.

그러니까 '합'으로 쏠리지 말고 '정반'으로 쏠리라는 얘기냐?라고 묻는 학우가 있을지 모르겠네요. 만약에 어떤 이유에서든지 쏠림이 불가피하다면, 차라리 '정반'으로 쏠리라고 권하겠습니다. 왜냐하면 그 쏠림이 현재의 완고한 헤겔 오해에서 벗어나는 데 도움이 될 수 있어서 그래요. 하지만 무릇 쏠림은 틀림없이 위태롭습니다. 그래서 저는 이 글에서 헤겔 철학을 새로운 표현으로 요약해보려 해요. 바로 '다름이 함께 있음'이라는 문구로요.

'다름이 함께 있음'이라는 표현은 '정반합'의 그늘에서 넉넉히 벗어나있지 않나요? 적어도 저는 그렇다고 느껴서 이 표현을 시도하는 것입니다. '다름이 함께 있음'이 무슨 뜻이냐고요? 좋은 질문이에요.

제가 이해하기에 '변증법'이란 '다름이 함께 있음'이 표출되는 방식입니다. 사실 '다름이 함께 있음'을 고정해놓고 형식논리를 들이댄다면, 이 표현 자체가 자기모순으로 붕괴하는 것을 면할 수 없겠죠. 그러나 '다름이 함께 있음'이 표출되는 방식과 과정을 짚어가기로 한다면, 이 모순적인 표현을 주춧돌로 삼은 철학을 헤겔의 말마따나 "바쿠스의 비틀거림"(서문 47번 문단)처럼 펼쳐낼 가능성이 열릴 성싶지 않나요? 제가 이해하는 헤겔 철학은 바로 그런 철학입니다.

3‖ 이 대목에서 『논리의 학』을 끌어들일게요. 실제로 헤겔은 『논리의 학』의

1부, 2부, 3부에서 작동하는 메커니즘들을 구별하는데, 그것들은 '다름이 함께 있음'이 표출되는 방식들이라고 할 수 있어요. 눈치 채신 분도 있겠지만, 그 메커니즘들이 바로 '변증법'이에요. 그러니까 변증법이 하나가 아니라 여럿이란 말이냐? 예, 그렇습니다. '변증법'은 『논리의 학』의 구성에 맞게 셋으로 세분될 수 있을 뿐 아니라 구체적으로 어떻게 전개되느냐에 따라서 얼마든지 다양하게 세분될 수 있습니다. 당장 『정신현상학』을 보세요. 1장, 2장, 3장에서 똑같은 '변증법'이 작동한다는 말도 틀리지 않지만, 자세히 보면 각 장에서 고유한 '변증법'이 작동한다는 말이 더 정확하게 맞아요.

헤겔이 『논리의 학』 3부 2장의 도입부에서 열거하는 '변증법'의 세 가지 유형, 곧 변증법적 운동의 세 가지 형태는 아래와 같습니다. 엄밀히 말하면, 변증법적 운동에서 자기회귀(자기로 돌아옴)를 뺀 나머지 부분의 세 형태에요.

1) 다른 놈으로 넘어가기bergang in Anderes
2) 다른 놈에 비치기(드리우기)Scheinen an einem Andern
3) 개념의 근원적 분할Das ursprüngliche Teilen des Begriffs

순서대로 존재논리학, 본질논리학, 개념논리학에서 작동하는 변증법이죠. 3)은 일단 제쳐두고, 1)과 2)를 비교합시다. 차이를 부각하기로 마음먹고 보면, 1)과 2)는 사뭇 달라요. 1)은 A가 -A로 둔갑한다는 것이고, 2)는 -A에서 A가 어른거린다는 것이니까요. 하지만 양쪽 모두 '다른 놈'과 관계 맺는 방식이라고 보면 동질성도 엄연히 있죠. 더 나아가 1)과 2)는 모두 '다름이 함께 있음'이 표출되는 방식이에요.

나아가 3)도 마찬가집니다. 『정신현상학』 3장에서 중앙의 '통일체'가 쪼개지면서 양 극단이 독립하고 다시 그 극단들이 거둬져 '통일체'가 복구되는 운동이 등장하잖아요. 그 운동이 3)에 해당하는데, 이것 역시 '다름이 함께 있음'의 표출되는 한 방식이죠.

이제 결론을 내립시다. 헤겔 철학의 중심에는 '다름이 함께 있음'이라는 상식적으로 난감한 사태가 놓여있고, 이 사태가 표출되는 방식이 '변증법'이며, '변증법'의 구체적인 형태는 위의 1), 2), 3)을 기본 얼개로 삼되 얼마든지 다양할 수 있습니다.

'변증법'을 '정반합'의 굴레에서 해방시키려고 꽤 애썼는데, 얼마나 성공적이었는지 모르겠네요. '다름이 함께 있음'이라는 화두를 나름대로 숙고해 보고 싶은 학우들을 위해 몇 마디 보태려 합니다. 기쁨이 불현듯 슬픔으로 뒤집히는 일, 기쁨에서 슬픔이 내비치는 일, 절정의 순간에 기쁨과 슬픔이 동시에 밀어닥치는 일을 상상하실 수 있나요? 모름지기 철학자는 감정에 기대는 것을 경계해야 하지만, 강고한 '정반합'의 틀을 부수기 위해서라면 그런 격한 감정에 잠시 기대는 것도 나쁘지 않을 듯합니다.

35강
본질이 진실한 만큼 현상도 진실하다

1‖ 대중을 상대로 목소리를 높이는 과학주의자들은 과학의 객관적 진실성과 우리의 인간적 오류를 뚜렷이 대비하려는 의도로 즐겨 천동설과 지동설을 언급하곤 합니다. 우리가 보기에는 태양이 지구 주위를 돌지만, 이것은 인간적인 착각이다. 과학이 알려주는 객관적 진실은, 지구가 태양 주위를 돈다는 것이다. 태양이 움직인다는 것은 인간적 착각이고, 지구가 움직인다는 것은 과학적 진실이다!

이 예가 특별히 선호된다면, 또 대중에게 상당한 설득력을 발휘한다면, 그 이유는 뭘까요? 제가 주목하는 것은, '태양이 움직인다'라는 판단과 '지구가 움직인다'라는 판단이 언뜻 보기에 똑같이 감각 경험에 관한 진술로서 정면충돌하는 듯하다는 점입니다. 대충 생각해보면, 이 예에서는 소위 과학적 진실이 인간적 오류와 수준이 똑같아요. 그래서 확실히 충돌하고요.

그러나 실제로 이런 충돌은 겉모습에 불과하거나 기껏해야 이례적입니다. 생활세계에서 유통되는 진술과 과학계에서 유통되는 진술은 예컨대 전자는 개별 사례에 관한 진술, 후자는 보편적 규칙성에 관한 진술로서, 혹은 전자는 감각 경험에 관한 진술, 후자는 수학적 논리적 필연성에 관한 진술로서 서로 엇갈리는데다가 애당초 바탕의 어휘 자체가 사뭇 달라서 정면충돌하기가 어려울 때가 훨씬 더 많거든요.

우리 집 뒷산 약수터의 물맛은 첫서리가 내릴 때 제일 좋다고 제가 진술하면, H_2O의 구조를 몇 십 년째 연구해온 물리화학자가 제 진술을 반박하거나 두둔하겠어요? 연구에 몰두하느라 사회성을 거의 완전히 상실한 물리화학자라면 그냥 멍하게 있겠지만, 그렇지 않다면 "그러냐? 그럴 듯하네. 나도 때맞춰 한번 마셔보자."라는 정도로 대꾸할 테죠. 거꾸로 그 물리화학자가 H 원자와 O 원자가 결합하여 H_2O를 이루는 양자역학적 메커니즘을 최신 실험 결과들을 들먹이고 슈뢰딩거 방정식까지 써가면서 막무가내로 설명하면, 제가 어떻게 하겠어요? 그냥 눈만 껌벅껌벅 하겠죠. 그러다가 기회가 왔다 싶을 때 "야, 혈압 오를라. 물 한잔 마시고 살살 해라, 살살."이라는 식으로 숨고르기를 유도할 겁니다.

저는 이런 식으로 서로 어느 정도 어긋나는 것이 생활인(생활세계에 속한 사람)과 과학자(과학계에 속한 사람) 사이의 현실적인 관계이자 바람직한 관계라고 봐요. 양쪽이 서로의 언어를 존중하면서 필요할 경우 번역을 통해 소통을 꾀하는 관계. 한 개인이 한편으로는 생활인이고 다른 한편으로는 과학자인 경우에는 그의 내부에서 이런 어긋남 관계가 형성될 텐데, 그건 아주 자연스러울 뿐더러 도리어 삶을 풍요롭게 만들어요.

2‖ 그런데 과학주의자들은 생활세계와 과학이 '태양이 움직인다'와 '지구가 움직인다'처럼 맞부딪치는 경우를 즐겨 거론하면서 그런 예외를 마치 보편적인 상황인 것처럼 부풀리곤 하죠. 그들은 과학과 상식(생활세계에서 설득력을 인정받는 진술을 상식이라고 부른다면)이 정면충돌할 수밖에 없다는 것을 당연시하는 듯해요. 또 그 정면충돌, 정면승부의 결과는 당연히 과학의 완벽한 승리, 100대 0의 승리라고 목 놓아 외치죠.

예컨대 미국 의식철학(philosophy of mind) 분야에서 꽤 유명한 저자 패트리샤 처칠랜드는 『뇌과학과 철학』에서, 과학의 여명기에 사람들을 매혹한 '현상appearance'과 '실재reality'의 다름을 이야기하면서 천동설과 지동설을 언급합니다(박제윤 역, 2006, 276쪽 이하). '태양의 움직임'은 '현상', '지구의 움직임'은 '실재'라고 말이죠. 그가 보기에 승부는 당연히 100대 0이에요. '태양의 움직임'은 가짜, '지구의 움직임'은 진짜죠. 이런 판결은 벌써 용어 선택에서부터 예상되는 바였어요.

이 맥락에서 저자 처칠랜드의 의도를 살리려면, 'appearance'는 '겉모습', 'reality'는 '진실'로 옮기는 것이 더 적합할 성 싶습니다. 과학적 앎뿐 아니라 무릇 앎이 추구하는 것은 당연히 '진실'이죠. 그러니 모름지기 앎을 추구한다면 우리는 '진실'만을 받들어 쥐고 '겉모습'은 제쳐야 마땅해요. 내 눈에는 여전히 '태양의 움직임'이 보인다면서 과학이 알려주는 '지구의 움직임'을 부인하는 사람이 있다면, 그는 딱하기 그지없는 고집쟁이일 테죠.

패트리샤 처칠랜드는 정신적인 것들에 관한 모든 진술을 뇌의 작동에 관한 진술로 환원해야 마땅하며 궁극적으로 전자의 진술을 제거함이 바람직하다고 보는 초강력 신경중심주의자예요. 쉽게 말해서 몰빵주의자죠. 오로지 뇌의 작동만 '진실'이고 나머지는 다 '겉모습'이에요. 왜 '겉모습' 때문에 골치를 썩이죠? '태양의 움직임'이 보인다는 얘기를 자꾸 해봐야 아무 소용없어요. 진정한 앎에 도움이 안 돼요. 앎은 '진실'을, 오직 '진실'만을 향해야 하니까요.

'겉보기'와 '진실'의 구별을 '정신적인 것'과 '물질적인 것'의 구별과 포개는 처칠랜드의 과격함에 동조하고 심지어 통쾌함을 느끼는 분들도 아마 있겠죠. 하지만 그 과격함에 대한 논의는 이 글의 범위를 약간 벗어나므로, 저는 한걸음 물러서서 애당초 '겉모습'과 '진실'의 구별을 문제 삼으려 합니다. 사실은 이 구별 자체가 미국식 대중철학과 과학주의의 한계를 역력히 보여준다고 느끼기 때문이에요.

3‖ 당신은 철저히 가짜인 '겉모습'과 철저히 진짜인 '진실'이 정면충돌해서

후자가 100대 0으로 이기는 경우를 본 적이 있나요? 앞서 천동설과 지동설의 충돌을 그런 사례로 언급했지만, 그 경우에도 '태양의 움직임'을 철저한 가짜로 낙인찍어 내치는 것이 과연 가능할까요?

과학자들이 '지구의 움직임'이라는 진실에 어떻게 도달했는지 따져봅시다. 그들은 지상에서 '태양의 움직임'을 관찰했고, 그 '태양의 움직임'이 그들을 '지구의 움직임'이라는 진실로 이끌었잖아요. 요컨대 '겉모습' 덕분에, '겉모습'을 거쳐서, '겉모습' 너머의 '진실'에 이르렀어요. 그런 과학자들이 이제 와서 '진실'에 찰싹 달라붙어서 '겉모습'을 무시하고 심지어 제거하려 한다면, 이건 파렴치한 배신 아닌가요?

패트리샤 처칠랜드가 "과학의 여명기"를 들먹이니까 저도 그때를 얘기하렵니다. 과학과 비과학을 막론하고 무릇 '앎'에 대한 논의의 시초에 플라톤이 있었어요. 플라톤은 현상 세계 너머의 이데아 세계를 이야기한 사람으로 유명하죠. 사용한 어휘가 다르긴 하지만, 처칠랜드의 말마따나 '겉모습'과 '진실'의 다름에 매혹된 대표적인 인물이라고 할 수도 있겠어요. 그리고 플라톤을 싸구려로 설명해주는(즉, 설명자 마음대로 주무르고 잡아 늘이고 찢어발겨서 플라톤과 전혀 다른 괴물로 만들어놓는) 숱한 글들은 플라톤을 처칠랜드처럼 '겉모습'(현상)은 제치고 '진실'(이데아)에 몰빵하는 인물로 그리죠.

그러나 예로부터 사람들이 플라톤 철학의 핵심을 말해주는 문구로 첫손에 꼽아온 것은 '현상을 구하기sōzein ta phainómena, Rettung der Phänomene'라는 점을 명심하십시오. 진짜 앎은 '현상'을 외면하지 않아요. 오히려 정반대에요. 진짜 앎은 '현상을 현상으로 앎', 곧 '현상이 현상임을 앎'이거든요. 아까 본 파렴치한 배신자와 정반대로, 진짜 앎에 이른 사람은 이런 대사를 칩니다. "'현상'아, 네 덕분에 내가 '진실'에 이르렀구나. 고맙다. 네가 나를 '진실'로 이끌었으니, 너 또한 '진실'에 참여한 것이다. 그러므로 내가 도달한 '진실'이 진실한 것에 못지않게 내가 통로로 삼은 너 '현상'도 진실하다."

이쯤에서 미국식 땅콩버터 냄새 물씬 나는 용어들인 '겉모습appearance'과 '진실reality'을 그만 쓰고, 그리스산 올리브유를 발라서 구운 독일산 소시지 향기가 살살 풍기는 용어들인 '현상Erscheinung'과 '본질Wesen'을 쓰기로 합시다. 이 어법에서 '현상'과 '본질'은 진실성을 동등하게 보유해요. '본질'이 진실한 만큼 '현상'도 진실하다는 뜻이에요. 그러니까 양자가 맞대결한다면, 스코어는 50대 50이겠죠.

그러나 애당초 맞대결이 이루어질 수가 없어요. '현상'과 '본질'은 본래부터 서로의 반대 짝으로서 얽혀 '진실Wahrheit' 곧 전체를 이루니까요. '현상'과 '본질'이 애당초 따로따로가 아닌데 어떻게 서로 대결하겠어요? '현상'은 '본질의 현상'이고 '본질'은 '현상의 본질'인데, 어떻게 둘이 갈라서서 싸울 수 있겠습니까. 진짜 진실은 '우리가 현상을 거쳐 본질에 이른다'와 '우리가 아는 본질이 현상으로 나타난다'예요. 이 두 문장이 표현하는 '현상-본질 관계' 혹은 '현상-본질 운동'이 진짜 진실이라고요. 진실은 단 하나의 운동이라는 점을 명심하면서 다시 보면, '현상'과 '본질'은 그 운동 속에 녹아들어가 있는 상태로만 존재해서 애당초 서로 구별되지 않는 놈들이에요.

4‖ 이 같은 사정을 가장 충실하게 서술하는 철학자가 바로 헤겔입니다. 헤겔이 말하는 '현상-본질 관계'는 완벽한 대칭이에요. 『정신현상학』 3장에서 헤겔은 '본질'이라고 부를 것을 "내면das Innere"으로도 부르고 "감각너머das Übersinnliche", "감각너머 세계die übersinnliche Welt", "감각너머 저편das übersinnliche Jenseits"(3장 147번 문단)으로도 부르면서 '현상-본질 관계'를 아주 미묘하게 풀어냅니다. 우선 아래 문장을 보시죠.

"현상은 내면의 본질이요 실은 내면의 실현이다."(3장 147번 문단)

'내면'이 '본질'의 다른 이름임을 감안하면, 위 인용문이 말하는 바는, 본질의 본질이 현상이라는 것이죠. 본질은 현상의 본질이니까, 현상의 본질의 본질이 다시 현상이라는 말이네요. 이건 웃기지도 않은 말장난일까요, 아니면 깊은 지혜가 담긴 화두일까요? 다음 문장도 보세요.

"감각너머는 현상으로서의 현상이다."(같은 곳)

'감각너머'가 곧 '본질'이니까, '본질은 현상으로서의 현상이다'라는 말이네요. 이것 역시 말장난 혹은 화두로군요. 아, 난감하네요.

거의 20년 동안 헤겔을 가르친 대학교수가 어느 날 갑자기 "나는 헤겔을 한 문장도 이해하지 못한다!"라고 외치더니 그길로 강단을 떠났다는 전설적인 이야기를 독일에서 들은 적이 있습니다. 과장이 많이 섞였을 테지만 아예 꾸며낸 이야기는 아니라는 생각이 가끔 강하게 듭니다.

문제는 헤겔의 문장들이 알쏭달쏭한 채로 때로는 엄청나게 매력적이라는 점이에요. '현상'과 '본질'의 완벽한 대칭 관계는 플라톤이 추구한 '현상을 구하기'의 완벽한 계승이 아닌가! '현상'이 '본질'에 못지않게 진실하다는 말은 생활세계의 언어놀이가 과학에 못지않게 정당하다는 말이 아니가! 이런 헤겔을 약으로 삼는다면, 오늘날 범람하는 과학주의, 지적인 제국주의의 마지막 선봉으로서 손색이 없는 그 강력한 급진주의에 휩쓸리지 않을 뿐더러 어쩌면 그 엄청난 파도 위에서 유유히 서핑을 즐길 수도 있지 않겠는가!

뭐 이런 생각들이 스멀스멀 올라와 우리를 저런 난감한 인용문들로 다시 이끄는 것이 문제예요. 철학이 생활세계를 잡아먹는 것도 바람직한 일은 결코 아니죠. 시선을 분산하고, 시야를 넓힐 필요가 있어요. 아리스토텔레스가 가르쳐준 주문을 욉시다. '존재는 여러 의미로 이야기된다' 부디 모든 이야기 방식들이 동등하여 풍요로운 대칭이 실현되기를.

36강
본질과 과거

1‖ '본질'이라는 단어는 일상에서도 꽤 자주 쓰여요. 과연 어떤 뜻으로 쓰이는지는 그때그때 맥락을 봐가면서 세심히 따져야 할 문제겠지만, '본질'의 의미를 구성하는 양대 요소로 '핵심'과 '뿌리'를 꼽을 수 있지 않을까 생각합니다.

'장황한 군소리는 집어치우고 본질을 말하라'고 다그치는 사람이 요구하는 바는 '핵심'을 말하라는 것이죠. 이런 의미의 '본질'은 '뼈대'나 '알맹이'로 변주해도 되겠는데, '본질'을 이런 의미로 사용하는 어법은 아마도 영어 'essence'와 관련이 있지 않을까 짐작합니다.

실제로 영어 essence에는 '진액'이라는 뜻이 확실히 있죠. 반면에 독일어에서 '본질'에 해당하는 'Wesen'에는 흥미롭게도 그 뜻이 명시적으로는 없습니다. 사탕수수를 짓뭉개서 짜낸 걸쭉한 액체를 'essence'라고 부르는 것은 전혀 문제가 없지만 'Wesen'이라고 부르는 것은 매우 부적절해요. 그 액체를 독일어로 부르려면 'Extrakt(추출액)'라고 해야 합니다.

그럼 독일어 'Wesen'은 어떤 뜻일까요? 방금 온라인 『두덴Duden』 사전을 검색해보니, 독일어 'Wesen'의 뜻풀이에서 두드러지는 것은 현상과의 관련성이네요. 특히 철학용어라는 표시까지 붙은 한 설명에 따르면, 'Wesen'이란 "사물이 현상하는 형태를 빚어내고, 그 형태의 바탕에 놓여있으며, 그 형태를 (그것의 내적이며 일반적인 합법칙성으로서) 규정하는 무언가"입니다.

이 설명에 감탄하지 않을 수 없군요. 『정신현상학』 3장에서 헤겔이 '본질'("내면" 곧 "감각너머 세계")과 '현상'에 이어 '법칙'을 거론할 때 내놓는 주요 메시지 하나는 '본질이란 현상에 내재하는 일반적인 법칙이다'라고 할 수 있거든요. 저 설명은 이 메시지를 고스란히 받아 안았습니다.

현상의 바탕에 깔린 무언가, 현상의 형태를 빚어내고 규정하는 무언가는 현상보다 더 먼저 있는 놈일까요? 일단 그럴싸한데, 만약에 그렇다면 독일어 'Wesen'의 가장 두드러진 의미는 '뿌리'라고 할 수 있겠습니다. '뿌리'는 '핵심'과 비슷하면서도 약간 다르죠. 무엇보다도 '뿌리'에는 '과거'의 색채가 드리워있다는 점에서 그렇습니다.

실제로 '본질'을 뜻하는 독일어 'Wesen'에는 어렴풋이 과거가 드리워있어요. 이 단어의 문법적 꼴이 '이다(있다)'를 뜻하는 독일어 'sein'의 과거분사 'gewesen'과 퍽 닮았거든요. 물론 'gewesen'에서 'Wesen'이 유래했다는 주장은 언어학적으로 근거가 희박하다고 저는 들었지만, 일부 철학자들이 이 두 단어를 연관지어온 것은 틀림없는 사실입니다. 어떤 의미에서는 헤겔도 그런 철학자고요.

독일어뿐 아니라 우리말에서도 '본질'은 '과거'와 뗄 수 없게 얽혀있죠. '본질'의 '본(本)'이 바로 '뿌리'니까요. 그러고 보면, 우리말 '본질'은 독일어 'Wesen'의 뜻풀이에 딱 맞게 설계된 단어라고 할 만합니다. "현상의 형태를 빚어내고 규정하는 무언가"를 뜻하는 글자가 "본(本)", "현상의 바탕에 깔린 무언가"를 뜻하는 글자가 "질(質)"이니까요. 이 유사성은 아마도 일본 지식인들의 독일 철학 수입과 관련이 있을 듯한데, 자세한 내막은 더 공부해봐야겠네요.

반면에 영어 'essence'에는 과거의 색채가 없어요. 'essence'는 그냥 단박에 손에 쥘 수도 있는 핵심, 진액, 알짜배기예요. 꼭 과거로 거슬러 올라가거나 바탕으로 내려가야만 'essence'를 만날 수 있는 것은 아니죠. 대조적으로 독일어 'Wesen'과 우리말 '본질'은 그런 역추적이나 발굴을 거쳐야만 도달할 수 있는 놈으로 느껴지고요.

이쯤 되면 절로 질문이 나오지 않습니까? 왜 영어와 달리 독일어와 우리말에서는 '본질'과 '과거'가 얽혀있을까? 이 글이 주제로 삼고자 하는 더 중요한 질문은 이것입니다. '본질'과 '과거'의 얽힘을 어떻게 이해해야 할까?

당장 떠오르는 것은 '과거'가 곧 '본질'이라는 식의 전통중심주의적 사고방식이네요. 가문의 내력을 보면 개인의 본질을 알 수 있다는 식의 관점 말입니다. 쉽게 말해서 콩 심은 데 콩 나고 팥 심은 데 팥 난다는 거죠. 예컨대 한 사회의 본질을 이 관점에서 탐구하는 사람은 그 사회의 과거를 살펴볼 것입니다. 아예 터무니없지는 않겠지만 아무래도 이 관점은 낡은 전근대적 세계관이라는 느낌이 드는군요.

어떤 사람들은 '본질'을 거론하는 것 자체에 반발하면서 마치 낙인을 찍듯이 논쟁 상대에게 '본질주의자'라는 딱지를 붙이곤 하는데, 그럴 때 그들이 못마땅하게 여기는 것들 중 하나는 '과거'를 숭상하는 전근대적 세계관이 아닐까 생각합니다. '본질'이 '과거'와 얽혀있다는 점은 적어도 독일어와 우리말에서는 명백해요. 하지만 이 '과거'는 전근대적 세계관이 숭상하는 그 '과거'와 과연 같을까요? 이 '과거'를 다르게 이해할 길은 없을까요?

이제부터 그 대안적인 길을 모색하려 합니다. 이것은 '본질'의 의미, '뿌리'의 의미를 철저히 근대적으로 이해하는 시도이기도 해서 칸트와 헤겔을 계승하고자 하는 저에게는 매우 중요하게 느껴집니다. 결론부터 말씀드리면, '본질'과 얽혀있는 '과거'는 현실 역사에서의 '과거'가 아니라 우리의 논의 과정에서의 '과거'입니다. '본질'에 '과거'의 색채가 드리워있는 것은 전근대적 세계관의 반영이기는커녕 정반대로 '우리의 논의를 통해 재건되는 '본질'이야말로 진정한 '본질'이다'라는 근대적 태도의 번득임입니다.

'본질'과 '과거'의 얽힘, 나아가 영어 'essence'와 독일어 'Wesen'의 차이를 둘러싼 논의의 적절한 출발점은 아리스토텔레스의 존재론입니다. 구체적으로 아리스토텔레스의 『형이상학』에 나오는 두 개념, '우시아ousia'와 '토-티-엔-에이나이to ti en einai'를 살펴볼 필요가 있어요.

2‖ 훗날 '본질essence'로 번역되어 2000년 넘게 서양 철학의 주춧돌로 구실해온 희랍어는 하나가 아니라 둘입니다. 즉, '우시아'와 '토-티-엔-에이나이'가 그 단어들이에요. 그중에서 '우시아'는 '실체substance'로도 번역되어 서양 철학의 또 다른 주춧돌이 되기도 했죠. 그런데 '실체substanec' 곧 '바탕(에 깔린 놈)'을 뜻하는 희랍어로 '휘포케이메논hypokeimenon'이 따로 있거든요. 이 희랍어도 아리스토텔레스 존재론에서 중요하게 논의되고요. 그러니까 '우시아'는 한쪽으로는 '토-티-엔-에이나이'와 겹치면서 '본질'로 번역되고 다른 쪽으로는 '휘포케이메논'과 겹치면서 '실체'로 번역된 셈이에요.

그런데 '본질'이니 '실체'니 하는 근엄한 철학 개념들을 제쳐놓고 애당초 '우시아'가 어디에 쓰는 단어인지 알 필요가 있습니다. '우시아'의 명목상의 정의라고도 할 수 있겠는데, 'X의 우시아'란 'X는 무엇이냐?'라는 질문의 답입니다. 예컨대 '토끼는 무엇이냐?'라고 누가 물었을 때 당신이 '토끼는 귀엽다'라고 답한다면, 누가 봐도 부적절한 답일 거예요. 즉, '귀여움'은 토끼의 '우시아'일 수 없어요. 반면에 당신이 분류학에 조예가 있어서 '토끼는 토끼목 토끼과의 동물이다'라고 답한다면 어떨까요? 이 답은 충분히 적절합니다. 바꿔 말해 '토끼목 토끼과의 동물'은 토끼의 '우시아'로서 거론될 자격이 충분히 있어요.

요컨대 '우시아'란 '무엇이냐?'의 답, 따라서 '무엇임'을 뜻합니다. 실제로 아리스토텔레스도 '무엇임'과 똑같은 표현인 '토 티 에스티to ti esti'를 '우시아'와 종종 동일시해요. 이 표현을 영어로 직역하면 'the what is', 독일어로 직역하면 'das was ist'가 되죠. 좀 더 그럴싸한 추상명사 표현을 원하신다면 영어 'whatness', 독일어 'Washeit'를 선택할 수 있어요. 이 어색한 추상명사들은 우리말 '무엇임'과 문법적 꼴이 똑같습니다. 바로 이것이 '우시아'예요.

언뜻 보기에 간단명료하기 그지없는 '무엇임'이 서양 철학의 역사를 지배해왔다니! 어찌 생각하면 허망할 수도 있겠지만, 철학이라는 놀이가 본래 그렇습니다. 우리는 늘 '무엇이냐?'라고 묻고 '무엇이다'라고 대답하면서 살죠. 그렇게 물을 때 우리가 기대하는 바가 무엇인지, 어떤 답이 적절하거나 부적절한지, 우리는 대충 감 잡으면서 잘 살지만, 작심하고 '무엇임'이 무엇인지를 캐묻는 일은 여간해서는 없어요. 철학이란 그러한 우리의 삶을 성찰하기 위하여, 삶에 이미 충만한 풍요를 음미하기 위하여, 캐묻기를 감행하는 놀이입니다.

'우시아' 곧 '무엇임'에는 보시다시피 '과거' 혹은 '뿌리'의 색채가 전혀 없습니다. 대신에 '핵심'의 색채는 뚜렷이 있어요. '토끼는 무엇이냐?'라고 물은 사람은, 상대가 '토끼는 비싸다' 또는 '새끼를 많이 낳는다' 또는 '귀엽다' 등으로 대답하면, 이렇게 채근할 만합니다. '그런 장황한 곁다리 얘기는 집어치우고 핵심만 말해라. 토끼는 무엇이냐?' 토끼의 '무엇임'을 말하라는 요구를 토끼의 '핵심'을 말하라는 요구로 해석하는 것은 전적으로 정당하게 느껴집니다.

따라서 '우시아'는 영어 'essence'와 찰떡궁합이라고 할 만하네요. 실제로 문법적인 꼴을 따지면 희랍어 '우시아'는 영어 'essence'와 똑같이 생겨먹었습니다. 정확히 말하면 '우시아'와 라틴어 'essentia'가 똑같은 꼴이죠(essentia는 essence의 어원). 둘 다 '이다'를 뜻하는 동사(각각 원형으로 einai, esse)의 현재분사(on, essendum)를 명사화한 결과(ousia, essentia)거든요.

이 문법적 꼴에 딱 맞는 영어와 독일어를 억지스럽더라도 고안한다면, 'beingness'와 'Seiendheit'를 생각해볼 수 있어요. 우리말로는 '임임' 정도를 생각해봤는데, 이런 억지스러운 표현들보다 '무엇임'이 훨씬 더 낫다는 것이 제 판단입니다. 비록 '우시아' 자체에는 '무엇'(희랍어 ti)이 들어있지 않지만, '우시아'의 명목상의 정의는 '무엇임'이라고 이해하는 것이 최선이에요.

앞서 저는 '본질'의 의미를 구성하는 양대 요소로 '핵심'과 '뿌리'를 꼽았는데, 이로써 '핵심'의 기원은 밝혀진 셈이네요. '핵심'이라는 의미는 '우시아' 곧 '무엇임'에서 유래했다고 할 수 있겠습니다. 그럼 '뿌리'라는 의미는 어디에서 유래했을까요? 드디어 '토-티-엔-에이나이'를 다룰 차례네요.

3‖ '토-티-엔-에이나이to ti en einai'라는 희한한 단어 혹은 문구는 그 유명한 아리스토텔레스의 『형이상학』 제타(Z) 편에서 등장합니다. 거기에서 아리스토텔레스는 '우시아란 무엇일까?'라는 무시무시한 질문을 던지고 정답일 만한 후보들을 여럿 검토하는데 그중에서 그나마 쓸 만한 후보가 바로 '토-티-엔-에이나이'입니다. 즉, 아리스토텔레스는 '우시아는 토-티-엔-에이나이다'라는 명제를 거의 받아들여요. 그러니 '토-티-엔-에이나이'는 뭔가 대단한 놈인 것이 틀림없어요. '우시아' 곧 '무엇임'의 정체쯤 되니까요.

그러나 안타깝게도 아리스토텔레스는 '토-티-엔-에이나이'에 대해서 많은 설명을 하지 않았기 때문에, 우리는 문법적일 꼴을 따지는 방식으로 이 암호 같은 문구에 접근할 수밖에 없습니다. '토'는 정관사(영어로 the), '티'는 '무엇'(what), '엔'은 '이다'의 과거진행형(was), '에이나이'는 '이다'의 원형(to be)이에요. 그러니까 '토-티-엔-에이나이'를 영어로 직역하면 'the what was to be'가 됩니다. 이게 뭔 말인가요? 독일어 직역을 찾아보니 비인칭대명사 es를 끼워넣은 'das Was-es-war-zu-sein'이 나오는데, 이 표현도 낯설기 그지없네요. 우리말로 옮기자면 '무엇이었다임'이라는 이상한 표현을 고려해볼 수 있을 것 같아요. 혹은 '무엇이었음임'이나 간단히 '무엇이었음'도 고려할 만하고요.

아무튼 뚜렷이 눈에 띄는 것은 과거형 시제입니다. 이 수수께끼 문구 속에는 '이었다'(en, was, war)가 들어있어요. 일단 한 가지 의문은 해소된 셈이네요. 오늘날 우리가 '본질'을 거론할 때 '핵심'과 더불어 염두에 두는 또 다른 의미 '뿌리'는 바로 '토-티-엔-에이나이'에서 유래한 것으로 보입니다. 정확히 말하면, 이 문구 속의 '엔' 곧 '이었다'가 '본질'의 '본(本)'으로 남은 것으로 보여요.

하지만 더 큰 질문이 남아있습니다. 앞서 말씀드린 대로 아리스토텔레스는『형이상학』제타 편에서 '우시아는 토-티-엔-에이나이다'라고 사실상 말하는데, 이 문장을 쉬운 우리말로 풀어쓰면 '무엇임은 무엇이었음이다'가 돼요. 자, 이게 무슨 뜻일까요? '본질'의 두 의미인 '핵심'과 '뿌리'를 각각 '우시아'와 '토-티-엔-에이나이'에 분배할 수 있다면, 저 문장은 '핵심은 뿌리다'라는, 왠지 갓 쓰고 도포 입은 유학자들이 반길 성싶은 문장으로 변주됩니다.

제가 이해하기에 '무엇임은 무엇이었음이다'라는 아리스토텔레스의 메시지는, 우리의 핵심은 조상이고 가문이라는 식의 전근대적 전통중심주의와는 아무 상관이 없습니다. 혹시 기독교의 신이 태초에 품은 계획을 떠올리면서 '무엇임은 무엇이었음이다'라는 메시지를 반기는 기독교도들이 있다면, 그분들도 자제하기를 바라요. 신의 창조 계획 속에서 X가 무엇이었다면, 현재(뿐 아니라 시간을 초월하여) X의 본질은 그 '무엇이었음'이다, 라는 것이 아리스토텔레스가 남긴 '무엇임은 무엇이었음이다'라는 메시지의 참뜻이라는 해석은 기독교도들에게 무척 매력적일 거예요. 하지만 저는 이 해석도 수긍하지 않습니다.

그럼 저의 해석은 뭘까요? 이제야 이 글의 본론이 시작되는군요. '본질'과 '과거'는 확실히 얽혀있어요. 그 얽힘은 아리스토텔레스가 남긴 '토-티-엔-에이나이'라는 문구와 '무엇임은 무엇이었음이다'라는 메시지에서 유래한 것으로 보입니다. 얼핏 이 메시지는 과거('무엇이었음')가 현재('무엇임')의 진실이라는 수구적인 의미로 다가올 만도 해요. 하지만 저는 다른 해석을 제안합니다.

4‖ '우시아는 토-티-엔-에이나이다' 곧 '무엇임은 무엇이었음이다'라는 아리스토텔레스 말은 무슨 뜻일까요? 이제부터 제가 시도하는 것은 아리스토텔레스의 텍스트에 충실한 해석이 아닙니다. 그러니까 질문을 이렇게 변형하는 것이 옳겠어요. '무엇임은 무엇이었음이다'라는 수수께끼 같은 문장을 헤겔 철학의 관점에서 어떻게 이해할 수 있을까? 이 질문에 답하는 것이 저의 과제입니다. 제가 내놓을 답이 아리스토텔레스 전문가들의 눈에 어떻게 보일지 궁금하긴 하지만, 그건 나중 일로 제쳐놓읍시다.

관건은 '무엇임이 드러나는 과정'을 생각하는 것입니다. 그 과정은 '무엇임'이 표현되는 과정일 수도 있고, 우리가 '무엇임'이라는 결론에 도달하기 위해 거치는 탐구의 과정일 수도 있어요. 아무튼 그 과정의 끝에서 '무엇임'이 확연하게 드러날 텐데, 그때 우리는 그 드러난 모습에서 애초의 '무엇임'을 '무엇이었음'의 형태로 돌이켜 호출합니다. 즉, '무엇임은 무엇이었음이다'라는 말은 제가 보기에 '무엇임은 무엇이었음의 형태로 돌이켜 호출된다'라는 뜻이에요.

구체적인 예를 들 게요. '무엇임이 표현되는 과정'의 대표적인 예로 식물의 성장을 꼽을 수 있습니다. 도토리의 본질, 도토리의 '무엇임'은 뭐죠? 뭐니 뭐니 해도 '참나무의 열매임'일 거예요. 우리는 참나무의 한살이를 기본 맥락으로 삼아서 도토리의 '무엇임'(곧 '도토리임', 도토리의 본질)을 따지기로 합시다.

자, 제 손바닥 위에 도토리가 하나 있다고 해보시다. 그 도토리는 자신의 '도토리임'을 확연히 드러내고 있나요? 작고 동그랗고 매끄러운 이 갈색 물체는 확실히 '참나무의 열매'인가요? 그 물체가 '참나무의 열매'라는 것이 확연히 드러나려면 과정이 필요합니다. 당연히 그 과정은 도토리가 땅에 떨어져 참나무로 성장하는 과정이죠. 그 과정의 끝에서 참나무에 연 도토리들이 우수수 떨어질 때, 우리는 오래 전에 제 손바닥 위에 있던 그 물체가 '도토리였음' 곧 '참나무의 열매였음'을 비로소 확실히 알아요. 그래서 이렇게 말하죠. '아, 도토리였구나!'

이 예에 비춰보면, '무엇임은 무엇이었음이다'라는 수수께끼 문장은 '무엇임은 무엇이었음으로서 발설된다'를 뜻한다고 해석할 수 있어요. 더 나아가

> '무엇임은 끝에 이르러 무엇이었음으로서 돌이켜 발설될 때 비로소 참된 무엇임이다.'

라고 해석을 보충할 수 있는데, 이것이 '본질과 과거의 얽힘'에 대한 올바른 해석이라고 저는 주장합니다. 이 해석에서 중요한 것은 과거, 현재, 미래의 순서로 흐르는 시간이 아니에요. 중요한 것은 오로지 '거리를 두고 떨어져서 돌이켜 부르기', 줄여서 '거리 두고 돌이키기'라는 흥미로운 운동 혹은 활동이죠.

눈치 채신 분도 있겠지만, 이 운동은 헤겔이 말하는 '변증법적 운동'의 전부이거나 최소한 일부입니다. 헤겔이 즐겨 쓰는 표현들은 '달라지고 자기로 돌아오기anders werden und in sich zurückkehren', '다름에서 자기로 머물기sich selbst bleiben im Anderssein' 등인데, 이런 표현들만 보면 소위 '변증법'이 엄청 신비롭게 느껴질 수 있어요. 부정적으로 보면, 구제불능으로 터무니없게 느껴질 수도 있고요. 그러나 양쪽 다 부적절한 반응입니다. '변증법적 운동'은 우리 삶의 걸음걸이예요. 그 이상도, 그 이하도 아닙니다.

변증법적 운동이 당신을 위협하거나 유혹하거들랑, 부디 의연한 마음가

짐으로 '아, 도토리였구나!'를 되새김질하시기 바라요. "무엇일까?"라는 현재형 질문과 "무엇이었어!"라는 과거형 대답은 서로 잘 어울리나요? 아주 잘 어울린다고, 심지어 찰떡궁합이라고 저는 느껴요.

5‖ '본질'은 '핵심'의 의미와 '뿌리'의 의미를 지녔습니다. 특히 '뿌리'의 의미는 우리말 '본질', 독일어 'Wesen', 아리스토텔레스 존재론에 나오는 '토-티-엔-에이나이'에서 대번에 드러나죠. 그런데 그 '뿌리'는 언뜻 드는 생각대로 '시간적으로 앞선 과거'를 뜻하는 것이 아니라 '거리 두고 돌이키기'라는 묘한 운동과 관련이 있습니다. 그 운동은 헤겔이 말하는 '변증법적 운동'의 전부이거나 한 형태고요.

떨어져야 비로소 알게 되는 것들이 있나요? 당신이 정체 모를 씨앗을 하나 발견했다고 칩시다. 그 씨앗의 '무엇임'을 알고 싶어서 당신은 그것을 흙 속에 묻고 물을 줍니다. 몇 달이 지나고 몇 년이 지나 그 씨앗에서 자란 식물이 열매를 맺었을 때, 당신은 비로소 알게 되죠. '아, 살구 씨였구나!' 그때 당신은 무엇임을 무엇이었음으로서 발설하는 것이고, '거리 두고 돌이키기'를 실천하는 것이고, '본질'에 깃든 '뿌리'의 의미를 실연하는 것입니다.

이건 여담인데, '무엇이었어!'라는 과거형 대답은 상당한 정도로 후회를 함축한다는 느낌이 저는 듭니다. 반면에 아리스토텔레스와 헤겔의 철학에는 그런 후회가 없는 것 같아요. 한 예로 '사랑일까?'와 '사랑이었어!'의 어울림을 생각해봅시다. 이 한 쌍의 대사는 숱한 삼류 연애 소설과 연속극에서 주인공의 독백으로 등장할 만하지 않은가요? 사랑의 상대가 이미 떠난 뒤에, 외톨이로 남은 주인공이 '사랑이었어!'라고 읊조리는 장면을 상상해보십시오. '사랑일까?'와 '사랑이야!'가 짝을 이뤄 '오래오래 행복하게 살았습니다'로 막을 내리는 것이 동화의 세계라면, '사랑일까?'와 '사랑이었어!'가 짝을 이뤄 막막한 침묵으로 막을 내리는 것이 우리의 삶이라는 생각이 저는 살짝 듭니다.

혹시 아리스토텔레스의 '무엇임은 무엇이었음이다'에도 이런 연애 소설풍의 애틋함이 깃들어있는 것일까요? 심지어 헤겔의 '변증법적 운동'에도? 이 질문들에 대해서도 '깃들어있었다!'나 '깃들어있지 않았다!'라고 과거형으로 답하는 것이 바람직할지도 모르겠네요. '무엇임은 끝에 이르러 무엇이었음으로서 돌이켜 발설될 때 비로소 참된 무엇임이다'라는 것이 이 글의 핵심 메시지니까요.

37강
모순을 생각하라

1‖ 헤겔 철학을 다루는 글은 헤겔의 말을 감히 변형도 못하고 그대로 따다 붙인 인용문으로 점철되든지 아니면 헤겔의 깊은 속내와 그다지 관계없이 저자가 나름대로 자유분방하게 펼친 페인트칠이 되기 쉽습니다. 따지고 보면 헤겔 철학에만 해당하는 문제는 아니에요. 솔직히 지금 철학 분야에서 유통되는 글의 상당수는 소위 아카데미 내부에서는 인용문투성이, 아카데미 외부에서는 자유분방한 페인트칠에 가까운 것 같습니다.

아카데미 내부에서 그런 인용문투성이 글들이 유통되는 것에 대해서는 어느 정도 변명을 해주고 싶어요. 일반인들은 잘 모르지만, 철학이라는 것이 전문적으로 들어가면 아주 엄밀하거든요. 수학과 무척 비슷하다는 느낌이 들 정도죠. 그러니 수학책에서 수식이 틀리면 신뢰도가 확 떨어지는 것과 마찬가지로 철학책에서 철학계가 공유한 텍스트와 어휘를 훌쩍 벗어난 이야기가 어지럽게 펼쳐지면 전문가 독자의 인상은 심하게 구겨집니다. 그러므로 아카데미 내부의 철학 문헌이 대중에게 재미없게 느껴지는 것은 어쩌면 받아들일 수밖에 없는 운명일지도 모릅니다.

반면에 아카데미 외부의 자유로운 페인트칠에서 굳이 저명한 철학자들을 들먹이는 것을 보면, 일단 애교로 봐주자고 좋게 생각하면서도 속으로는 씁쓸한 기분이 듭니다. 플라톤, 칸트, 아리스토텔레스, 헤겔 같은 이름의 권위가 세긴 센 모양이죠? 그냥 페인트칠만으로도 나름대로 의미가 있고 때로는 재미까지 있는데도 많은 저자들은 자유분방한 상상화에 즐겨 철학자들의 이름을 집어넣곤 하더군요.

철학자들의 입장에서도 뭐 나쁠 것 없는 현상일까요? 이 범람하는 정보의 홍수 속에서 그렇게라도 그들의 이름이 가끔 물방울처럼 튀어 부지런한 교양인들의 콧잔등에 묻을 수 있다면야 뭐 나쁠 것 없다고도 할 수 있겠네요. 하지만 그 물방울이 근대 철학자의 이름이고 그중에서도 특히 칸트나 헤겔일 때는 어떤 일이 벌어질지가 제 눈앞에 선합니다. 필시 교양인은 강력한 상식의 천으로 콧등을 슥 문질러버리겠죠. 아니, 평균적인 학력이 매우 높은 이 시대의 교양인답게 하던 일을 잠시 멈추고 정신의 주머니 속을 뒤져, 일본풍의 자괴감과 우월감이 물씬 풍기는 (대동아전쟁기의 '근대초극론' 이래로 면면히 이어져온) 서구근대 철학 비판이라는 초강력 수건을 꺼내 살짝 오염된 얼굴과 손을 정성스레 닦을 수도 있겠네요.

우리는 데카르트와 스피노자, 칸트, 헤겔로 이어지는 근대 철학에서 무엇을 읽어야 할까요? 혹시 우리는, 그 철학에서 마땅히 이런저런 것들을 읽고 마땅히 이러저러하게 비판해야 한다고 가르쳐준 옛 선배들의 말을 그대로 내면화한 탓에, 이들 철학자에게서 무엇을 읽어야 할까라는 질문조차 스스로 던져본 적이 없지 않나요? 책은 거울이라는 말이 있습니다. 누구나 책에서 자기가 원하는 것을 자기가 가져갈 수 있을 만큼 가져간다더군요. 이런 열린 마음으로 칸트와 헤겔의 책 위로 고개를 숙이는 독자가 지금 이 땅에 몇 명이나 있을지 생각하면, 마음이 몹시 착잡합니다.

아무튼 저도 나름대로 철학적인 글을 쓰려다 보니 당면한 문제가 두 더미입니다. 한쪽엔 너무나 읽기 힘든 인용문들이 한 더미. 또 한쪽엔 아직 잘 정리되지 않은 저 자신의 생각들이 한 더미. 한 더미는 저를 인용문투성이의 재미없는 논문으로 이끌고, 또 한 더미는 저를 자유분방한 페인트칠로 이끄는군요. 저는 어디로 끌려갈까 고민 중입니다. 혹시 제가 제자리에서 양쪽을 다 거둘 수도 있을까요?

인용문들은 『정신현상학』 3장 말미에 나오는 헤겔의 문장들입니다. 제가 이번 강독회를 통해서 (초기에 우리의 역량 부족으로 대충 넘어간 「서문」의 여러 명문장과 더불어) 가장 읽고 싶었던 문장들이죠. 특히 오래 전에 저의 전율을 자아낸 한 문장이 지금도 제 가슴을 부풀리는데, 그 얘기는 맨 끝에 하겠습니다.

헤겔의 문장들과 뒤죽박죽 쌓인 제 생각의 파편들을 비벼서 글을 쓸 수 있을까요? 까짓것, 한번 해봅시다. 헤겔 같은 엄밀한 철학자에게는 어울리지 않을지 몰라도, 저라면 못할 것도 없죠. 어차피 저는 이 책을 제 번역문 반, 저술문 반으로 채우는 희한한 작업을 하는 중인 걸요. 아니, 이 책을 거론할 필요도 없이, 바로 저 자신이 누더기예요. 한번 젖은 몸은 더 젖지 않죠. 아무래도 이 글을 이 책의 축약판으로 삼아야 할 것 같습니다.

제가 인용할 헤겔의 문장들은 난해합니다. 제가 장담하는데, 헤겔 본인이 읽어도 이해하기가 만만치 않을 거예요. 헤겔은 단지 저자로서 어느 순간 감을 잡았겠죠. 그 감에 의지해서 그런 어려운 문장들을 썼을 테고요. 또 당시에 출판은 대단한 특권이었으니까, 그 특권을 한껏 누리기 위해서 그런 어려운 문장들을 되도록 살리는 쪽으로 편집의 방향을 잡았겠죠. 요새처럼 중학교 2학년생 독자를 겨냥했을 리 없어요. 그러니 우리가 헤겔의 인용문 더미를 이해하지 못한다고 자책할 필요는 없습니다. 더구나 우린 한국인이잖아요. 이건 약점이 아니라 엄청난 특권입니다! 우리의 모어는 한국어예요. 헤겔의 문장이 이해가 안 간다고 애면글면할 필요가 전혀 없어요!

할 수 있는 만큼만 이해하면 돼요. 이해한 만큼만 논평하고 비판하면 됩니다. 우리가 헤겔의 문장들을 이해해주길 바라는 사람들이 있다면, 아마도 그들은 대개 독일어를 모어로 쓰는 사람들일 텐데, 방금 제가 말씀 드린 것이 그 사람들이 바라는 바라고 믿으셔도 됩니다. 단언컨대 우리가 독일어 사용자처럼 헤겔을 이해하는 것은 가능하지도 않고 바람직하지도 않아요. 이 세상 누구도 그런 이해를 원하지 않습니다. 심지어 헤겔조차도 타인이 자신의 글을 자기와 똑같은 방식으로 이해하기를 바라지 않을 것이 틀림없어요. 이건 저 같은 애송이 저자도 잘 알아요. 물론 저자는 나름의 이해에 기초해서 글을 쓰죠. 그러나 독자들과 만나면서 저자는 그 이해와 어느 정도 겹치고 어긋나는 이해들을 마주하게 됩니다. 때로는 전혀 예상하지 못한 반응과 마주치기도 해요. 그럴 때 저자 안에서 일어나야 마땅한 것은 자신의 글이 살아있음에 대한 기쁨과 자부심입니다.

더구나 저는 헤겔의 문장들을 저 자신의 우리말 번역으로 내놓을 것입니다. 철학을 공부하기 시작한 이래로 저는 번역에 대한 불만과 분개를 숱하게 겪었어요. 언젠가부터 상대방이 제3자의 번역을 비판할 때 주로 방어에 나서는 편이지만, 더 어릴 적에는 저 자신이 혹독한 공격자였습니다. 어떤 때는 번역으로 철학을 거래한다는 것 자체가 거대한 사기극 같더군요. 제가 경험한 대학원 세미나는 번역이 중심이었어요. 학생들이 원서를 적당한 분량씩 나눠서 차례로 번역해오면, 모임에서 교수와 학생들이 그 번역문과 원서를 대조하면서 함께 읽는 것이 주요 활동이었죠. 기존 번역서가 있을 경우에는 그것까지 읽었어요. 돌이켜보면 대단한 번역 훈련이었는데, 제가 느끼기에 그 훈련의 성과는 영 신통치 않아요. 왜 그럴까요? 단지 타고난 재능이 부족해서만은 아니라고 확신합니다.

아무튼 독일어를 한창 배우던 시절에 저는 끙끙거리며 칸트를 읽었지, 다행히 헤겔을 읽지는 않았습니다. 다행이라는 건 여러 이유에서인데, 한 가지만 꼽으라면 'aufheben'이라는 독일어를 대겠습니다. 만약에 제가 한국에서 우리말과 독일어와 일본어를 따져가며 헤겔을 읽었다면, 흔히 '지양(止揚)'으로 번역되는 저 단어와 놀랄 만큼 딱 들어맞는 우리말 '거두다'가 있다는 사실을 아마 발견하지 못했을 겁니다.

'aufheben'을 '거두다'로 번역하는 것이 더 나은지, '지양하다'로 번역하는 것이 더 나은지? '지양'이라는 단어를 만든 이가 일본 제국의 선구적 지식인 니시 아마네라고 하던데, 적어도 이 승부에서만큼은 제가 아마네에게 한판승으로 이긴다고 확신합니다. 당장 『정신현상학』에 나오는 아래 문장을 보십시오. 우리가 벼를 거둘 때, 그 거두기는 생명체로서의 벼에게는 영락없는 부정하기죠. 생명체로서의 벼는 없어지니까요. 하지만 또한 동시에 그 거두기는 나락으로서의 벼에게는 보존하기예요. 그렇게 우리말 '거두기'는 이중 의미를 지녔는데, 이와 똑같은 말을 헤겔이 합니다.

거두기는 부정하기인 동시에 보존하기다. (2장 113번 문단)

아마 니시 아마네는 헤겔 철학에 대한 나름의 해석에 기초해서 전문용어 '지양'을 두둔하려 할 텐데, 그렇다면 얼마든지 환영합니다. 헤겔의 'aufheben'이 무슨 뜻이냐를 가지고 저와 토론을 벌이면서 '지양'으로 '거둠'을 물리치려 든다면, 그 위대하다는 일본 근대의 지식인은 무척 어려운 시합, 사실상 불가능한 시합을 해야 할 겁니다.

제가 '거두다'를 자랑스러워하는 가장 큰 이유는 이 단어를 제가 만들지 않았다는 것에 있어요. 어떤 개인도 만들지 않았죠. 이건 원래부터 우리말 안에서 살아 움직이는 단어였어요. 이런 아름다운 단어가 있다는 것을 저는 발견했고, 니시 상은 발견하지 않았거나 못했어요. 이건 어마어마한 차이죠(저는 일본어에 밝지 않습니다. 혹시 일본어에도 '(곡식을) 보존하다'와 '(법령을) 없애다'의 뜻을 둘 다 가진 '거두다'에 해당하는 단어가 있다면 독자께서 제게 가르침을 주시기 바랍니다. 만약에 그런 단어가 일본어에도 있다면, 니시 상은 큰 실수를 한 거예요. 그 실수의 배후에는 당연히 지식과 근대와 수입과 부국강병과 교육과 철학 등이 줄줄이 얽힌 크고 복잡한 맥락이 있고요).

저의 '거두다'는 마치 독재자가 자신을 기리기 위해 지은 거창한 기념물 같은 개념이 전혀 아닙니다. 도시의 어느 좁은 골목에 위인의 이름을 붙여 다들 부르게 만든 사례와도 달라요. 저는 이 아름다운 단어를 그저 발견했을 따름이에요. 그러니 제 공은 전혀 없는데, 바로 그렇게 제 공이 전혀 없어서 번역가로서 정말 자랑스럽습니다. 제가 멋진 'aufheben'과 빼어난 '거두다'를 맺어줬지 않습니까? 모름지기 번역가란 그런 중매쟁이예요. 근대 일본이 숭상하는 중매쟁이 니시 아마네의 중매와 비교해보세요. 그는 멋진 'aufheben'과 최신형 허수아비 '지양'을 맺어줬죠. 양쪽이 행복할까요? 느닷없이 일본 제국에 끌려와 초국가주의에 봉사하게 된 헤겔 철학의 'aufheben'과 진흙인형처럼 주물럭주물럭 빚어 널리 보급한 '지양'이 과연 행복한 한쌍으로 살 가능성이 손톱만큼이라도 있는 것인지, 저는 몹시 의문입니다.

저는 니시 아마네의 '만들기'('맞춤형') 번역에 많은 비밀이 들어있다고 느껴요. 단언컨대 번역은 그런 만들기가 아닙니다. 저는 거의 600개의 신조어를 정착시켰다는 니시 상이 부럽기는커녕 그의 '만들기' 번역이 일본 제국과 그 주변의 역사에 알게 모르게 미쳤을 파괴력을 생각하면 치가 떨립니다. 얼마나 겁대가리가 없었으면, 그따위 만들기 번역을 할 수 있었을까요? 자신의 모어가 얼마나 우습게 보였으면, 그 모어로 열심히 살아가는 민중이 얼마나 하찮게 보였으면, 그렇게 많은 단어들을 마치 에덴동산의 아담처럼 만들어낼 수 있었을까요? 저로서는 니시 아마네 풍의 '맞춤형' 번역을 지탄하지 않을 길이 없습니다. 그건 번역이 아니에요. 점령이고 주둔입니다. 600개의 점령군 요새? 결코 자랑거리는 아니라고 봐요.

2‖ 이제 제 번역으로 헤겔의 문장들과 만나며 본론으로 들어갑시다. 저는 제 번역을 '찾아내기' 번역이라고 부르며, 가장 모범적인 사례로 'aufheben'

거두다'를 꼽습니다. 저는 어떤 전문용어도 새로 추가하지 않고 철학하고 싶어요. 니시 아마네와는 정반대죠. 또 제 주위의 동료들을 봐도, 일부는 저와 꽤 다른 듯합니다. 하지만 저도 인정할 수밖에 없어요. 누가 봐도 낯설지 않은 표현들로 철학 번역문을 작성하기는 불가능에 가깝습니다. 번역은 일종의 연주인데 참 어려운 연주에요. 아래 인용문을 보시죠.

> 그러므로 감각너머 세계의 한 측면의 본질을 이루는 뒤집힘을 표상할 때, 구별들이 별개의 터전 안에서 존속하고 굳어진다는 감각적인 표상을 배제해야 하고, 이 절대적인 구별의 개념을, 내적인 구별로서 …… 순수하게 표현하고 또한 파악해야 한다. 순수한 바뀜, 혹은 자기 안의 맞섬, 모순을 생각해야 한다.(3장 160번 문단)

해설하자면, "뒤집힘"을 상상하되 바로 된 앞면과 뒤집힌 뒷면이 구별되지 않는 그런 뒤집힘을 상상하라고 헤겔은 요구합니다. 혹시 뫼비우스의 띠? 모르긴 해도, 헤겔이 뫼비우스의 띠를 알았다면 무릎을 치며 좋아했을 겁니다. 『정신현상학』 1장, 2장, 3장에서 헤겔이 집요하게 추구해온 바가 바로 그런 앞뒷면의 구별을 허무는 것이니까요. 헤겔은 A와 -A가 어떤 식으로든(이를테면 앞면과 뒷면으로) 구별되는 상황을 집요하게 무력화시켜왔어요. 이제 거의 끝에 도달한 겁니다. "절대적 구별", "내적인 구별" 같은 개념에서 끝이 가물거리죠. 그리고 마침내 "모순을 생각해야 한다"라는 결정적인 문장이 등장합니다.

헤겔은 모순을 생각하라고 요구해요! 이게 뭐죠? 모순을 요리조리 피하면서 상대를 모순에 빠뜨리는 것이 논쟁의 기술이 아니던가요? 일관된 시스템을 추구하는 놈이 가장 경계해야 할 것이 모순 아닙니까? 명색이 철학자가 "모순을 생각하라!"라고 뻔뻔스럽게 권고하다니! 모순을 생각하라는 권고는 모순율을 뻔뻔스럽게 위반하라는 유혹이 아닌가요? 일단 '모순을 생각하라'는 권고의 참뜻이 무엇인지를 제쳐두더라도, 적어도 이 대목에서 우리는 헤겔에게 덧씌워진 완고한 시스템 철학자의 누명만큼은 벗겨줘야 마땅합니다.

19세기 철학자답게 헤겔은 모순 없이 완결된 일관성에는 원래부터 흥미가 없는 사람이에요. 그런 완결성, 그런 무모순성, 그런 찬란한 사유의 건축물은 17세기 형이상학자들의 꿈이었죠. 데카르트, 스피노자, 라이프니츠가 꿈꾸던 천상의 도시! 마치 계산처럼 완전무결한 사유를 통해 온 세계와 우리 자신을 완벽하게 이해할 수 있다는 환하디 환한 희망! 그 시대의 바로크 미술을 보세요. 거기에 담긴 극적인 환희와 과장을. 다들 아시다시피, 중부 유럽이 사상 최초로 세계의 중심으로 되기 시작하던 그 찬란한 시대의 꿈은 칸트라는 거대한 철학자에 의해 산산이 깨져버립니다. 위대한 파괴자 칸트의 연장은 단 하나 '우리 유한한 인간에게'라는 잣대뿐입니다. 그 잣대 하나를 들이대는 순간, 데카르트와 스피노자와 라이프니츠가 건설한 천상의 도시는 산산이 깨져 무의미한 파편 더미로 전락합니다.

그리고 헤겔은 그런 칸트에게서 철학을 배운 사람이에요. 칸트의 제자일뿐더러, 제가 보기에는 가장 정확하게 칸트를 계승한 적자입니다. '우리 유한한 인간'의 처지가 칸트의 관심사였다면, 헤겔은 그 처지를 '모순'이라는 단어로 변주하고 있는 겁니다. '모순을 생각하라'고 권하는 헤겔의 모습은, 모든 휘황찬란한 형이상학에 '우리 유한한 인간에게'라는 잣대를 들이대는 칸트의 모습과 거의 완전히 포개집니다.

'모순을 생각하라'는 헤겔의 요구는 대놓고 일관성을 포기하고 모순율을 위반하라는 제안과 사뭇 다릅니다. 무엇을 생각하든 간에 그 생각이 환상이 아니라 생각이라면 기본적으로 모순율을 위반해서는 안 되죠. 설령 생각의 대상이 '모순'이라 하더라도, 모순율을 위반해서는 안 됩니다. 하지만 모순율을 범하지 않고 일관되게 진행하는 생각으로 과연 '모순'을 생각할 수 있을까요? 생각하기란 대상을 생각이라는 그릇에 담기이거나 생각이라는 터전 안에서 재구성하기일 텐데, 모순 없는 그릇 안에 모순을 담거나 모순 없는 터전 안에서 모순을 재구성하는 것이 과연 가능할까요?

이 질문에 대한 저의 대답은, 불가능하다는 것입니다. 그렇다면 '모순을 생각하라'는 헤겔의 요구는 실현 불가능하다는 것이 저의 결론인가 하면, 그건 그렇지 않습니다. '모순'을 생각으로 포획하여 무모순적인 대상으로 길들이는 것은 명백히 불가능합니다. 이것은 '무한'을 유한한 틀 안에 가둘 수 없는 것과 마찬가지예요.

'무한'은 어떤 틀이든지 부수고 빠져나갈 테죠. '무한'을 가두려고 만든 틀은 반드시 부서질 거예요. 그렇다면 '무한'은 도무지 범접할 수 없는, 유한 너머의 '저편(피안彼岸)'일 수밖에 없는 것일까요? 저는 바로 이 대목이 헤겔 철학의 이해를 위한 결정적 장면이라고 봐요. 헤겔이 잘 지적하듯이, 그렇게 유한 너머의 저편으로 남을 수밖에 없는 무한은 그 자체로 유한입니다! 그건 진정한 '무한'이 아니에요! '무한'은 당연히 '유한' 안에도 깃들어야 해요. 그런데 '무한의 깃듦'은 곧 '유한의 붕괴'를 의미합니다.

자기를 끝내 보존하려 애쓰는 '유한'에게는 딱하기 그지없는 일이죠. 그러나 만약에 '유한의 붕괴'가 곧 '무한의 깃듦'이라는 점을 '유한' 자신이 알아챈다면, '유한의 붕괴'는 딱한 일이기는커녕 더없이 장한 성취일 수 있습니다. 그럴 때 '유한의 붕괴'는 '무한의 표현'이에요. 더 나아가 '무한'과 '무한의 표현'을 구별해서 각각 고립시키는 것은 양쪽 모두를 죽이는 고약한 추상화에 불과하므로, '유한의 붕괴'는 그 자체로 '무한'입니다. 바로 이것이 제가 이해하는 헤겔 철학의 열쇠예요.

다시 '모순을 생각하라'는 요구로 눈을 돌리면, 붕괴하지 않는 생각으로 이 요구에 부응하는 것은 불가능합니다. 그러나 자신의 붕괴를 마다하지 않을 뿐더러 심지어 자신의 최고 성취로 간주할 줄 아는 그런 통 큰 생각은 기께이 무너짐을 통하여 '모순'을 표현할 수 있고 따라서 어떤 역설적인 방식으로 너끈히 '모순'을 담을 수 있다는 것이 헤겔 철학의 메시지라고 저는 이해합니다. 요컨대 '모순을 생각하라!'라는 요구는 실행 불가능한 제안이 전혀 아니에요. 몹시 단순하게 이해하자면, 단지 '네 생각의 무너짐을 기꺼워할 줄 알라!'라는 충분히 납득할 만한 조언이에요. 우리가 강독회를 시작하면서 내걸었던 표어가 '반대편의 말도 들어라!'였던 것을 기억하시나요? 세 가지 요구를 나란히 늘어놓겠습니다. 제가 보기에 이 요구들은 본질적으로 동일합니다. 또한 모순율의 위반과 아무 상관이 없습니다.

'모순을 생각하라!'
'네 생각의 무너짐을 기꺼워할 줄 알라!'
'반대편의 말도 들어라!'

철학이라는 놈이 무슨 기계처럼 철컥철컥 돌아가면서 확고한 진리의 문장들을 뽑아내는 방앗간 같은 것이라고 상상하는 분이 혹시 있나요? 그분은 외롭지 않아요. 바로 라이프니츠가 그런 철학을 꿈꿨거든요. 그의 직계 선배인 스피노자도 그런 형식으로 『에티카』를 썼죠. 그러니 동지가 최소한 두 명은 있어요. 다만, 죽은 지 300년도 넘어서 뼈도 못 추릴 동지들이라는 점이 조금 걸리긴 하네요.

철학이 무엇이냐는 질문에는 온갖 대답이 가능하겠지만, 적어도 칸트와 헤겔이 내놓는 대답의 중심에는 확실히 '인간'이 있습니다. 바로 그렇기 때문에 이들은 2200여년을 거슬러 올라가 소크라테스와 만나고 20세기의 실존 철학자들과도 만납니다. 저는 고대 철학 전문가가 근대 철학은 이상하게 왜곡되어 철학의 본령을 벗어났다고 비판하거나 20세기 철학 전문가가 칸트와 헤겔을 낡은 참고서 정도로 취급하는 것을 보면, 안쓰럽기도 하고 이상스럽기도 해서 말문이 막히곤 합니다.

다시 입을 열어 '모순'을 이야기합시다. '모순을 생각하라'는 명령을 실행하기가 얼마나 어려운지 아는 사람만이 이 명령의 진가를 압니다. 모순을 시로 노래하기, 그림으로 묘사하기, 몸으로 앓기, 감정으로 느끼기와 비교해보세요. '모순을 생각하라'는 역시나 철학자를 향한 명령이에요. 이럴 때 '생각하라'는 '공유 가능한 언어로 풀어내라'를 뜻하죠. 자, 이제 감이 오시나요? '모순을 생각하라!'라는 명령은 그야말로 거대합니다. 헤겔 본인조차도 이 명령을 자유자재로 실행하지는 못할 거예요. 아래 문장을 한번 보시죠.

> 감각너머 세계는 자기에 대하여 뒤집힌 세계, 자기 자신의 뒤집힌 세계다. 그 세계는 하나의 통일성 안에서 자기 자신이며 또한 자신의 맞선 놈이다. 오로지 그럴 때만 감각너머 세계는 내적인 구별 혹은 구별 그 자체다. 바꿔 말해 오로지 그럴 때만 감각너머 세계는 무한으로서 존재한다.(3장 160번 문단)

"감각너머 세계"는 지금 '지성'이 마주한 '진실'입니다. 그 진실이 어떠냐 하면, '하나의 통일성 안에서 자기 자신이며 또한 자신의 맞선 놈'이랍니다. 그리고 이럴 때만 '무한'이고요. 대체 어떤 놈들이 '하나의 통일성 안에서 자기 자신이며 또한 자신의 맞선 놈'일까요? 형식논리학을 들이대어 분석해보고 싶은 분도 있을지 모르겠지만, 제가 보기에 이런 표현 앞에서는 비유를 상상하는 길이 최선이에요. N극과 S극이 함께 있는 자석? 앞면과 뒷면이 함께 있는 동전? 낮과 밤이 뒤섞인 노을? 물론 다들 불완전한 비유죠. 양극의 합치가 불완전하거나 덧없으니까요.

그럼 혹시 '나'는 어떨까요? '하나의 통일성 안에서 자기 자신이며 또한 자신의 맞선 놈'의 예로 '나'를 댄다면, 상당히 설득력이 있지 않나요? 드물게 강의를 하면서 이 예를 대면 일부 수강자들이 강한 공감의 눈빛을 보내곤 해요. 솔직히 말씀드리죠. 저는요, '하나의 통일성 안에서 자기 자신이며 또한 자신의 맞선 놈'이 바로 '나'를 가장 멋지게 표현한 문구라는 느낌 하나에 매달려 이제껏 헤겔 공부를 하고 있답니다. 아니, 이런 불쌍한 놈이 있나, 싶으신가요? 예! 아직 공부가 얕기 때문이겠지만, 제가 '맞선 둘의 얽힘'으로도 표현하고 '다름이 함께 있음'으로도 표현하는 이 '나의 근본 구조'가 저는 때때로 못 견디게 버겁습니다. 환장할지경이에요. 예술적 재능이라도 넘치면 무슨 수를 내볼 텐데, 시재(詩才)가 부족한 탓에 수가 나지 않네요.

헤겔이 말하는 '모순', '무한', '변증법'이 결국 당신 자신을 향해 있음을 아시기 바랍니다. 어쩌면 '모순', '무한', '변증법'이 당신 안에 이미 스며들어있다는 표현이 더 옳겠군요. 횔덜린의 친구 헤겔은 어릴 때 잠깐 시를 쓰다가 말았지만 감탄하며 밑줄을 긋게 만드는 문장을 가끔 토해냅니다. 아래 인용문은 독일어 원문으로도 읽어보시기를 권합니다. 운율이 살아있어요.

> 이 단순한 무한 혹은 절대적 개념을 생명의 단순한 본질, 세계의 영혼, 일반적인 피라고 부를 수 있다. 이 피는 어디에나 있으며 어떤 구별을 통해서도 탁해지거나 단절되지 않는다. 오히려 이 피 자체가 모든 구별이며 또한 모든 구별의 거둬져있음이다. 요컨대 이 피는 움직이지 않으면서 자기 안에서 박동하며 동요하지 않으면서 자기 안에서 전율한다.(3장 162번 문단)
> Diese einfache Unendlichkeit oder der absolute Begriff ist das einfache Wesen des Lebens, die Seele der Welt, das allgemeine Blut zu nennen, welches allgegenwärtig durch keinen Unterschied getrübt noch unterbrochen wird, das vielmehr selbst alle Unterschiede ist, so wie ihr Aufgehobensein, also in sich pulsiert, ohne sich zu bewegen, in sich erzittert, ohne unruhig zu sein.

헤겔이 이런 신비주의풍의 일장연설을 할 줄 몰랐죠? 헤겔의 '진실'은 '무한', '생명', '피'예요. 그 '피'가 어디에나 있다네요. '진실'이 "움직이지 않으면서 자기 안에서 박동하며 동요하지 않으면서 자기 안에서 전율"하는 '피'로서 당신 안에도 이미 깃들어있다는 거예요. 물론 이 '진실'이 곧 '당신'이라는 말은 텍스트에서는 아직 안 나왔죠. 그렇지만 어디에나 있는 그 일반적인 '피'가 설마 당신 안에는 없겠어요? 헤겔이 곧 명확하게 말해줄 겁니다.

시인이 아닌 헤겔과 시인이고 싶은 제가 어쭙잖게 "세계의 영혼"과 "생명"과 "박동"과 "전율"을 읊었는데, 냉정을 되찾아 원래 헤겔이 던졌던 권고, '모순을 생각하라'는 화두로 돌아갑시다. 자, 오히려 시에서 등장하는 편이 더 어울릴 성싶은 위 단어들은 모두 '모순을 생각하기' 위한 방편으로서 유익합니다. 그러나 저와 헤겔이 적극적으로 권하는 방편은 아니에요. 우리는 일단 시인이 아니라 철학자니까요.

헤겔이 권하는 궁극의 화두는 '나'입니다. 물론 이때 '나'는 '우리'와 얽혀있는 '나', 더 나아가 '세계'와 얽혀있는 '나'죠. 반면에 저는 훨씬 더 쉬운 화두를 권해보려 해요. '거두다'라는 말, 기억하세요? 한국어를 모어로 쓰는 저는 이것이 너무나 자랑스러운데, '거두다'라는 말은 '모순을 생각하기' 위해 붙들기에 참 좋은 화두입니다. 헤겔의 말마따나 '모순을 생각하기'가 곧 '진실을 실행하기'라면, 저를 비롯한 한국어 사용자들에게 '거두다'는 막노동꾼의 삽, 목수의 줄자, 악사의 악기가 되기에 부족함이 없습니다.

왜 옛 무사들은 상대의 목을 칠 때조차도 목숨을 거둔다고 했을까요? 왜 우리는 뜻을 버리지 않고 거둘까요? 왜 미소는 사라지지 않고 거둬질까요? '거두다'에서 얼마나 많은 철학적 이야기를 뽑아낼 수 있을지 아직 확언할 수는 없지만, 저는 '거두기'가 인간의 활동 대부분에 걸쳐 있다고 느낍니다. 인간다운 인간을 '주체'라고 부른다면, '거두기'는 '주체의 본질적 활동'에 가깝다는 것이 제 짐작입니다.

실제로 헤겔도 대단히 중요한 운동들을 "자기-거두기Sich-aufheben"의 형태로 표현하곤 하죠. 한 예로 헤겔은 '무한'의 분열 및 합치("자기와-같아짐") 운동을 이야기하면서 이 운동이 전혀 다른 둘이 아니라 실은 하나라고 설명하는데, 당연히 평범한 사람의 정신으로는 이해하기 어려운 대목이지만, 이 부분은 우리가 흔히 교조적으로 설명하는 변증법과 관련이 있어서 한번 살펴보려 합니다.

> 분열과 자기와-같아짐이라는 서로 구별되는 놈들[운동들] 역시 이 같은 자기-거두기 운동일 뿐이다. 무슨 말이냐면, 자기와 같은 놈이 비로소 분열해야(곧 자신의 반대로 되어야) 할 텐데, 그런 자기와 같은 놈은 추상 혹은 이미 그 자체로 분열한 놈이므로, 그놈의 분열하기는 [지금] 있는 대로의 그놈을 거두기, 즉 그놈의 분열해있음을 거두기다. 또한 마찬가지로 자기와 같아지기는 분열하기다. 자기와 같아지는 놈은 그렇게 자기와 같아짐으로써 분열의 건너편에 선다. 다시 말해 그놈은 그렇게 자기와 같아짐으로써 자기를 [치우친] 한쪽에 세운다. 즉, 도리어 분열한 놈으로 된다.(3장 31번 문단)

비록 난해하지만 이것만큼은 확실합니다. 헤겔은 분열과 합치를 상반된 운동으로 보지 말고 원리적으로 동일한 자기-거두기 운동의 두 형태로, 더 나아가 단 하나의 자기-거두기 운동으로 보라고 제안하고 있어요.

정반합의 도식을 그릴 때 흔히 이미 갈라져있는 정과 반을 그리고 그 아래 합을 그리던가요? 정이 홀로 있는데 어디 딴 동네에서 놀던 반이 느닷없이 나타나서 모든 사달이 나는 것처럼 묘사되던가요? 이건 헤겔 철학과는 영 다른 그림이에요. 보시다시피 헤겔은 분열과 합치를 이야기하며, 이 두 가지 운동이 모두 자기-거두기라고, 어쩌면 단 하나의 자기-거두기라고 말합니다. 제가 우리말에서 발견한 '거두기'는 결코 사소한 화두가 아닙니다.

3‖ 이제 드디어 '나' 곧 '자기의식'이 나올 차례입니다.

> 무한, 혹은 이 같은 순수한 자기-운동의 절대적 동요, 즉 어떤 방식으로 (예컨대 존재로) 규정된 놈이 오히려 그 규정의 반대라는 그러한 절대적 동요는 물론 이제껏 진행된 모든 과정의 영혼이었지만 내면에 이르러 비로소 한껏 뚜렷하게 등장했다. …… 그리고 마침내 무한이 그 진면목대로 의식에게 대상일 때, 의식은 자기의식이다.(3장 163번 문단)

우선 '무한'이 아주 평이하게 설명되죠. '무한'은 '절대적 동요'예요. 그 '동요'의 내용은 A로 규정된 놈이 A의 반대라는 것이고요. 그리고 그 '무한'을 그 진면목대로 마주한 '의식'이 바로 '자기의식'이랍니다. 무슨 말일까요? 저는 방금 쓴 기호 A를 '대상'으로 대체함으로써 이 수수께끼 같은 문장을 이해해봅니다. '무한'은 어디에나 퍼져있으며 어디에서나 동요하지 않으면서 박동하고 전율하는 '피'예요. 따라서 우리 논의에서 A와 A의 반대(편의상 -A로 표기)는 무엇이든지 될 수 있어요. 하나와 여럿, 움츠림과 펼쳐짐 등등. 그러므로 지금까지 펼쳐진 『정신현상학』의 드라마에서 가장 근본적으로 갈라진 쌍이었던 '의식'과 '대상'에도 A와 -A가 적용될 수 있습니다.

즉, '의식'이 '무한'을 마주한다 함은, 자기 앞의 '대상'이 '대상의 반대'인 '의식 자신'임을 알아챘다는 뜻으로 읽을 수 있습니다. '의식'과 '대상'의 구별이 깨지는 거예요. 『정신현상학』에서 '의식'을 다루는 1, 2, 3장 내내 강고하게 유지되었던 의식-대상 구별이 깨진다고요. 이제 '의식'에게 '대상'은 예전과는 근본적으로 다른 상대이에요. '또 다른 나', 그러니까 아름다운 우리말에서 '너'라고 부르는 바로 그놈이 '나' 앞에 성큼 다가오는 거죠. 혹은

'나' 자체가 이미 '나'와 '너'로 분열하여 존재하는 양상이 한층 더 뚜렷해지는 겁니다. 물론 원래부터 '나'는 그렇게 분열되어 있었고, '나'가 마주한 것은 늘 '또 다른 나'였어요. 하지만 이 묘한 양상이 이제야 뚜렷해진다는 것이 중요해요. 이 얘기를 헤겔은 이렇게 재미있게 해줍니다.

> 그 의식은 무한의 개념을 대상으로 마주하므로, 구별을 의식하되 또한 단박에 거둬진 놈으로서 의식한다. 그 의식은 자기를 마주한다. 그 의식은 구별되지 않는 놈을 구별하기, 곧 자기의식이다. '나'는 '나'로부터 '나'를 구별하면서 이 구별되는 놈이 구별되지 않음을 단박에 마주한다[의식한다]. '나'(곧 이름-같은-놈)는 '나'를 '나'로부터 밀쳐낸다. 그러나 이 구별되는 놈, 다르게 정립되는 놈은 '나'가 보기에 그렇게 구별됨으로써 단박에 구별되는 놈이 아니다. 다른 놈(무릇 대상)에 대한 의식은 그 자체로 필연적으로 자기의식, 자기회귀해있음, 자신의 다름에서 자기를 의식하기다. 이제껏 등장한 의식의 모습들에게 진실은 사물, 그들 자신이 아닌 다른 놈이었다. 그 모습들의 필연적 진행이 표현하는 바는, 사물에 대한 의식은 오로지 자기의식에게만 가능하다는 것뿐 아니라 저 모습들의 진실은 오로지 자기의식이라는 것이다.(3장 164번 문단)

'나로부터 구별되지만 또한 구별되지 않는 놈', '나가 아니지만 또한 나인 놈', 이놈은 확실히 '너' 아요? 흔히 사람들은 '자기의식'을 외부로 향했던 시선을 거둬 내면으로 웅크리는 활동 정도로 상상하지만, 그건 '자기의식'의 진면목이 아닙니다. 오히려 그런 식으로는 참된 자기와의 만남을 이룰 수 없다는 것이 칸트와 헤겔의 중대한 통찰이지요. 제가 보기에 위 인용문이 이야기하는 '자기의식'은 현실적으로 '나-너-의식'입니다. '나'가 '너'를 한낱 인간형 로봇으로 보지 않고 '나가 아니지만 또한 나인 놈'으로 볼 때,

즉 진정한 '너'로 볼 때, 그때 비로소 '나'는 참되게 '나'를 마주하며, 따라서 그때 '나'의 의식 상태가 바로 '자기의식'입니다. '자기의식' 파트의 내용을 보면, 핵심이 '인간관계'예요. '자기의식'에 대한 논의는 '인간관계'에 대한 논의여야 마땅합니다.

4.1‖ 영화의 본편보다 예고편이나 에필로그가 더 재미있다고 느끼는 분들이 혹시 있나요? 사실 3장의 마지막 165번 문단은 에필로그에 가깝습니다. 헤겔은 '의식-대상 구별'이 무너진 이후에도 계속 오페라를 이어가야 하는 예술감독으로서 그 문단을 썼다고 할 수 있어요.

사실 성질 급한 사람이 보면, 의식-대상 구별의 붕괴와 '무한'의 등장은 오페라 전체의 절정이라고 해도 이상할 것이 전혀 없거든요. '모순을 생각하라'는 헤겔의 핵심 메시지는 이미 전달되었고 '무한'이라는 절정의 개념도 등장한 마당이니 여기에서 오페라를 끝내더라도 관객은 우레 같은 박수를 칠 겁니다. 하지만 헤겔은 어릴 때부터 별명이 '늙은이'였던 인물이에요. 똑같은 얘기를 계속 반복하는 것처럼 보일 위험을 무릅쓰더라도 서두름 없이 느긋하게 나아가야 늙은이답죠. 그런 헤겔이 후다닥 오페라를 끝낼 리 없습니다.

이제까지의 인물들은 자기가 아닌 놈, 곧 '세계'를 '진실'로 굳게 믿고 탐구해왔어요. 설령 '나'는 착각을 하더라도, 있는 그대로의 '세계'만큼은 확고한 '진실'임에 틀림없다고 확신하면서 탐구에 임했죠. 그 탐구의 과정에서 번번이 내적으로 분열하여 몸부림치며 장하고 딱하게 자신의 한계를 드러냈고요. 그러니 이제부터는 누가 등장해야 할까요?

'세계'를 밀쳐내면서 '나'를 '진실'로 내세우는 인물들이 나올 차례입니다. 결코 모범적이지 않겠죠? 맞습니다. 제 식으로 표현하자면, 역시나 장하고 딱한 인물들이 등장해요. 나머지 인물들은 거명할 필요 없고, 마지막 인물만 말씀드리죠. 그 이름도 유명한 '불행한 의식'! 아마도 『정신현상학』에서 가장 많은 공감을 받는 인물이 아닐까 생각합니다. 그 인물이 나올 때까지가 제가 생각하는 오페라의 2막인데 『정신현상학』에서는 거기까지가 다 4장입니다. 물론 세간의 관심을 가장 많이 받는 인물은 '주인과 노예'일 텐데, 꼼꼼히 읽어보시면 '불행한 의식'이 훨씬 더 현실적이고 흥미로운 인물로 다가올 것입니다.

서투른 예고편은 이만 줄이고, 마치 무한한 공간의 영원한 침묵 앞에 홀로 선 파스칼처럼, 어린 저를 전율케 했던 대목을 마지막으로 적습니다.

> 내면을 가렸던 이 장막은 걷혔고, 내면의 내면 들여다보기가 앞에 놓여있다. 즉, 자기를 밀쳐내어 구별되는 내면으로 정립하지만 또한 둘의[자기와 밀쳐내진 자기의] 구별되지 않음을 단박에 마주하는, 구별되지 않는이름-같은-놈의 [자기] 바라보기, 즉 자기의식이 앞에 놓여있다. 이로써 다음이 드러난다. 내면을 가렸다고들 하는 장막 너머에는, 우리 자신이 거기로 가서 거기에 보일 수 있는 무언가가 있게 되고 보이게 되지 않는다면, 아무것도 볼거리가 없다.(3장 165번 문단)

장막 너머에 아무것도 없다는 식의 얘기는 다른 곳에서도 본 일이 있는 것 같아요. 그러나 장막 너머 그 텅 빈 곳으로 네가 직접 가라고 꼬드기는 얘기, 그리하여 이제 너 자신이 배우인 동시에 관객인 드라마를 펼쳐가라고 꼬드기는 얘기는 어디에서도 들은 적이 없는 것 같습니다. 독서 습관이 꼼꼼함과 거리가 멀었던 어린 시절에 저는 이 대목을 "야! 너 거기서 뭐해? 무대 위로 올라가!"라는 뜻으로 들었습니다. 지금 생각하니 상당한 아전인수였죠. 예술감독은 지금 나 같은 애송이에게 신호를 보내는 것이 아니라 다음 막의 필연성을 웅변하는 중이니까요.

그러나 무슨 상관이겠습니까? 신호 교환의 실수로 빚어진 명장면은 무대예술의 역사에 차고 넘칩니다. 게다가 아까 말한 '무한'과 '피'는 다 뭡니까? 헤겔이 떠드는 '진실'이 정말로 '무한'이고 '피'라면, 그 '피'는 내 안에는 안 흐른답니까? 절대로 그럴 수 없죠. 저는 확신합니다. '진실'이 정말로 '진실'이라면, '나'를 비롯한 모든 곳에 그 '진실'이 항상 이미 스며들어있다고.

'진실'이 펼쳐진다는 무대 위로 우리가 올라가면 안 될까요? 아니, 저는 우리가 사는 이 세상이 고스란히 진실이 펼쳐지는 무대라고 봐요. 자꾸 한국 철학이 없다는 얘기들을 하던데, 나무에 올라가서 물고기를 구하는 꼴이에요. 여기 깃든 진실을 못 보니까, 한국 철학이 없다는 소리를 하는 겁니다. 여기에 진실이 깃들어있는 한, 진실의 탁월한 표현으로서의 철학은 여기에 반드시 있습니다. 비록 미숙할지라도 한국 철학은 항상 이미 틀림없이 살아서 꿈틀거립니다.

두툼한 장막 앞에 무릎 꿇고 절만 하던 분들의 시대는 벌써 간 듯하지만, 지금은 화려한 레이스가 달린 반투명 장막에 코를 대고 그 너머의 이색적인 쇼를 훔쳐보는 분들이 대세인 듯합니다. 왜 그 장막을 젖히고 무대 위로 올라가지 않죠?

헤겔의 이야기는 항상 허를 찌르는 묘미가 있습니다. 그 묘미를 알면 자연스럽게 흉내 내게 되는데, 당연히 저도 그렇습니다. 어쩌면 우리는, 지금 여기의 '진실'이나 장막 너머의 '진실' 따위는 애초부터 안중에 없고, 단지 '진실 쇼'를 바라는 것인지도 몰라요. 그래서 소수가 '진실 쇼'를 독점하는 것을 기꺼이 인정하면서 그들의 쇼를 단지 쇼로서 구경하며 즐기는 것인지도 몰라요. 기억하시나요? 경성제국대학 신입생들이 부르고 다녔다는 노래 "데칸쇼[데카르트, 칸트, 쇼펜하우어], 데칸쇼, 한 일 년 누워서 보내세!" 지금 우리가 철학에서 기대하는 바는 그 일본 제국의 모단뽀이들이 데칸쇼에서 기대했던 바와 과연 얼마나 다를까요?

제가 지나치게 위악적인 비관론을 펼친 것이라고 믿습니다. 그러나 만약에 정말로 우리가 바라는 것이 '진실'이 아니라 '진실 쇼'라면, 그래서 '진실 쇼'에 능한 소수의 벌거벗은 임금님들과 우리 다수가 무대와 객석에서 즐겁게 공생해온 것이라면, 가끔 이상한 아이가 객석에 나타나 '임금님이 벌거벗었어!'라고 외치더라도, 우리의 쇼는 계속 이어질 겁니다. 그런 외침들이 있을수록 더욱 멋진 쇼가 되겠죠. 어차피 쇼니까!

저는 '진실 쇼'가 아니라 '진실'을 원합니다. '진실' 안에서 '진실'을 행하기를 바랍니다. 그래서 오래 전 어릴 때와 마찬가지로 지금도 이 문장을 저를 향한 신호로 들으며 곱씹습니다.

내면을 가렸다고들 하는 장막 너머에는, 우리 자신이 거기로 가서 거기에 보일 수 있는 무언가가 있게 되고 보이게 되지 않는다면, 아무것도 볼거리가 없다.(3장 165번 문단) "사람은 사람을 상대하기 마련이다."와 자기의식의 관계에 대하여' 머지않아 읽게 되겠지만, 『정신현상학』이 한 편의 오페라라면, '의식'을 다루는 1막이 마무리되고 '자기의식'을 다루는 2막이 준비되는 대목에서 대충 아래와 같은 의미심장한 문장이 나옵니다.

"그러므로 의식은 의식을 마주한 의식이다. 그리하여 자기의식이다."

처음에 이 문장을 읽었을 때 저는, 헤겔이 남(내가 마주한 낯선 의식)과 나를 구분하지 않는다는 점 때문에 꽤 당혹스러웠습니다. 하지만 세월이 갈수록, 저 당혹스러운 문장에 담긴 지혜가 제 안에서도 슬슬 깨어나는 듯합니다.

요새 철학책을 번역 중인데, 거기에서 위 문장과 연관이 있는 대목을 읽으며 감탄했습니다.

독일 본 대학교의 젊은 철학 교수 마르쿠스 가브리엘Markus Gabriel의 글인데, 자기의식, 남의 의식에 대한 의식, 언어, 사회를 엮어서 언급하는군요. 함께 읽을 가치가 있다고 판단하여 제 번역으로 아래에 붙입니다.

아무튼 결정적으로 중요한 것은, 우리가 그저 단순히 의식만 있는 것이 아니라 일상의 맥락에서 또한 의식에 대한 의식을 가진다는 점이다.

우리가 이 사실을 아는 근거는, 우리가 우리 자신의 믿음, 바람, 감정, 감각 인상에 대해서 이런저런 태도를 취하며 그 태도를 도야하고 관리할 수 있다는 것에 국한되지 않는다…… 더 나아가 이 모든 활동[태도 취하기, 도야하기, 관리하기]의 와중에 우리는 또한 이 활동들과 똑같이 단박에, 타인들이 의식을 가졌음을 의식한다.

타인들도 의식이 있음을 의식하는 것은 우리 자신을 의식하는 것과 똑같이 근원적인(하이데거가 고안한 용어를 쓰면, "동근원적인gleichursprünglich") 사실이다.

자기의식은 단지 개체로서의 우리 자신을 향하는 것이 아니라 구조적으로 이미 낯선 의식과 맞물려있다. 우리가 의식적으로 체험한 태도(이를테면 무언가에 대한 기쁨이나 부끄러움)에 대한 우리 자신의 평가는 타인들이 우리의 태도에 대해서 특정한 태도를 취하리라는 우리의 예상과 맞물려 있다. 우리는 애초부터 사회적 맥락 안에서 산다. 우리가 우리의 사적인 데카르트적 극장을 벗어남으로써 비로소 사회적 맥락 안으로 들어가야 하는 것이 아니다…….

이 사실을 다음과 같은 익숙한 현상에서 누구나 체험한다. 사람들은 멋진 체험(예컨대 여행 체험이나 미술관 관람)을 즐겨 공유하고 싶어한다. 왜냐하면 오직 그런 공유의 방식으로만 그 체험의 구조에 대한 확증을 기대할 수 있기 때문이다. 우리는 타인들의 의식을 잣대로 삼아 우리의 의식을 도야한다. 우리가 무언가를 언어화할 수 있는 순간에, 그 잣대는 이미 우리 내면의 삶에 기입되어 있다…….

타인들이 의식을 가졌다는 것에 대한 우리의 의식이 인간 사회의 토대임을 최초로 알아챈 철학자는 아마도 칸트였고, 이어서 피히테와 헤겔이 그것을 더 명확하게 알아챘다. 또한 마르크스와 사회학 및 정신분석의 시조들도 그 통찰을 제각각 고유한 방식으로 계승했다. 그 통찰은 많은 여성주의 이론들, 특히 큰 영향력을 발휘하는 주디스 버틀러의 성역할 이론의 바탕에도 깔려있다. 당연한 일이지만, 버틀러는 명시적으로 헤겔을 언급한다. (출처: 마르쿠스 가브리엘 저, 전대호 역, 『그러므로 나는 뇌가 아니다』 (근간))